Axel Munthe
Das Buch von San Michele

Ce n'est rien donner aux hommes
que de ne pas se donner soi-même

List

Ins Deutsche übertragen nach der 26. englischen Auflage von G. Uexküll-Schwerin.
Titel der englischen Ausgabe: The Story of San Michele.

Schutzumschlag: Design Team, München

ISBN 3-471-78155-2

Deutsche Gesamtauflage über 1 Million

Neuauflage 1985

Satz: Fotosatz Otto Gutfreund, Darmstadt
Druck und Bindearbeit: May & Co, Darmstadt

Inhalt

I

Jugend

Ich sprang an Land, als das Sorrentiner Boot sein lateinisches Segel einholte. Jungens spielten in Scharen zwischen umgekippten Booten und badeten die blanken Bronzeleiber in der Brandung. Alte Fischer in roten phrygischen Mützen flickten vor den Schuppen ihre Netze. Jenseits der Landungsstelle stand ein halbes Dutzend gesattelter Esel, Blütenzweige im Zaumzeug. Bei ihnen schwatzten und sangen ebenso viele Mädchen, die silberne »Spadella[1]« in den schwarzen Haaren und ein rotes Tuch um die Schultern. Das Eselchen, das mich hinauf nach Capri tragen sollte, hieß Rosina, und das Mädchen hieß Gioia. Ihre schwarzen Augen leuchteten in feuriger Jugend, ihre Lippen waren rot wie die Korallenschnur an ihrem Halse, und wenn sie lachte, blitzten die starken weißen Zähne wie Perlen. Sie sagte, sie sei erst fünfzehn – und ich sagte mir, daß ich jünger sei als je zuvor. Aber Rosina war alt, »è antica«, sagte Gioia. So glitt ich aus dem Sattel und erklomm leicht den gewundenen Pfad zum Dorfe. Vor mir auf nackten Füßen tanzte Gioia, blumenumkränzt wie eine junge Bacchantin, hinter mir stolperte die alte Rosina in ihren zierlichen schwarzen Schuhen, tief in Gedanken, geneigten Hauptes und mit hängenden Ohren. Ich hatte zum Denken keine Zeit, mein Kopf war voll von staunendem Entzücken, mein Herz voll Lebensfreude, die Welt war schön, und ich war achtzehn. Der Weg wand sich durch Ginsterbüsche und blühende Myrten. Hier und da hoben aus duftenden Grä-

[1] Haarpfeil

sern kleine Blumen ihre anmutigen Köpfe. Viele von ihnen hatte ich nie gesehen im Lande Linnés.

»Wie heißt die Blume?« fragte ich Gioia. Sie nahm sie mir aus der Hand, sah sie zärtlich an und sagte: »Fiore[1]!« »Und diese?« Sie betrachtete sie mit der gleichen Zärtlichkeit und sagte: »Fiore!« »Und diese?«

»Fiore! bello bello!«

Sie pflückte duftige Myrten, die sie mir aber nicht geben wollte. Sie sagte, die wären für San Costanzo, den Schutzpatron von Capri, der ganz aus Silber war und so viele Wunder getan hatte. San Costanzo! bello! bello!

In langer Reihe näherten sich uns Mädchen, Tuffsteine auf den Köpfen tragend. Wie die Karyatiden vom Erechtheum schritten sie in stolzer Prozession. Eine von ihnen gab mir lächelnd eine Orange. Es war Gioias Schwester, und schien mir noch schöner als sie. Ja, es waren acht Geschwister zu Hause – und zwei »in Paradiso«. Der Vater war draußen, Korallenfischer in »Barbaria[2]«! Seht, die schöne Korallenschnur – die er gerade geschickt hat. »Che bella collana, bella, bella!«

»Und du selbst bist auch schön, Gioia, bella bella!«

»Ja«, sagte sie.

Mein Fuß stolperte über eine zerbrochene Marmorsäule, »Roba di Timberio[3]!« erklärte Gioia, »Timberio cattivo[4], Timberio mal occhio[5], Timberio camorrista[6]!« und sie spie auf den Marmor.

»Ja«, sagte ich, in frischer Erinnerung an Tacitus und Sueton, »Tiberio cattivo!«

Wir bogen in die Landstraße ein und erreichten die Piazza. Ein paar Seeleute standen an der Brüstung, die zum Meer hinausschaut – ein paar schläfrige Capresen saßen vor Don Antonios Osteria und ein halbes Dutzend Priester auf den Kirchenstufen; sie gestikulierten wild in lebhafter Unterhaltung: »Moneta! Moneta! Molto moneta; Niente

[1] Blume [2] Die Gegend um Tunis und Tripolis [3] Der alte Kaiser, der die letzten elf Jahre seines Lebens auf der Insel Capri lebte und noch sehr lebendig ist auf den Lippen seiner Bewohner, wird immer »Timberio« genannt, statt Tiberio. Anm. d. Verf. [4] cattivo = böse [5] mal occhio = mit dem bösen Blick [6] camorrista = Verschwörer

moneta!« Gioia lief und küßte Don Giacinto die Hand, der ihr Beichtvater war und ein wahrer Heiliger – wenn er auch nicht so aussah. Sie ging zweimal im Monat beichten, wie oft ging ich?

Überhaupt nicht! Cattivo! Cattivo!

Würde sie Don Giacinto erzählen, daß ich ihre Wange geküßt hatte, dort unter den Zitronenbäumen?

Natürlich nicht!

Wir kamen durchs Dorf und standen an der Punta Tragara.

»Ich muß gleich auf die Spitze dieses Felsens klettern!« sagte ich und zeigte auf den steilsten der drei Faraglioni, die zu unseren Füßen wie Amethyste strahlten. Aber Gioia war sicher, daß ich es nicht konnte. Ein Fischer hatte es versucht, dort Möweneier zu rauben, aber er war zurückgeschleudert worden ins Meer von einem bösen Geist, der dort hauste – in Gestalt einer blauen Eidechse – blau wie die Blaue Grotte – und den goldenen Hort bewachte, den einst Timberio selbst dort verbarg.

Über dem freundlichen Dörfchen gegen den westlichen Himmel ragte düster der Umriß des Monte Solaro auf, schroff gespalten und unzugänglich.

»Da muß ich gleich hinauf«, sagte ich.

Aber Gioia gefiel der Plan keineswegs. Ein steiler Pfad, 777 Stufen, die Timberio selbst in den Fels geschlagen hatte, führte an der Flanke des Berges empor, und auf halber Höhe in einer dunklen Schlucht hauste ein furchtbarer Werwolf – der schon mehrere Cristiani verschlungen hatte.

Am Ende der Stufen war Anacapri; aber nur »gente di montagna[1]« wohnten dort – lauter sehr böse Leute; kein forestiere[2] ging je dahin, und sie war auch nie dort gewesen. Ich sollte doch lieber zur Villa Timberio klettern oder zum Arco Naturale oder zur Grotta Matromania.

Nein – ich hätte keine Zeit – ich müßte gleich hinauf, gerade auf diesen Berg.

Zurück zur Piazza! als die verrosteten Glocken des alten

[1] Bergbewohner [2] Fremder

Campanile Mittag läuteten und kündeten, daß die Makkaroni fertig seien. Wollte ich nicht wenigstens erst etwas essen unter der großen Palme des Hotels Pagano? Drei Gänge und Wein nach Belieben, für eine Lira? Nein – ich hatte keine Zeit, ich mußte gleich auf diesen Berg. »Addio, Gioia, bella, bella! Addio, Rosina!« »Addio, addio, e presto ritorno!« Ach, das presto ritorno!

»E un pazzo inglese[1]« war das letzte, was ich von Gioias roten Lippen hörte, als ich im Banne meines Schicksals die phönizischen Stufen nach Anacapri hinaufeilte. Unterwegs überholte ich eine alte Frau, die einen großen Korb Orangen auf dem Kopf trug. »Buon giorno, Signorino.« Den Korb niederstellend, gab sie mir eine Orange. Auf den Früchten lag, in ein rotes Tuch geknüpft, ein Bündel mit Briefen und Zeitungen. Die Alte war Maria Porta-Lettere, die zweimal wöchentlich die Post nach Anacapri trug. Sie sollte später meine Freundin fürs Leben werden, ich sah sie mit fünfundneunzig Jahren sterben. Sie kramte unter den Briefen, wählte den größten und bat mich, ihr zu sagen, ob er nicht für Nannina la Caprara[2] wäre, die so sehnsüchtig »la lettera« von ihrem Mann in Amerika erwartete? Nein, er war es nicht. Vielleicht dieser? Nein, der war für Signora Desdemona Vacca.

»Signora Desdemona Vacca«, wiederholte die Alte ungläubig. »Vielleicht meinen Sie ›la moglie dello scarteluzzo[3]‹«, sagte sie sinnend. Der nächste Brief war für Signor Ulisse Desidero. »Ich denke, Sie meinen Capolimone[4]«, sagte die alte Maria. »Der hatte genau solchen Brief vor einem Monat.« Der nächste Brief war für Gentilissima Signorina Rosina Mazzarella. Diese Dame schien schwieriger festzustellen. »War es la Cacciacavallara[5] oder la Zopparella[6]? Oder la Capatosta[7]? Oder la femmina antica[8]? Oder Rosinella pane asciutto[9]? Oder vielleicht la Fesseria[10]?« schlug eine andere Frau vor, die uns eben einholte, einen

[1] Ein verrückter Engländer [2] Die Ziegenfrau [3] Das Weib des Buckligen [4] Zitronenschädel [5] Die Käsefrau [6] Die Lahme [7] Der Dickkopf [8] Die altertümliche Frau [9] Trockenes Brot [10] Besser nicht zu übersetzen!

Korb mit Fischen auf dem Kopf. Ja – es konnte für la Fesseria sein, wenn es nicht für die Frau von pane e cipolla[1] wäre. Aber war kein Brief da für Pepinella n'coppo u camposanto[2] oder für Mariucella Caparossa[3] oder für Giovannina amazzacane[4], die alle »la lettera« aus Amerika erwarteten? Nein, es tat mir leid, die waren nicht dabei. Die zwei Zeitungen waren für il Reverendo parroco Don Antonio di Giuseppe und il Canonico Don Natale di Tommaso; das wußte sie, denn sie waren die einzigen Abonnenten im Dorfe. Der Parroco war ein sehr gelehrter Mann, und er war es, der immer herausbekam, für wen die Briefe waren. Aber heute war er in Sorrento beim Erzbischof zu Besuch, und deshalb hatte sie mich gebeten, die Aufschriften zu lesen. Maria wußte nicht, wie alt sie war, sie wußte nur, daß sie die Post trug, seit sie fünfzehn war – als ihre Mutter es aufgeben mußte. Lesen konnte sie natürlich nicht. Als ich ihr erzählte, daß ich am Morgen mit dem Postschiff von Sorrento gekommen sei und seitdem nicht gegessen hätte, schenkte sie mir noch eine Orange, die ich mit der Schale verschlang, und die andere Frau gab mir aus ihrem Korb gleich ein paar frutti di mare, die mich furchtbar durstig machten. Gab es ein Gasthaus in Anacapri? Nein, aber Anarella, die Küsterfrau, würde mir guten Ziegenkäse und ein Glas herrlichen Wein geben aus dem Weinberg des Priesters Don Dionisio, ihres Onkels – ein wunderbarer Wein! Außerdem war la bella Margherita da, von der ich natürlich gehört hätte, und daß ihre Tante »un lord inglese« geheiratet hatte. Nein – das hatte ich nicht – aber ich wäre sehr begierig, la bella Margherita kennenzulernen.

Endlich erreichten wir das Ende der 777 Stufen und kamen durch einen Torbogen. Die schweren Eisenangeln seiner einstigen Zugbrücke waren noch an den Felsen festgeschmiedet. Wir waren in Anacapri. Die ganze Bucht von Neapel lag zu unseren Füßen, umrahmt vom Ischia, Procida, dem pinienbewaldeten Posilippo, der flimmernden weißen Linie von Neapel, dem Vesuv mit seiner rosigen

[1] Brot und Zwiebeln [2] Über dem Friedhof [3] Rothaar [4] Hundsmörderin

Rauchwolke, der Sorrentiner Ebene im Schutze des Monte Sant' Angelo und dem fernen, noch schneebedeckten Apennin. Gerade über unseren Köpfen ragte auf steilem Felsen, wie ein Adlernest angeklammert, eine kleine verfallene Kapelle. Die Dachkuppel war eingestürzt, aber große Blöcke des Mauerwerks, das in seltsamem Muster wie symmetrisches Netzwerk gefügt war, stützten noch die brökkelnde Wölbung.

»Roba di Timberio«, erklärte die alte Maria.

»Wie heißt die kleine Kapelle?« fragte ich begierig.

»San Michele.«

»San Michele, San Michele!« hallte es in meinem Herzen wider. Unter der Kapelle im Rebenland stand ein alter Mann und grub tiefe Furchen für den jungen Wein. »Buon giorno, Mastro Vincenzo!« Ihm gehörten der Weinberg und das Häuschen daneben. Er hatte es mit seinen Händen erbaut, aus Ziegeln und Steinen der »Roba di Timberio«, die überall im Garten umherlag. Maria Porta-Lettere erzählte ihm, was sie von mir wußte, und Mastro Vincenzo lud mich ein, in seinem Garten zu sitzen und ein Glas Wein zu trinken. Ich sah auf das Häuschen und die Kapelle – mein Herz begann so heftig zu klopfen, daß ich kaum reden konnte.

»Ich muß gleich da hinauf«, sagte ich zu Maria. Aber sie meinte, ich sollte lieber erst mit ihr gehen und etwas essen, sonst bekäme ich nichts mehr. Hunger und Durst ließen mich zögernd ihrem Rat folgen. So winkte ich Mastro Vincenzo zu, daß ich bald wiederkäme. Wir gingen durch einsame Wege und standen bald auf einer Piazetta. »Ecco la bella Margherita.«

La bella Margherita stellte eine Flasche mit rosenfarbigem Wein, dazu einen Blumenstrauß auf den Tisch in ihrem Garten und meldete, die Makkaroni wären in fünf Minuten fertig. Sie war schön wie Tizians Flora, die Züge herrlich geprägt – das Profil rein griechisch. Bald brachte sie einen Riesenteller Makkaroni, setzte sich zu mir und betrachtete mich mit lächelnder Neugierde. »Vino del Parroco«, meinte sie stolz, sooft sie mein Glas füllte. Ich trank aufs Wohl des Parroco, auf ihr Wohl und auf das ihrer dunkeläugigen Schwester, la bella Giulia, die mit einer Handvoll Orangen herankam, die ich sie im Garten pflücken sah. Ihre Eltern waren tot, ihr Bruder Andrea war Seemann, und Gott weiß, wo er sein mochte; aber ihre Tante lebte in einer eigenen Villa in Capri. Natürlich wußte ich ja, daß sie einen »lord inglese« geheiratet hatte. Ja – gewiß wußte ich das, ich hatte bloß ihren Namen vergessen. »Lady Grantley«, sagte la bella Margherita stolz. Es fiel mir gerade noch ein, auf ihr Wohl zu trinken, danach erinnere ich mich an gar nichts mehr – nur daß der Himmel saphirblau war, der Wein des Parroco rubinrot und la bella Margherita neben mir saß mit goldenem Haar.

»San Michele«, klang es plötzlich in meinem Ohr – »San Michele«, hallte ein Echo tief in meinem Herzen!

»Addio, bella Margherita!« »Addio, e presto ritorno!« Ach, das »presto ritorno«!

Ich ging die leeren Gassen zurück und steuerte so gerade wie möglich auf mein Ziel los. Es war die heilige Stunde der Siesta, das ganze Dörfchen schlief. Die Piazza lag vereinsamt im grellen Sonnenlicht. Die Kirche war zu, nur aus der halbgeöffneten Tür der Gemeindeschule trompetete die Stentorstimme des Rev. Canonico Don Natale in schläfriger Eintönigkeit durch die Stille. »Io mi amazzo tu ti amazzi, egli si amazza, noi ci amazziamo, voi vi amazzate, loro si amazzano[1]«, wiederholte in rhythmischem Chor etwa ein Dutzend barfüßiger Jungen, die in einem Kreis am Boden zu Füßen ihres Lehrers kauerten.

Weiter unten am Wege stand eine stattliche römische Matrone. Das war Anarella, die mir freundlich winkend bedeutete, hereinzukommen. Warum war ich zu la bella Margherita gegangen – statt zu ihr? Wußte ich denn nicht, daß ihr Cacciacavallo – der beste Käse im ganzen Dorf war? Und was den Wein anlangte? Jedermann wußte, daß der Wein des Parocco nicht zu vergleichen war mit dem des

[1] Ich ermorde mich, du ermordest dich, usw.

Rev. Don Dionisio. »Altro che il vino del Parroco!« setzte sie mit vielsagendem Zucken ihrer breiten Schultern hinzu. Als ich unter ihrer Pergola saß vor einer Flasche von Don Dionisios vino bianco, dämmerte es mir, sie könnte recht haben, doch ich wollte gerecht sein und mußte die ganze Flasche austrinken, ehe ich ein endgültiges Urteil abgab. Aber als Gioconda – ihre lächelnde Tochter – mir das zweite Glas aus der neuen Flasche eingoß, hatte ich entschieden. Ja – Don Dionisios vino bianco war der beste! Er sah aus wie flüssiger Sonnenschein, er schmeckte wie der Nektar der Götter, und Gioconda sah aus wie eine junge Hebe – wie sie mein leeres Glas füllte. »Altro che il vino del Parroco! sagte ich es dir nicht?« lachte Anarella. »E un vino miracoloso!« Ja freilich, wundertätig – denn plötzlich sprach ich fließend italienisch mit schwindelerregender Zungenfertigkeit unter lautem Gelächter von Mutter und Tochter. Ich empfand große Freundschaft für Don Dionisio; sein Name gefiel mir, sein Wein gefiel mir – ich meinte, ich möchte ihn gern kennenlernen. Nichts leichter – denn er sollte am Abend in der Kirche predigen für die figlie di Maria.

»Er ist sehr gelehrt«, sagte Anarella. »Er kennt die Namen aller Märtyrer und Heiligen auswendig und ist sogar in Rom gewesen und hat dem Papst die Hand geküßt.« War sie denn in Rom gewesen? Nein. Aber in Neapel? Nein. Nur einmal in Capri – an ihrem Hochzeitstage, aber Gioconda war nie da gewesen, in Capri waren lauter gente malamente[1]. Ich sagte, ich wüßte Bescheid über den Schutzpatron von Capri, wieviel Wunder er getan, wie schön er war, aus massivem Silber. Es entstand ein verlegenes Schweigen.

»Ja, Sie sagen, Ihr San Costanzo wäre ganz aus Silber«, stieß Anarella hervor und zuckte verächtlich die breiten Schultern, »aber wer weiß, chi lo sa?« Und was seine Wunder anlangte – die konnte man an den Fingerspitzen zählen, während Sant' Antonio, der Schutzpatron von Anacapri, schon mehr als hundert getan hätte. Altro che San Costanzo! Ich war auf einmal ganz für Sant' Antonio

[1] Bösartige Leute

gewonnen und hoffte von ganzem Herzen auf ein neues Wunder, das mich so bald wie möglich wieder in sein bezauberndes Dörfchen führen würde. Die gute Anarella hatte so viel Vertrauen in seine Wunderkraft, daß sie es glatt ablehnte, Geld anzunehmen.

»Pagherete un' altra volta, Ihr werdet ein andermal bezahlen.«

»Addio, Anarella, addio, Gioconda!«

»Arrivederla, presto ritorno, Sant' Antonio vi benedica! La Madonna vi accompagni[1]!«

In seinem Weinberg arbeitete der alte Mastro Vincenzo noch fleißig. Der Boden duftete, in den er für den jungen Wein tiefe Furchen schlug. Manchmal ergriff er eine Platte aus buntem Marmor oder ein Stück rotes Stuckwerk und warf es über die Mauer. »Roba di Timberio«, sagte er. Ich setzte mich auf eine zerbrochene Säule aus rotem Granit zu meinem Freunde. »Era molto duro, läßt sich schwer zerschlagen«, sagte Mastro Vincenzo. Zu meinen Füßen scharrte ein Huhn nach Würmern, und plötzlich lag da vor meiner Nase eine Münze. Ich griff nach ihr und erkannte auf den ersten Blick den edlen Kopf des Augustus »Divus Augustus Pater«. Mastro Vincenzo sagte, sie sei keinen Baiocco[2] wert; ich habe sie noch. Er hatte den Garten selbst angelegt und all die Reben und Feigenbäume mit seinen Händen gepflanzt. »Schwere Arbeit«, sagte er – und hielt mir die harten, hornigen Hände hin–, weil der ganze Boden voll Roba di Timberio sei. Säulen, Kapitelle, zerbrochene Statuen und teste di cristiani[3]; er mußte tief graben und all das Zeug wegschleppen, ehe er seine Reben pflanzen konnte. Die Säulen hatte er gespalten zu Treppenstufen. Gewiß hatte er einige Marmorstücke brauchen können beim Bau seines Hauses. Das übrige hatte er in den Abgrund geworfen. Aber Glück hatte er doch gehabt, als er plötzlich ein großes unterirdisches Zimmer unter seinem Hause fand. Es hatte rote Wände, genau wie das Stück da drüben unter

[1] Auf baldiges Wiedersehen, Sant' Antonio segne Euch, die Madonna sei mit Euch! [2] Kleine bourbonische Münze [3] Menschliche Köpfe

dem Pfirsichbaum, und die waren bemalt mit lauter splitternackten cristiani tutti spogliati, ballando come dei pazzi[1], in den Händen Blumen und Weintrauben. Es hatte ihn Tage gekostet, all die Malereien abzukratzen und die Wände mit Zement zu bedecken, »aber schließlich war das geringere Mühe, als den Felsen zu sprengen und eine neue Zisterne zu bauen«, sagte Mastro Vincenzo mit schlauem Lächeln. Jetzt würde er alt und könnte sich nicht mehr so um seinen Weinberg kümmern. Sein Sohn, der auf dem Festland lebte mit drei Kühen und zwölf Kindern, wünschte, er solle das Haus verkaufen und zu ihm ziehen. Wieder begann mein Herz zu klopfen. Gehörte die Kapelle auch ihm? Nein, die gehörte niemandem, die Leute sagten sie wäre von Geistern bewohnt. Er selbst hatte dort einmal als Knabe einen hageren Mönch gesehen – der an der Brüstung lehnte–, und ein paar Seeleute, die eines Abends spät die Stufen heraufkamen, hatten Glockenklang in der Kapelle gehört. Der Grund für dies alles, erklärte Mastro Vincenzo, war der: Als Timberios Palast hier stand, hatte er »fatto amazzare Gesù Cristo«, Jesus Christus umbringen lassen, und seitdem kehrte seine fluchbeladene Seele oft zurück und erbat Vergebung bei den Mönchen, die unter der Kapelle begraben waren. Man erzählte sich, er käme oft als große schwarze Schlange. Die Mönche wurden amazzati von einem Räuber, der Barbarossa hieß, mit seinen Schiffen die Insel anlief und alle Frauen in Sklaverei verschleppte, die ihre Zuflucht droben in dem Schlosse gesucht hatten. Deshalb hieß das Schloß nun Castello Barbarossa. Padre Anselmo, der Einsiedler, ein gelehrter Mann und außerdem mit ihm verwandt, hatte ihm das alles erzählt und auch von den Engländern, die aus der Kapelle eine Festung gemacht hatten und die dann ihrerseits von den Franzosen »amazzati« wurden.

»Sieh«, sagte Mastro Vincenzo, auf einen Haufen Kanonenkugeln auf der Gartenmauer deutend, und »hier«, fügte er hinzu und hob den Knopf einer englischen Uniform auf. »Die Franzosen«, fuhr er fort, »hatten ein großes Geschütz

[1] Ganz nackt und tanzend wie verrückt

bei der Kapelle aufgestellt und beschossen Capri, das die Engländer hielten.«

»Das war gut«, schmunzelte er, »die Capresen sind schlechte Leute.«

Später hatten die Franzosen die Kapelle als Pulvermagazin verwandt. Deshalb nannte man sie auch noch »La Polveriera«. Nun war es bloß noch eine Ruine, aber – ihm war sie nützlich gewesen, denn er hatte fast alle Steine zu seiner Gartenmauer dort geholt.

Ich kletterte über die Mauer und ging den schmalen Weg zur Kapelle empor. Der Boden war bis in Mannshöhe mit den Trümmern der eingestürzten Wölbung bedeckt, die Wände umsponnen von Efeu und wildem Geißblatt. Hunderte von Eidechsen spielten zwischen großen Büschen von Myrten und Rosmarin, nur ab und zu innehaltend, um mich mit glänzenden Augen und bebenden Kehlen anzusehen. Aus einer dunklen Ecke erhob sich mit lautlosem Flügelschlag eine Eule, und eine große schwarze Schlange, die auf dem besonnten Mosaikboden der Terrasse schlief, entrollte langsam den schwarzen Knoten ihres Leibes, zischte drohend nach dem Eindringling und glitt in die Kapelle zurück. War das der Geist des finsteren alten Kaisers, der noch die Ruinen heimsuchte, wo seine kaiserliche Villa stand?

Zu meinen Füßen lag die Insel in ihrer ganzen Schönheit. Wie konnte er an solchem Orte leben und so grausam sein! dachte ich. Wie konnte seine Seele so finster sein, bei so strahlendem Glanz über Himmel und Erde! Wie konnte er jemals diesen Ort verlassen und sich zurückziehen in jene andere, noch unzugänglichere Villa auf den westlichen Felsen, die noch seinen Namen trägt, wo er die drei letzten Lebensjahre verbrachte!

Auf einem solchen Erdenfleck zu leben – und zu sterben–, wenn wirklich der Tod das Glück eines solchen Lebens besiegen konnte! Welch kühner Traum hatte mein Herz so heftig schlagen lassen – als mir eben Mastro Vincenzo erzählte, daß er alt und müde würde und daß sein Sohn ihn bat, das Haus zu verkaufen? Welch wilde Gedanken ließ meine überschwengliche Phantasie in meinem Gehirn auftauchen, als er sagte, die Kapelle gehöre niemandem?

Warum nicht mir? Warum sollte ich nicht Mastro Vincenzos Haus kaufen, Haus und Kapelle durch Rebengewinde und Zypressengänge verbinden, mit weißen Loggien, auf Säulen ruhend, mit Marmorbildern von Göttern und Erzgestalten von Kaisern... Ich schloß die Augen, um die schönen Bilder festzuhalten, die Wirklichkeit verblaßte in traumhaftem Dämmerlicht.

Eine hohe Gestalt in rotem Mantel stand an meiner Seite.

»Es soll dein sein«, sagte eine klangvolle Stimme, und eine Hand beschrieb einen Kreis über das leuchtende Land. »Kapelle, Garten, Haus und der Berg mit seinem Schloß – alles soll dein sein, wenn du bereit bist – den Preis dafür zu zahlen!!«

»Wer bist du – Phantom?«

»Ich bin der unsterbliche Genius dieser Stätte. Zeit bedeutet nichts für mich. Vor zweitausend Jahren stand ich, wo wir stehen, an der Seite eines anderen Mannes, den sein Schicksal hierher führte, wie dich das deine. Er suchte nicht, wie du, das Glück, er verlangte nur Frieden und Vergessen und glaubte, sie auf dieser stillen Insel zu finden. Ich nannte ihm den Preis: – ein Brandmal der Niedrigkeit auf seinem hellen Namen für alle Zeiten.

Er schlug ein – er bezahlte den Preis. Elf Jahre lang lebte er hier mit ein paar zuverlässigen Freunden, Männern von unantastbarer Ehre. Zweimal brach er auf, um in seinen Palast auf dem Palatin zurückzukehren. Zweimal versagte sein Mut. Rom hat ihn nie wieder gesehen. Er starb auf der Rückfahrt in der Villa seines Freundes Lucullus auf jenem Vorgebirge dort. Seine letzten Worte waren, man solle seine Sänfte auf die Galeere tragen und ihn nach seiner Inselheimat bringen.«

»Welchen Preis verlangst du von mir?«

»Das Opfer deines Ehrgeizes, dir in deinem Beruf einen Namen zu machen. Den Verzicht auf deine Zukunft.«

»Was aber soll dann aus mir werden?«

»Ein ›Hätte-sein-Können‹. Ein ›mißlungener Versuch‹.«

»Du nimmst mir alles, für das es wert ist, zu leben.«

»Du irrst – ich gebe dir alles – für das zu leben es lohnt.«

»Wirst du mir wenigstens das Mitleid lassen? Ich kann nicht ohne Mitleid leben, wenn ich Arzt werden soll.«

»Ja, ich lasse es dir, aber du wärest ohne das Mitleid besser gefahren.«

»Verlangst du noch mehr?«

»Ehe du stirbst, wirst du noch einen Preis zahlen müssen – einen hohen Preis. Aber ehe er fällig wird, wirst du jahrelang von dieser Stätte die Sonne untergehen sehen über wolkenlosen Tagen des Glücks, den Mond aufgehen über sternenklaren Nächten voller Träume.«

»Werde ich hier sterben?«

»Hüte dich zu forschen nach der Antwort auf diese Frage. Der Mensch ertrüge das Leben nicht, wäre ihm seine Todesstunde bekannt.«

Er legte seine Hand auf meine Schulter. Ein leiser Schauer rann durch meinen Körper. »Noch einmal werde ich bei dir sein an dieser Stelle, nach Sonnenuntergang; bis dahin steht dir die Welt frei.«

»Es gibt für mich keine Wahl, mein Urlaub ist zu Ende, heute abend muß ich fort an mein Tagwerk, weit von diesem schönen Lande. Und Nachdenken ist überhaupt nicht mein Fall. Ich willige ein – ich bezahle den Preis, wie hoch er auch sei. Aber wie soll ich dies Haus kaufen, meine Hände sind leer.«

»Deine Hände sind leer, aber stark, dein Kopf ist ungestüm, aber klar, dein Wille ist gesund – es wird dir gelingen.«

»Wie soll ich denn mein Haus bauen, ich verstehe nichts von Baukunst?«

»Ich werde dir helfen. Welchen Stil willst du haben? Warum nicht Gotik? Ich liebe die Gotik mit ihrem gedämpften Licht und flutenden Geheimnis.«

»Ich werde den Stil erfinden, selbst du wirst ihm keinen

Namen geben können. Kein mittelalterliches Halbdunkel für mich! Mein Haus muß offen sein für Wind und Sonne und die Stimme des Meeres, wie ein Griechentempel – und Licht, Licht, Licht überall!«

»Hüte dich vor dem Licht, hüte dich vor dem Licht! Zuviel Licht ist nicht gut für Menschenaugen.«

»Ich will Säulen von unschätzbarem Marmor, die Loggien und Arkaden tragen, schöne Fragmente aus fernen Tagen sollen im Garten verstreut liegen, die Kapelle soll eine stille Bücherei werden, und schöne Glocken sollen das Ave Maria läuten nach jedem glücklichen Tage.«

»Glocken kann ich nicht leiden!«

»Und hier, wo wir stehen, wo zu unseren Füßen die schöne Insel wie eine Sphinx aus dem Meere steigt, soll eine Granitsphinx aus dem Lande der Pharaonen liegen. Wo werde ich das alles finden?«

»Du stehst auf dem Boden einer Villa des Tiberius. Unbezahlbar sind die Schätze vergangener Jahrhunderte, die unter diesen Reben, unter der Kapelle und dem Haus liegen. Der Fuß des alten Kaisers ging über die bunten Marmorfliesen, die du den alten Bauern über seine Mauer warfen sahst, das Fresko mit seinen tanzenden Faunen und blumenumkränzten Bacchantinnen schmückte die Wände seines Palastes. Sieh«, sagte er und deutete in die klare Meerestiefe tausend Fuß unter uns. »Hat dir nicht dein Tacitus in der Schule erzählt, daß bei der Nachricht vom Tode des Kaisers seine Paläste ins Meer gestürzt wurden?«

Ich wollte gleich über die Klippen in den Abgrund springen und im Meer nach meinen Säulen tauchen. »Kein Grund zu solcher Eile«, sagte er lachend. »Seit zweitausend Jahren umspinnen sie Korallen, die Wellen haben sie immer tiefer im Sande vergraben, sie werden warten, bis deine Zeit kommt.«

»Und die Sphinx, wo soll ich die Sphinx finden?«

»Auf einsamer Ebene, fern vom heutigen Treiben, stand einst die Villa eines anderen Kaisers. Er hatte die Sphinx von den Ufern des Nils mitgebracht, seinen Garten zu schmücken. Nur ein Trümmerhaufen ist von dem Palast geblieben, aber tief im Dunkel der Erde schläft noch die Sphinx. Suche, und du wirst sie finden. Es wird dir beinahe das Leben kosten, sie hervorzubringen, aber es wird dir gelingen.«

»Du scheinst die Zukunft zu kennen wie die Vergangenheit.«

»Vergangenheit und Zukunft sind mir eins. Ich weiß alles.«

»Ich beneide dich nicht um dies Wissen.«

»Deine Worte sind älter als deine Jahre, woher hast du den Ausspruch?«

»Das hab ich heute auf dieser Insel gelernt, denn dies freundliche Volk, das nicht lesen und schreiben kann, ist viel glücklicher als ich, der seit seiner Kindheit seine Augen anstrengte, um Wissen zu erlangen. Und wie ich aus deinen Worten sehe – hast auch du das getan. Du bist ein Gelehrter, du kennst deinen Tacitus auswendig.«

»Ich bin Philosoph.«

»Kannst du gut Latein?«

»Ich bin Doktor der Theologie an der Universität Wittenberg.«

»Ach – deshalb schien es mir auch, als hätte ich einen leichten deutschen Akzent in deiner Stimme gehört. Kennst du Deutschland?«

»Allerdings«, lächelte er.

Ich sah ihn aufmerksam an. Seine Formen und sein Benehmen waren die eines großen Herrn. Und jetzt bemerkte ich erst, daß er einen Degen unter dem roten Mantel trug. Seine Stimme hatte einen scharfen Klang, der mir bekannt schien.

»Verzeiht mir, Herr Ritter, ich glaube, wir sind uns schon begegnet in Auerbachs Keller in Leipzig. Seid Ihr nicht...?« Die Kirchenglocken von Capri begannen das Ave Maria. Ich wandte den Kopf nach ihm hin – er war verschwunden.

2

Quartier Latin

Quartier Latin. Ein Studentenzimmer im Hôtel de L'Avenir, überall Stöße von Büchern, auf Tischen, Stühlen und auf dem Boden; an der Wand eine verblichene Photographie von Capri.

Morgens in den Sälen von La Salpêtrière, Hôtel Dieu und La Pitié, von Bett zu Bett gehend, ein Kapitel nach dem anderen im Buche menschlichen Leidens lesend, das mit Blut und Tränen geschrieben ist. Nachmittags in der Anatomie und den Hörsälen der Ecole de Médecine oder in den Laboratorien des Pasteur-Institutes mit staunendem Blick im Mikroskop das Geheimnis der unsichtbaren Welt jener unendlich kleinen Wesen wahrnehmend, jener Richter über Tod und Leben des Menschen.

Nachtwachen im Hôtel de L'Avenir. Wertvolle Nächte der Arbeit, um die harten Tatsachen zu meistern, die klassischen Zeichen von Störung und Erkrankung, wie sie von Beobachtern aller Länder gesammelt und gesichtet sind, so notwendig und so ungenügend für das Werden eines Arztes! Arbeit, Arbeit, Arbeit; Sommerferien mit leeren Cafés im Boulevard St. Michel, die Medizinschule geschlossen, Laboratorien und Hörsäle verödet, die Kliniken halb leer. Aber keine Ferien dem Leiden in den Krankensälen – kein Urlaub für den Tod; kein Urlaub im Hôtel de L'Avenir. Keine Zerstreuung, als hier und da ein Gang unter den Linden der Luxembourg-Gärten oder eine gierig genossene Erholungsstunde im Louvre-Museum. Keine Freunde. Kein Hund. Nicht einmal ein Mädel. Henri Murgers Bohème war verschwunden, aber seine Mimi lebte – mehr denn je. Lächelnd schlenderte sie den Boulevard St. Michel herab am Arm fast jedes Studenten, wenn die Stunde des Apéritif nahte, oder sie flickte ihm den Rock und wusch ihm die Wäsche in seiner Dachkammer, während er zur Prüfung arbeitete.

Keine Mimi für mich! Ja, sie durften es sich leisten, es leicht zu nehmen, meine glücklichen Kameraden, ihre Abende in leerem Geplauder an den Tischen der Cafés zu verbringen, zu lachen, zu leben und zu lieben. Ihr bewegliches lateinisches Hirn arbeitete viel rascher als das meine, und sie hatten keine verblichene Photographie von Capri an der Wand ihrer Dachkammer, um sie anzuspornen, keine Säulen aus köstlichem Marmor erwarteten sie unter dem Sand des Palazzo al Mare. Oft in den langen durchwachten Nächten, wenn ich dort saß im Hôtel de L'Avenir, den Kopf über Charcots »Krankheiten des Nervensystems« geneigt oder über Trousseaux' »Die Klinik des Hôtel Dieu«, schoß ein furchtbarer Gedanke durch mein Hirn: Mastro Vincenzo ist alt; wenn er nun stirbt, während ich hier sitze, oder wenn er einem anderen das Häuschen auf dem Felsen verkauft, das den Schlüssel meiner Zukunftsheimat birgt! Eiskalter Schweiß stand auf meiner Stirn, und mein Herz stand fast still vor Angst. Ich starrte auf das blasse Bildchen von Capri an der Wand, mir schien es mehr und mehr im Nebel zu verschwimmen, geheimnisvoll und sphinxartig, bis nichts blieb als der Umriß eines Sarkophags, unter dem ein Traum begraben lag... Dann rieb ich mir wohl die schmerzenden Augen und warf mich wieder mit heißem Zorn über mein Buch, wie ein Rennpferd, das, den Sporn in der blutigen Flanke, dem Ziel entgegenfliegt. Ja – es wurde ein Rennen, ein Rennen um Preise und Trophäen. Meine Kameraden begannen auf mich zu setzen als »Favoriten«, und sogar der Meister mit dem Cäsarenkopf und dem Adlerblick sah in mir den kommenden Mann, meines Wissens die einzige falsche Diagnose, die Professor Charcot je stellte in Jahren sorgfältiger Beobachtung mit nie fehlgehendem Urteil in den Sälen der Salpêtrière oder in seinem Sprechzimmer am Boulevard St. Germain, in dem sich Patienten aus der ganzen Welt drängten. Sein Fehler kam mir teuer zu stehen. Es kostete mich meinen Schlaf und beinahe mein Augenlicht. Diese Frage steht übrigens bis heute noch offen. So fest war mein Glaube an Charcots Unfehlbarkeit, wußte er doch mehr als irgendeiner unter den Lebenden vom menschlichen Gehirn, daß ich für kurze Zeit dachte, er hätte recht. Angespornt vom Ehrgeiz, seine Prophezeiung zu erfüllen, ohne Rücksicht auf Ermüdung, Schlaf, ja selbst Hunger, spannte ich jede Fiber von Geist und Körper bis zum Zerreißen, ich wollte um jeden Preis gewinnen. Keine Spaziergänge mehr unter den Linden der Luxembourg-Gärten, kein Schlendern durch den Louvre. Von früh bis spät die verpestete Luft der Krankenhäuser und Hörsäle in den Lungen, von spät bis früh beim Rauch endloser Zigaretten in meinem muffigen Zimmer im Hôtel de L'Avenir. Prüfung auf Prüfung in rascher Folge, ach, leider viel zu rasch, um irgendeinen Wert zu haben, Erfolg auf Erfolg. Arbeit, Arbeit, Arbeit! Ich sollte im Frühling meinen Doktor machen. Glück bei allem, was meine Hand berührte, nie versagendes erstaunliches, fast unheimliches Glück. Nun hatte ich den Bauplan dieses wunderbaren Mechanismus kennengelernt, der Menschenkörper heißt, das harmonische Arbeiten seines Räderwerks in der Gesundheit, seine Störungen bei Krankheit und schließlich seinen Zusammenbruch im Tode. Nun war ich fast mit allen Gebrechen vertraut, die in den Krankensälen Leidende an ihre Betten schmieden. Ich hatte gelernt, die scharfen Messer der Chirurgie zu führen, um mit gleichen Waffen den unversöhnlichen Gegner zu bekämpfen, der, die Sense im Arm, Seine Runde in den Sälen machte, immer bereit niederzumähen, immer gegenwärtig zu jeder Nacht- und Tagesstunde. Ja, es schien, als hätte Er sich dort endgültig niedergelassen in dem finsteren alten Hospital, das jahrhundertelang so viel Leid und Jammer beherbergt hatte. Manchmal stürzte Er durch den Saal, rechts und links, jung und alt in blinder Wut niederschlagend, wie wahnsinnig würgte Er ein Opfer mit dem sicheren Griff Seiner Hand oder riß einem anderen die Binde von der klaffenden Wunde, bis sein letzter Blutstropfen versickert war. Manchmal kam Er auf den Fußspitzen heimlich und leise, und Seine Hand schloß mit sanfter Berührung die Augen eines Leidenden, der lächelnd dalag, wenn Er gegangen war. Oft konnte ich, der Sein Nahen hindern wollte, nicht einmal sehen, daß Er kam. Nur kleine Kinder an der Mutterbrust wußten um Seine Gegenwart und schreckten aus ihrem Schlaf empor mit jähem Schmerzensschrei, wenn Er vorüberging. Öfters sah eine der alten Nonnen, die ein Menschenalter in den Sälen zugebracht hatten, Sein Nahen gerade zur Zeit, um noch ein Kruzifix ans Bett zu tragen. Anfangs, wenn Er dastand, sieghaft an einem Bettende und ich hilflos am anderen, beachtete ich ihn kaum. Ich dachte damals nur an das Leben und wußte, daß meine Aufgabe beendet war, wenn die Seine begann. Ich wandte mein Gesicht ab von meinem finsteren Kollegen, gekränkt über meine Niederlage. Aber als ich vertrauter mit Ihm wurde, fing ich an, Ihn immer aufmerksamer zu beobachten, und je mehr ich von Ihm sah, desto mehr wünschte ich Ihn kennenzulernen und Ihn zu verstehen. Ich begann zu begreifen, daß Er Seinen Anteil an der Arbeit hatte, ebenso wie ich, daß Er Seine Aufgabe zu erfüllen hatte, wie ich die meine, daß wir Kameraden waren; und wenn das Ringen um ein Menschenleben beendet war und Er gesiegt hatte, war es besser, einander furchtlos ins Auge zu sehen und Freunde zu werden.

Der Tag sollte kommen, an dem ich meinte, Er sei mein einziger Freund, wo ich Ihn ersehnte und fast liebgewann, obwohl Er mich kaum je beachtete. Was könnte Er mich nicht lehren, wenn ich nur lernen könnte, in Seinem dunklen Antlitz zu lesen! Welche Lücken in meinem dürftigen Wissen vom menschlichen Leiden könnte Er nicht ausfüllen! Er, der einzige, der das letzte fehlende Kapitel in meinen medizinischen Handbüchern gelesen hatte, wo alles erklärt wird, wo die Lösung jedes Rätsels steht und die Antwort auf jede Frage!

Aber warum war Er so grausam. Er, der so sanft sein konnte? Warum raubte Er mit einer Hand so viel Jugend und Leben, wenn Er mit der anderen so viel Glück und Frieden schenken konnte? Warum war der Griff Seiner Hand am Hals dieses Opfers so zögernd – und der Hieb so rasch, mit dem Er jenes traf? Warum rang Er so lange mit dem Leben des Kindes und ließ erbarmend das Leben der Alten im Schlaf verebben? War es nur Seines Amtes, zu schlagen? – Oder hatte Er auch zu strafen? War Er der Richter, wie Er der Henker war? Was tat Er mit denen, die Er erschlagen hatte? Hörten sie auf, zu sein – oder schliefen sie nur? Wohin entführte Er sie? War Er Alleinherrscher im Königreich der Schatten, oder nur ein Vasall, ein bloßes Werkzeug in den Händen eines viel mächtigeren Herrschers, des Herrn des Lebens? Sein war heute der Sieg – aber war Sein Sieg endgültig?

Hatte wirklich meine Arbeit aufgehört, wenn die Seine begann? War ich nur ein untätiger Zuschauer des letzten ungleichen Kampfes, hilflos und fühllos dastehend, während Er Sein Zerstörungswerk vollführte? Sollte ich mein Gesicht abwenden von jenen Augen, die meine Hilfe erflehten, wenn die Kraft zum Reden längst geschwunden war? Sollte ich meine Hand lösen von den zuckenden Fingern, die meine umklammerten, wie die des Ertrinkenden einen Strohhalm? Ich war besiegt, aber nicht entwaffnet, meinen Händen blieb eine mächtige Waffe. Er hatte den Kelch des ewigen Schlafes – aber auch ich hatte den meinen, mir anvertraut von der gütigen Mutter Natur. Wenn Er Seinen Trank zu langsam austeilte, warum sollte ich nicht den meinen spenden, der erlösend Qual in Frieden, Marter in Schlaf wandeln konnte? War es nicht meine Mission, sterben zu helfen, wo zu leben ich nicht helfen konnte?

Die alte Nonne hatte mir gesagt, ich beginge eine furchtbare Sünde – der allmächtige Gott in seiner unerforschlichen Weisheit hätte es so gewollt, und je mehr Leiden er in der Todesstunde schickte, um so vergebender würde er sein am Tage des Gerichts.

Sogar die liebliche Schwester Philomène hatte mich tadelnd angesehen, wenn ich, allein unter meinen Kollegen, mit der Morphiumspritze kam, wenn der alte Pater mit dem Sakrament das Bett verlassen hatte.

Ja – sie waren noch da in ihren großen weißen Hauben in allen Pariser Hospitälern, die sanften, alles opfernden Schwestern von St. Vincent de Paul. Das Kruzifix hing noch an der Wand in jedem Saal, der Pater las die Messe noch jeden Morgen an dem kleinen Altar im Saal der heiligen Klara. Die Oberin – »ma mère«, wie alle sie nannten, machte noch jeden Abend die Runde von Bett zu Bett, wenn das Ave Maria verklungen war.

Die Säkularisierung der Klöster war noch nicht brennende Tagesfrage, der wilde Ruf: »Fort mit den Priestern! Herunter mit dem Kruzifix, hinaus mit den Nonnen!« hatte sich noch nicht erhoben. Ach – bald darauf sah ich sie alle gehen – und es war schade um sie! Zweifellos hatten sie Fehler, diese Nonnen! Zweifellos waren sie vertrauter mit dem Rosenkranz als mit der Nagelbürste, tauchten ihre Finger lieber in Weihwasser als in Karbolsäure, damals das allmächtige Mittel in unseren Chirurgiesälen. Aber ihre Gedanken waren so lauter, ihre Herzen so rein, sie gaben ihr ganzes Leben der Arbeit und wollten dafür nichts weiter, als für ihre Schutzbefohlenen beten zu dürfen. Selbst ihre schlimmsten Feinde haben nicht gewagt, ihre alles opfernde Hingabe, ihre alles ertragende Geduld zu leugnen. Man sagte, die Schwestern gingen mit traurigen, mürrischen Gesichtern an ihr Tagewerk, ihre Gedanken wären mehr aufs Heil der Seele als auf das des Leibes gerichtet, auf ihren Lippen wären mehr Worte der Resignation als der Hoffnung. Im Gegenteil, diese Nonnen, junge und alte, waren ausnahmslos froh und glücklich, fast lustig, voller Unsinn und kindlichem Gelächter. Wunderbar, wie sie es verstanden, ihr Glücklichsein auf andere zu übertragen. Sie waren auch tolerant. Gläubige und Ungläubige – alle waren gleich vor ihnen. Eher waren sie noch besorgter, den letzteren zu helfen, die ihnen so leid taten und über deren Flüche und Lästerungen sie nie gekränkt zu sein schienen. Zu mir waren sie alle unendlich gütig und freundlich. Wohl wußten sie, daß ich ihrem Glauben nicht angehörte, daß ich nicht beichtete und kein Kreuz schlug vor dem kleinen Altar. Am Anfang hatte die Mutter Oberin ein paar scheue Versuche gemacht, mich zu dem Glauben zu bekehren, der sie bewogen hatte, ihr Leben für andere zu opfern, aber sie hatte es bald aufgegeben mit einem mitleidigen Schütteln ihres alten Kopfes. Sogar der gute alte Pater hatte jede Hoffnung auf meine Rettung verloren, seit ich ihm sagte, ich sei bereit, über die Möglichkeit eines Purgatoriums mit ihm zu diskutieren, müsse aber glatt ablehnen, an die Hölle zu glauben, und daß ich auf alle Fälle entschlossen sei, Morphium in vollen Dosen an Sterbende zu geben, wenn ihre Qualen zu grausam schienen und zu lange währten. Der Alte war ein Heiliger, aber Wortgefechte waren nicht seine Sache, und bald gaben wir diese Streitfragen ganz auf. Er kannte jedes Heiligenleben, und er war es, der mir zuerst die liebliche Legende von der heiligen Klara erzählte, die dem Saal ihren Namen gegeben hatte. Er war es auch, der mich zum erstenmal die wunderbaren Züge ihres Geliebten, des heiligen Franz von Assisi, erkennen ließ, des Freundes aller schlichten, unscheinbaren Geschöpfe zwischen Himmel und Erde, der auch mir ein Freund fürs Leben werden sollte. Aber es war Schwester Philomène – jung und anmutsvoll im weißen Novizenkleid der Augustinerinnen, die mich am meisten gelehrt hat, denn sie lehrte mich die Madonna lieben, deren Züge sie trug. Holde Schwester Philomène. Ich sah sie an Cholera sterben einige Jahre später in Neapel! Sie ging in den Himmel ganz so, wie sie war. Auch der Tod wagte nicht, sie zu entstellen.

Bruder Antoine, der sonntags ins Hospital kam, um in der kleinen Kapelle Orgel zu spielen, war mein besonderer Freund. In jenen Tagen war das für mich die einzige Gelegenheit, Musik zu hören, und ich versäumte sie selten, der ich Musik so liebe. Ich konnte die Schwestern nicht sehen, die singend am Altar saßen, ich erkannte aber deutlich die helle, reine Stimme von Schwester Philomène. Am Tag vor Weihnachten war Bruder Antoine stark erkältet. Im Saal der Santa Clara wurde von Bett zu Bett geflüstert, das große Geheimnis: Nach langen Verhandlungen zwischen der Mutter Oberin und dem alten Pater hatte man mir erlaubt, ihn an der Orgel zu vertreten und damit die Lage zu retten.

Sonst gab es für mich in jenen Tagen keine Musik, außer zweimal in der Woche, wenn der arme alte Don Gaetano kam und mir vorspielte auf seiner ausgeleierten Drehorgel unter meinem Balkon im Hôtel de L'Avenir. Das »Miserere« aus dem Troubadour war sein Glanzstück, und die wehmütige alte Weise paßte zu ihm und auch zu seinem halberstarrten Äffchen, das in seinem roten Garibaldijäckchen auf der Drehorgel kauerte:

Ah che la morte ogn'ora
E tarda nel venir!

Es paßte ebenso auf den armen alten Monsieur Alfredo, der in seinem fadenscheinigen Überrock durch die schneebedeckten Straßen wanderte, das Manuskript seiner letzten Tragödie unterm Arm. Ebenso auf meine Freunde aus dem italienischen Armenviertel, wenn sie sich um ihren niedergebrannten »braciero[1]« drängten, ohne Geld, sich für einen halben Groschen Kohlen zu kaufen. Es kamen Tage, da war die traurige Weise die rechte Begleitung auch für meine Gedanken; dann saß ich vor meinen Büchern im Hôtel de L'Avenir ohne den Mut, einem neuen Tag ins Auge zu sehen; schwarz und hoffnungslos erschien mir alles – und das blasse Bildchen von Capri so fern. Aber wenn ich mich dann aufs Bett warf und die schmerzenden Augen schloß, begann Sant' Antonio ein neues Wunder zu tun. Bald segelte ich davon, fort von all meinen Sorgen, zu dem verzauberten Eiland meiner Träume: Lächelnd reichte mir Gioconda ein Glas von Don Dionisios Wein, und wieder

[1] Kohlenbecken

strömte voll und stark das Blut durch mein müdes Hirn. Schön war die Welt, ich war jung, kampfbereit, siegessicher. Mastro Vincenzo, noch eifrig an der Arbeit zwischen seinen Reben, winkte mir zu, als ich den Pfad hinter seinem Garten zur Kapelle emporstieg. Ein Weilchen saß ich da auf der Terrasse, verzaubert blickte ich nieder auf die holde Insel zu meinen Füßen und wunderte mich, wie in aller Welt ich es machen würde, meine Sphinx aus rotem Granit zum Gipfel dieser Klippe heraufzuschleppen. Wahrhaftig, es würde keine Kleinigkeit sein – aber natürlich würde ich's schaffen – ich ganz allein! Addio, schöne Gioconda, addio und auf Wiedersehen – bald! Ja, gewiß, ich würde wiederkommen – sehr bald in meinem nächsten Traum!

Der neue Tag schien durchs Fenster und blickte unfreundlich auf den Träumer. Ich öffnete die Augen, sprang auf die Füße und grüßte ihn lächelnd, während ich ein Buch ergriff und mich an den Tisch setzte. Der Frühling kam und streute die erste Kastanienblüte von den knospenden Bäumen der Avenue auf meinen Balkon. Dies war das Zeichen – ich meldete mich zur Prüfung und verließ das Hôtel de L'Avenir, das schwererkämpfte Diplom in der Tasche – der jüngste Doktor med., den es je in Frankreich gegeben.

3

Avenue de Villiers

Avenue de Villiers. Dr. Munthe, Sprechstunde von 2—3.

Tag und Nacht erklang die Türklingel, kamen Bestellungen, dringende Briefe und Besuche. Das Telephon, diese tödliche Waffe in den Händen müßiger Frauen, hatte seinen nervenzermürbenden Feldzug gegen jede Stunde wohlverdienter Ruhe noch nicht begonnen. Das Empfangszimmer füllte sich rasch. Patienten jeglicher Art, meist nervöse Fälle, das schöne Geschlecht in der Überzahl. Viele waren krank, schwerkrank. Ich hörte aufmerksam zu, was sie sagten, untersuchte sie, so sorgfältig ich konnte, ganz überzeugt, daß ich helfen könne, was es auch sein mochte. Über diese Fälle möchte ich hier nicht reden. Eines Tages werde ich vielleicht auch über sie etwas zu sagen haben. Viele waren gar nicht krank und wären es nie geworden, hätten sie nicht mich konsultiert. Viele glaubten nur, sie wären krank. Diese hatten die längste Geschichte zu erzählen, von ihrer Großmutter, ihrer Tante oder Schwiegermutter, oder sie zogen kleine Zettel aus der Tasche und begannen eine lange Liste von Symptomen und Beschwerden vorzutragen: »Le malade au petit papier[1]«, wie Charcot zu sagen pflegte. Das war mir alles neu, da ich keine Erfahrung außerhalb der Krankenhäuser besaß, wo man für Unsinn keine Zeit hat. So machte ich manchen Schnitzer. Später, als ich ein wenig mehr Menschenkenntnis erworben hatte, lernte ich diese Patienten etwas richtiger behandeln, aber sehr gut kamen

[1] Der Kranke mit dem Zettelchen

wir nie miteinander aus. Sie schienen ganz bestürzt, wenn ich meinte, sie sähen gut aus und hätten frische Farben, atmeten aber auf, wenn ich hinzufügte, ihre Zunge gefiele mir nicht recht – was auch oft der Fall war. In solchen Fällen war meine Diagnose meist: »Überfütterung, zuviel Kuchen und Süßigkeiten am Tage, zu schwere Diners am Abend.« Wahrscheinlich die richtigste Diagnose, die ich in jenen Tagen stellte, aber sie fand keinen Beifall. Niemand wollte Näheres hören. Niemand mochte sie. Was sie alle gern haben wollten, war Appendizitis. Nach Blinddarmentzündung war damals viel Nachfrage bei wohlhabenden Leuten, die sich nach einem passenden Leiden umsahen. Alle diese nervösen Damen hatten sie, wenn auch nicht im Unterleib, so doch im Kopf – und gediehen herrlich dabei, ebenso wie ihre ärztlichen Ratgeber. So steuerte ich mehr und mehr auf die Appendizitis zu und behandelte eine Anzahl solcher Fälle mit wechselndem Erfolg. Als aber das Gerücht umging, die Chirurgen Amerikas eröffneten einen Feldzug, um jeden Blinddarm in den Vereinigten Staaten herauszuschneiden, wurden meine Fälle in beängstigender Weise abtrünnig. Bestürzung: »Den Blinddarm entfernen? Meinen Blinddarm!« sagten die eleganten Damen und klammerten sich verzweifelt an ihren Wurmfortsatz, wie eine Mutter an den Säugling. »Was soll ich ohne ihn anfangen?«

»Ihnen den Blinddarm entfernen, unseren Blinddarm!« sagten die Ärzte und betrachteten finster ihre Patientenliste. »Was für ein Unfug! Nichts fehlt Ihrem Blinddarm – ich muß es doch wissen, der ich Sie zweimal wöchentlich untersuche. Ich bin absolut dagegen!«

Appendizitis lag also wirklich in den letzten Zügen; ein neues Leiden mußte erfunden werden, die allgemeine Nachfrage zu befriedigen. Die Fakultät bewährte sich, eine neue Krankheit wurde auf den Markt geworfen, ein neues Wort geprägt, eine wirkliche Goldmünze: Kolitis[1]! Es war

[1] Was wir heute unter Kolitis verstehen, kannte man damals nicht. Viele Sünden sind sowohl von Ärzten als auch von Patienten im Namen von Kolitis zu Beginn ihrer glänzenden Laufbahn begangen worden. Selbst heute bleibt die Diagnose noch häufig unklar und unbefriedigend. Anm. d. Verf.

ein nettes Leiden, sicher vor dem Messer des Chirurgen, immer zur Hand im Bedarfsfalle und jedem Geschmack anzupassen. Kein Mensch ahnte, wann es kam und wann es ging. Ich wußte, daß einige weitblickende Kollegen es schon mit Erfolg an Patienten ausprobiert hatten, aber mir war das Glück noch nicht hold gewesen.

Ich glaube, einer meiner letzten Fälle von Appendizitis war die Gräfin, die mich konsultierte, auf Empfehlung von Charcot, wie sie sagte. Er pflegte mir hier und da Patienten zu schicken. Da war ich denn natürlich bestrebt, mein Allerbestes zu tun, wäre sie auch nicht so hübsch gewesen, wie sie war. Ihre großen schmachtenden Augen sahen mit schlecht verhohlener Enttäuschung auf das junge Orakel. Dann sagte sie, sie wünsche den »Herrn Doktor selbst« zu sprechen und nicht den Assistenten. Ich war an diese Begrüßung bei neuen Patienten schon gewöhnt. Zunächst wußte sie nicht, ob sie Appendizitis hätte – und der Herr Doktor wußte es auch nicht. Aber bald war sie überzeugt, sie zu haben, und ich, daß sie sie nicht hatte. Als ich dies mit unkluger Schroffheit äußerte, wurde sie sehr erregt. Charcot hätte doch gesagt, ich würde sicher herauskriegen, was ihr fehle, und ihr helfen, und statt dessen... Sie brach in Tränen aus, und ich hatte schreckliches Mitleid mit ihr.

»Was habe ich denn aber?« schluchzte sie und streckte mir mit verzweifelter Gebärde ihre beiden leeren Hände hin.

»Ich will es Ihnen sagen, wenn Sie mir versprechen, ruhig zu sein.« Sie hörte auf zu weinen. Die letzten Tränen aus den großen Augen wischend, sagte sie tapfer:

»Ich kann alles ertragen, ich habe ja schon so viel ertragen. Fürchten Sie nichts, ich werde nicht weinen. Was fehlt mir?«

»Kolitis.«

Ihre Augen wurden, wenn das möglich war, noch größer.

»Kolitis! Gerade das habe ich immer gedacht! Sie haben sicher recht! Kolitis! Sagen Sie, was ist Kolitis?«

Wohlweislich wich ich dieser Frage aus, denn das wußte

ich ja selbst nicht, und in jenen Tagen wußte es niemand. Aber ich sagte, es wäre langwierig und schwer zu heilen, und darin hatte ich recht. Die Gräfin lächelte liebenswürdig. Und dabei sagte ihr Mann, es wären bloß Nerven! Sie meinte, es wäre keine Zeit zu verlieren, und wollte die Behandlung sofort beginnen. So wurde verabredet, daß sie zweimal wöchentlich nach der Avenue de Villiers kommen sollte. Sie kam schon am nächsten Tag, und selbst ich, der schon an rasche Veränderungen bei Patienten gewöhnt war, staunte über ihr frisches Aussehen und ihr strahlendes Gesicht, so daß ich sie fragte, wie alt sie wäre.

Sie war gerade fünfundzwanzig. Sie war nur gekommen, um zu fragen, ob Kolitis ansteckend wäre.

»Ja, sehr.« Kaum hatte ich das gesagt, da begriff ich, daß dieses junge Geschöpf viel klüger war als ich.

Würde ich so gut sein, dem Grafen zu sagen, es wäre auf alle Fälle sicherer, wenn sie nicht im selben Zimmer schliefen?

Ich sagte ihr, das wäre gar nicht sicherer. Und wenn ich auch nicht die Ehre hätte, den Herrn Grafen zu kennen, wäre ich doch überzeugt, daß er sich nicht anstecken würde. Es wäre nur ansteckend für sehr empfindsame nervöse Naturen wie sie.

Ach – ich würde sie doch nicht empfindsam nennen, warf sie ein, während ihre großen Augen ruhelos im Zimmer umherwanderten...

»Doch, bestimmt!« – Ob ich sie davon heilen könnte?

»Nein.«

»Meine liebste Anne!

Denk Dir nur, ich habe Kolitis! Ich bin so froh, so froh, daß Du mir diesen Schweden empfohlen hast, oder war es Charcot? Jedenfalls hab ich ihm gesagt, es sei Charcot gewesen, damit er mehr Zeit und Aufmerksamkeit für mich hätte. Du hast recht, er ist gescheit, wenn er auch nicht so aussieht. Ich empfehle ihn bereits all meinen Freunden; ich glaube, er könnte meiner Schwägerin sehr viel nützen. Die liegt noch immer nach dem dummen Sturz bei Eurem

Kotillon. Sicher hat sie Kolitis! Schade, mein Liebes, daß wir uns morgen nicht sehen bei Josephines Diner, aber ich hab ihr schon geschrieben, daß ich Kolitis habe und unmöglich kommen könnte. Wenn sie es doch bis übermorgen verschieben könnte!

Tausend Grüße!

Deine Juliette.

P.S. Es fiel mir gerade ein, daß der Schwede sich mal Deine Schwiegermutter ansehen müßte, die so unter ihrer Taubheit leidet. Natürlich will die Marquise nicht noch mehr Ärzte sehen, wer will das denn! Aber könnte man es nicht so managen, daß er sie halb inoffiziell besuchte? Es würde mich nicht wundern, wenn bei ihr auch Kolitis dahintersteckte.

P.S. Ich habe nichts dagegen, den Doktor mal hier zum Diner zu haben, wenn Du die Marquise überredest, hier zu essen, im kleinen Kreis natürlich. Denk Dir, er stellte meine Kolitis fest, indem er mich durch seine Brille betrachtete! Im übrigen, mein Mann soll ihn auch kennenlernen, wenn er auch Ärzte ebensowenig liebt wie Deine Schwiegermutter. Dieser wird ihm gefallen.«

Eine Woche später hatte ich die unerwartete Ehre einer Diner-Einladung ins Hotel der Gräfin im Faubourg St. Germain. Ich saß neben der verwitweten Marquise, so daß mein Adlerblick ehrerbietig auf ihr ruhte, während sie in majestätischer Hoheit eine Riesenportion Gänseleberpastete verschlang. Sie sprach kein Wort mit mir, und meine schüchternen Versuche, eine Unterhaltung zu eröffnen, erstarben, als ich merkte, daß sie stocktaub war. Nach Tisch nahm mich der Graf in sein Rauchzimmer. Er war ein sehr höflicher kleiner Mann, sehr dick, mit sanften, fast scheuen Zügen, wenigstens doppelt so alt wie seine Frau, jeder Zoll ein Gentleman. Mir eine Zigarette reichend, begann er mit großer Wärme: »Wie danke ich Ihnen, daß Sie meine Frau von der Appendizitis geheilt haben! Schon das Wort ist mir verhaßt. Ich gestehe offen, ich habe eine starke Abneigung gegen Ärzte. Ich habe es schon mit so vielen versucht, aber bis jetzt hat noch keiner meiner Frau helfen können. Allerdings muß ich sagen, daß sie keinem recht Gelegenheit dazu gab, ehe sie schon wieder einen anderen nahm. Es wird Ihnen auch so gehen, ich warne Sie.«

»Dessen bin ich nicht so sicher.«

»Um so besser, sie scheint großes Vertrauen zu Ihnen zu haben. Damit haben Sie einen wertvollen Trumpf in der Hand.«

»Alle Trümpfe.«

»Ich gestehe, daß ich anfangs nicht sehr freundlich über Sie dachte – aber – nun, da wir uns kennen–, möchte ich meinen ersten Eindruck korrigieren – und«, setze er höflich hinzu, »mir scheint, wir sind schon auf dem besten Wege. Übrigens, was ist Kolitis?«

Er rettete mich aus der Verlegenheit, indem er gutgelaunt fortfuhr:

»Was es auch sein mag, es kann nicht schlimmer sein als Appendizitis, und Sie können sicher sein, ich weiß bald soviel darüber wie Sie.«

Er war nicht anspruchsvoll. Seine nette, offene Art gefiel mir so gut, daß ich mir auch eine Frage erlaubte.

»Nein«, antwortete er mit leicht befangener Stimme, »ich wünschte weiß Gott – wir hätten! Wir sind jetzt fünf Jahre verheiratet, und bisher keinerlei Anzeichen. Ich wollte bei Gott, wir hätten! Wissen Sie, ich bin in diesem alten Hause geboren, und mein Vater auch. Unser Landsitz in der Touraine gehört uns seit drei Jahrhunderten, ich bin der letzte meines Namens, und das ist hart und... kann man nichts tun gegen diese verwünschten Nerven? Wüßten Sie keinen Rat?«

»Ich glaube, diese aufregende Luft in Paris ist nicht gut für die Gräfin. Warum gehen Sie nicht zur Abwechslung auf Ihr Schloß in der Touraine?«

Sein Gesicht strahlte:

»Sie sind mein Mann«, sagte er und hielt mir die Hände fest, »ich wünsche mir nichts Schöneres! Da habe ich meine Jagd und mein großes Gut. Ich bin glücklich dort, aber die Gräfin langweilt sich zu Tode, und natürlich ist es auch einsam dort für sie, sie will doch ihre Freunde täglich sehen und abends ins Theater oder in Gesellschaft gehen. Wie sie es allerdings aushält, monatelang, obgleich sie immer über Müdigkeit klagt, begreife ich nicht. Mich würde es umbringen. Jetzt sagt sie, daß sie in Paris bleiben muß, um ihre Kolitis behandeln zu lassen, bisher war es Appendizitis. Aber Sie dürfen sie nicht für selbstsüchtig halten, sie denkt im Gegenteil immer an mich und will, daß ich allein nach Château Rameau gehe. Sie weiß, wie gern ich da bin. Aber wie kann ich sie allein in Paris lassen? Sie ist so jung und unerfahren.«

»Wie alt ist die Gräfin?«

»Erst neunundzwanzig, sie sieht sogar noch jünger aus.«

»Ja – sie sieht aus wie ein junges Mädchen.«

Er schwieg einen Augenblick. »Übrigens, wann werden Sie mal Ferien machen?«

»Ich hatte seit drei Jahren keine Ferien.«

»Um so mehr Grund, in diesem Jahr einmal auszuspannen. Sind Sie ein guter Schütze?«

»Ich töte keine Tiere, wenn es zu vermeiden ist. Warum fragen Sie?«

»Weil wir eine blendende Jagd haben in Château Rameau und ich überzeugt bin, eine Woche gründlicher Ruhe wäre Ihnen sehr wohltätig. Wenigstens sagt das meine Frau; sie meint, Sie wären furchtbar überarbeitet; übrigens sehen Sie auch so aus.«

»Sie sind sehr liebenswürdig, Herr Graf, aber mir fehlt nichts, ich kann bloß nicht schlafen.«

»Schlafen! Da gäbe ich Ihnen gern etwas ab, davon habe ich mehr als nötig. Wissen Sie, ich brauche nur den Kopf aufs Kissen zu legen, um sofort fest zu schlafen, und dann kann mich nichts mehr wecken. Meine Frau steht früh auf, aber ich höre sie nie. Der Diener, der mir um neun den Kaffee bringt, muß mich schütteln, damit ich wach werde. Da tun Sie mir wirklich leid. Übrigens – Sie wissen wohl kein Mittel gegen Schnarchen?«

Es war ein klarer Fall. Wir gingen zurück in den Salon zu den Damen. Man setzte mich neben die ehrwürdige Marquise zu der inoffiziellen Beratung, die die Gräfin so geschickt herbeigeführt hatte. Nach einem weiteren Versuch, mit der alten Dame eine Unterhaltung zu eröffnen, brüllte ich in ihr Hörrohr, sie hätte noch keine Kolitis, aber sicher würde sie sie bekommen, wenn sie nicht auf ihre Gänseleberpastete verzichtete.

»Ich hab's dir doch gesagt«, flüsterte die Gräfin, »ist er nicht klug?«

Die Marquise wollte gleich alle Symptome der Kolitis wissen und lächelte strahlend, während ich das feine Gift durch ihr Hörrohr träufelte. Als ich mich zum Gehen wandte, hatte ich meine Stimme eingebüßt, aber eine Patientin gewonnen.

Eine Woche später hielt eines Tages ein elegantes Coupé in der Avenue de Villiers, und ein Diener stürzte die Treppe herauf mit einem eilig gekritzelten Brief von der Hand der Gräfin – ich sollte sofort zur Marquise kommen – sie wäre in der Nacht erkrankt, mit offenbaren Anzeichen von Kolitis. Das war meine Einführung in die Pariser Gesellschaft.

Kolitis verbreitete sich wie ein Steppenbrand über ganz Paris. Mein Wartezimmer war bald so voll, daß ich mein Eßzimmer als eine Art zweites Wartezimmer einrichten mußte. Mir blieb es schleierhaft, woher all diese Leute Zeit und Geduld nahmen, so lange zu warten, oft viele Stunden. Die Gräfin kam regelmäßig zweimal in der Woche, aber manchmal fühlte sie sich so matt, daß sie auch an anderen Tagen kommen mußte. Offenbar lag ihr Kolitis viel besser als Appendizitis, ihr Gesicht hatte die schmachtende Blässe verloren, ihre großen Augen strahlten in jugendlichem Glanz.

Eines Tages, als ich das Hotel der Marquise verließ, die aufs Land fuhr und von der ich mich verabschieden wollte, fand ich an meinem Wagen die Gräfin in freundlicher Unterhaltung mit Tom, der auf einem großen Paket saß, das halb verborgen unter der Wagendecke lag. Die Gräfin wollte in die »Magazins du Louvre« fahren, um ein kleines Geschenk für die Marquise zu kaufen, die morgen Geburtstag hatte. Sie hatte aber keine Ahnung, was! Ich schlug vor, einen Hund!

»Einen Hund! Was für eine glänzende Idee!« Es fielen ihr ihre Kinderbesuche bei der Marquise ein, und daß sie sie stets mit einem Mops auf dem Schoß gesehen hatte, einem Mops, der so fett war, daß er sich kaum rühren konnte, und der so furchtbar schnarchte, daß man es im ganzen Haus hörte. Ihre Tante hatte wochenlang in Tränen geschwommen, als er starb. Wahrhaftig, eine glänzende Idee! Wir gingen die Straße hinab bis zur Ecke der Rue Cambon, wo der Laden eines bekannten Hundehändlers war. Da saß zwischen einem halben Dutzend Fixkötern aller Art genau der Hund, den ich suchte, ein vornehmer kleiner Mops, der uns verzweiflungsvoll anschnarchte, um unsere Aufmerksamkeit auf sein trauriges Los zu lenken. Seine blutunterlaufenen Augen flehten, ihn aus dieser gemischten Gesellschaft zu erlösen, in die er durch Mißgeschick und ohne seine Schuld geraten war. Er erstickte fast vor Aufregung, als er sein Glück begriff und in einer Droschke nach dem Hotel im Faubourg St. Germain geschickt wurde. Die Gräfin wollte doch noch in die Magazins du Louvre – um einen neuen Hut aufzuprobieren. Sie meinte, sie würde zu Fuß gehen. Dann erklärte sie, eine Droschke nehmen zu wollen, und ich erbot mich, sie in meinem Wagen hinzufahren. Sie zögerte – was werden die Leute sagen, die mich in seinem Wagen sehen? – und nahm dann mit guter Miene an. Aber war das nicht ein Umweg, sie in den Louvre zu fahren? Keineswegs, denn ich hatte gerade nichts zu tun. »Was ist in dem Paket?« fragte die Gräfin mit weiblicher Neugier. Ich war im Begriff, noch einmal zu lügen, als Tom, der sein Amt als einziger Wächter des kostbaren Pakets für beendet hielt, auf seinen gewohnten Platz an meiner Seite sprang. Das Paket riß entzwei, und heraus schaute: ein Puppenkopf.

»Warum in aller Welt fahren Sie mit Puppen herum, für wen sind sie?«

»Für die Kinder.«

Sie wußte nicht, daß ich Kinder hatte, und schien meine

Zurückhaltung über mein Privatleben kränkend zu finden. Wieviel Kinder ich denn hätte? Etwa ein Dutzend. Es half nichts, das ganze Geheimnis kam heraus.

»Kommen Sie mit«, sagte ich kühn, »und auf dem Rückweg bringe ich Sie zu meinem Freund ›Jacques‹, dem Gorilla im Jardin des Plantes. Das liegt auf unserem Wege.« Die Gräfin war offenbar heute in bester Laune und zu allem bereit. Sie fand es herrlich, aber hinter der Gare Montparnasse schienen ihr Bedenken zu kommen, und bald wußte sie überhaupt nicht mehr, wo sie war. Wir fuhren durch dunkle, übelriechende Armenviertel. Dutzende zerlumpter Kinder spielten im Schmutz und Abfall der Gassen. Fast vor jeder Tür saß eine Frau mit einem Säugling an der Brust, und andere kleine Kinder hockten neben ihr um ein Kohlenbecken.

»Ist dies Paris?« fragte die Gräfin mit einem fast angstvollen Blick. »Ja – das ist Paris, la Ville Lumière! und dies ist L'Impasse Rouselle«, fügte ich hinzu, als wir an einer Sackgasse hielten, feucht und dunkel wie der Grund eines Brunnens. Da saß Salvatores Frau auf dem einzigen Stuhl der Familie, und Petruccio, ihr Schmerzenskind, lag auf ihrem Schoß. Sie rührte die Polenta, und zwei größere Schwestern schauten eifrig zu, während das kleinste Kind, auf dem Boden herumkriechend, ein Kätzchen verfolgte. Ich sagte Salvatores Frau, ich hätte eine freundliche Dame mitgebracht, die den Kindern etwas schenken wollte. Ich sah an ihrer Befangenheit, daß es das erstemal war, daß die Gräfin ein Haus der ganz Armen betrat. Sie errötete tief, als sie Petruccios Mutter die erste Puppe reichte, denn Petruccio selbst konnte in seiner welken Hand nichts halten. Er war gelähmt seit seiner Geburt. Er zeigte auch keine Freude, denn sein Hirn war so fühllos wie seine Glieder, aber die Mutter war überzeugt, daß er die Puppe sehr gern hätte. Dann bekam jede der Schwestern eine Puppe und lief selig davon, um hinter dem Bett verborgen Mutter und Kind zu spielen.

Wann, glaubte ich, würde Salvatore aus dem Hospital

kommen? Es waren nun fast sechs Wochen, seit er vom Gerüst gefallen war und das Bein gebrochen hatte. Ja, ich hatte ihn gerade im Hospital Lariboisière besucht, es ging ihm ordentlich, und ich hoffte, er würde bald entlassen werden. Wie kam sie denn mit dem neuen Hauswirt aus? Gott sei Dank, sehr gut, er war freundlich, ja, er hatte sogar einen Ofen für den nächsten Winter versprochen. Und war es nicht nett, daß er an der Decke ein Fensterchen hatte anbringen lassen? Ich wüßte doch, wie dunkel das Zimmer immer war?

»Sehen Sie, wie hell und freundlich es nun hier ist, siamo in Paradiso«, sagte Salvatores Frau. Ob das wahr wäre, was Archangelo Fusco ihr erzählt hatte, daß ich zu dem früheren Hauswirt, der sie alle auf die Straße gesetzt und ihre Habe beschlagnahmt hatte, gesagt hätte, es käme die Stunde, wo Gott ihn für seine Grausamkeit gegen arme Leute strafen würde. Dabei hätte ich ihn so furchtbar verflucht, daß er sich ein paar Stunden später aufhängen mußte. Ja, das wäre wahr, und ich bereute es nicht. Als wir gingen, kam gerade mein Freund Archangelo Fusco, der das Zimmer mit der Familie Salvatore teilte, von der Arbeit heim, seinen großen Besen auf der Schulter. Sein Beruf war, di fare la scopa[1] – in jenen Tagen waren fast alle Pariser Straßenkehrer Italiener. Ich freute mich, ihn der Gräfin vorzustellen, es war das wenigste, was ich für ihn tun konnte als Gegenleistung für den unschätzbaren Dienst, den er erwies, indem er mit mir auf die Polizei ging zur Bestätigung meiner Aussage über den Tod des alten Hauswirtes. Ich wäre in Gott weiß was für peinliche Verwicklungen geraten, wäre nicht Archangelo Fusco gewesen. Und auch so kam ich nur gerade mit einem blauen Auge davon. Ich wäre beinahe als Mörder festgenommen worden[2]. Archangelo Fusco, der sich nach Art der Italiener eine Rose hinters Ohr gesteckt hatte, überreichte seine Blume mit südlicher Ritterlichkeit der Gräfin, die aussah, als hätte man ihrer holden Jugend nie anmutsvoller gehuldigt. Es war zu spät für den Jardin des Plantes

[1] Fegen [2] Ich habe die seltsame Geschichte an anderer Stelle erzählt. Anm. d. Verf.

geworden. So fuhr ich die Gräfin zurück in ihr Hotel. Da sie sehr schweigsam war, versuchte ich sie mit der komischen Geschichte von der freundlichen Dame zu erheitern, die zufällig in Blackwoods Magazine eine kleine Erzählung von mir über Puppen gelesen und begonnen hatte, dutzendweise Puppen für die armen Kinder zu machen. Hatte sie nicht bemerkt, wie schön einige der Puppen angezogen waren? Ja, das hatte sie gesehen. War die Dame hübsch? Ja, sehr. War sie in Paris? Nein, ich mußte sie verhindern, noch mehr Puppen zu machen, da ich schon mehr Puppen als Patienten besaß. So hatte ich die Dame zur Luftveränderung nach St. Moritz geschickt. Als ich der Gräfin vor ihrem Hotel Lebewohl sagte, sprach ich mein Bedauern aus, daß wir keine Zeit zum Besuch beim Gorilla im Jardin des Plantes gehabt hätten; ich hoffte aber, sie bereue nicht, mitgekommen zu sein.

»Bereuen, o nein, ich bin Ihnen so dankbar, aber – ich schäme mich so«, schluchzte sie, als sie durchs Tor ihres Hotels schlüpfte.

4

Ein Modearzt

Ich war ein für allemal jeden Sonntag im Hôtel du Faubourg St. Germain zum Essen eingeladen. Der Graf hatte längst seine Abneigung gegen Ärzte überwunden und war reizend zu mir. Zu der kleinen Tafelrunde gehörten nur noch der Abbé und gelegentlich der Vetter der Gräfin, Vicomte Maurice, der mich mit beinahe herausfordernder Gleichgültigkeit behandelte. Mir war er seit der ersten Begegnung widerwärtig, aber ich merkte bald, daß es nicht mir allein so ging. Offenbar hatten der Graf und er sich wenig zu sagen. Der Abbé war ein Priester alter Schule, ein Weltmann, der viel mehr vom Leben und dem Menschenherzen wußte als ich. Er war zunächst sehr zurückhaltend, und oft, wenn sein kluges Auge auf mir ruhte, kam es mir vor, als ob er mehr über Kolitis wüßte als ich. Fast schämte ich mich vor diesem alten Mann; gern hätte ich offen mit ihm gesprochen und meine Karten auf den Tisch gelegt. Aber es kam nie dazu, ich hatte nie Gelegenheit, ihn allein zu sehen. Eines Tages, als ich in mein Eßzimmer trat, um vor der Sprechstunde in aller Hast zu frühstücken, fand ich ihn zu meinem Erstaunen dort wartend. Er sagte, er käme als alter Freund der Familie aus eigenem Antriebe und wünsche, daß sein Besuch unerwähnt bliebe. »Sie haben fabelhaften Erfolg mit der Gräfin«, begann er, »und wir alle sind Ihnen sehr dankbar. Ich muß Ihnen auch mein Kompliment über die Marquise machen. Ich komme eben von ihr. Ich bin ja ihr Beichtvater und muß sagen, es geht ihr in jeder Hinsicht erstaunlich viel besser; aber heute komme ich, um mit Ihnen über den Grafen zu sprechen. Ich bin sehr in Sorge um ihn: »il file un mauvais coton[1]«. Er geht fast nie aus, sitzt den ganzen Tag im Zimmer, raucht seine dicken Zigarren, und nach Tisch schläft er stundenlang. Ich finde ihn zu allen Tageszeiten schlafend im Sessel, die Zigarre im Mund. Auf dem Lande ist er ein anderer Mensch. Täglich nach der Messe macht er seinen Morgenritt, ist frisch und tätig und kümmert sich um die Bewirtschaftung seines großen Besitzes. Seine einzige Sehnsucht ist sein Schloß in der Touraine. Wenn die Gräfin, wie ich fürchte, nicht zu überreden ist, Paris zu verlassen, bleibt nichts anderes übrig, als daß er allein fährt. Zu Ihnen hat er Vertrauen. Wenn Sie ihm sagen, er müsse seiner Gesundheit zuliebe Paris verlassen, wird er es tun. Das ist es, um was ich Sie bitten wollte.«

»Ich bedauere, Herr Abbé, aber das kann ich nicht.«

Er sah mich erstaunt, fast mißtrauisch an.

»Darf ich Sie nach dem Grund ihrer Weigerung fragen?«

»Die Gräfin kann Paris noch nicht verlassen, und es wäre doch nur natürlich, daß sie den Grafen begleitete.«

»Warum kann ihre Kolitis nicht auf dem Lande behandelt werden? Es gibt da einen guten, zuverlässigen Doktor, der sie wiederholt behandelt hat, als sie Appendizitis hatte.«

»Mit welchem Erfolg?«

Er antwortete nicht.

»Darf nun ich Sie etwas fragen?« sagte ich. »Nehmen wir an, die Gräfin würde heute von der Kolitis kuriert. Könnten Sie sie dann bewegen, Paris zu verlassen?«

»Ehrlich gesagt, nein. Aber wozu diese Annahme? Wie ich Sie verstehe, ist dies Leiden langwierig und schwer zu heilen?«

»Ich könnte die Gräfin von ihrer Kolitis an einem Tag heilen.«

Er sah mich verblüfft an.

»Und warum in aller Heiligen Namen tun Sie es nicht? Sie übernehmen eine große Verantwortung.«

»Wenn ich Verantwortung scheute, wäre ich nicht Arzt.

[1] Er steckt in keiner gesunden Haut.

Lassen Sie uns offen sein. Ja, ich könnte die Gräfin noch heute heilen. Sie hat nicht mehr Kolitis als Sie oder ich, hat auch nie Appendizitis gehabt. Es steckt in ihrem Kopf und in ihren Nerven. Nähme ich ihr zu rasch ihre Kolitis, so könnte sie völlig das Gleichgewicht verlieren. Oder sie würde zu Schlimmerem greifen, sagen wir zu Morphium oder zu ihrem Liebhaber. Ob ich der Gräfin helfen kann, wird sich zeigen. Ihr zu raten, jetzt Paris zu verlassen, wäre ein psychologischer Fehler. Sie würde wahrscheinlich widersprechen. Hat sie aber erst einmal gesagt, sich aufzulehnen, so ist es aus mit ihrem Vertrauen zu mir. Geben Sie mir noch zwei Wochen, und sie verläßt Paris auf eigenen Wunsch – wenigstens wird sie es glauben. Es ist nur eine taktische Frage. Den Grafen allein gehen zu lassen, wäre ein Fehler auf anderem Gebiet, und Sie, Herr Abbé, wissen das so gut wie ich.«

Er sah mich aufmerksam an und sagte nichts.

»Was nun die Marquise betrifft: Sie waren so freundlich, anzuerkennen, was ich für sie getan habe, und ich nehme Ihr Lob an. Medizinisch habe ich nichts getan, und niemand hätte etwas tun können. Taube Leute leiden sehr unter ihrer unfreiwilligen Vereinsamung, besonders wenn sie keine eigenen geistigen Hilfsquellen haben, und das ist bei der Mehrzahl der Fall. Sie von ihrem Unglück ablenken, ist alles, was man tun kann. Die Marquise denkt jetzt an Kolitis, statt an Taubheit, und Sie selbst sehen, mit welchem Erfolg. Ich selbst habe mehr als genug von Kolitis, und da die Marquise aufs Land geht, ersetze ich dies Leiden jetzt durch einen Schoßhund, der fürs Landleben besser paßt.«

In der Tür wandte sich der Abbé um und sah mich an.

»Wie alt sind Sie?«

»Sechsundzwanzig.«

»Vous irez loin, mon fils – vous irez loin[1]!«

Ja, dachte ich, weit, weit – weg von diesem erniedrigenden Leben voller Schwindel und Betrug, von all diesen verkünstelten Leuten, zurück zu der Zauberinsel, zu Maria

[1] Sie werden es weit bringen!

Porta-Lettere, zu Mastro Vincenzo und Gioconda, um meine Seele zu läutern in dem kleinen weißen Haus hoch auf den Felsen. Wie lange soll ich meine Zeit in dieser greulichen Stadt vergeuden? Wann wird Sant' Antonio sein Wunder tun?

Auf meinem Tisch lag ein Abschiedsbrief, nicht »Abschied«, sondern »auf Wiedersehn«, von der Marquise, voller Dankbarkeit und Lob. Er enthielt eine große Banknote. Ich blickte auf das blasse Bild von Capri in der Ecke meines Zimmers und steckte das Geld in die Tasche. – Was ist aus all dem Geld geworden, das ich in jenen Tagen voll Glück und Erfolg verdiente? Es sollte gespart werden für Mastro Vincenzos Häuschen. Tatsächlich aber hatte ich nie Geld zum Sparen. Unrecht Gut...? Vielleicht – aber dann hätte die ganze Fakultät Bankrott machen müssen, denn wir trieben alle im gleichen Strudel, die Professoren ebenso wie meine Kollegen, die die gleichen »Clientèle« hatten wie ich.

Zu meinem Glück hatte ich auch andere Patienten. Sogar reichlich, und sie bewahrten mich davor, restlos zum Scharlatan zu werden. Es gab viel weniger Spezialisten in jenen Tagen. Ich mußte alles können, sogar Chirurgie. Es kostete mich zwei Jahre, bis ich einsah, daß ich zum Chirurgen nicht taugte; ich fürchte, meine Patienten haben weniger Zeit dazu gebraucht als ich. Ich galt als Nervenarzt, tat aber alles, was von einem Arzt verlangt werden kann, ja, sogar Geburtshilfe, und Gott half Mutter und Kind. Merkwürdig, wie gut meine Patienten die Behandlung überstanden. Als Napoleons Adlerblick die Liste der Offiziere überflog, die für die Beförderung zum General vorgeschlagen waren, schrieb er an den Rand: »Hat er Glück?« Ich hatte Glück, erstaunliches, fast unheimliches Glück bei allem, was ich anfing, bei jedem Patienten, den ich besuchte. Ich war kein guter Arzt, mein Studium war zu hastig, meine Ausbildung im Krankenhaus zu kurz gewesen, aber zweifellos war ich ein erfolgreicher Arzt. Was ist das Geheimnis des Erfolges? Vertrauen erwecken. Was ist Vertrauen? Wo entsteht es, im Kopf oder im Herzen? Entstammt es den höheren Schichten unseres Bewußtseins, oder ist es ein Baum der Erkenntnis des Guten und Bösen, dessen Wurzeln in die Tiefe unseres Seins hinabreichen? Auf welchen Wegen teilt sich das Vertrauen anderen mit? Wird es sichtbar im Auge, wird es vernehmbar im gesprochenen Wort? Ich weiß es nicht, weiß nur, es kann nicht aus Büchern erworben werden und nicht am Krankenbett. Es ist ein magisches Kleinod, durch Geburtsrecht dem einen gewährt, dem andern versagt. Ein Arzt, der diese Gabe hat, vermag nahezu Tote zu erwecken. Wer sie nicht hat, muß es sich gefallen lassen, daß bei einem Fall von Masern ein Kollege zur Konsultation zugezogen wird.

Ich entdeckte bald, daß mir diese unschätzbare Gabe ohne eigenes Verdienst beschert war. Ich entdeckte das noch rechtzeitig, denn ich war im Begriff, eingebildet und recht selbstzufrieden zu werden. So aber begriff ich, wie wenig ich wußte, und wandte mich mehr und mehr an Mutter Natur, die alte weise Pflegerin, um Rat und Hilfe. Schließlich hätte noch ein guter Arzt aus mir werden können, wäre ich bei der Hospitalarbeit und meinen armen Patienten geblieben. Aber dazu verlor ich alle Aussicht, denn nun wurde ich ein »Modearzt«. Wenn ihr einem solchen begegnet, beobachtet ihn vorsichtig aus sicherer Entfernung, ehe ihr euch in seine Hände begebt. Er kann ein guter Arzt sein, aber in vielen Fällen ist er es nicht. Erstens ist er meist viel zu beschäftigt, um eure langen Berichte geduldig anzuhören. Zweitens wird er fast immer zum Snob, wenn er es nicht von Natur aus ist. Er wird die Gräfin vor den übrigen Patienten hereinbitten, die Leber des Grafen sorgfältiger untersuchen als die seines Dieners, zum Gartentee der Britischen Botschaft statt zu dem Neugeborenen gehen, dessen Keuchhusten schlimmer geworden... Wenn sein Herz nicht sehr gesund ist, wird dies Organ unverkennbare Zeichen vorzeitiger Verhärtung aufweisen; gleichgültig wird er werden wie die ganze vergnügungssüchtige Gesellschaft, in der er lebt, und fühllos für das Leiden anderer.

Du kannst kein guter Arzt sein ohne Mitleid.

Bei meiner Vorliebe für psychologische Probleme stellte ich mir nach einem langen Tagewerk bisweilen die Frage: Warum sitzen da all diese törichten Leute und warten stundenlang in meinem Sprechzimmer? Warum gehorchen sie mir alle, warum fühlen sie sich oft schon nach einer bloßen Berührung meiner Hand besser? Und warum wurden selbst Sterbende, die, nicht mehr fähig zu sprechen, mich mit den in Todesangst geweiteten Augen anstarrten, friedvoll und ruhig, wenn ich ihnen die Hand auf die Stirn legte? Warum wurden die Irren im Asyl Ste. Anne, die eben noch vor Wut schäumten und wie wilde Tiere brüllten, friedlich und zahm, wenn ich ihnen die Zwangsjacke öffnete und ihre Hand in meine nahm? Es war einer meiner Tricks, alle Wärter und viele meiner Kameraden kannten ihn. Selbst der Professor pflegte zu sagen: »Ce garçon a le diable au corps[1]!« Ich hatte von jeher eine verstohlene Vorliebe für Verrückte und ging unbekümmert unter den Tobsüchtigen wie unter Freunden umher. Mehr als einmal war ich gewarnt worden, es würde schlecht enden, aber natürlich wußte ich das besser. Eines Tages aber schlug mir einer meiner besten Freunde mit einem Hammer, den er sich heimlich beschafft hatte, auf den Hinterkopf. Ich wurde bewußtlos auf die Krankenstation getragen. Es war ein schauerlicher Schlag, mein Freund war Hufschmied und verstand sein Handwerk. Man vermutete einen Schädelbruch. O nein! Nur eine Gehirnerschütterung. Mein Pech trug mir obendrein eine schmeichelhafte Bemerkung von unserem Chef ein: »Ce sacré Suédois a le crâne d'un ours, faut voir, s'il n a pas cassé le marteau[2]!«

»Vielleicht liegt es doch am Kopf und nicht an der Hand«, sagte ich mir, als nach einem Stillstand von achtundvierzig Stunden mein Denkapparat wieder einsetzte. Eine ganze Woche lang lag ich da, einen Eisbeutel auf meinem Bärenschädel, ohne Besuch und ohne Bücher. Da fing ich an, über

[1] Der Kerl hat den Teufel im Leibe! [2] Der verfluchte Schwede hat einen Bärenschädel, hoffentlich ist der Hammer heil geblieben!

diese Frage scharf nachzudenken, und selbst der Hammer des Hufschmieds konnte mir nicht die Überzeugung nehmen, daß alles in der Hand lag.

Warum konnte ich meine Hand zwischen die Stäbe am Käfig des schwarzen Panthers in der Menagerie Pezon stecken, wobei die große Katze, wenn niemand da war, der sie ärgerte, sich auf den Rücken legte, mich freundlich anschnurrte und, meine Hand zwischen ihren Pranken, mich mit weit aufgerissenem Rachen angähnte? Warum konnte ich die Lanzette in das Geschwür an Léonies Fuß stoßen und den Holzsplitter herausziehen, der der großen Löwin eine Woche lang Qualen bereitet hatte, während sie auf drei Pfoten umherstrich? Da die örtliche Betäubung nicht wirkte, wimmerte Léonie wie ein Kind, als ich den Eiter aus der Pfote drückte.

Nur beim Desinfizieren wurde sie ungeduldig; aber es war kein Zorn in dem gedämpften Donner ihrer Stimme, nur Enttäuschung, daß sie nicht selber lecken durfte. Als ich nach der Operation ging, mit dem Pavianbaby unterm Arm, das mir Herr Pezon als Honorar geschenkt hatte, sagte der berühmte Löwenbändiger:

»Herr Doktor, Sie haben Ihren Beruf verfehlt; Sie hätten Tierbändiger werden sollen!«

Und kletterte nicht Iwan, der große Eisbär im Jardin des Plantes, bei meinem Anblick aus seinem Bassin, um ans Gitter seines Gefängnisses zu kommen? Da stand er hochaufgerichtet auf den Hinterbeinen, steckte seine schwarze Nase dicht an meine und nahm den Fisch aus der Hand, ganz freundschaftlich. Der Wärter sagte, das täte er sonst bei niemand. Wahrscheinlich sah er in mir eine Art Landsmann. Sagt nicht, er wollte den Fisch und nicht die Hand, denn wenn ich nichts hatte, stand er auch da in der gleichen Stellung, solange ich dablieb. Seine blanken schwarzen Augen unter den weißen Wimpern schauten mich stetig an, und dabei beschnupperte er meine Hand. Freilich sprachen wir schwedisch mit einem Polarakzent, den ich von ihm angenommen hatte. Ich bin überzeugt, daß er jedes Wort verstand, wenn ich ihm mit gedämpfter monotoner Stimme sagte, wie leid er mir täte, und ihm erzählte, daß ich einmal als Knabe zwei seiner Verwandten gesehen hätte, dicht an unserem Boot zwischen Treibeis schwimmend – fern in unserer gemeinsamen Heimat.

Und der arme Jacques, der berühmte Gorilla des Zoo, damals der einzige seines Stammes, den man gefangen und in das sonnenlose Land seiner Feinde gebracht hatte! Legte er nicht seine hornige Hand vertrauend in meine, sowie er mich sah? Hatte er es nicht gerne, wenn ich ihm sanft den Rücken kraulte? Er saß dann minutenlang ganz still, hielt meine Hand und sagte gar nichts. Manchmal betrachtete er meine Handfläche sehr aufmerksam, als ob er etwas von Chiromantie verstünde, und bog meine Finger einzeln, wie um die Gelenke zu prüfen. Dann ließ er meine Hand fallen, blickte ebenso genau in seine eigene und schmunzelte, als wollte er sagen, er sähe keinen Unterschied, worin er ganz recht hatte. Meist saß er still in der Ecke des Käfigs, wo die Besucher ihn nicht sehen konnten, und fingerte an einem Strohhalm. Selten benutzte er die Schaukel, die man für ihn angelegt hatte in der plumpen Hoffnung, daß er sie für den Ast einer Sykomore halten würde, auf der er in den Tagen seiner Freiheit Siesta hielt. Er schlief auf einem niedrigen Lager aus Bambusstäben, ähnlich dem »serit« der Araber; aber er stand früh auf ,und ich sah ihn erst liegen, als er krank war. Sein Wärter hatte ihm beigebracht, sein Mittagessen sitzend einzunehmen an einem niedrigen Tischchen, eine Serviette unterm Kinn. Man hatte ihm sogar aus hartem Holz Messer und Gabel gemacht, doch er mochte sie nicht, sondern zog es vor, mit den Fingern zu essen, wie unsere Vorfahren bis vor wenigen Jahrhunderten und wie es noch heute die Mehrzahl der Menschen tut. Aber seine Milch trank er mit sichtlichem Behagen aus seiner eigenen Tasse, ebenso seinen Morgenkaffee mit viel Zucker. Es ist richtig, daß er sich mit den Fingern schneuzte, aber das taten auch Petrarkas Laura, Maria Stuart und Le Roi Soleil. Armer Jacques, wir blieben Freunde bis zum Schluß. Er hatte seit Weihnachten gekränkelt, seine Gesichtsfarbe wurde aschgrau, die Wangen hohl, und die Augen sanken tiefer und tiefer in ihre Höhlen. Er wurde unruhig und reizbar, magerte zusehends ab, und bald setzte ein trockener, verdächtiger Husten ein. Ich nahm öfters seine Temperatur, mußte aber sehr vorsichtig sein, denn wie ein Kind neigte er dazu, das Thermometer zu zerbrechen, um zu sehen, was sich darin bewegte. Eines Tages, als er auf meinen Knien saß und meine Hand hielt, bekam er einen heftigen Hustenanfall und leichte Lungenblutung. Der Anblick von Blut erfüllte ihn mit Entsetzen, wie es auch bei den meisten Menschen der Fall ist. Oft habe ich im Kriege gesehen, wie selbst die tapfersten Soldaten, die ganz unbekümmert ihre klaffenden Wunden ansahen, beim Anblick von ein paar Tropfen frischen Blutes erblaßten. Er verlor mehr und mehr den Appetit, und nur mühsam konnte man ihn überreden, eine Feige oder Banane zu essen. Eines Morgens fand ich ihn auf dem Bett liegend. Er hatte die Decke über den Kopf gezogen; genauso pflegten meine Patienten im Saal Ste. Claire zu liegen, wenn sie todmüde waren und alles satt hatten. Er mußte mich kommen gehört haben, denn er streckte seine Hand unter der Decke hervor und griff nach der meinen. Ich wollte ihn nicht stören und saß lange da, hielt seine Hand und lauschte dem mühsamen, unregelmäßigen Atem und dem Rasseln in seiner Kehle.

Plötzlich erschütterte ein scharfer Husten seinen ganzen Körper. Er setzte sich auf und hielt mit verzweifelter Gebärde beide Hände an die Schläfen. Der Ausdruck in seinem Gesicht war ein anderer. Die Tierverkleidung war abgefallen, was ich vor mir sah, war ein menschliches Wesen im Todeskampf. So nah war er mir, daß er das einzige Vorrecht verloren hatte, das der allmächtige Gott den Tieren gewährt als Ausgleich für alle Leiden, die die Menschen ihnen zufügen – das Vorrecht des leichten Todes. Seine Agonie war schrecklich, er wurde langsam erwürgt von demselben Henker, den ich so oft im Saal Ste. Claire an der Arbeit gesehen hatte. Ich kannte ihn gut an dem grausamen Griff seiner Hand.

Und dann? Was wurde aus meinem armen Freunde Jacques? Ich weiß, sein ausgemergelter Körper kam in die Anatomie, und sein Skelett mit der großen Hirnschale steht noch aufrecht im Museum Dupuytren. Aber ist das alles?

5

Patienten

Meine sonntäglichen Einladungen im Faubourg St. Germain fehlten mir sehr. Etwa vierzehn Tage nach meiner Unterredung mit dem Abbé empfand die Gräfin in ihrer impulsiven Art plötzlich Sehnsucht nach einem Luftwechsel und beschloß, den Grafen auf ihr Schloß in der Touraine zu begleiten. Es war uns allen eine Überraschung, nur der Abbé mußte eine Ahnung davon gehabt haben, denn als ich am letzten Sonntag dort speiste, bemerkte ich ein vergnügtes Zwinkern seiner schlauen alten Augen. Die Gräfin war so freundlich, mir wöchentlich einen Bericht über ihr Befinden zu senden, und auch der Abbé ließ hier und da von sich hören. Alles ging gut. Der Graf ritt jeden Morgen aus, schlief nicht mehr am Tage und rauchte viel weniger. Die Gräfin hatte ihre Musik wieder aufgenommen, kümmerte sich eifrig um die Armen des Dorfes und klagte niemals über ihre Kolitis. Der Abbé gab mir auch gute Nachrichten über die Marquise, deren Sommersitz kaum eine Stunde Wagenfahrt entfernt war. Es ging ihr sehr gut. Statt den ganzen Tag einsam und traurig in ihrem Lehnstuhl zu sitzen und an ihre Taubheit zu denken, machte sie zweimal täglich einen Spaziergang im Garten, ihrem Loulou zuliebe, der zu fett wurde und unbedingt Bewegung brauchte. »Ein schreckliches kleines Untier«, schrieb der Abbé; »er sitzt auf ihrem Schoß, schnarcht und knurrt jeden an; das Mädchen hat er schon zweimal gebissen. Alle hassen ihn, aber die Marquise liebt ihn glühend und verlangt, daß sich alles um ihn dreht. Gestern, mitten in der Beichte, wurde ihm plötzlich übel – alles ging über ihr neues Kleid–, und seine Herrin war so aufgeregt, daß ich die heilige Handlung unterbrechen mußte. Die Marquise bittet mich nun, Sie zu fragen, ob Sie glauben, daß sich vielleicht auch ›Kolitis‹ daraus entwickeln könnte? Sie möchten doch so freundlich sein, ihr etwas zu verschreiben. Sie ist überzeugt, daß Sie diesen Fall besser als irgend jemand beurteilen können.«

Das war nicht weit von der Wahrheit, denn schon damals fing ich an, als ein guter Hundearzt zu gelten, wenn ich auch noch nicht die hervorragende Stelle einnahm, die ich später erreichte, als ich der berühmteste konsultierende Hundearzt wurde.

Ich weiß, daß die Meinungen über meine Fähigkeiten als Arzt meiner Mitmenschen einigermaßen geteilt waren, aber mein Ruf als zuverlässiger Hundearzt ist nie ernstlich bedroht gewesen. Ich bin nicht so eitel, leugnen zu wollen, daß dabei auch der Mangel an Konkurrenzneid mitspielte, wovon ich in meinen anderen Berufszweigen mehr als genug spürte.

Um ein guter Hundearzt zu sein, muß man Hunde lieben; aber man muß sie auch verstehen – genau wie bei uns, mit dem Unterschied, daß es leichter ist, einen Hund zu verstehen als einen Menschen, und – leichter, ihn zu lieben! Vergiß nicht, daß die Mentalität des einen Hundes völlig verschieden ist von der des anderen. Die durchtriebene Pfiffigkeit zum Beispiel, die in dem beweglichen Auge eines Foxterriers funkelt, spiegelt eine andere geistige Lebhaftigkeit wider als die abgeklärte Weisheit in den ruhigen Augen eines Bernhardiners oder alten Schäferhundes. Die Intelligenz des Hundes ist sprichwörtlich, aber doch bei den einzelnen in sehr verschiedenem Grade vorhanden. Man merkt das schon bei ganz kleinen Welpen, kaum daß sie die Augen auftun. Es gibt unter Hunden sogar Dumme, aber in viel geringerem Prozentsatz als bei den Menschen. Im ganzen ist es leicht, einen Hund zu verstehen und seine Gedanken lesen zu lernen. Der Hund kann nichts verbergen, kann nicht betrügen und nicht lügen, denn – er kann nicht sprechen. Der Hund ist ein Heiliger. Er ist offen und ehrlich von Natur. Wenn manchmal, in seltenen Fällen, bei einem Hunde Zeichen von Erbsünde auftreten, die von seinen wilden Vorfahren herrühren, die im Kampf um ihr Dasein sich auf List und Schlauheit verlassen mußten, so werden diese Zeichen der Erbsünde sicher verschwinden, sobald seine Erfahrungen im Umgang mit uns ihm zeigen, daß wir ihm ehrlich und gerecht begegnen. Sollten diese Charakterfehler auch bei guter Behandlung noch bestehen bleiben – dies ist ganz selten der Fall–, so ist der Hund nicht normal, dann leidet er an »moral insanity«, und man sollte ihm zu einem schmerzlosen Tod verhelfen. Der Hund erkennt die Überlegenheit des Herrn freudig an, sein Urteil ist ihm durchaus maßgebend, aber wenn manche Hundeliebhaber glauben, er fühle sich als Sklave seines Herrn, so irren sie sich gewaltig. Seine Unterwerfung ist freiwillig, und er erwartet, daß seine eigenen bescheidenen Rechte anerkannt werden. Er betrachtet seinen Herrn als seinen König, ja fast als seinen Gott, er erwartet von seinem Gott Strenge, wenn sie nötig ist, aber immer Gerechtigkeit. Er weiß, daß dieser Gott seine Gedanken lesen kann und daß es nichts nützt, sie verbergen zu wollen. Kann nun er die Gedanken seines Gottes erraten? Aber sicher! Mag nun die Society of Psychical Research sagen, was sie will: Gedankenübertragung von Mensch zu Mensch ist bisher nicht bewiesen worden, Gedankenübertragung zwischen Mensch und Hund wieder und wieder. Der Hund kann seines Herrn Gedanken lesen, kann seine wechselnden Stimmungen nachfühlen, seine Entschlüsse voraussehen. Er weiß aus Instinkt, wann er nicht gewünscht wird, liegt stundenlang reglos still, solange sein König in Arbeit vertieft ist, wie es Könige oft sind oder wenigstens sein sollten. Aber wenn sein König traurig und besorgt ist, dann weiß er, daß seine Zeit gekommen ist: dann kommt er leise angekrochen und legt seinen Kopf auf seines Herrn Schoß. »Sei nicht traurig! Mach dir nichts daraus, wenn sie dich alle verlassen, ich bin hier bei dir, um dir all deine Freunde zu ersetzen und mit all deinen Feinden zu kämpfen. Komm mit, laß uns spazierengehen und alles andere vergessen!«

Es ist merkwürdig und sehr rührend, einen Hund zu beobachten, wenn sein Herr krank ist. Von seinem unfehlbaren Instinkt gewarnt, fürchtet der Hund Krankheit, fürchtet er den Tod. Auch wenn ein Hund jahrelang gewohnt war, auf dem Bett seines Herrn zu schlafen, wird er es nur ungern tun, sobald sein Herr krank ist. Selbst wenn er es ausnahmsweise doch tun sollte, wird er seinen Herrn verlassen, wenn der Tod naht, und sich jämmerlich winselnd in einer Ecke verstecken. Ich bin sogar einmal auf das Nahen des Todes durch das Benehmen eines Hundes aufmerksam geworden. Was weiß er vom Tode? Mindestens so viel wie wir, vermutlich mehr. Beim Schreiben dieser Zeilen denke ich an eine arme Frau in Anacapri; sie war fremd im Dorfe und starb langsam an Schwindsucht dahin, so langsam, daß die paar Gevatterinnen, die sie besucht hatten, eine nach der anderen die Sache satt hatten und sie ihrem Schicksal überließen. Ihr einziger Freund war ein Köter, der, eine Ausnahme der eben erwähnten Regel, seinen Platz am Fußende ihres Bettes nie verließ. Es war übrigens der einzige Platz, wo er liegen konnte, abgesehen von dem feuchten Lehmboden in dem elenden Loch, wo das arme Weib lebte und starb. Eines Tages, als ich gerade vorbeikam, traf ich bei ihr Don Salvatore, den einzigen der zwölf Priester unseres Dorfes, der etwas Interesse für die Armen und Kranken zeigte. Don Salvatore frage mich, ob nicht die Zeit gekommen sei, ihr die letzte Ölung zu reichen. Die Frau sah so ziemlich aus wie gewöhnlich, ihr Puls war nicht schlechter geworden, ja, sie sagte uns sogar, sie hätte sich in den letzten Tagen etwas wohler gefühlt – »la miglioria della morte[1]« – sagte Don Salvatore. Ich hatte mich oft über die erstaunliche Zähigkeit gewundert, mit welcher sie am Leben hing, und sagte dem Priester, es könne wohl noch ein oder zwei Wochen mit ihr dauern. Wir kamen also überein, mit der letzten Ölung noch zu warten. Da, als wir

[1] Das Wohlbefinden vor dem Tode

eben das Zimmer verlassen wollten, sprang der Hund plötzlich mit verzweifeltem Geheul vom Bett, verkroch sich in einen Winkel und winselte erbärmlich. Ich sah keine Veränderung im Aussehen der Frau, aber zu meiner Überraschung bemerkte ich, daß der Puls kaum mehr fühlbar war.

Sie machte verzweifelte Anstrengungen, etwas zu sagen, ich konnte anfangs gar nicht verstehen, was sie wollte. Sie sah mit weit geöffneten Augen nach mir, streckte ihren ausgemergelten Arm mehrmals aus, indem sie auf den Hund deutete. Endlich verstand ich sie, und ich glaube, sie verstand auch mich, als ich mich über sie beugte und sagte, ich würde für den Hund sorgen. Sie nickte zufrieden, die Augen schlossen sich, und der Friede des Todes breitete sich über ihr Gesicht. Noch ein tiefer Atemzug, ein paar Blutstropfen sickerten von ihren Lippen, und alles war vorüber. Die unmittelbare Todesursache war offenbar eine innere Blutung. Wie konnte der Hund das wissen, noch vor mir? Als sie abends kamen, um sie nach dem Campo Santo zu bringen, folgte der Hund seiner Herrin als einziger Leidtragender. Am nächsten Tage erzählte mir der alte Totengräber Pacciale, schon damals mein besonderer Freund, daß der Hund noch immer auf ihrem Grabe läge. Es regnete in Strömen den ganzen Tag und die folgende Nacht, aber am Morgen lag der Hund noch immer dort. Am Abend sandte ich Pacciale mit einer Leine hin, um ihn fortzuholen und nach San Michele zu bringen, aber der Hund knurrte ihn wütend an und rührte sich nicht. Am dritten Tag ging ich selbst auf den Friedhof, und es gelang mir mit großer Mühe, ihn dazu zu bewegen, mir nach Hause zu folgen; er kannte mich übrigens schon ganz gut. Damals hatte ich acht Hunde in San Michele und war etwas besorgt, welchen Empfang sie dem neuen Gast bereiten würden. Aber es ging gut, denn Billy, der Pavian, hatte aus unerklärlichen Gründen vom ersten Augenblick an große Zuneigung zu dem Fremdling gefaßt, der, als er sich von seinem ersten Befremden erholt hatte, bald Billys unzertrennlicher Freund wurde. Alle Hunde fürchteten und haßten den riesigen Affen, der unumschränkt im Garten von San Michele herrschte. Sogar Barbarossa, der große Maremmenhund, hörte auf, den Neuling anzuknurren.

Er lebte da ganz glücklich noch zwei Jahre lang und wurde später unter dem Efeu bei meinen anderen Hunden begraben.

Einen Hund kann man beinahe alles lehren mit freundlicher Ermutigung, Geduld und einem guten Bissen zur Belohnung, wenn er seine Aufgabe mit Fleiß gelernt hat. Niemals darf man die Geduld verlieren oder irgendwelche Gewalt anwenden. Körperliche Züchtigung an einem klugen Hunde ist einfach eine Schmach, die auf seinen Herrn zurückfällt. Außerdem ist es ein psychologischer Irrtum. Andererseits will ich gern zugeben, daß unartige junge Hunde ebenso wie kleine Kinder, bevor sie in das Verstandesalter kommen, aber nicht später, hin und wieder ganz gut einen Klaps vertragen können, wenn sie den Grundlehren des guten Benehmens allzu unzugänglich sind. Ich selbst habe meinen Hunden niemals irgendwelche Kunststücke beigebracht, obwohl ich zugebe, daß es Hunde gibt, die mit großem Vergnügen ihre einmal gelernten Tricks vorführen. Anders ist es, wenn es sich um Vorstellungen im Zirkus handelt; sie bedeuten eine Erniedrigung für jeden intelligenten Hund. Und doch werden diese dressierten Hunde wegen des Geldes, das sie einbringen, im allgemeinen liebevoller behandelt und sind letzten Endes besser daran als ihre wilden Kameraden im Zoologischen Garten. Ein kranker Hund wird alles, auch eine schmerzhafte Operation, über sich ergehen lassen, wenn man ihm freundlich, aber bestimmt erklärt, daß es sein muß und warum es sein muß. Es ist verkehrt, einen Hund zu zwingen, wenn er nicht fressen will; oft wird er es tun, nur um dir zu gehorchen, auch wenn sein Instinkt ihm rät, das Futter nicht anzurühren, was in vielen Fällen seine Rettung bedeuten würde. Kein Grund zur Besorgnis. Hunde und kleine Babies können mehrere Tage ohne Nahrung aushalten, ohne nachteilige Folgen für ihre Gesundheit. Ein Hund kann sehr tapfer sein im Ertragen von Schmerzen, aber er will natürlich, daß du ihm zu verstehen gibst, wie sehr er dir leid tut. Vielleicht bedeutet es für Hundefreunde eine Beruhigung, zu hören, daß nach meiner Überzeugung die Schmerzempfindlichkeit der Hunde nicht so groß ist, wie man gewöhnlich annimmt. Man soll einen kranken Hund so viel wie möglich in Ruhe lassen. Ein Eingriff zur Unzeit stört oft nur die Natur in ihrem heilsamen Wirken. Alle Tiere wollen allein sein, wenn sie krank sind, und auch wenn sie sterben. Ach, das Leben eines Hundes ist ja so kurz, jeder von uns wird ja schon einmal den Verlust eines solchen Freundes beklagt haben. Wenn du ihn dann unter einem Baum im Garten begraben hast, wird dein erster Gedanke, dein erstes Wort sein, daß du niemals wieder einen Hund haben willst. Kein anderer könnte ihn je ersetzen, kein anderer könnte dir das sein, was er dir gewesen ist. Doch du irrst dich. Wir lieben nicht einen Hund, wir lieben den Hund. Sie gleichen sich alle im Grunde, sind alle bereit, dich zu lieben und von dir geliebt zu werden. Sie sind alle Vertreter der liebenswertesten und, vom ethischen Standpunkt, vollkommensten Schöpfung Gottes. Wenn du deinen toten Freund richtig geliebt hast, so wirst du es nicht lange ohne einen anderen aushalten. Ach, auch er wird dich verlassen, denn Hunde sterben jung, wie alle Lieblinge der Götter. Und denke an das, was ich dir jetzt sage, wenn es mit ihm zu Ende geht. Schicke ihn nicht in eine »Todeskammer«, auch bitte deinen mildherzigen Arzt nicht um ein Betäubungsmittel für ein schmerzloses Ende. Es ist kein schmerzloses, es ist ein qualvolles Ende. Es ist ein herzzerreißender Augenblick, zu sehen, wie ein Hund häufig der Wirkung dieser Gase und Giftstoffe widersteht. Bei einer Dosis, die vollauf genügt, einen erwachsenen Menschen zu töten, bleibt ein Hund oft noch lange Minuten unter physischen und psychischen Qualen am Leben. Ich war oft Zeuge dieses Massenmordens in den »Todeskammern«, habe manchen Hund unter Betäubungsmitteln getötet und weiß, was es damit auf sich hat. Ich werde es nie wieder tun. Am besten, du bittest irgend jemand, dem du vertraust, und der Hunde liebt – diese Voraussetzung muß gegeben sein–, daß er mit deinem alten Hund in den Park geht, ihm einen Knochen gibt, und während dein Hund frißt, ihm mit dem Revolver ins Ohr schießt. Dieser Tod ist schnell und schmerzlos, das Leben erlischt wie eine Kerze, die man ausbläst. Viele meiner Hunde starben so, wenn sie alt waren, durch meine eigene Hand. Sie liegen alle unter den Zypressen in Materita begraben, und auf ihren Gräbern steht eine antike Marmorsäule. Hier liegt noch ein fremder Hund; er war zwölf Jahre lang der treue Freund einer huldreichen Frau, die, obgleich Mutter eines ganzen Landes, meines eigenen Landes, noch genug Raum in ihrem Herzen übrig hatte, um jedesmal, wenn sie nach Capri kam, einen Blumenstrauß auf sein Grab zu legen.

Das Schicksal hat es so gewollt, daß die liebenswertesten aller Tiere zugleich die Träger der schrecklichsten aller Krankheiten sind – der Tollwut. Ich erlebte am Institut Pasteur den Beginn des langwierigen Kampfes zwischen der Wissenschaft und diesem furchtbaren Feinde; ich erlebte auch den glücklichen Endsieg. Es war ein teuer erkaufter Sieg. Hekatomben von Hunden mußten geopfert werden, und einige Menschenleben wohl auch. Ich besuchte zuweilen die unglücklichen Opfer in den Zwingern des Instituts Pasteur, um mit dem wenigen, was ich für sie tun konnte, ihr Los etwas zu erleichtern; aber es war mir selbst so schrecklich, daß ich eine Zeitlang das Institut Pasteur überhaupt nicht mehr betrat. Doch ich zweifelte keinen Augenblick, daß das, was geschah, geschehen mußte. Ich war Zeuge manches Mißerfolges; ich sah manchen Patienten sterben vor und auch nach der Behandlung mit dem neuen Mittel. Pasteur wurde heftig angegriffen, nicht nur von unwissenden und gutherzigen Hundefreunden aller Art, sondern auch von vielen seiner Kollegen; man warf ihm sogar vor, den Tod mehrerer Patienten durch sein neues Serum verschuldet zu haben. Er selbst ging unerschrocken trotz aller Mißerfolge seinen Weg; aber wer ihn in diesen Tagen sah, wußte, wie sehr er selbst unter den Qualen litt, die er den Hunden zufügen mußte. Er war selbst ein großer Hundefreund und auch sonst der gutherzigste Mensch, den man sich denken kann. Ich hörte ihn einmal sagen, daß er es nie übers Herz bringen könnte, einen Vogel zu schießen. Alles, was im Bereich des Möglichen stand, geschah, um die Leiden der Versuchshunde zu verringern; sogar den Wärter des Zwingers in Villeneuve de l'Étang, einen früheren Gendarm namens Pernier, hatte Pasteur selbst für diesen Posten ausgesucht, weil er als großer Hundefreund bekannt war. Diese Zwinger enthielten sechzig mit Serum geimpfte Hunde, die regelmäßig in die Zwinger im alten Lycée Rollain gebracht wurden, um Bißversuche mit ihnen anzustellen. In diesen Zwingern waren vierzig tollwütige Hunde. Die Behandlung aller dieser vor Wut geifernden Tiere war eine sehr gefährliche Sache, und ich bewunderte oft den Mut, den jeder der Beteiligten bewies. Pasteur selbst kannte keine Furcht. Ich sah ihn einmal, wie er bemüht war, eine Speichelprobe direkt von den Kiefern eines tollwütigen Hundes zu nehmen; mit einer Glasröhre zwischen den Lippen, saugte er ein paar Tropfen des todbringenden Speichels aus dem Maul einer rasenden Bulldogge. Das Tier lag auf dem Tisch, von zwei Assistenten gehalten, ihre Hände durch lederne Handschuhe geschützt. Fast alle diese Laboratoriumshunde waren herrenlose Herumstreicher, von der Polizei in den Straßen von Paris eingefangen, aber manch einer sah aus, als hätte er schon bessere Tage gesehen. Hier litten und starben sie in der Verborgenheit, unbekannte Soldaten im Kampf des Menschengeistes gegen Krankheit und Tod. Ganz in der Nähe bei La Bagatelle auf dem eleganten Hundebegräbnisplatz – einer Gründung von Sir Richard Wallace – lagen Hunderte von Schoß- und Salonhunden begraben; liebevolle Hände schrieben die Daten dieser luxuriösen und unnützen Leben auf weiße Marmorkreuze über den Gräbern.

Dann kam die grauenhafte Geschichte mit den sechs

russischen Bauern, die von einem Rudel tollwütiger Wölfe angefallen worden waren und auf Kosten des Zaren ins Institut Pasteur übergeführt wurden. Sie waren an Gesicht und Händen schrecklich zugerichtet, und die Möglichkeit einer Heilung war von Anfang an so gut wie ausgeschlossen. Zudem wußte man schon damals, daß Tollwut bei Wölfen viel gefährlicher ist als bei Hunden, und daß bei Bissen im Gesicht der Ausgang fast immer tödlich ist. Pasteur wußte das besser als irgend jemand, und wäre er nicht der gewesen, der er war, so hätte er bestimmt abgelehnt, die Behandlung zu übernehmen. Sie wurden in einer besonderen Abteilung des Hotel Dieu untergebracht, unter der Obhut von Professor Tillaux, dem hervorragendsten und humansten Pariser Arzt jener Zeit. Er war zugleich ein überzeugter Anhänger und einer der besten Freunde Pasteurs. Pasteur kam selbst jeden Morgen mit Tillaux, um die Kranken zu impfen, und beobachtete voll Besorgnis von Tag zu Tag ihren Zustand. Niemand verstand ein Wort von dem, was sie sprachen. Eines Nachmittags, neun Tage später, versuchte ich, einem der Muschiks etwas Milch durch den zerbissenen Hals einzuflößen, es war ein Kerl wie ein Riese, sein Gesicht bis zur Unkenntlichkeit verstümmelt. Plötzlich kam ein wildes, unheimliches Aufleuchten in seine Augen; die Kiefermuskeln spannten und entspannten sich krampfartig mit einem schnappenden Geräusch, und ein gräßlicher Schrei, wie ich ihn nie von Mensch oder Tier gehört hatte, kam aus seinem schaumbedeckten Munde. Er machte einen wütenden Versuch, aus dem Bett zu springen, und hätte mich um ein Haar zu Boden geschlagen, als ich versuchte, ihn festzuhalten. Seine Arme, stark wie Bärenpranken, umklammerten und hielten mich wie in einem Schraubstock. Ich spürte den fauligen Atem aus seinem schäumenden Rachen, sein giftiger Speichel rann auf mein Gesicht. Ich griff nach seinem Hals, der Verband rutschte von den schrecklichen Wunden, und als ich meine Hände von seinen schnappenden Kiefern zurückzog, waren sie rot wie Blut. Ein konvulsivisches Zittern ergriff seinen ganzen Körper, die Arme lösten den Griff und fielen kraftlos an ihm herunter. Ich wankte zur Tür auf der Suche nach dem stärksten erreichbaren Desinfektionsmittel. Auf dem Korridor saß Schwester Martha und trank ihren Nachmittagskaffee. Sie starrte mich entsetzt an, und ich stürzte ihren Kaffee hinunter, weil ich nahe daran war, umzufallen. Ich hatte, gottlob, keine Verletzung, weder im Gesicht noch an den Händen. Mit Schwester Martha war ich sehr befreundet. Sie hielt Wort: soviel ich weiß, ist nie etwas von unserem Geheimnis durchgesickert. Ich hatte Grund genug, die Sache geheimzuhalten. Es bestand eine strenge Vorschrift, keinem dieser Kranken in die Nähe zu kommen, wenn es nicht unbedingt sein mußte, und dann nur die Hände mit dicken Handschuhen geschützt. Ich erzählte es später dem Professor selbst; er war auch mit vollem Recht sehr zornig, aber er hatte eine heimliche Schwäche für mich und verzieh mir bald, wie schon so oft bei manchem früheren Fehltritt.

»Sacré Suédois«, brummte er, »tu es aussi enragé que le moujik[1]!« Am Abend brachte man den Muschik, mit Händen und Füßen an die Eisenstangen des Bettes gefesselt, in einen besonderen Pavillon, isoliert von den anderen. Ich kam am nächsten Morgen mit Schwester Martha, um nach ihm zu sehen. Das Zimmer war halbdunkel. Sein ganzes Gesicht war mit Bandagen bedeckt, und ich konnte nur seine Augen sehen. Ich werde niemals den Ausdruck in diesen Augen vergessen; noch jahrelang verfolgte mich die Erinnerung. Sein Atem ging kurz und unregelmäßig, unterbrochen durch Anfälle von Cheyne-Stokescher Atmung, dem wohlbekannten Anzeichen des nahen Todes. Er sprach mit schwindelerregender Schnelligkeit und mit heiserer Stimme, unterbrochen von Schreien der Verzweiflung oder heulenden Jammerns, die mich schaudern ließen. Ich horchte eine Zeitlang auf den Schwall seiner Worte, unverständliche Laute, halb erstickt in dem Strom von Speichel, und bald kam es mir vor, als könnte ich ein Wort heraushö-

[1] Du bist genau so toll wie der Bauer!

ren, ein Wort, das unablässig wiederholt wurde in einem verzweifelten Tonfall:

»Crestitsa! Crestitsa! Crestitsa!« Ich beobachtete aufmerksam seine Augen, gute, demütig flehende Augen.

»Er ist bei Bewußtsein«, flüsterte ich Schwester Martha zu, »er will irgend etwas. Ich möchte wissen, was es ist. Hören Sie!«

»Crestitsa, Crestitsa, Crestitsa!« wiederholte er immerfort.

»Laufen Sie und holen Sie ein Kruzifix«, sagte ich zu der Nonne. Wir legten ihm das Kruzifix auf das Bett. Der Strom von Worten versiegte augenblicklich. Er lag ganz still, die Augen auf das Kruzifix gerichtet. Sein Atem ging schwächer und schwächer. Plötzlich spannten sich die Muskeln seines riesigen Körpers in einem letzten gewaltsamen Krampf, und sein Herz stand still.

Am nächsten Tage zeigten sich bei einem anderen der Muschiks unverkennbare Symptome der Tollwut und bald darauf bei einem dritten. Drei Tage später waren alle in Raserei verfallen. Ihr Schreien und Heulen war durch das ganze Hotel Dieu zu hören und angeblich auch auf der Place Notre Dame. Das ganze Hospital war in Aufregung. Niemand wollte den Flügel betreten, sogar die mutigen Schwestern flohen entsetzt. Ich sehe noch das weiße Gesicht Pasteurs, wie er schweigend von Bett zu Bett ging, den Blick auf die unglücklichen, ihrem Geschick verfallenen Menschen gerichtet, unendliches Mitleid in den Augen. Er sank in einen Stuhl, den Kopf zwischen den Händen. Gewöhnt, ihn jeden Tag zu sehen, hatte ich bisher nie bemerkt, wie krank und mitgenommen er aussah, obwohl mir ein fast unmerkliches Zögern in seiner Sprache und eine ganz leichte Unsicherheit seiner Hand schon verraten hatten, wie es um ihn stand. Es waren die ersten warnenden Vorboten des Geschickes, dem er bald darauf erliegen sollte. Tillaux, den man mitten aus einer Operation geholt hatte, kam herein, die Schürze noch voller Blutflecken. Er ging auf Pasteur zu und legte ihm die Hand auf die Schulter. Die beiden sahen sich wortlos an. Die gütigen blauen Augen des großen Chirurgen, der schon soviel Schrecken und Leiden gesehen hatte, wanderten durch den großen Saal, und sein Gesicht wurde weiß wie ein Tuch.

»Ich kann nicht mehr«, sagte er mit gebrochener Stimme und stürzte aus dem Zimmer.

Am selben Abend fand eine Besprechung zwischen den beiden Männern statt. Nicht viele wissen, was das Ergebnis war, aber es war das einzig Richtige und gereicht ihnen beiden zur Ehre. Am anderen Morgen war alles still in dem bewußten Flügel. In der Nacht hatte man den hoffnungslos dem Tode Verfallenen ein schmerzloses Ende gewährt.

Der Eindruck in Paris war ungeheuer. Alle Zeitungen waren voll von grauenhaften Berichten über den Tod der russischen Muschiks, und noch tagelang sprach man von nichts anderem.

Eines Nachts zu später Stunde, es war in der folgenden Woche, kam ein bekannter skandinavischer Tiermaler in höchster Eile und furchtbarster Erregung zu mir in die Avenue de Villiers. Sein Lieblingshund, eine riesige Bulldogge, hatte ihn in die Hand gebissen. Es war ein bös aussehendes Tier, aber bisher immer die Gutartigkeit selbst, auch von mir sehr geliebt. Sein Bild, von seinem Herrn gemalt, war vor einem Jahr im Salon ausgestellt gewesen. Wir fuhren sofort ins Atelier in der Avenue des Ternes. Der Hund war im Schlafzimmer eingesperrt, und sein Herr bat mich, ihn gleich zu erschießen, er hätte nicht den Mut dazu. Das Tier rannte hin und her und verkroch sich wild knurrend unterm Bett. Das Zimmer war so dunkel, daß ich mich entschloß, bis zum Morgen zu warten. Ich steckte den Schlüssel in die Tasche, desinfizierte und verband die Wunde und gab dem Maler ein Schlafmittel für die Nacht. Am nächsten Morgen sah ich mir seinen Hund genau an und beschloß, mit dem Erschießen noch einen Tag zu warten, weil ich nicht ganz sicher war, ob er wirklich Tollwut hatte, trotz allem, was dafür sprach. Fehldiagnosen in den

Anfangsstadien der Tollwut sind häufig. Sogar das klassische Symptom, das dieser schrecklichen Krankheit den Namen gegeben hat – Hydrophobie (Wasserscheu) – ist nicht zuverlässig. Nicht immer verabscheut der tollwütige Hund das Wasser. Ich habe solche Hunde oft mit Gier aus einem Wasserkübel saufen sehen, den ich ihnen in den Käfig gestellt hatte. Nur bei Menschen, die von Tollwut befallen sind, kann man sich auf dies Symptom verlassen. Eine große Anzahl, wenn nicht die Mehrzahl aller als tollwutverdächtig getöteten Hunde hat irgendeine andere, relativ harmlose Krankheit. Aber auch wenn dies durch eine Untersuchung des toten Hundes bewiesen werden kann (unter zwölf Ärzten und Tierärzten ist dazu kaum einer imstande), ist es in der Regel viel schwieriger, jemand, der gebissen ist, davon zu überzeugen. Die Angst vor der furchtbaren Krankheit bleibt, und die Angst vor der Tollwut ist ebenso gefährlich wie die Krankheit selbst. Das beste ist, man behält den verdächtigen Hund in sicherem Verwahr und besorgt ihm zu fressen und zu saufen. Wenn er nach zehn Tagen noch lebt, kann man sicher sein, daß er keine Tollwut hat, und alles ist gut.

Als ich die Bulldogge am nächsten Morgen durch die halbgeöffnete Tür beobachtete, wedelte sie mit ihrem Stummelschwanz und musterte mich mit einem durchaus freundlichen Blick aus ihren blutunterlaufenen Augen. Als ich jedoch meine Hand ausstreckte, um sie zu streicheln, kroch sie knurrend unters Bett zurück. Ich wußte nicht, was ich davon halten sollte. Auf jeden Fall sagte ich ihrem Herrn, ich glaube nicht, daß sie Tollwut hätte. Er wollte nichts davon hören und bat erneut, ich sollte das Tier doch gleich erschießen. Ich weigerte mich und sagte, ich wollte noch einen Tag warten. Er war die ganze Nacht auf gewesen, in seinem Studio auf und ab gehend; auf dem Tisch lag ein medizinisches Handbuch, darin die Symptome der Tollwut bei Menschen und Hunden mit Bleistift angestrichen. Ich warf das Buch ins Feuer. Sein Nachbar, ein russischer Bildhauer, der mir versprochen hatte, den ganzen Tag bei ihm zu bleiben, erzählte mir am Abend, er hätte sich geweigert, irgend etwas zu essen oder zu trinken, wische sich fortwährend Speichel von den Lippen und spräche von nichts anderem als von Tollwut. Ich gab ihm eine Tasse Kaffee.

Er sah mich verzweifelt an und sagte, er könne nicht schlucken, und ich sah mit Entsetzen, wie seine Kiefermuskeln steif wurden in einem konvulsivischen Krampf; sein ganzer Körper begann zu zittern, und er sank mit einem verzweifelten Aufschrei in seinem Stuhl zusammen! Ich gab ihm eine starke Dosis Morphium und versicherte ihm, ich sei so fest davon überzeugt, daß dem Hund nichts fehle, daß ich ruhig noch einmal in das Zimmer gehen würde, aber ich glaube nicht, daß ich wirklich den Mut dazu gehabt hätte. Das Morphium begann zu wirken; er lag in seinem Stuhl, halb eingeschlafen, als ich fortging. Als ich spät nachts zurückkam, berichtete der russische Bildhauer, das ganze Haus sei in Aufruhr gewesen, der Wirt hatte den Hausmeister geschickt, der Hund müsse sofort getötet werden, er selbst hätte ihn gerade eben vom Fenster aus erschossen. Der Hund wäre noch zur Tür gekrochen, wo er ihn mit einer zweiten Kugel erledigt hätte. Dort lag er in einer großen Blutlache. Sein Herr saß in seinem Stuhl und sah vor sich hin, ohne ein Wort zu sagen. Etwas in seinem Blick beunruhigte mich. Ich nahm seinen Revolver vom Tisch und steckte ihn ein. Es war noch eine Patrone darin. Ich zündete eine Kerze an und fragte den russischen Bildhauer, ob er mir helfen wolle, den toten Hund hinunter in meinen Wagen zu schaffen. Ich wollte ihn gleich zur Untersuchung in das Institut Pasteur bringen. Ich sah eine große Blutlache gleich neben der Tür, der Hund war nicht da.

»Tür zu!« schrie der Russe hinter mir, als der Hund mit einem greulichen Knurren unterm Bett hervor mich ansprang; aus seinem weit aufgerissenen Maul lief das Blut in Strömen. Der Leuchter fiel mir aus der Hand, ich feuerte aufs Geratewohl ins Dunkel, der Hund brach dicht vor meinen Füßen tot zusammen. Wir trugen ihn in meinen

Wagen, und ich fuhr zum Institut Pasteur. Doktor Roux, Pasteurs rechte Hand und sein späterer Nachfolger, meinte, die Sache schiene allerdings bedenklich. Er versprach, sofort eine Untersuchung zu machen und mich so rasch wie möglich von dem Ergebnis zu benachrichtigen. Als ich am nächsten Morgen in die Avenue des Ternes kam, traf ich den Russen vor der Tür zum Studio. Er hätte die Nacht bei seinem Freund verbracht, der wäre in großer Aufregung die ganze Zeit im Zimmer auf und ab gegangen und erst vor einer Stunde eingeschlafen. Der Russe war dann in sein eigenes Studio gegangen, um sich zu waschen, und hatte, als er vor einem Augenblick zurückkam, die Wohnzimmertür von innen verschlossen gefunden.

»Hören Sie«, sagte er, wie um sich zu entschuldigen, daß er meiner Weisung, seinen Freund nicht eine Sekunde allein zu lassen, nicht gehorcht hatte, »es geht ihm gut, er schläft, hören Sie ihn schnarchen?«

»Helfen Sie mir die Tür einzuschlagen:, schrie ich, »das ist kein Schnarchen, das ist der rasselnde Atem des...«

Die Tür gab nach, und wir standen im Studio. Er lag auf dem niedrigen Sofa und atmete schwer, seine Hand umspannte noch den Revolver. Der Schuß war ihm durchs Auge gegangen. Wir trugen ihn in meinen Wagen. Ich fuhr mit ihm, so rasch ich konnte, zum Hospital Beaujon, wo er sofort von Professor Labbé operiert wurde. Der Revolver, mit dem er sich den Schuß beigebracht hatte, war von kleinerem Kaliber als der andere, den ich ihm weggenommen hatte. Die Kugel wurde herausgezogen. Er war noch bewußtlos, als ich fortging. Am selben Abend erhielt ich brieflich die Nachricht von Doktor Roux, daß das Ergebnis der Untersuchung negativ gewesen sei; der Hund hatte keine Tollwut gehabt. Ich fuhr sofort zum Hospital Beaujon. Der Maler delirierte – »prognosis pessima«, sagte der große Chirurg. Am dritten Tag kam eine Gehirnentzündung dazu. Er starb nicht. Einen Monat später verließ er das Hospital – als Blinder. Das letzte, was ich von ihm hörte, war, daß er in ein Irrenhaus in Norwegen gebracht worden war.

Die Rolle, die ich in dieser jammervollen Geschichte gespielt habe, war nicht befriedigend. Ich tat, was ich konnte, aber es war nicht genug. Wäre das Ganze ein paar Jahre später passiert, dann hätte dieser Mann nicht den Revolver gegen sich gerichtet. Ich würde es verstanden haben, seiner Furcht Herr zu werden und mich als den Stärkeren zu erweisen, wie ich es später mehr als einmal vermocht habe, wenn es galt, einer Hand den Revolver zu entwinden, den sie in Lebensangst umklammert hielt.

Wann werden die Antivivisektionisten einsehen, daß ihre Forderung nach einem ausnahmslosen Verbot aller Versuche an lebenden Tieren unmöglich erfüllt werden kann? Pasteurs Tollwutimpfung hat die Sterblichkeit an dieser schrecklichen Krankheit auf ein Minimum beschränkt, und Behrings Diphtherieserum rettet jährlich über hunderttausend Kindern das Leben. Genügen nicht diese beiden Tatsachen allein, um den wohlmeinenden Tierfreunden klarzumachen, daß die Entdecker neuer Welten, wie Pasteur, oder neuer Heilmittel gegen bisher unheilbare Krankheiten, wie Koch, Ehrlich und Behring, die Möglichkeit haben müssen, ihren Forschungen unbehindert durch Verbote und ohne störende Einmischungen von Außenseitern nachzugehen? Diejenigen, denen man diese Freiheit zuerkennen muß, sind zudem so wenig zahlreich, daß man sie an den Fingern abzählen kann. Für die übrigen sind zweifellos strenge Vorschriften angebracht, wenn nicht gar absolutes Verbot. Aber ich gehe noch weiter. Einer der schwerstwiegenden Einwände gegen viele dieser Versuche an lebenden Tieren ist der, daß ihr praktischer Wert stark beeinträchtigt wird durch die Tatsache der grundlegenden Verschiedenheit des menschlichen und des tierischen Organismus in pathologischer wie in physiologischer Hinsicht. Aber warum soll man sich bei diesen Versuchen auf den tierischen Körper beschränken, warum soll man sie nicht ebenso am Körper eines lebenden Menschen vornehmen? Warum soll man nicht geborenen Verbrechern, immer wieder rückfälligen Übeltätern, dazu verurteilt, den ganzen Rest ihres Lebens im Gefängnis zu vergeuden, die niemand nützen, aber oft genug eine Gefahr für andere und für sich sind, warum sollte man diesen unverbesserlichen Verletzern unserer Gesetze nicht eine Abkürzung ihrer Strafe anbieten, wenn sie sich dafür unter Narkose für bestimmte Versuche zur Verfügung stellen zum Wohl der Menschheit? Wenn es in der Macht des Richters stünde, bevor er die schwarze Kappe aufsetzt, den Mörder wählen zu lassen zwischen dem Galgen und soundsoviel Jahren Zwangsarbeit, so würde, glaube ich, an freiwilligen Anwärtern kein Mangel sein. Warum sollte man nicht Doktor Woronoff, mag der praktische Wert seiner Erfindung sein, wie er will, die Erlaubnis geben, in den Gefängnissen ein Werbebüro aufzumachen für alle, die sich eintragen lassen wollen als Stellvertreter für die unglücklichen Affen? Warum fangen diese wohlmeinenden Tierfreunde nicht damit an, ihren ganzen Einfluß gegen die Schaustellung wilder Tiere im Zirkus und in den Menagerien aufzubieten? Solange diese öffentliche Schande von den Gesetzen geduldet wird, besteht wenig Aussicht, daß wir in den Augen einer späteren Generation als zivilisiert gelten werden. Wenn du sehen willst, was für eine Horde von Wilden wir in Wirklichkeit sind, so brauchst du nur einmal in das Zelt einer Riesenmenagerie zu gehen. Die grausame, wilde Bestie sitzt nicht hinter den Käfigstangen, sie steht davor.

Da wir gerade bei den Affen und Menagerien sind, möchte ich noch in gebührender Bescheidenheit, aber doch auch voller Stolz die Behauptung wagen, daß ich in meiner Glanzzeit auch ein recht guter Affendoktor gewesen bin. Es handelt sich hier um ein ganz besonders schwieriges Spezialgebiet, voll von unerwarteten Hindernissen und Fallgruben aller Art; dabei sind rasches Urteil und gründliche Kenntnis der Psychologie des Menschen wesentliche Voraussetzungen für einen Erfolg. Es ist reiner Unsinn, wenn man sagt, die Hauptschwierigkeit läge ebenso wie bei kleinen Kindern darin, daß der Patient nicht sprechen kann. Affen können ganz gut sprechen, wenn sie wollen. Die

Hauptschwierigkeit ist, daß sie viel zu klug sind für unsere trägen Gehirne. Einen menschlichen Patienten kann man betrügen – leider ist ja der Betrug ein unentbehrlicher Bestandteil unseres Berufs–, da die Wahrheit oft zu traurig ist, um gesagt zu werden. Man kann einem Hund etwas vormachen, denn er glaubt blindlings alles, was du ihm sagst, aber einen Affen kannst du nicht täuschen, er durchschaut dich sofort. Ein Affe kann dich beliebig hinters Licht führen, wenn er will, und er tut es gern, oft aus reinem Ulk. Mein Freund Jules, der betagte Pavian im Jardin des Plantes, legt die Hände auf den Bauch mit der kläglichsten Gebärde eines Leidenden, zeigt mir seine Zunge (es ist viel leichter, einen Affen dazu zu bringen, seine Zunge zu zeigen, als ein kleines Kind) und sagt, er hätte gar keinen Appetit und meinen Apfel nur mir zuliebe gegessen. Bevor ich Zeit habe, den Mund aufzumachen, um zu sagen, wie leid er mir tut, hat er meine letzte Banane erwischt, sie verspeist und mir die Schale von der Decke des Käfigs an den Kopf geworfen.

»Sehen Sie doch bitte diesen roten Fleck auf meinem Rücken«, sagt Eduard. »Erst dachte ich, es wäre nur ein Flohbiß, aber jetzt brennt es wie Feuer. Ich kann es nicht mehr aushalten. Können Sie mir nichts geben, was die Schmerzen wegnimmt? – Nein, da nicht, etwas weiter oben, kommen Sie näher, ich weiß, Sie sind etwas kurzsichtig. Ich werde Ihnen die Stelle genau zeigen!« Im selben Augenblick sitzt er auf seinem Trapez und betrachtet mich mit maliziösem Grinsen durch meine Brille, bevor er sie in Stücke zerbricht als Andenken für die bewundernden Kameraden. Affen machen sich gern über uns lustig. Aber der leiseste Verdacht, daß wir versuchen, sie zu foppen, ärgert sie maßlos. Du darfst nie über einen Affen lachen, das kann er nicht vertragen. Sein ganzes Nervensystem ist überaus empfindlich, ein plötzlicher Schreck kann ihn nahezu in Hysterie versetzen, auch Nervenkrämpfe sind nicht selten; ich habe sogar einen Affen behandelt, der an Epilepsie litt. Ein unerwartetes Geräusch kann sie erbleichen machen. Sie werden auch leicht rot, aber nicht vor Bescheidenheit, denn sie sind, weiß Gott, nicht bescheiden, sondern aus Wut. Um dies Phänomen zu beobachten, darf man nicht nur das Gesicht des Affen betrachten, er errötet oft an einer anderen ungewöhnlichen Stelle. Welche Gründe den Schöpfer bewogen haben, gerade diese Stelle für dies zarte reichhaltige Farbenspiel, diese verschwenderische Schaustellung leuchtender Farben: rosa, blau und orange, zu wählen, wird unseren beschränkten Augen ein ewiges Rätsel bleiben. Manch ein überraschter Beschauer wird sich nicht scheuen, auf den ersten Blick hin von Häßlichkeit zu sprechen. Aber wir dürfen nicht vergessen, wie verschieden die Ansichten über das, was schön ist, in verschiedenen Ländern zu verschiedenen Zeiten gewesen sind. Die Griechen, als Schönheitskundige wohl unerreicht, malten die Haare ihrer Aphrodite blau. Wie gefallen Ihnen blaue Haare? Unter den Affen selbst gilt diese reiche Färbung offensichtlich als ein Zeichen der Schönheit, und der glückliche Besitzer solcher Farbenpracht a posteriori wendet gern seinen Rücken mit hochaufgerichtetem Schwanz dem Beschauer zu, um sich bewundern zu lassen. Affen sind besonders gute Mütter, aber du darfst dich ihren Kindern in keiner Weise nähern, denn sie glauben ebenso wie die Araberin und sogar die Neapolitanerin, daß du den bösen Blick hast. Das starke Geschlecht neigt ein wenig zum Flirt, und schreckliche »Tragödien der Leidenschaft« werden immer wieder im großen Affenhaus im Zoo ausgetragen, wo selbst das winzige Seidenäffchen zum rasenden Othello wird, bereit, es mit dem größten Pavian aufzunehmen. Die Damen begleiten diese Zweikämpfe mit verliebten Seitenblicken nach ihren verschiedenen Helden und wütendem Gezänk untereinander. Das Leben der gefangenen Affen ist, solange sie Gesellschaft haben, erträglich. Sie sind so beschäftigt, allem nachzuspionieren, was innerhalb und außerhalb ihres Käfigs vorgeht, so intrigant und geschwätzig, daß sie kaum Zeit haben, unglücklich zu sein. Das Leben eines gefangenen Menschenaffen, eines Gorillas, Schimpansen oder

Orang-Utans, ist natürlich nichts anderes als ein Martyrium. Sie verfallen alle in tiefe Schwermut, wenn die Tuberkulose nicht schnell genug wirkt, um sie zu töten. An Schwindsucht sterben bekanntlich die meisten gefangenen Affen, große und kleine. Die Symptome, der Verlauf und das Ende dieser Krankheit sind genau wie bei uns. Nicht die kalte Luft, der Mangel an Luft begünstigt den Ausbruch der Krankheit. Die meisten Affen ertragen die Kälte erstaunlich gut, wenn man nur dafür sorgt, daß sie genügend Bewegungsfreiheit haben. Für die Nacht brauchen sie stille geschützte Schlafecken mit einem Kaninchen als Bettgenossen, um sich zu erwärmen. Sobald es Herbst wird, umhüllt die ewig wachsame Mutter Natur, die für die Affen ebenso sorgt wie für uns, ihre zitternden Körper mit einem besonderen Pelzmantel, der dem nordischen Winter angepaßt ist. Das gilt für die meisten tropischen Tiere, die in nördlichem Klima in Gefangenschaft leben; sie würden alle viel länger leben, wenn man sie im Freien leben ließe. In den meisten Zoologischen Gärten scheint man das nicht zu wissen. Vielleicht ist es auch besser so. Ob es wünschenswert ist, die Lebensdauer dieser unglücklichen Tiere zu verlängern oder nicht, soll sich jeder selbst überlegen. Meine Antwort ist: nein! Der Tod ist weniger grausam als wir.

6

Château Rameaux

Herrlich ist der Sommer in Paris, wenn man zu dem »Paris qui s'amuse« gehört, aber wenn man zu dem »Paris qui travaille« gehört, sieht die Sache anders aus. Besonders, wenn du im Villette-Viertel den Kampf gegen eine Typhusepidemie unter Hunderten skandinavischer Arbeiter führst und im Quartier Montparnasse gegen eine Diphtherieepidemie bei deinen italienischen Freunden mit ihren zahllosen Kindern. Auch bei den Skandinaviern in Villette war wahrhaftig kein Mangel an Kindern, und die wenigen Familien, die keine hatten, schienen sich gerade diesen Moment auszusuchen, um welche in die Welt zu setzen, häufig ohne Hebamme oder andere Hilfe als mich. Was zu klein für Typhus war, leistete sich Scharlach oder mindestens Keuchhusten. Natürlich war kein Geld da, um einen französischen Arzt zu bezahlen; so fiel es mir zu, nach ihnen zu sehen, so gut ich konnte. Es war kein Vergnügen. Allein in Villette gab es über dreißig Typhusfälle unter den skandinavischen Arbeitern. Dabei machte ich es trotzdem möglich, jeden Sonntag in die schwedische Kirche zu gehen, meinem Freunde, dem schwedischen Pfarrer zuliebe, der meinte, man müsse ein gutes Beispiel geben. Die Gemeinde war auf die Hälfte zusammengeschmolzen, die andere Hälfte war krank oder hatte jemanden zu pflegen. Der Pfarrer war von früh bis spät unterwegs, den Kranken zu helfen oder Trost zu spenden. Einen gutherzigeren Mann habe ich nie gesehen, dabei war er völlig mittellos. Der einzige Lohn, den er erntete, war der, die Ansteckung in sein eigenes Haus zu tragen. Von seinen acht Kindern bekamen die beiden ältesten Typhus, fünf hatten Scharlach, und das Neugeborene verschluckte ein Zweifrankstück und starb beinahe an Darmverschluß. Dann wurde eines Tages der schwedische Konsul, ein friedlicher kleiner Mann, tobsüchtig und hätte mich – nebenbei bemerkt – beinahe umgebracht. Aber die Geschichte erzähle ich ein andermal.

Drüben im Quartier Montparnasse war die Sache noch viel ernster, wenn auch die Arbeit mir in mancher Hinsicht fast leichter schien. Ich muß beschämt bekennen, daß ich mit diesen armen Italienern viel besser auskam als mit den eigenen Landsleuten, die oft schwer zu behandeln waren, dabei mürrisch, unzufrieden, recht anspruchsvoll und selbstsüchtig. Die Italiener dagegen, die aus ihrer Heimat fast nichts mitgebracht hatten als eine alles ertragende Geduld, Frohsinn und liebenswürdige Formen, waren stets zufrieden und dankbar, dabei untereinander rührend hilfreich. Als in Salvatores Familie Diphtherie ausbrach, stellte Archangelo Fusco, der Straßenfeger, sofort die Arbeit ein, um sich in eine hingebende Krankenschwester für sie alle zu verwandeln. Die drei kleinen Mädchen hatten Diphtherie, die älteste starb, und am nächsten Tag bekam die Mutter die furchtbare Krankheit. Nur Petruccio, das Schmerzenskind, der hilflose Idiot, blieb, nach Gottes unerforschlichem Willen verschont. Die ganze Impasse Rouselle wurde erfaßt, in jedem Haus wütete die Diphtherie, und es gab nicht eine Familie, wo nicht mehrere kleine Kinder waren. Beide Kinderlazarette waren überfüllt. Und wäre auch ein Bett frei gewesen, für diese fremden Kinder Aufnahme zu erlangen, war so gut wie ausgeschlossen. Sie mußten also von Archangelo Fusco und mir versorgt werden, und die, für die wir keine Zeit hatten, und es gab ihrer viele, mußten leben oder sterben, so gut sie konnten. Wer als Arzt durch die Prüfung gegangen ist, eine Diphtherieseuche unter den Allerärmsten allein zu bekämpfen, ohne Desinfektionsmöglichkeiten für sich und andere, kann daran nicht ohne Grauen denken, mag er noch so abgehärtet sein. Stundenlang saß ich da, pinselte und schabte einem Kinde nach dem anderen den Hals aus; in jenen Tagen konnte man fast nichts weiter tun. Und dann, wenn es nicht mehr möglich war, die giftigen Membranen zu lösen, die die Luftwege versperrten, wenn das Kind blau und nahe am Ersticken war und die Tracheotomie sich plötzlich und dringend als notwendig erwies! Sollte ich dann sofort operieren, ohne auch nur einen Tisch, um das Kind darauf zu legen, auf diesem niedrigen Bett oder auf den Knien seiner Mutter, beim Licht dieser kümmerlichen Öllampe, und mit keinem anderen Assistenten als einem Straßenfeger? Konnte ich nicht bis morgen warten und versuchen, jemanden zu bekommen, der mehr Chirurg war als ich? Konnte ich, durfte ich warten? Ach, ich habe bis morgen gewartet – wenn es zu spät war, und das Kind unter meinen Augen sterben sehen. Ich habe auch sofort operiert und das Kind unter meinem Messer sterben sehen. Ich war sogar schlimmer dran als mancher in ähnlich verzweifelter Lage, denn ich selbst hatte tödliche Angst vor Diphtherie, eine Angst, die ich nie überwinden konnte. Aber Archangelo Fusco hatte kein Angst. Er kannte die Gefahr so gut wie ich, denn er hatte gesehen, wie die schreckliche Ansteckung von einem zum anderen übersprang, aber ihm kam nie ein Gedanke an seine eigene Sicherheit, er dachte nur an andere. Als alles vorbei war, bekam ich von allen Seiten Komplimente, sogar von der »Assistance publique«, aber niemand sagte je ein Wort zu Archangelo Fusco, der seinen Sonntagsanzug verkauft hatte, um das Bestattungsgeschäft zu bezahlen, das die Leiche des kleinen Mädchens holen ließ.

Ja, die Zeit kam, als alles vorüber war, als Archangelo Fusco zum Straßenfegen zurückkehrte und ich zu meinen eleganten Patienten. Während ich meine Tage in Villette und Montparnasse verbrachte, waren die Pariser eifrig beim Packen ihrer Koffer, um in ihre Schlösser oder Lieblingsseebäder zu fahren. Die Boulevards fielen den vergnügensuchenden Fremden anheim, die von allen Enden der zivilisierten und unzivilisierten Welt nach Paris strömten, um ihr überflüssiges Geld auszugeben. In meinem Sprechzimmer saßen viele von ihnen, lasen voll Ungeduld im Baedeker, wollten stets zuerst vorgelassen sein, wollten selten mehr als sich ein Stimulans holen – von einem Mann, der es viel nötiger hatte als sie. Andere schickten nach mir, und meist in den gedrängtesten Stunden des Tages, wenn nicht gar bei Nacht, während sie in ihren schönen Hotels behaglich auf ihrer Chaiselongue lagen, im reizenden teagown, der neuesten Schöpfung von Worth: ich sollte ihnen doch alles zum Maskenball der Großen Oper arrangieren. Sie schickten nicht zum zweitenmal nach mir, und ich wunderte mich nicht darüber.

Welch ein Zeitverlust, dachte ich, wenn ich nach Hause ging und meine müden Beine über den heißen Asphalt der Boulevards schleppte unter den verstaubten Kastanien, deren hängendes Laub nach einem frischen Lufthauch schmachtete.

Ich weiß, was uns fehlt, euch und mir, sagte ich zu den Kastanien, wir brauchen Luftwechsel, wir möchten fort aus der Atmosphäre der Großstadt. Aber wie kommen wir aus diesem Inferno heraus, ihr mit euren schmerzenden Wurzeln, die unter dem Asphalt eingekerkert sind mit dem Eisenring an euren Füßen, und ich mit all diesen reichen Amerikanern im Sprechzimmer und einer Menge anderer Patienten in ihren Betten? Und wenn wir gingen, wer würde sich um die Affen kümmern im Jardin des Plantes? Wer würde den lechzenden Eisbären trösten, jetzt, wo für ihn die schlimmste Zeit kommt? Er wird ja kein Sterbenswörtchen verstehen, das andere freundliche Leute vielleicht zu ihm sagen, er, der nur Schwedisch versteht. Und was wird im Quartier Montparnasse? Montparnasse! Mir schauerte bei dem Wort. Ich sah ein fahles Kindergesicht im trüben Schein einer Öllampe, das Blut sickerte aus dem Halse, dort, wo ich gerade den Schnitt gemacht hatte, ich hörte den Angstschrei der Mutter! Was würde die Gräfin sagen?... Die Gräfin! Nein, wahrhaftig, irgend etwas stimmte nicht mehr bei mir, es wurde höchste Zeit, mich um meine eigenen Nerven zu kümmern statt um die anderer Leute, wenn ich schon auf dem Boulevard Malesherbes solche Dinge sah... Und, was Teufel, hatte ich mit der Gräfin zu tun? Es ging ihr glänzend in ihrem Schloß in der Touraine nach Monsieur l'Abbés letztem Brief, und mir ging es glänzend in Paris, der schönsten Stadt der Welt. Ich brauche nur ein wenig Schlaf. Aber was würde der Graf sagen, wenn ich heute abend schriebe, ich nähme dankbar seine freundliche Einladung an und führe morgen ab? Wenn ich nur schlafen könnte heute nacht!

Warum sollte ich nicht selbst eines jener ausgezeichneten Schlafmittel nehmen, die ich für meine Patienten zu brauen pflegte, ein starkes Schlafmittel, das mich für vierundzwanzig Stunden alles vergessen ließe, Montparnasse, das Schloß in der Touraine, die Gräfin und alles übrige? Ich legte mich angezogen aufs Bett, so müde war ich. Aber ich nahm kein Schlafmittel, les cuisiniers n'ont pas faim – Köche haben keinen Hunger, wie sie in Paris sagen. Am Morgen lag im Sprechzimmer ein Brief auf dem Tisch. Er war von Monsieur l'Abbé mit einer Nachschrift von der Hand des Grafen:

»Sie sagten, Sie liebten das Lied der Lerche am meisten. Noch singt sie, aber nicht mehr lange, darum kommen Sie bald!«

Lerchen! Seit zwei Jahren hatte ich kein Vogellied gehört, außer den Spatzen in den Tuileriengärten!

*

Die Pferde, die mich an der Bahn abholten, waren schön, das Schloß aus den Tagen Richelieus mit seinem weiten Park von alten Linden war schön, schön waren die Louis-XVI-Möbel meines üppigen Zimmers und der Bernhardinerhund, der mich nach oben begleitete – alles war schön, auch die Gräfin in ihrem schlichten weißen Kleide mit der einen La-France-Rose im Gürtel. Ihre Augen schienen mir größer denn je. Der Graf war ein völlig anderer Mensch mit seinen frischen Farben und wachen Augen. Sein herzlicher Willkommensgruß nahm mir gleich jede Befangenheit, ich war noch ein Barbar aus Ultima Thule und nie in so üppiger Umgebung gewesen. Monsieur l'Abbé begrüßte mich wie einen alten Freund. Der Graf sagte, es sei gerade noch Zeit vor dem Tee für einen Gang durch den Garten, oder wollte ich lieber einen Blick in die Ställe werfen? Ich bekam einen Korb mit Rüben, um sie an ein Dutzend prachtvoller Pferde zu verteilen, die in ihren polierten Eichenboxen blankgestriegelt dastanden.

»Dem geben Sie nur gleich eine Rübe mehr, und schließen Sie Freundschaft mit ihm«, sagte der Graf, »er gehört Ihnen, solange Sie hier sind, und dies ist Ihr Groom«, setzte er hinzu, auf einen kleinen Engländer deutend, der mich, die Hand an der Mütze, grüßte.

Ja, die Gräfin war fabelhaft wohl, sagte der Graf, als wir durch den Garten zurückschlenderten. Sie sprach kaum je von ihrer Kolitis, ging jeden Morgen ins Dorf, um ihre Armen zu besuchen, und beriet sich mit dem Dorfarzt, wie sie aus einem alten Gutshause ein Pflegeheim für kränkliche Kinder machen könnte. An ihrem Geburtstag waren alle armen Kinder des Dorfes ins Schloß zu Kaffee und Kuchen eingeladen worden, und beim Abschied hatte sie jedem Kind eine Puppe geschenkt. War das nicht ein reizender Gedanke von ihr?

»Wenn sie Ihnen von ihren Puppen erzählt, vergessen Sie nicht, ihr etwas Nettes darüber zu sagen.«

»Nein, ich werde es nicht vergessen, je ne demande pas mieux.« Der Tee wurde unter der großen Linde vor dem Hause serviert.

»Hier ist ein Freund von dir, liebste Anne«, sagte die Gräfin zu der Dame, die neben ihr saß, als wir an den Tisch traten. »Leider scheint er die Gesellschaft von Pferden der unseren vorzuziehen; bisher hat er noch nicht Zeit gefunden, eine Silbe an mich zu richten, aber mit den Pferden im Stall hat er sich eine halbe Stunde lang unterhalten.«

»Und sie schienen die Unterhaltung sehr zu schätzen«, lachte der Graf, »sogar mein alter Hunter, du weißt, wie falsch er sonst gegen Fremde ist, schob seine Nüstern dem Doktor ins Gesicht und beschnupperte ihn äußerst freundlich.«

Die Baronin Anne sagte, sie freue sich, mich zu sehen, und gab mir gute Nachrichten über die alte Marquise.

»Sie meint sogar, besser zu hören, aber davon bin ich nicht überzeugt, denn sie hört Loulous Schnarchen nicht und wird böse, wenn mein Mann behauptet, er höre ihn sogar unten im Rauchzimmer. Jedenfalls, ihr geliebter Loulou ist ein Segen für uns alle. Sie konnte doch früher nie allein sein, und es war so anstrengend, die ganze Zeit mit ihr durchs Hörrohr zu reden. Jetzt sitzt sie stundenlang allein mit Loulou im Schoß, und wenn Sie sie sehen könnten, wie sie morgens durch den Park galoppiert, um Loulou zu bewegen, würden Sie Ihren Augen nicht trauen; sie verließ doch sonst ihren Sessel überhaupt nicht. Ich höre noch, wie Sie ihr damals sagten, sie müßte täglich etwas gehen, und wie böse sahen Sie aus, als sie erklärte, sie hätte nicht die Kraft dazu. Einfach eine fabelhafte Veränderung! Natürlich sagen Sie, es wäre dic scheußliche Medizin, die Sie ihr gegeben haben: ich sage aber, es ist Loulou, er sei gesegnet, mag er schnarchen, soviel er will!«

»Seht doch Leo an«, unterbrach der Graf das Gespräch, »wie er seinen Kopf dem Doktor aufs Knie legt, als hätte er ihn von jeher gekannt. Er vergißt sogar, um sein Biskuit zu betteln.«

»Was ist mit dir, Leo?« sagte die Gräfin, »paß auf, alter Junge, sonst hypnotisiert dich der Doktor. Er hat bei Charcot an der Salpêtrière gearbeitet und kann einen dazu bringen, alles zu tun, was er will, nur indem er einen ansieht. Warum lassen Sie Leo nicht schwedisch mit Ihnen reden?«

»Auf keinen Fall, mir ist keine Sprache so sympathisch wie sein Schweigen. Ich bin kein Hypnotiseur, nur ein großer Tierfreund, und alle Tiere fühlen das sofort und lieben mich.«

»Vermutlich versuchen Sie gerade, das Eichhörnchen zu mesmerisieren auf dem Zweig dort über Ihrem Kopf«, sagte die Baronin, »Sie haben es doch schon die ganze Zeit angestarrt, ohne auf uns zu achten. Warum lassen Sie es nicht von seinem Baum herabklettern und neben Leo auf Ihrem Schoß sitzen?«

»Wenn Sie mir eine Nuß geben und alle fortgehen, könnte ich es vielleicht dazu bringen, herzukommen und sie mir aus der Hand zu nehmen.«

»Sie sind aber höflich, Monsieur le Suédois«, rief die Gräfin lachend, »komm, Anne, er möchte uns alle los sein und mit seinem Eichkater allein bleiben.«

»Lachen Sie nicht über mich, ich bin der letzte, Sie fortzuwünschen – ich bin so froh, Sie wiederzusehen.«

»Vous êtes très galant, Monsieur le Docteur, das ist das erste Kompliment, das Sie mir je gemacht haben, und ich liebe Komplimente!«

»Hier bin ich nicht Ihr Doktor, hier bin ich Ihr Gast.«

»Und kann einem sein Doktor keine Komplimente machen?«

»Nein, wenn der Patient aussieht wie Sie und der Doktor jünger ist als etwa Ihr Vater, wenn er es auch noch so gerne möchte.«

»Na, ich muß sagen, Sie haben der Versuchung glänzend widerstanden. Sie haben mich so ziemlich immer angefahren, wenn Sie mich sahen. Bei der ersten Begegnung waren Sie so grob zu mir, daß ich fast weggelaufen wäre, wissen Sie das nicht mehr? Anne, weißt du, was er sagte? Er sah mich scharf an und sagte mit seinem schauerlich schwedischen Akzent: ›Madame la Comtesse, Ihnen fehlt es mehr an Disziplin als an Medizin!‹ Disziplin! Sprechen schwedische Ärzte so mit jungen Damen, die sie zum ersten Male konsultieren?«

»Ich bin gar kein schwedischer Arzt, ich habe mein Diplom in Paris gemacht.«

»Na, ich habe Dutzende von Pariser Ärzten konsultiert, aber keiner hat je riskiert, mir von Disziplin zu sprechen.«

»Gerade darum mußten Sie erst so viele konsultieren.«

»Weißt du, was er meiner Schwiegermutter gesagt hat?« warf die Baronin ein. »Er sagte mit sehr zorniger Stimme, wenn sie ihm nicht gehorchte, würde er gehen und nie wiederkommen, auch nicht, wenn sie Kolitis hätte! Ich hab' es wahrhaftig aus dem Wohnzimmer gehört, und als ich hereinstürzte, war die Marquise halb ohnmächtig. Sie wissen ja, ich empfehle Sie all meinen Freunden, aber Sie müssen mir's nicht verdenken, wenn ich sage, ihr Schweden habt viel zu derbe Hände für uns romanische Menschen. Mehr als einer von Ihren Patienten hat mir gesagt, Ihr Benehmen am Krankenbett sei einfach zum Heulen. Wir pflegen uns nicht herumkommandieren zu lassen wie Schulkinder.«

»Warum versuchen Sie nicht, ein bißchen liebenswürdiger zu sein?« lachte die Gräfin, die den Spaß ungeheuer genoß.

»Ich will's versuchen.«

»Erzählen Sie uns doch etwas«, bat die Baronin, als wir nach Tisch im Salon saßen. »Ärzte treffen so seltsame Leute und werden Zeuge so merkwürdiger Begebenheiten. Sie wissen mehr vom wirklichen Leben als andere Menschen, ich glaube, Sie könnten uns eine Masse erzählen, wenn Sie wollten.«

»Sie mögen recht haben, aber man erwartet, daß wir über unsere Patienten nicht reden, und was das Leben anlangt, ich fürchte, ich bin zu jung, um viel davon zu wissen.«

»Sagen Sie wenigstens das, was Sie wissen«, beharrte die Baronin Anne.

»Ich weiß, das Leben ist schön, aber ich weiß auch, daß wir oft eine dumme Posse daraus machen oder eine Tragödie, die uns das Herz bricht oder beides; so daß man schließlich nicht weiß, ob man weinen oder lachen soll. Es ist leichter, zu weinen, aber viel besser, zu lachen, solange man nicht zu laut lacht.«

»Erzählen Sie uns etwas von Tieren«, bat die Gräfin, um

mich wieder auf sicheren Boden zu bringen. »In Ihrer Heimat soll es ja von Bären wimmeln, erzählen Sie doch etwas von ihnen, erzählen Sie eine Bärengeschichte!«

»Es war einmal eine Frau, die lebte in einem alten Landhaus am Rande eines großen Waldes, hoch oben im Norden. Diese Frau hatte einen zahmen Bären, den sie sehr liebte. Er war im Walde gefunden worden, halb verhungert, so klein und hilflos, daß die Frau und die alte Köchin ihn mit der Flasche großzogen. Das war vor Jahren gewesen, und nun war er ein großer, ausgewachsener Bär, so groß und stark, daß er eine Kuh schlagen konnte und sie zwischen seinen Tatzen davontragen, wenn er es wollte. Aber er wollte es gar nicht, er war ein sehr netter Bär, der nicht im Traum daran dachte, jemand etwas zuleide zu tun, Mensch oder Tier. Gewöhnlich saß er vor seiner Hütte und blinzelte mit seinen kleinen schlauen Augen höchst freundschaftlich nach den Rindern hin, die in der Nähe weideten. Die drei struppigen Bergponys im Stall kannten ihn gut und machten sich gar nichts daraus, wenn er mit seiner Herrin in den Stall trottete. Die Kinder pflegten auf seinem Rücken zu reiten und waren mehr als einmal in seiner Hütte zwischen seinen Pfoten eingeschlafen. Die drei Lappenhunde trieben gern allerhand Unfug mit ihm, zogen ihn an den Ohren oder an seinem Stummelschwanz und neckten ihn in jeder Weise, aber er ließ sich alles gefallen. Er hatte niemals Fleisch geschmeckt, er bekam dasselbe Futter wie die Hunde, und oft aus derselben Schüssel, Brot, Hafergrütze, Kartoffeln und Rüben. Er hatte den besten Appetit, und seine Freundin, die Köchin, sorgte dafür, daß er auf seine Kosten kam. Bären sind Vegetarier, soweit es ihnen möglich ist, am liebsten fressen sie Obst. Im Herbst saß er gern im Obstgarten und sah sehnsüchtig zu den reifenden Äpfeln auf; in seinen jungen Tagen konnte er manchmal der Versuchung nicht wiederstehen, auf den Baum zu klettern und sich mit einer Handvoll zu versorgen. Bären wirken plump und schwerfällig in ihren Bewegungen, aber laß einen Bären sich an einem Apfelbaum versuchen, du wirst merken, daß er es in diesem Sport spielend mit jedem Schuljungen aufnimmt. Inzwischen hat er ja gelernt, daß es verboten war, aber er hielt seine kleinen Augen weit offen, ob nicht ein Apfel herunterfiele. Es hatte auch gewisse Schwierigkeiten mit den Bienenstöcken gegeben; damals war er zur Strafe für zwei Tage an die Kette gelegt worden, mit blutiger Nase, und er hatte es nie wieder getan. Sonst lag er nie an der Kette, außer bei Nacht, was sehr richtig ist, denn Bären wie Hunde werden leicht bösartig, wenn sie dauernd angekettet sind, worüber man sich nicht zu wundern braucht. Auch sonntags wurde er angekettet. Dann ging seine Herrin zu ihrer verheirateten Schwester, die in einem einsamen Hause am anderen Ufer des Bergsees wohnte, um mit ihr den Nachmittag zu verbringen; das war ein Weg von einer guten Stunde durch dichten Wald. Man hielt es nicht für gut, ihn mitzunehmen in den Wald mit all seinen Versuchungen. Es war auf alle Fälle sicherer. Er war auch ein schlechter Seefahrer und hatte es einmal bei einem plötzlichen Windstoß so mit der Angst bekommen, daß er das Boot zum Kentern brachte und er und seine Herrin ans Ufer schwimmen mußten. Jetzt wußte er sehr gut, was es bedeutete, wenn seine Herrin ihn sonntags an die Kette legte mit einem freundlichen Klaps auf den Kopf und dem Versprechen eines Apfels bei ihrer Rückkehr, wenn er inzwischen artig wäre. Er war traurig, aber ergeben wie ein guter Hund, wenn seine Herrin ihm sagte, daß er auf einem Spaziergang nicht mitkönne. Eines Sonntags, als die Dame ihn wie gewöhnlich angebunden und schon die Hälfte des Waldwegs zurückgelegt hatte, meinte sie plötzlich hinter sich auf dem gewundenen Fußwege das Knacken von Zweigen zu hören. Sie drehte sich um und war entsetzt, den Bären in schnellem Trott ankommen zu sehen. Es sieht aus, als ob ein Bär sich sehr langsam vorwärtsbewegt, aber in seinem Trott kommt er schneller vorwärts als ein trabendes Pferd. Im Augenblick hatte er sie eingeholt, keuchend und schnüffelnd, wie ein Hund nahm er seinen gewohnten Platz an ihren Fersen ein. Die Dame war empört. Sie kam sowieso zum Lunch zu spät, es war keine Zeit, ihn nach Haus zu bringen, und mitnehmen wollte sie ihn nicht. Zudem war es sehr ungezogen und ungehorsam von ihm, sich von der Kette loszureißen. Sie befahl ihm im strengsten Ton, umzukehren, und drohte ihm mit ihrem Schirm. Er stutzte einen Augenblick, sah sie mit seinen schlauen Augen an, dachte nicht daran, wegzugehen, und blieb dabei, sie zu beschnüffeln. Als sie sah, daß er sogar sein neues Halsband verloren hatte, wurde sie noch zorniger und schlug ihn mit ihrem Schirm über die Nase, so fest, daß er zerbrach. Er stutzte wieder, schüttelte den Kopf, sperrte mehrmals den großen Rachen auf, als wollte er etwas sagen. Dann machte er kehrt und begann den Weg, den er gekommen war, zurückzutrotten. Hier und da blieb er stehen und sah nach der Dame hin, bis sie ihn aus den Augen verlor. Am Abend, als die Dame heimkam, saß er auf dem gewohnten Platz vor seiner Hütte, offensichtlich traurig über seine Lage. Die Dame war noch immer sehr wütend, ging zu ihm hin und schalt ihn in strengem Ton. Er würde keinen Apfel und kein Abendbrot bekommen und müsse außerdem für zwei Tage an die Kette. Die alte Köchin, die den Bären liebte, als wäre er ihr Sohn, stürzte empört aus der Küche.

›Warum schelten Sie ihn nur, gnädige Frau‹, rief die Köchin, ›er war den ganzen Tag gut wie Gold, Gott segne ihn! Er hat hier ganz still gesessen, sanft wie ein Engel, und immerzu nach dem Tor geschaut, durch das Sie kommen mußten.‹

Es war ein anderer Bär gewesen!«–

Die Turmuhr schlug elf.

»Zeit, zu Bett zu gehen«, sagte der Graf. »Ich habe unsere Pferde zu morgen früh um sieben Uhr bestellt.«

»Schlafen Sie gut und träumen Sie schön«, sagte die Gräfin, als ich nach meinem Zimmer ging.

Ich schlief nicht viel, aber ich träumte um so mehr.

Früh um sechs Uhr kratzte Leo an meiner Tür, und pünktlich um sieben Uhr ritten der Graf und ich durch eine herrliche alte Lindenallee, die zu den Wäldern führte. Bald waren wir im tiefen Wald; Rüstern, Buchen und hier und da eine mächtige Eiche. Still war es. Nur dann und wann hörten wir das rhythmische Hämmern des Spechtes, das Gurren einer Wildtaube, den scharfen Ruf des Nußhähers oder den tiefen Alt einer Drossel, die die letzte Strophe ihrer Ballade sang. Bald kamen wir aus dem Walde auf eine Fläche von Wiesen und Feldern in vollstem Sonnenlicht. Da war sie, die geliebte Lerche, auf unsichtbaren Schwingen hoch oben im Blau schwirrend, als ließe sie ihr ganzes Herz ausströmen gegen Himmel und Erde in jauchzenden Trillern der Lebensfreude. Ich sah den kleinen Vogel an und segnete ihn von neuem wie so oft ehemals im frostigen Norden, wenn ich als Kind dasaß und mit dankbaren Augen den kleinen grauen Sommerherold sah, endlich gewiß, daß der lange Winter vorbei war.

»Es ist ihr letztes Konzert«, sagte der Graf, »ihre Zeit ist zu Ende, sie wird bald beginnen müssen, ihre Jungen zu füttern, und dann ist keine Zeit mehr zum Singen und Jubilieren. Sie haben recht, sie ist die größte Künstlerin von allen, sie läßt ihr Herz singen.«

»Wenn man bedenkt, daß es Menschen gibt, die fähig sind, den unschuldigen kleinen Sänger zu töten! Sie brauchen nur in ›Les Halles‹ zu gehen, um zu sehen, wie sie zu Hunderten zum Verkauf angeboten werden an andere Menschen, die sie kaltblütig verspeisen. Ihre Stimmen erfüllen den ganzen Weltraum über uns mit Freude, aber ihre armen toten Körperchen sind so klein, daß ein Kind sie mit der Hand umspannen kann, und doch verschlucken wir sie gierig, als gäbe es sonst nichts zu essen. Wir schaudern bei dem bloßen Wort ›Menschenfresser‹, und wir hängen den Wilden, der dieser Sitte seiner Vorfahren frönt, aber das Morden und Verspeisen kleiner Vögel bleibt ungestraft.«

»Sie sind ein Idealist, mein lieber Doktor.«

»Nein, Sie nennen das Sentimentalität und verspotten es

bloß. Ich lasse Sie spotten, soviel Sie wollen, es ist mir gleich. Aber hören Sie, was ich sage! Es kommt die Zeit, zu der Sie nicht mehr spotten, zu der Sie begreifen werden, daß das Tierreich vom Schöpfer unserem Schutze anvertraut und nicht uns preisgegeben ist: daß Tiere so viel Recht haben zu leben wie wir, und daß unser Recht, ihr Leben zu nehmen, streng beschränkt ist auf unser Recht der Verteidigung und unser Recht auf Dasein. Die Zeit muß kommen, da beim Menschen das Vergnügen am bloßen Töten aussterben muß. Solange dies noch vorhanden ist, hat er keinen Anspruch, sich zivilisiert zu nennen, er ist bloß ein Barbar, ein Bindeglied zwischen seinen wilden Ahnen, die einander mit Steinäxten erschlugen um ein Stück rohes Fleisch, und dem Menschen der Zukunft. Die Notwendigkeit, wilde Tiere zu töten, ist nicht zu bestreiten, aber ihre Henker, die stolzen Jäger von heute, werden auf die Stufe der Schlächter von Haustieren herabsinken.«

»Vielleicht haben Sie recht«, sagte der Graf und sah noch einmal nach dem Himmel, als wir unsere Pferde wandten und zurück zum Schloß ritten.

Beim Lunch brachte der Diener der Gräfin ein Telegramm, sie reichte es dem Grafen, der es las, ohne ein Wort zu sagen.

»Ich glaube, Sie haben meinen Vetter Maurice schon getroffen«, sagte die Gräfin, »er wird zu Tisch hier sein, wenn er den Vieruhrzug erreichen kann; er steht in Tours in Garnison.«

Ja, Vicomte Maurice war zum Essen bei uns, sogar sehr. Er war ein großer, gut aussehender junger Mann mit niederer, zurückweichender Stirn, sehr großen Ohren, grausamen Kiefern und einem Schnurrbart à la Général Gallifet.

»Welch unerwartetes Vergnügen, Sie hier zu treffen, Monsieur le Suédois, wahrhaftig sehr unerwartet!« Diesmal geruhte er, mir die Hand zu reichen, eine kleine, schwammige, auffallend unangenehme Hand, die es mir leicht machte, ihn zu klassifizieren. Es fehlte nur noch, sein Lachen zu hören, und er zögerte nicht, mir diese Gelegenheit zu geben. Sein lautes, eintöniges Wiehern schallte während der ganzen Mahlzeit durchs Zimmer. Er begann gleich damit, der Gräfin eine sehr schlüpfrige Geschichte zu erzählen über ein Erlebnis, das einer seiner Kameraden hatte, der seine Mätresse im Bett seiner Ordonnanz fand. Schon begann Monsieur l'Abbé unbehaglich auszusehen, als der Graf seinem Vetter das Wort abschnitt und seiner Frau über den Tisch von unserem Morgenritt erzählte, der Weizen stände ausgezeichnet, der Klee sehr dicht, und wir hätten das letzte Konzert einer verspäteten Lerche gehört.

»Unsinn«, sagte der Vicomte, »es sind noch eine ganze Menge davon zu haben. Erst gestern schoß ich eine, und nie habe ich einen besseren Schuß getan. Das kleine Biest sah nicht größer aus als ein Schmetterling.«

Ich errötete bis zu den Haarwurzeln, aber der Abbé ließ mich rechtzeitig innehalten, indem er seine Hand auf mein Knie legte.

»Wie gemein, Maurice, eine Lerche zu schießen.«

»Und weshalb soll ich keine Lerche schießen? Es gibt sie massenweise, und außerdem sind sic blendend als Zielscheibe zu brauchen. Ich kenne nichts Besseres, außer vielleicht Schwalben. Du weißt, meine liebe Julie, ich bin der beste Schütze im Regiment, und wenn man nicht dauernd in Übung bleibt, wird man bald rostig. Zum Glück gibt es beliebige Mengen von Schwalben um unsere Kaserne, viele Hunderte nisten unter den Dachrinnen der Pferdeställe; sie sind eben gerade emsig beim Atzen ihrer Brut und schießen immerzu hin und her, gerade an meinem Fenster vorbei. Es macht direkt Spaß. Ich gehe ihnen jeden Morgen zu Leibe, ohne auch nur mein Zimmer zu verlassen. Gestern wettete ich mit Gaston um tausend Frank, ich würde sechs Stück unter zehn erledigen, und tatsächlich erlegte ich acht. Es gibt nichts Besseres zur täglichen Übung als Schwalben. Ich sage immer, man müßte das zwangsweise einführen bei allen Schießausbildungen.« Er hielt einen Augenblick inne und zählte sorgfältig die Tropfen, die er aus einer kleinen Medizinflasche in sein Weinglas goß.

»Na, meine liebe Juliette, sei nicht dumm und komm morgen mit mir nach Paris, du brauchst einen kleinen Abstecher, nachdem du hier seit Wochen ganz allein in weltfernen Gegenden gelebt hast. Es wird ein schönes Schauspiel sein, das größte Turnier, das bisher stattfand, die besten Schützen Frankreichs werden erscheinen, und so sicher, wie ich Maurice heiße, wirst du sehen, wie der Präsident der Republik deinem Vetter die Goldene Medaille überreicht. Wir werden ein fideles Souper im Café Anglais einnehmen, und dann bring' ich dich ins Hotel Royal, um ›une nuit de noces[1]‹ zu sehen. Ein feines Stück, äußerst ulkig, ich habe es schon viermal gesehen, aber an deiner Seite möchte ich es noch einmal sehen. Mitten auf der Bühne steht das Bett, unter dem der Liebhaber sich verbirgt, und der Bräutigam, ein alter...«

Der Graf gab, sichtlich verstimmt, seiner Frau ein Zeichen, worauf wir uns vom Tisch erhoben.

»Ich könnte keine Lerchen umbringen«, sagte der Graf trocken.

»Nein, mein lieber Robert«, brüllte der Vicomte, »das weiß ich, du würdest vorbeischießen!«

Ich ging hinauf in mein Zimmer vor unterdrückter Wut, und vor Beschämung, sie unterdrückt zu haben, kamen mir fast Tränen in die Augen. Während ich meine Koffer packte, trat der Abbé ins Zimmer. Ich bat ihn, dem Grafen zu sagen, ich wäre nach Paris gerufen worden und müsse den Nachtzug nehmen.

»Wenn ich diesen verfluchten Kerl noch einmal sehen muß, werde ich ihm das unverschämte Monokel aus dem hohlen Kopf schlagen!«

»Um Gottes willen, tun Sie nichts dergleichen, er könnte Sie glatt totschießen. Es stimmt, daß er ein berühmter Schütze ist, ich weiß nicht, wie viele Duelle er ausgefochten hat; er hat ewig Streit und eine böse Zunge. Ich bitte Sie

[1] Die Hochzeitsnacht

nur, für die nächsten sechsunddreißig Stunden Ihre Nerven in der Hand zu halten. Morgen abend fährt er zum Turnier nach Paris, und, ganz unter uns, ich werde ebenso froh sein wie Sie, wenn er reist.«

»Weshalb?«

Der Abbé schwieg.

»Nun, Monsieur l'Abbé, dann will ich Ihnen den Grund sagen. Weil er in seine Kusine verliebt ist und weil Sie ihn nicht mögen und ihm nicht trauen.«

»Da Sie die Wahrheit erraten haben, und Gott mag wissen, wodurch, erzähle ich Ihnen lieber, daß er sie heiraten wollte, sie ihn aber abgewiesen hat. Zum Glück mag sie ihn nicht.«

»Sie fürchtet ihn aber, was fast noch schlimmer ist.«

»Dem Grafen mißfällt seine Freundschaft mit der Gräfin sehr, deshalb wollte er sie auch nicht allein in Paris lassen, wo er sie fortwährend in Gesellschaften und Theater mitnahm.«

»Ich glaube nicht, daß er morgen abreist.«

»Er fährt bestimmt, es liegt ihm viel zuviel daran, seine Goldene Medaille zu bekommen, die er vermutlich auch bekommt; er ist wirklich ein fabelhafter Schütze.«

»Wäre ich das doch auch! Ich möchte dies Biest niederschießen als Rache für die Schwalben. Wissen Sie etwas über seine Eltern? Ich vermute, da stimmt etwas nicht.«

»Seine Mutter war eine deutsche Gräfin und sehr schön. Das gute Aussehen hat er von ihr, aber es scheint eine sehr unglückliche Ehe gewesen zu sein. Sein Vater war ein Trinker und als jähzornig und absonderlich bekannt. Er wurde schließlich fast verrückt. Es gibt Leute, die behaupten, er hätte Selbstmord begangen.«

»Ich hoffe inständig, daß der Sohn diesem Beispiel folgt, je eher, desto besser. Vom Verrücktsein ist er ja nicht mehr weit.«

»Sie haben recht, der Vicomte ist wirklich oft sehr sonderbar. Zum Beispiel darin, daß er, obwohl stark wie ein Gaul, sich dauernd mit seiner Gesundheit beschäftigt und immer fürchtet, alle möglichen Krankheiten zu bekommen. Das letztemal, als er hier war, bekam der Gärtnerjunge Typhus, und er reiste sofort ab. Er nimmt dauernd Mittel ein; vielleicht merkten Sie, daß er sich sogar bei Tisch Medizin eingoß.«

»Ja, es war der einzige Moment, in dem er das Maul hielt.«

»Er konsultiert dauernd neue Ärzte. Leider mag er Sie nicht, sonst bekämen Sie gewiß einen neuen Patienten... Was ist los? Warum lachen Sie denn?«

»Ich lache über etwas sehr Komisches, das mir eben einfiel. Es gibt nichts Besseres als ein gutes Lachen, wenn man wütend ist! Sie sahen, in welcher Verfassung ich war, als Sie ins Zimmer kamen. Sie werden sich freuen, zu hören, daß ich wieder all right bin und glänzender Laune. Ich habe mich anders besonnen, ich reise heute abend nicht. Wir wollen doch hinuntergehen ins Rauchzimmer zu den anderen. Ich verspreche Ihnen, mich tadellos zu benehmen.«

Der Vicomte stand mit gerötetem Gesicht vor dem großen Spiegel und drehte nervös seinen Schnurrbart à la Général Gallifet. Der Graf saß am Fenster und las den »Figaro«.

»Welch unerwartetes Vergnügen, Sie hier zu sehen, Monsieur le Suédois!« spöttelte der Vicomte und schraubte sein Monokel ein, wie um besser zu sehen, wieviel ich mir gefallen ließe. »Hoffentlich war es kein neuer Kolitisanfall, was Sie hergeführt hat.«

»Nein, bisher nicht, aber man kann nie wissen.«

»Wie ich höre, sind Sie Spezialist für Kolitis, schade, daß sonst niemand von diesem merkwürdigen Leiden weiß, Sie behalten das offenbar alles für sich. Wollen Sie mir den Gefallen tun, mir zu sagen, was Kolitis ist? Ist es ansteckend?«

»Nein, nicht im gewöhnlichen Sinne.«

»Ist es gefährlich?«

»Nein, wenn es gleich erkannt und richtig behandelt wird.«

»Natürlich von Ihnen?«

»Ich bin nicht als Arzt hier, der Graf war so liebenswürdig, mich als Gast einzuladen.«

»Ach, wirklich! Aber was wird aus all Ihren Patienten in Paris während Ihrer Abwesenheit?«

»Ich vermute, sie werden gesund werden.«

»Sicher, das glaube ich auch!« brüllte der Vicomte.

Ich mußte mich neben den Abbé setzen und eine Zeitung zur Hand nehmen, um meine Ruhe zu bewahren. Der Vicomte sah nervös auf die Uhr überm Kamin.

»Ich gehe hinauf, um Juliette zu einem Gang durch den Park abzuholen. Es ist ein Jammer, hier drin zu sitzen bei dem herrlichen Mondschein.«

»Meine Frau ist zu Bett gegangen«, meldete der Graf trocken aus seiner Ecke, »sie fühlte sich nicht ganz wohl.«

»Warum zum Teufel hast du mir das nicht gesagt«, erwiderte der Vicomte ärgerlich und goß sich noch einen Brandy-Soda ein.

Der Abbé war in sein »Journal des Débats« vertieft, aber ich sah, wie sein schlaues altes Auge uns dauernd beobachtete.

»Was Neues, Monsieur l'Abbé?«

»Ich las gerade, daß das Turnier der Société du Tir de France, zu dem der Präsident die Goldene Medaille für den Sieger stiftet, übermorgen stattfindet.«

»Ich wette tausend Frank mit Ihnen, daß sie mein sein wird!« rief der Vicomte und schlug sich mit der Faust auf die breite Brust, »es müßte denn morgen ein Eisenbahnunglück den Nachtexpreß zertrümmern oder«, fügte er mit boshaftem Grinsen hinzu, »oder ich müßte schon Kolitis bekommen.«

»Hör auf mit dem Brandy, Maurice«, sagte der Graf aus seiner Ecke, »du hast mehr getrunken, als dir gut ist, tu es saoûl comme un polonais[1]!«

»Nur Mut, Doktor Kolitis!« kicherte der Vicomte, »bloß nicht so kummervoll. Nehmen Sie 'nen Brandy-Soda. Ich

[1] Du bist besoffen wie ein Pole.

kann Ihnen leider den Gefallen nicht tun, aber wie wär's mit einem Versuch bei dem Abbé, der immer über seine Leber und Verdauung klagt? Monsieur l'Abbé, tun Sie doch dem Doktor Kolitis den Gefallen, sehen Sie nicht, wie gern er einmal Ihre Zunge sehen möchte?«

Der Abbé las schweigend weiter sein »Journal des Débats«.

»Sie wollen nicht! Aber du, Robert? Du sahst brummig genug aus beim Essen. Warum zeigst du nicht dem Schweden deine Zunge? Sicher hast du Kolitis! Willst du dem Doktor nicht den Spaß machen? Nein? Na, Sie haben kein Glück. Aber um Sie aufzuheitern, will ich Ihnen meine herausstrecken, sehen Sie sie sich genau an.«

Mit satanischem Grinsen streckte er mir die Zunge heraus. Er sah aus wie der Wasserspeier von Notre-Dame.

Ich erhob mich und sah seine Zunge aufmerksam an.

»Sie haben eine sehr üble Zunge«, sagte ich ernst, nach einer kleinen Pause: »eine sehr üble Zunge.«

Er wandte sich rasch ab und besah sich seine Zunge im Spiegel, die häßlich belegte Zunge des eingefleischten Rauchers. Ich ergriff seine Hand und fühlte ihm den Puls, den eine Flasche Sekt und drei Brandy-Sodas in Fiebertempo versetzt hatten.

»Ihr Puls ist sehr schnell«, sagte ich. Ich legte die Hand auf seine flache Stirn.

»Kopfschmerzen?«

»Nein.«

»Sie werden sie zweifellos morgen früh beim Erwachen haben.«

Der Abbé ließ das »Journal des Débats« fallen.

»Öffnen Sie Ihr Beinkleid«, sagte ich streng.

Er gehorchte mechanisch, gefügig wie ein Lamm. Ich versetzte ihm einen leichten Schlag in die Zwerchfellgegend, der einen Schlucker hervorrief.

»Aha!« und indem ich ihn fest ansah, sagte ich langsam: »Danke, das genügt.«

Der Graf ließ seinen »Figaro« fallen.

Der Abbé erhob die Arme gen Himmel, sein Mund war weit offen.

Sprachlos stand der Vicomte vor mir.

»Knöpfen Sie Ihre Hose zu«, befahl ich, »und nehmen Sie einen Brandy und Soda, Sie werden es nötig haben.« Er knöpfte mechanisch die Hose zu und goß den Brandy und Soda hinunter, den ich ihm hinhielt.

»Auf Ihre Gesundheit, Monsieur le Vicomte«, sagte ich, mein Glas an die Lippen hebend, »auf Ihre Gesundheit!«

Er wischte sich den Schweiß von der Stirn und wandte sich wieder zum Spiegel, um seine Zunge anzusehen. Er machte eine verzweifelte Anstrengung, zu lachen, aber es mißlang.

»Wollen Sie damit sagen, glauben Sie etwa, wollen Sie sagen, daß...«

»Ich will gar nichts sagen, habe nichts gesagt, ich bin nicht Ihr Arzt.«

»Aber was soll ich machen?« stammelte er.

»Sie sollen zu Bett gehen, je eher, desto besser, sonst wird man Sie hintragen müssen.« Ich ging zum Kamin und läutete.

»Bringen Sie den Vicomte auf sein Zimmer«, sagte ich dem Diener, »und sagen Sie seinem Kammerdiener, daß er ihn gleich zu Bett bringen soll.«

Auf den Arm des Dieners gestützt, wankte der Vicomte zur Tür.

Am nächsten Morgen machte ich allein einen herrlichen Ritt. Hoch oben im Himmelsblau sang wieder die Lerche ihren Morgenhymnus an die Sonne.

»Ich habe den Tod deiner Brüder gerächt«, sagte ich zur Lerche. »Was die Schwalben anlangt, so werden wir später sehen.«

Ich saß in meinem Zimmer und frühstückte mit Leo, als es an meine Tür klopfte und ein schüchtern aussehendes Männchen hereinkam, das mich äußerst höflich begrüßte. Es war der Dorfarzt; er kam, wie er sagte, um seinem Pariser Kollegen seine Aufwartung zu machen. Ich fühlte mich sehr geschmeichelt und bat ihn, Platz zu nehmen und eine Zigarette zu rauchen. Er sprach von einigen interessanten Fällen, die er kürzlich behandelt hätte, das Gespräch versiegte langsam, und er stand auf, um zu gehen.

»Übrigens, ich wurde gestern abend zu Vicomte Maurice gerufen und habe ihn eben wieder besucht.«

Ich sagte, ich bedauerte, zu hören, daß der Vicomte nicht wohl sei, hoffte aber, es wäre nichts Ernsteres; ich hätte das Vergnügen gehabt, ihn gestern abend bei Tisch sehr wohl und in glänzender Laune zu sehen.

»Ich weiß nicht«, sagte der Doktor, »der Fall ist etwas dunkel, ich halte es für sicherer, mit meinem abschließenden Urteil noch zu warten.«

»Sie sind ein kluger Mann, mein lieber Kollege, natürlich lassen Sie ihn im Bett?«

»Natürlich. Leider sollte der Vicomte heute nach Paris fahren, aber das ist natürlich ausgeschlossen.«

»Selbstredend. Ist er ganz klar?«

»So einigermaßen.«

»Soweit man es von ihm erwarten kann, vermutlich?«

»Um die Wahrheit zu sagen, ich hielt es anfangs für eine einfache Überlastung des Magens, aber er erwachte mit rasenden Kopfschmerzen, und nun hat ein fortwährendes Schlucken eingesetzt. Er sieht elend aus, er selbst ist überzeugt, Kolitis zu haben. Ich gestehe, ich habe noch keinen Kolitisfall behandelt, ich dachte, ihm eine Dosis Rizinus zu geben, er hat eine sehr üble Zunge, aber wenn Kolitis etwas in der Richtung von Appendizitis ist, dann muß man wohl mit Rizinus vorsichtig sein. Was meinen Sie? Er fühlt beständig seinen Puls, wenn er nicht seine Zunge ansieht. Seltsamerweise ist er sehr hungrig, er wurde böse, als ich ihm kein Frühstück erlaubte.«

»Da haben Sie sehr recht, besser festbleiben und nichts riskieren. Nichts als Wasser für die nächsten achtundvierzig Stunden.«

»Ganz entschieden.«

»Es ist nicht meine Sache, Ihnen einen Rat zu geben, ich

weiß, Sie verstehen Ihr Fach, aber Ihre Bedenken gegen Rizinus teile ich nicht. An Ihrer Stelle gäbe ich ihm eine kräftige Portion, kleine Dosen haben keinen Zweck, drei Eßlöffel voll werden ihm sehr heilsam sein.«

»Sagten Sie wirklich drei Eßlöffel voll?«

»Ja, mindestens, und vor allem keine Nahrung irgendwelcher Art, bloß Wasser.«

»Jawohl.«

Der Dorfarzt gefiel mir sehr, und wir trennten uns als große Freunde.

Nachmittags fuhr mich die Gräfin spazieren, um die alte Marquise zu besuchen. Eine schöne Fahrt auf schattigen Wegen bei Vogelgezwitscher und Mückenspiel. Die Gräfin schien mich nun genug geneckt zu haben, aber sie war lebensprühend und schien keineswegs besorgt über die plötzliche Erkrankung ihres Vetters. Der Marquise ging es weiter glänzend, sagte sie, aber vor einer Woche hätte sie sich furchtbar über das plötzliche Verschwinden von Loulou aufgeregt. Das ganze Haus war nachts auf den Beinen, um ihn zu suchen. Die Marquise hatte kein Auge zugetan und lag noch im Bett darnieder, als Loulou am Nachmittag erschien. Ein Ohr war aufgespalten und ein Auge beinahe aus der Höhle. Seine Herrin hatte sofort nach dem Tierarzt in Tours gedrahtet, und jetzt ging es Loulou wieder gut. Loulou und ich wurden einander von der Marquise förmlich vorgestellt. Hätte ich je einen so schönen Hund gesehen? Nein, niemals!

»Nanu«, schnarchte mich Loulou vorwurfsvoll an, »du gibst vor, ein solcher Hundefreund zu sein, und behauptest jetzt, mich nicht zu erkennen? Entsinnst du dich nicht, wie du mich aus dem scheußlichen Hundeladen...«

Um das Gespräch in andere Bahnen zu lenken, forderte ich Loulou auf, an meiner Hand zu schnüffeln. Er stutzte, begann sorgfältig jeden Finger einzeln zu beriechen.

»Ja, freilich rieche ich genau deinen eigenen, ganz besonderen Geruch. Ich kenne ihn noch von damals her, seit ich ihn zuletzt im Hundeladen roch, wirklich, ich mag deinen Geruch sehr gern... Ach!« Eifriges Schnüffeln. »Bei Sankt Rochus, dem Schutzheiligen aller Hunde, ich rieche einen Knochen, einen großen Knochen. Wo ist der Knochen? Warum hast du ihn mir nicht gegeben? Diese albernen Leute geben mir nie Knochen, sie glauben, es wäre schlecht für kleine Hunde, was für Narren, nicht wahr! Wem hast du den Knochen gegeben?« Mit einem Satz war er auf meinem Schoß, heftig schnüffelnd. »Na so was! Ein anderer Hund! Und nur ein Hundekopf! Ein großer Hund! Ein Riesenhund, dem der Speichel aus dem Mundwinkel läuft! Kann es ein Bernhardiner sein? Ich bin ein kleiner Hund, und ich leide etwas an Asthma, aber mein Herz ist auf dem rechten Fleck, ich habe keine Angst, und du kannst deinem großen Elefanten sagen, daß er sich um seine eigenen Angelegenheiten kümmern und nicht in meine Nähe oder in die meiner Herrin kommen soll, sonst verschlinge ich ihn lebend!« Er schnupperte verächtlich. »Spratts-Biskuits! Das also hast du gestern gegessen, du großes, gemeines Biest. Der bloße Geruch von diesen harten, widerlichen Kuchen, die sie mir im Hundeladen vorsetzten, macht mir übel! Keine Spratts-Kuchen für mich – ich bedanke mich! Ich nehme lieber Albert-Biskuits und Pfeffernüsse oder eine große Scheibe von dem Mandelkuchen auf dem Tisch. Spratts-Kuchen!« Er kroch zurück auf den Schoß seiner Herrin, so rasch seine kurzen, fetten Beine es ihm erlaubten.

»Besuchen Sie mich noch einmal, ehe Sie wieder nach Paris fahren«, sagte die gütige Marquise.

»Ja, kommt noch mal!« schnarchte Loulou, »du bist durchaus nicht so übel! Hör mal«, bedeutete mir Loulou, als ich aufbrach, »morgen ist Vollmond, mir ist so unruhig zumute, ich hätte Lust auf einen kleinen Bummel.« Er blinzelte schlau. »Hast du 'ne Ahnung, ob es hier herum so 'ne kleine Mopsdame gibt? Sag meiner Herrin nichts, sie hat kein Verständnis für solche Dinge... noch eins, es kommt nicht so sehr auf die Größe an, im Notfall ist mir jede Größe recht!«

Ja, Loulou hatte recht, es war Vollmond! Ich liebe den Mond nicht. Der geheimnisvolle nächtliche Wanderer hat meinen Augen zu oft den Schlaf geraubt und mir zuviel Träume ins Ohr geraunt. Die Sonne, der leuchtende Gott des Tages, der Licht und Leben in unsere trübe Welt bringt, weiß nichts von Dunkel und Geheimnis. Sie wacht noch über uns, nachdem alle anderen Gottheiten, die einst am Nilufer, auf dem Olymp und in Walhall thronten, ins Dunkel zurücktraten. Aber niemand weiß etwas vom Mond, dem bleichen Nachtwandler unter den Sternen, der uns von fernher so stetig anstarrt mit dem kalten Glanz seines schlaflosen Auges und seinem spöttischen Lächeln.

Der Graf hatte nichts gegen den Mond, solange er friedlich in seinem Rauchzimmer sitzen konnte bei seiner Nachtischzigarre und seinem »Figaro«. Die Gräfin liebte den Mond. Sie liebte sein geheimnisvolles Licht, seine betörenden Träume. Sie liebte es, schweigend im Boot zu liegen und hinauf in die Sterne zu schauen, wenn ich sie langsam über den silberglänzenden See ruderte. Sie liebte es, unter den alten Linden herumzustreifen, die bald vom Silberlicht durchflutet und bald tief im Schatten lagen, so daß sie meinen Arm nehmen mußte, um den Weg zu finden. Sie liebte es, auf einer einsamen Bank zu sitzen und ihre großen Augen in die schweigende Nacht zu versenken. Manchmal sprach sie, aber nicht oft, und ich liebte ihr Schweigen ebenso wie ihre Worte.

»Warum mögen Sie den Mond nicht?«

»Ich weiß nicht, ich glaube, ich fürchte mich vor ihm.«

»Wovor fürchten Sie sich?«

»Ich weiß nicht. Es ist so hell, daß ich Ihre Augen sehe wie zwei leuchtende Sterne, und doch ist es so dunkel, daß ich fürchte, ich könnte den Weg verlieren. Ich bin ein Fremdling in diesem Land der Träume.«

»Geben Sie mir die Hand, ich will Ihnen den Weg zeigen. Ich glaubte, Ihre Hand wäre so stark, warum zittert sie so? Ja – es ist wahr – es ist nur ein Traum – nicht reden – sonst fliegt er davon! Ach hören Sie, da ist die Nachtigall.«

»Nein, es ist ein Sprosser.«

»Es ist sicher eine Nachtigall, nicht reden! Hören Sie, hören Sie!«

Juliette sang mit zarter Stimme, weich wie der Nachtwind in den Blättern.

»Non, non, ce n'est pas le jour,
Ce n'est pas l'alouette,
Dont les chants ont frappé ton oreille inquiète,
C'est le rossignol,
Messager de l'amour.«[1]

»Nicht reden! Nicht reden!«

Ein Eulenruf klang düster warnend aus dem Baum über uns. Sie sprang erschreckt empor. Wir gingen schweigend zurück.

»Gute Nacht«, sagte die Gräfin, als sie mich in der Halle verließ, »morgen ist Vollmond. A demain.«

Leo schlief in meinem Zimmer. Es war ein großes Geheimnis, und wir hatten beide ein schlechtes Gewissen.

»Wo warst du und warum bist du so bleich?« fragte Leo, als wir leise nach oben schlichen. »Alle Lichter im Schloß sind verlöscht, und alle Hunde im Dorf sind stumm. Es muß sehr spät sein.»

»Ich bin weit fortgewesen in einem seltsamen Lande voller Träume und Geheimnisse, ich hätte mich fast verirrt.«

»Ich war schon am Einschlafen in meiner Hütte, da weckte mich die Eule; so konnte ich gerade noch in die Halle schleichen, als du kamst.«

»Sie hat mich auch noch rechtzeitig aufgeweckt, mein alter Leo. Magst du eigentlich Eulen?«

»Nein«, sagte Leo, »mir ist ein junger Fasan lieber, ich habe eben einen gegessen, ich sah ihn im Mondlicht laufen gerade vor meiner Nase. Ich weiß, daß es verboten ist, aber

[1] Nein, nein, es ist nicht der Morgen / Nicht die Lerche, deren Lied dein Ohr besorgt vernimmt, / Es ist die Nachtigall, / Botin der Liebe.

ich konnte der Versuchung nicht widerstehen. Du verrätst mich doch nicht dem Förster, nicht wahr?«

»Nein, mein Freund, und du wirst mich nicht dem Diener verraten, weil wir so spät nach Hause kamen?«

»Natürlich nicht!«

»Leo, tut es dir wenigstens leid, daß du den jungen Fasan gestohlen hast?«

»Ich gebe mir Mühe.«

»Aber es ist nicht leicht«, sagte ich.

»Nein«, brummte Leo, sich das Maul leckend.

»Leo, du bist ein Dieb, und du bist nicht der einzige hier, und du bist ein schlechter Wächter! Du bist doch hier, um Diebe zu verscheuchen, warum weckst du jetzt nicht deinen Herrn mit deiner machtvollen Stimme, statt hier zu sitzen und mich mit so freundlichen Augen zu betrachten?«

»Ich kann nicht anders, ich mag dich gern!«

»Leo mein Freund, es ist alles die Schuld des verschlafenen Nachtwächters da oben am Himmel! Warum hat er seine Blendlaterne nicht in jene dunkle Ecke des Parks gerichtet, wo eine Bank unter einer Linde steht, statt seine Nachtmütze aus Wolken über seinen alten Glatzkopf zu ziehen und einzuduseln, nachdem er sein Nachtwächteramt seiner Freundin, der Eule, übergeben hatte? Oder stellte er sich nur schlafend und beobachtete uns die ganze Zeit aus dem Winkel seines boshaften Auges, der schlaue alte Sünder, der verlebte alte Don Juan, der unter den Sternen herumstolziert wie der vieux marcheur der Boulevards, zu verbraucht, um selbst zu lieben, aber mit Vergnügen zusehend, wie andere sich zum Narren machen.«

»Manche behaupten, der Mond sei eine schöne junge Frau«, sagte Leo.

»Glaub das nicht, mein Freund! Der Mond ist eine alte vertrocknete Jungfer, die aus der Ferne mit giftigen Blicken die ewige Tragödie sterblicher Liebe belauert.«

»Der Mond ist ein Gespenst«, sagte Leo.

»Ein Gespenst? Wer sagt das?«

»Einer meiner Ahnen hat es vor ewigen Zeiten auf dem

Sankt-Bernhard-Paß von einem alten Bären gehört. Der wußte es von Atta Troll, der es vom Großen Bären selbst gehört hatte, der über alle Bären herrscht. Na, sie fürchten sich doch alle vor dem Mond da oben am Himmel. Kein Wunder, daß wir Hunde Angst haben und ihn anbellen. Denn sogar die helle Sirius, der Hundsstern, der über alle Hunde herrscht, erbleicht, sobald er aus seinem Grabe kriecht und sein unheimliches Gesicht aus dem Dunkel hebt. Glaubst du, du wärest der einzige hier unten auf unserer Erde, der nicht schlafen kann, wenn der Mond da ist? Nein, alle wilden Tiere und alles, was kriecht und krabbelt in Wald und Feld, verläßt sein Lager und streift umher aus Angst vor seinem bösen Strahl. Du mußt wirklich sehr beharrlich jemand anders angesehen haben heut abend im Park, sonst hättest zu gemerkt, daß es ein Gespenst war, das euch die ganze Zeit betrachtete. Er liebt es, sich unter die Linden zu stehlen in einem alten Park oder in ein verfallenes Schloß, oder eine Kirche zu umschweben, oder er streift über einen alten Friedhof und beugt sich über jedes Grab, um den Namen des Toten zu lesen. Dann wieder starrt er stundenlang mit stahlgrauem Auge auf verödete Schneehalden, die die tote Erde wie ein Bahrtuch decken, oder er blickt in ein Schlafzimmer, um den Schläfer durch einen schweren Traum zu ängstigen.«

»Genug, Leo, laß uns nicht mehr vom Mond reden, wir schließen sonst kein Auge heute nacht, es läuft mir schon ganz kalt über den Rücken! Gib mir einen Gutenachtkuß, mein alter Freund, und laß uns schlafen gehen.«

»Aber du wirst die Läden zumachen, nicht wahr?« sagte Leo.

»Das tue ich immer bei Mondschein.«

Am Morgen beim Frühstück sagte ich Leo, daß ich gleich nach Paris zurückmüßte, es wäre das sicherste, weil heute Vollmond war und ich sechsundzwanzig und seine Herrin fünfundzwanzig – oder vielleicht neunundzwanzig? Leo sah mich meinen Koffer packen, und jeder Hund weiß, was das bedeutet. Ich ging hinunter zu Monsieur l'Abbé, erzählte ihm die übliche Lüge, ich würde zu einer wichtigen Konsultation gerufen und müßte mit dem Frühzug abreisen. Er sagte, das wäre ihm sehr leid. Der Graf stieg gerade in den Sattel zu seinem Morgenritt und sagte auch, es wäre ihm leid. Natürlich war es ausgeschlossen, die Gräfin schon so früh zu stören. Im übrigen sollte ich sehr bald wiederkommen.

Auf dem Wege zur Bahn traf ich meinen Freund, den Dorfarzt, der in seinem Dogcart von der Morgenvisite beim Vicomte kam. Der Patient fühlte sich sehr matt und brüllte nach Nahrung, aber der Doktor war fest geblieben und wollte es nicht verantworten, ihm etwas anderes als Wasser zu geben. Der Breiumschlag auf dem Magen und der Eisbeutel auf dem Kopf waren die ganze Nacht über fortgesetzt worden und hatten den Schlaf des Patienten recht wesentlich gestört. Hatte ich sonst noch Vorschläge?

Nein, ich wäre überzeugt, ihn in guten Händen zu wissen. Vielleicht, falls der Zustand unverändert blieb, konnte er versuchen, zur Abwechslung den Eisbeutel auf den Magen und den Breiumschlag auf den Kopf zu legen.

Wie lang, meinte ich, falls keine Komplikation einträte, müßte der Patient im Bett bleiben?

»Wenigstens noch eine Woche lang, am besten bis zum Neumond.«

Der Tag war lang gewesen. Ich war froh, wieder in der Avenue de Villiers zu sein. Ich ging gleich zu Bett. Mir war nicht ganz wohl. Vielleicht hatte ich ein wenig Fieber. Aber Ärzte wissen nie, ob sie Fieber haben oder nicht. Ich schlief sofort ein, so müde war ich. Ich weiß nicht, wie lange ich geschlafen haben mag, ich fühlte plötzlich, daß ich nicht allein im Zimmer war. Ich schlug die Augen auf und sah am Fenster ein fahles Gesicht, das ein Paar weiße hohle Augen auf mich richtete – diesmal hatte ich vergessen, die Läden zu schließen. Unmerklich und schweigend stahl sich ein Etwas ins Zimmer, ein langer weißer Arm wie der Tentakel eines Riesentintenfisches streckte sich über den Boden nach dem Bett.

»Also du möchtest doch zurück ins Schloß!« höhnte es mit zahnlosem Mund und blutleeren Lippen. »Es war schön und traulich gestern abend unter den Linden, nicht wahr, mit mir als Trauzeugen und Chöre von Nachtigallen rings um euch her? Nachtigallen im August! Wahrhaftig, ihr müßt weit weg gewesen sein, ihr zwei, in einem sehr fernen Lande! Und nun möchtest du heute abend wieder da sein, nicht wahr? Dann zieh dich an und steige auf diesen weißen Mondstrahl, den du so höflich den Arm eines Oktopus nanntest. In weniger als einer Minute trage ich dich zurück unter die Linden, mein Licht reist so schnell wie deine Träume.«

»Ich träume nicht mehr, ich bin ganz wach und will nicht zurück, Geist des Mephisto.«

»Ach, wirklich träumst du, daß du wach bist! Und dein Vorrat an törichten Schmähworten ist noch nicht zu Ende! Geist des Mephisto! Du hast mich schon vieux marcheur genannt, Don Juan und lauernde alte Jungfer! Ja, ich habe euch belauscht gestern abend im Park, und ich möchte wissen, wer von uns beiden die Rolle des Don Juan spielte, es sei denn, daß du wünschst, daß ich dich Romeo nenne! Beim Jupiter, du siehst ihm nicht ähnlich! Blinder Tor ist dein rechter Name, Tor, der nicht einmal begreift, was sogar der Hund neben dir sehen kann, daß ich kein Alter habe, kein Geschlecht, kein Leben, daß ich ein Geist bin!«

»Der Geist von was?«

»Der Geist einer toten Welt. Hüte dich vor Geistern! Hör lieber auf, mich zu schmähen, sonst blende ich dich mit einem Strahl meines kalten Lichtes, viel tödlicher für Menschenaugen als selbst die goldenen Pfeile des Sonnengottes. Das ist mein letztes Wort an dich, du spöttischer Träumer. Die Morgenröte steigt am östlichen Himmel empor; ich muß ins Grab zurück, sonst finde ich meinen Weg nicht mehr. Ich bin alt und müde. Glaubst du, es sei eine leichte Aufgabe, die ganze Nacht herumwandern zu müssen, wenn alles ruht? Du nennst mich unheimlich und finster; glaubst du, daß es leicht ist, froh zu sein, wenn man in einem Grabe leben muß, wenn du das noch leben nennst, wie es einige unter euch Sterblichen tun? Du wirst auch einst ins Grab sinken, und ebenso die Erde, auf der du lebst, die wie du dem Tod geweiht ist.«

Als ich zu dem Geist aufblickte, sah ich zum erstenmal, wie alt und müde er aussah, fast hätte mich Mitleid ergriffen, aber die Drohung, mich zu blenden, weckte noch einmal meinen Zorn.

»Fort von hier, trübseliger, alter ›Leichenbitter‹!« rief ich ihm zu. »Noch hast du hier nichts zu suchen, noch bin ich voller Leben!«

»Weißt du auch«, kicherte er dicht an meinem Bett, so daß sein langer, weißer Arm auf meiner Schulter lag, »weißt du auch, weshalb du den Narren von Vicomte ins Bett legtest mit einem Eisbeutel auf dem Magen? Um die Schwalben zu rächen? Ich weiß es besser. Du bist ein Schwindler, Othello! Er sollte nicht im Mondlicht herumstreifen mit der...«

»Nimm deine Klaue da weg, alte Giftspinne, sonst spring' ich aus dem Bett und mach' dir den Garaus.«

Ich gab mir einen Ruck, meine schlaftrunkenen Glieder zu bewegen, und erwachte in Schweiß gebadet.

Das Zimmer war erfüllt von silbernem Licht. Wie Schuppen fiel es von meinen betörten Augen, und durch das offene Fenster blickte der Vollmond, schön und klar, vom wolkenlosen Himmel auf mich nieder.

Jungfräuliche Göttin Luna! Kannst du mich hören in der Stille der Nacht? Du siehst so milde aus, aber so traurig, kannst du Kummer verstehen? Kannst du verzeihen? Kannst du Wunden heilen mit dem Balsam deines reinen Lichts? Kannst du Vergessen lehren? Komm, holde Schwester, bleib hier an meiner Seite, ich bin so müde. Leg deine kühle Hand auf meine glühende Stirn, bring meine ungebärdigen Gedanken zur Ruhe! Flüstere mir ins Ohr, was ich tun soll und wohin ich gehen muß, um das Lied der Sirenen zu vergessen!

Ich stand lange am Fenster und sah die Königin der Nacht ihren Pfad unter den Sternen wandeln. Ich kannte sie gut aus mancher schlaflosen Nacht, und einen nach dem anderen nannte ich sie beim Namen: den flammenden Sirius, Kastor und Pollux, den die Seeleute des Altertums liebten, Arkturus, Aldebaran, Kapella, Wega, Kassiopeia!

Und welches ist der Name dieses leuchtenden Sternes über mir, der mir mit seinem steten, klaren Licht zublinkt? Ich kenne ihn gut. In mancher Nacht habe ich mein Boot auf stürmischer See nach seinem Leuchten gesteuert. An manchem Tage hat er mir den Weg gezeigt über Schneefelder und durch Wälder im Lande meiner Geburt – Stella Polaris, der Polarstern!

Dies ist der Weg, folge meinem Licht und du bist geborgen.

Le docteur sera absent
pendant un mois. Prière:
s'adresser à Dr. Norström,
Boulevard Haussmann 66[1].

[1] Bin für einen Monat abwesend. Bitte sich in meiner Abwesenheit an Dr. Norström, Boulevard Haussmann 66, zu wenden.

7
Lappland

Die Sonne war schon hinter dem Vassojarvi versunken, aber der Tag war noch hell vom flammendem Licht, das sich langsam zu Gold und Rubin vertiefte. Rosiger Nebel senkte sich auf die blauen Berge, an denen purpurne Schneefelder und hellgelbe Silberbirken im ersten Rauhreif leuchteten.

Das Tagewerk war vorbei. Die Männer kamen ins Lager, die Lassos über den Schultern, die Weiber mit den großen Birkenkübeln voll frischer Milch. Die tausendköpfige Rentierherde, von ihren Außenposten wachsamer Hunde umgeben, stand geschlossen im Kamp, für die Nacht gesichert gegen Wolf und Luchs. Das unablässige Blöken der Kälber und das Knacken der federnden Hufe erstarb nach und nach. Es war still, nur daß hin und wieder ein Hund anschlug, ein scharfer Schrei des Ziegenmelkers oder ein lauter Uhuruf von den fernen Bergen kam. Ich saß auf dem Ehrenplatz neben Turi, in dem raucherfüllten »Kastor[1]«. Ellekare, sein Weib, warf ein Stück Rentierkäse in den Kessel, der über dem Feuer hing, und reichte uns der Reihe nach, erst den Männern und dann den Frauen und Kindern, unsere Schale dicker Suppe, die wir schweigend aßen. Was im Kessel blieb, wurde den Hunden ausgeteilt, die, wenn sie keinen Dienst hatten, nach und nach ins Zelt krochen und sich ans Feuer legten. Dann tranken wir reihum aus den beiden Tassen des Hauses ausgezeichneten Kaffee, und alles griff in die Lederbeutel nach den kurzen Pfeifen, um mit großem Behagen zu rauchen. Die Männer

[1] Zelt.

streiften die Renntierschuhe ab und breiteten die Büschel Karexgras zum Trocknen am Feuer aus. Lappen tragen keine Socken. Wieder bewunderte ich die vollendete Bildung ihrer kleinen Füße mit dem federnden Spann und der kraftvoll hervorstehenden Ferse. Einige der Frauen griffen in die Wiegen aus Birkenrinde, die mit weichem Moos gefüllt an den Zeltpfählen hingen, nach den schlafenden Kindern, um sie an die Brust zu legen. Andere untersuchten die Köpfe größerer Kinder, die flach auf ihrem Schoß lagen.

»Traurig, daß du schon so bald gehst«, sagte der alte Turi, »es war ein guter Besuch, ich habe dich gern.«

Turi sprach gut schwedisch. Vor vielen Jahren war er sogar in Luleå gewesen, um die Beschwerden der Lappen gegen die neuen Siedler dem Gouverneur der Provinz vorzutragen, der ihre verlorene Sache mannhaft verteidigt hatte und, nebenbei gesagt, ein Onkel von mir war. Turi war ein mächtiger Mann, ein unbestrittener Herrscher über seinen Kamp von fünf Kator und seine fünf verheirateten Söhne, deren Weiber und Kinder alle von früh bis spät schwer arbeitend seine Herde von tausend Rentieren pflegten.

»Wir werden bald selber das Lager abbrechen müssen«, fuhr Turi fort. »Ich glaube, wir bekommen einen frühen Winter. Bald wird unter den Birken der Schnee zu hart. Dann können die Rentiere nicht mehr an das Moos; ehe der Monat um ist, müssen wir in die Tannenwälder hinab. Ich höre an der Art, wie die Hunde bellen, daß sie schon den Wolf wittern. Sagtest du nicht, du hättest die Spur des alten Bären gesehen, als du gestern durch die Sulmö-Schlucht kamst?« fragte er einen jungen Lappen, der eben ins Zelt gekommen war und sich ans Feuer hockte.

Ja, das hatte er, und viele Wolfsfährten außerdem.

Ich sagte, ich freute mich, daß es hier herum noch Bären gäbe. Ich hätte gehört, es wären nur noch so wenige in dieser Gegend. Turi sagte, ich hätte ganz recht. Dies wäre ein alter Bär, der seit Jahren hier lebte. Man sah ihn oft in der Schlucht herumstapfen. Dreimal hatten sie ihn eingekreist im Winterschlaf, aber er war immer entkommen, es war ein sehr gerissener alter Bär. Turi hatte sogar einmal auf ihn geschossen, er hatte nur den Kopf geschüttelt und ihn mit seinen schlauen, kleinen Augen angesehen. Er wußte genau, daß keine gewöhnliche Kugel ihn töten könnte. Nur eine silberne Kugel, in der Nacht zum Sonntag und nah am Friedhof gegossen, konnte ihn töten, denn ihn hatten die »Uldra« gern.

»Die Uldra?«

»Ja, kennst du nicht die Uldra, das kleine Volk, das unter der Erde lebt? Wenn der Bär im Winter schläft, bringen ihm die Uldra in der Nacht sein Essen. Natürlich, kein Tier kann doch den ganzen Winter schlafen ohne Nahrung«, lachte Turi. »Es ist ausgemacht, daß der Bär keinen Menschen töten soll. Bricht er den Vertrag, so bringen ihm die Uldra nichts zu essen, und er kann keinen Winterschlaf halten. Der Bär ist ja kein heimtückischer Verräter wie der Wolf. Der Bär hat die Kraft von zwölf Männern und von einem die Schlauheit. Der Wolf hat von zwölf Männern die Schlauheit und von einem die Kraft. Der Bär liebt ehrlichen Kampf. Wenn er einem begegnet und man zu ihm geht und sagt: ›Komm, laß uns kämpfen, ich habe keine Angst vor dir!‹, dann schlägt einen der Bär nur nieder und trollt sich, ohne einem etwas zu tun. Der Bär greift nie eine Frau an. Sie braucht ihm nur zu zeigen, daß sie eine Frau ist und kein Mann.«

Ich fragte Turi, ob er je die Uldra gesehen hätte.

Nein, er nicht, aber seine Frau hätte sie gesehen, und die Kinder sahen sie oft. Aber er hörte sie immer unter der Erde herumhuschen. Die Uldra sind in der Nacht rege, am Tage schlafen sie, denn bei Tageslicht können sie nicht sehen. Manchmal, wenn zufällig die Lappen die Zelte gerade an einer Stelle aufrichten, wo die Uldra wohnen, geben diese ihnen ein Zeichen, sie müßten ihre Zelte weiter weg aufbauen. Die Uldra sind ganz freundlich, solange man sie in Ruhe läßt. Stört man sie aber, so streuen sie ein Pulver aufs Moos, an dem die Renntiere zu Dutzenden sterben. Es ist vorgekommen, daß sie sogar ein Lappenkind weggeholt und an seinen Platz in der Wiege eins ihrer eigenen Kinder gelegt haben. Die Gesichter ihrer Kinder sind mit schwarzen Haaren ganz zugewachsen, und im Munde haben sie lange, spitze Zähne. Manche Leute sagen: ›Du mußt ihr Kind dann mit Ruten aus brennenden Birkenzweigen so lange schlagen, bis die Uldramutter das Schreien nicht länger aushält. Dann bringt sie dein Kind und nimmt ihr eigenes wieder mit.‹ Andere sagen: ›Du mußt ihr Kind wie dein eigenes behandeln, die Uldramutter ist dann dankbar und gibt dir dein Kind zurück.‹

Als Turi das sagte, erhob sich lebhafter Streit, welche der beiden Methoden die beste wäre, unter den Weibern, die mit unruhigen Augen ihre Kinder an sich zogen.

»Der ärgste Feind der Lappen ist der Wolf. Er wagt es nicht, die Renntierherde anzugreifen, er steht ganz still und läßt den Wind seine Witterung zu ihnen tragen. Kaum riechen die Renntiere den Wolf, stieben sie erschreckt auseinander, dann kommt der Wolf und reißt eins nach dem andern, oft ein Dutzend in einer Nacht. Gott hat alle Tiere erschaffen, nur nicht den Wolf. Der ist vom Teufel erzeugt. Wenn ein Mensch das Blut eines Menschen auf dem Gewissen hat, kann der Teufel ihn in einen Wolf verwandeln – es sei denn, daß er seine Sünde gebeichtet hat.

Der Wolf kann die Lappen einschläfern, wenn sie nachts die Herden bewachen, einfach, indem er sie aus dem Dunkel mit seinen glühenden Augen ansieht. Mit einer gewöhnlichen Kugel kannst du keinen Wolf töten, du mußt sie erst an zwei Sonntagen in der Kirche in der Tasche tragen. Die beste Art ist, ihn auf Skiern auf dem weichen Schnee zu überholen und ihm dann mit dem Skistock über die Nase zu schlagen, dann rollt er hin und ist sofort tot.«

Turi selbst hatte auf diese Art Dutzende von Wölfen getötet. Nur einmal hatte er vorbeigeschlagen, und der Wolf hatte ihn ins Bein gebissen. Er zeigte mir die häßliche Narbe. Im vorigen Winter war ein Lappe von einem Wolf gebissen worden, der schon auf dem Rücken rollte und verendete. Der Lappe hatte so viel Blut verloren, daß er im Schnee einschlief. Am nächsten Tag fanden sie ihn erfroren neben dem toten Wolf.

»Dann ist da noch der Vielfraß, der dem Rentier an die Kehle springt, gerade an die Schlagader, und meilenweit hängenbleibt, bis das Rentier so viel Blut verloren hat, daß es tot zusammenbricht. Dann gibt es den Adler, der in seinen Fängen neugeborene Kälber wegschleppt, wenn sie von ihren Müttern nur einen Augenblick verlassen werden; und den Luchs, der wie eine Katze heimlich heranschleicht, um ein Rentier anzuspringen, das sich von der Herde getrennt und den Weg verloren hat.«

Turi meinte, er könnte nicht begreifen, wie die Lappen es früher fertiggebracht hätten, ihre Herden zusammenzuhalten, in jenen Zeiten, als sie noch nicht mit dem Hunde verbündet waren. Damals jagte der Hund mit dem Wolf gemeinsam das Rentier. Aber der Hund, der das klügste aller Tiere ist, hatte bald entdeckt, daß es besser für ihn wäre, mit den Lappen als mit den Wölfen zu arbeiten. So erbot er sich, bei den Lappen in Dienst zu treten, unter der Bedingung, daß er wie ein Freund behandelt würde, solange er lebte, und man ihn hängte, wenn es mit ihm zu Ende ginge. Deshalb hängen noch heute die Lappen Hunde, die zu alt zur Arbeit sind. Sogar neugeworfene Hündchen, die aus Mangel an Nahrung getötet werden müssen, werden immer gehängt. Der Hund hat die Gabe der Sprache verloren, als der Mensch sie erhielt, er versteht aber jedes Wort. Einst konnten alle Tiere reden, auch Blumen, Bäume, Steine, alle lebenden Dinge, die ja alle von demselben Gott erschaffen sind, der den Menschen schuf. Darum müßten die Menschen gut sein gegen Tiere und sollten alle leblosen Dinge so behandeln, als könnten sie noch hören und verstehen. Am Tage des Jüngsten Gerichts wird Gott die Tiere zuerst aufrufen, damit sie Zeugnis ablegen über den toten Menschen. Erst nachdem die Tiere ihre Meinung gesagt haben, wird das Zeugnis seiner Mitmenschen über ihn gehört werden.

Ich fragte Turi, ob es in der Gegend »Stalos« gäbe. Ich hätte so viel über sie gehört in meiner Kindheit, daß ich etwas drum gäbe, einem dieser großen Riesen zu begegnen.

»Um Gottes willen!« sagte Turi ängstlich. »Weißt du nicht, daß der Fluß, den du morgen durchwaten mußt, noch der ›Stalo-Fluß‹ genannt wird, nach dem alten Stalo, der früher da hauste mit seiner Hexe von Weib? Sie hatten beide zusammen nur ein Auge, so daß sie immer zankten und rauften, wer das Auge haben sollte, um sehen zu können. Sie aßen immer ihre eigenen Kinder, aber auch viele Lappenkinder, wenn sie sie kriegten. Stalo sagte, er äße lieber die Lappenbabies – seine eigenen schmeckten zu sehr nach Schwefel. Eines Tages, als sie über den See fuhren, in einem Schlitten, den zehn Wölfe zogen, gerieten sie, wie gewöhnlich, in Streit um das Auge, und Stalo ärgerte sich so, daß er ein Loch in den Boden des Sees schlug. Da entwichen alle Fische aus dem See, um nie wiederzukommen. Darum heißt er noch der Siva-See. Du wirst morgen hinüberrudern und selbst sehen, daß kein einziger Fisch drin ist.«

Ich fragte Turi, was denn geschähe, wenn die Lappen krank würden, und wie sie ohne Doktor auskommen könnten. Er sagte: »Sie sind selten krank, und kaum je im Winter, außer in sehr strengen Wintern, wo es freilich vorkommt, daß neugeborene Kinder erfrieren. Der Doktor kommt zweimal im Jahr auf Befehl des Königs.« Turi fand das ganz genügend. »Er muß zwei Tage lang über die Moore reiten«, fuhr er fort, »am dritten Tage zu Fuß über den Berg, und bei seinem letzten Besuch ist er fast ertrunken beim Durchwaten des Flusses. Zum Glück gibt es viele ›Heiler‹ bei uns, die die meisten Krankheiten viel besser kurieren können als der Arzt des Königs. Die Heiler stehen in der Gunst der Uldra, die sie ihre Weisheit gelehrt haben. Einige dieser Heiler können Schmerzen stillen, nur indem sie ihre Hand auf die kranke Stelle legen. Bei den meisten Leiden helfen ja Aderlaß und Einreibung. Quecksilber und Schwefel sind auch sehr gut und ebenso ein Teelöffel Schnupftabak in einer Tasse Kaffee. Zwei Frösche, zwei

Stunden lang in Milch gekocht, ist gut gegen Husten, eine große Kröte noch besser, wenn man sie gerade da hat. Die Kröten kommen aus den Wolken. Wenn sie niedrig hängen, fallen Hunderte von Kröten auf den Schnee. Anders kann man es nicht erklären, denn man findet sie auf den verlassensten Schneetriften, wo keine Spur von Leben ist. Zehn Läuse, in Milch gekocht mit viel Salz, auf leeren Magen, heilt mit Sicherheit Gelbsucht«, ein sehr gewöhnliches Leiden der Lappen im Frühjahr. »Hundebiß heilt, wenn man die Wunde mit dem Blut desselben Hundes einreibt. Eine schmerzende Stelle mit ein wenig Lammwolle reiben, stillt sogleich den Schmerz, denn Jesus Christus hat oft vom Lamm gesprochen. Wenn jemand sterben muß, wird man gewarnt, dann kommt ein Rabe geflogen und setzt sich auf die Zeltstange. Du darfst dann nicht laut reden, um nicht das Leben zu verscheuchen, sonst muß der Sterbende noch eine Woche lang zwischen zwei Welten leben. Bekommst du den Geruch eines Toten in die Nase, so kannst du daran sterben.«

Ich fragte Turi, ob einer dieser Heiler in der Nähe wäre. Ich würde so gern mit ihm sprechen.

»Nein, der nächste ist ein alter Lappe, der Mirko heißt und jenseits des Berges wohnt. Er ist sehr alt, ich kenne ihn, seit ich ein Knabe war. Das ist ein wunderbarer Heiler, sehr geliebt von den Uldra. Alle Tiere nahen ihm furchtlos, keins wird ihm je etwas tun, denn Tiere erkennen gleich die, denen die Uldra gewogen sind. Er kann dir den Schmerz nehmen durch eine bloße Berührung seiner Hand. Einen Heiler kannst du immer erkennen an der Form seiner Hand. Legst du einen Vogel mit durchschossener Schwinge einem Heiler in die Hand, der Vogel wird sich nicht rühren, weil er den Heiler fühlt.«

Ich streckte Turi meine Hand hin, der nicht ahnte, daß ich ein Doktor war. Er betrachtete sie aufmerksam, ohne ein Wort zu sagen, bog die Finger einzeln sehr behutsam, maß die Spanne zwischen Daumen und Zeigefinger und murmelte etwas zu seiner Frau, die nun ihrerseits meine Hand in ihre winzige braune Vogelklaue nahm, mit einem unruhigen Blick in den mandelförmigen Augen.

»Hat dir deine Mutter gesagt, daß du mit einer Glückshaube geboren bist? Warum hat sie dir nicht die Brust gegeben? Wer gab dir die Brust? Welche Sprache hat deine Amme gesprochen? Hat sie dir jemals Rabenblut in die Milch gemischt? Hing sie eine Wolfsklaue an deinen Hals? Ließ sie dich den Schädel eines Toten berühren, als du ein kleines Kind warst? Hast du je die Uldra gesehen? Hörtest du je die Glocken ihrer weißen Renntiere fern in den Wäldern?«

»Er ist ein Heiler, er ist ein Heiler!« rief Turis Frau mit raschem, unruhigem Blick in mein Gesicht.

»Er steht in der Gunst der Uldra«, wiederholten sie alle mit einem fast erschrockenen Ausdruck in den Augen.

Ich war beinahe selbst erschrocken, als ich meine Hand zurücknahm.

Turi sagte, es wäre Zeit, zu Bett zu gehen, der Tag sei lang gewesen, ich sollte bei Morgengrauen aufbrechen. Wir legten uns ums glimmende Feuer, und bald war alles dunkel in dem raucherfüllten Zelt. Ich sah nichts als den Polarstern, der auf mich niederblickte, durch die Rauchluke. Im Schlaf fühlte ich die warme Last eines Hundes auf meiner Brust und seine weiche Schnauze in meiner Hand.

Bei Tagesanbruch waren wir alle auf den Beinen, das ganze Lager war in Bewegung bei meinem Abschied. Ich verteilte unter meine neuen Freunde kleine, sehr geschätzte Gaben von Tabak und Süßigkeiten, dann wünschten mir alle eine glückliche Reise. Wenn alles gut ging, würde ich anderen Tages in Forstugan sein, der nächsten menschlichen Siedlung in der Wildnis von Sümpfen, Wasserfällen, Seen und Wäldern – der Heimat der heimlosen Lappen. Ristin, Turis sechzehnjährige Enkelin, sollte mich führen. Sie konnte ein paar Worte Schwedisch, war einmal schon in Forstugan gewesen und sollte von da noch weiter vordringen bis zum nächsten Kirchdorf, um dort noch einmal die Lappenschule zu besuchen.

Ristin ging vor mir her in der langen weißen Tunika aus Renntierleder und der roten Wollmütze. Um den Leib trug sie einen breiten Ledergürtel, mit blauen und gelben Fäden bestickt und mit Buckeln und Platten aus echtem Silber besetzt. Am Gürtel hingen Messer, Tabaksbeutel und Becher. Ich sah sie noch eine kleine Axt zum Holzschlagen in den Gürtel stecken. Sie trug Gamaschen aus weichem weißem Renntierleder, die an ihren weiten Lederbreeches befestigt waren. Die kleinen Füße steckten in zierlichen weißen Renntierschuhen, die mit blauem Garn fein benäht waren. Auf dem Rücken trug sie den Laukos, einen Tornister aus Birkenrinde, der ihre Habe und unseren Proviant enthielt. Er war doppelt so groß wie mein eigener Rucksack, aber das schien sie nicht im geringsten zu stören. Sie glitt den steilen Abhang herab mit dem raschen lautlosen Schritt von Tieren, sprang flink wie ein Hase über einen gestürzten Baumstamm oder eine Wasserlache. Manchmal sprang sie geschmeidig wie eine Gemse auf einen steilen Felsen, nach allen Seiten umherblickend. Am Fuß des Berges kamen wir an einen breiten Strom; ich hatte kaum Zeit, mich zu fragen, wie wir da hinüberkommen sollten, als sie schon bis zu den Hüften im Wasser war. Mir blieb nichts übrig, als ihr in das eiskalte Wasser zu folgen. Ich wurde bald wieder warm, als wir das steile jenseitige Ufer in erstaunlichem Tempo erklommen. Sie sprach kaum. Das machte nichts, denn ich verstand sie nur schwer. Ihr Schwedisch war so schlecht wie mein Lappländisch. Bald saßen wir auf weichem Moos bei einem köstlichen Mahl aus Gerstenkuchen, frischer Butter, Käse, geräucherter Rentierzunge und herrlichem kaltem Wasser aus dem Bergquell in Ristins Becher. Wir steckten unsere Pfeifen in Brand und versuchten noch einmal, uns zu verständigen.

»Weißt du den Namen dieses Vogels?« fragte ich.

»Lahol«, lächelte Ristin, die sofort das weiche Flöten des Regenpfeifers erkannte, der die Einsamkeit mit den Lappen teilt und den sie lieben. Aus einem Weidenbusch erklang das süße Lied des Blaukehlchens.

»Jilo! Jilo!« lachte Ristin.

Die Lappen sagen, das Blaukehlchen hat eine Glocke in der Kehle und kann hundert verschiedene Lieder singen. Hoch über uns, an den blauen Himmel geheftet, hing ein schwarzes Kreuz. Es war der Königsadler, der auf reglosem Fittich sein ödes Reich überschaute. Vom Bergsee erklang der seltsame Ruf des Eistauchers.

»Ro, do raik«, Ristin machte es genau nach. »Das heißt gutes Wetter heute, gutes Wetter«, meinte sie. »Wenn der Taucher sagt: ›Var luk, var luk, luk, luk‹, bedeutet das: wieder Regen, wieder, wieder Regen«, belehrte mich Ristin.

Ich lag der Länge nach im weichen Moos, rauchte meine Pfeife und sah zu, wie sorgfältig Ristin ihre Habe in ihren Laukos packte: einen kleinen blauen Wollschal, ein neues Paar zierlicher kleiner Renntierschuhe, ein Paar schön gestickter roter Handschuhe für den Kirchgang und eine Bibel. Wieder fiel mir die edle Form der kleinen Hände auf, wie sie alle Lappen haben. Ich frage, was in dem Kästchen aus Birkenwurzeln wäre? Da ich ihre lange Erklärung auf Schwedisch, Finnisch und Lappländisch nicht verstehen konnte, richtete ich mich auf und öffnete das Kästchen. Der Inhalt schien eine Handvoll Erde zu sein. Was wollte sie damit?

Wieder tat sie ihr möglichstes, um es mir klarzumachen, aber ich begriff nichts. Sie schüttelte ungeduldig den Kopf und hielt mich sicher für sehr dumm. Auf einmal legte sie sich lang ins Moos hin und blieb mit geschlossenen Augen still und steif. Dann erhob sie sich und scharrte unter dem Moose eine Handvoll Erde hervor, die sie mir mit tiefernstem Gesicht reichte. Nun verstand ich, was in dem Birkenkästchen war. Es war ein wenig Erde von dem Hügel in der Wildnis, wo im letzten Winter ein Lappe unterm Schnee begraben worden war. Ristin wollte sie dem Priester bringen, der ein Vaterunser darüber sprechen und sie auf den Friedhof streuen würde.

Wir schulterten unsere Rucksäcke und brachen auf. Beim Abstieg veränderte sich die Landschaft zusehends. Wir durchwanderten endlose Tundren von Karex-Gras und leuchtend gelben Büscheln von Schellbeeren, die wir im Gehen pflückten und aßen. Die einsame Zwergbirke (Betula nana) der Berghalden wuchs hier in Hainen von Silberbirken zwischen Espen, Eschen und Gebüschen von Weiden, Erlen, Vogelbeeren und wilden Johannisbeeren. Bald nahm uns dichter Tannenwald auf, und dann wieder, einige Stunden später, gingen wir durch tiefe Schluchten zwischen steilen, moosbedeckten Felsen. Der Himmel über uns war noch licht von Abendsonne, aber in der Talsohle war es fast schon dunkel. Ristin schaute unruhig umher. Sie wollte offenbar vor der Nacht aus der Schlucht herauskommen. Plötzlich stand sie still. Ich hörte das Krachen eines brechenden Astes und sah vor mir ein dunkles Etwas auftauchen in einer Entfernung von weniger als fünfzig Schritt.

»Lauf!« flüsterte Ristin mit weißem Gesicht, während ihre kleine Hand nach der Axt im Gürtel griff.

Ich war durchaus bereit, zu laufen, hätte ich gekonnt. Aber ich stand reglos an den Boden gefesselt durch einen Wadenkrampf. Nun sah ich ihn deutlich. Er stand knietief im Blaubeerdickicht, einen Zweig seiner geliebten Beeren in seinem großen Rachen. Offenbar hatten wir ihn gerade beim Abendbrot gestört. Er war von seltener Größe, nach dem schäbigen Rock zu urteilen, ein sehr alter Bär, sicher der, von dem Turi mir erzählt hatte.

»Lauf!« flüsterte nun ich Ristin zu, in der ritterlichen Absicht, ihren Rückzug zu decken. Der Wert dieser Absicht wurde bedeutend vermindert durch den Umstand, daß ich mich nicht rühren konnte. Ristin lief nicht; statt dessen machte sie mich zum Zeugen eines unvergeßlichen Anblicks, der allein eine Reise von Paris nach Lappland wert war. Es ist mir einerlei, ob ihr glaubt, was ich euch erzähle.

Ristin ging, eine Hand auf der Axt, dem Bären einige Schritte entgegen. Mit der anderen Hand hob sie die Tunika, um dem Bären ihre weiten Lederbreeches zu zeigen, wie sie die Lappenfrauen tragen. Der Bär ließ seinen

Blaubeerzweig fallen, schnupperte einige Male hörbar und schlurfte davon ins Tannendickicht.

»Er mag Blaubeeren lieber als mich«, sagte Ristin, als wir, so rasch es ging, unseren Weg fortsetzten.

Ristin erzählte mir, im Frühjahr, als ihre Mutter sie aus der Lappenschule holte, waren sie fast an derselben Stelle in der Schlucht dem alten Bären begegnet, und er war fortgetrollt, sobald ihre Mutter ihm ihre Frauenhosen gezeigt hatte.

Nun verließen wir die Schlucht und gingen durch dämmernden Wald auf dem samtweichen, silbergrauen Moosteppich, der mit Blüten der Linea und Pyrola durchwoben war. Es war weder hell noch dunkel, es war das wunderbare Zwielicht der nordischen Sommernacht. Wie Ristin den Weg fand durch den pfadlosen Wald, war meinem stumpfen Hirn ein Rätsel. Da, auf einmal war unser Freund, der Bach, wieder da, ich hatte eben Zeit, mich über sein nachtkühles Gesicht zu beugen, als er vorüberrauschte. Ristin verkündete, es wäre Zeit zum Abendessen. In unglaublicher Eile hackte sie mit der Axt ein wenig Holz und entfachte das Lagerfeuer zwischen zwei Felsblöcken. Wir aßen, rauchten und sanken bald in tiefen Schlaf, unsere Rucksäcke unter den Köpfen. Ristin weckte mich, indem sie mir ihre rote Zipfelmütze voller Blaubeeren hinhielt; kein Wunder, daß der alte Bär sie gern aß, ich hatte selten ein besseres Frühstück. Weiter ging es. Hallo! Da war er wieder, unser Freund, der Bach; fröhlich über Hügel und Steine tanzend, sang er uns in die Ohren, daß wir lieber mit ihm kommen sollten hinab zum Bergsee. Das taten wir denn, damit er sich nicht im Dämmerlicht verirrte. Manchmal verloren wir ihn, aber immer hörten wir, wie er vor sich hinsang. Hin und wieder wartete er auf uns an einem steilen Felsen oder gestürzten Baum, um dann um so rascher weiterzueilen, die verlorene Zeit einzuholen. Bald war keine Gefahr mehr, daß er im Dämmer den Weg verfehlte, die Nacht war entflohen auf flinken Zwergenfüßen, tiefer hinein in den Wald.

Goldenes Licht flammte in den Tannenkronen. »Piavi!« sagte Ristin, »die Sonne geht auf!«

Durch den Talnebel zu unseren Füßen schlug ein Bergsee sein Auge auf.

Ich näherte mich dem See mit bösen Ahnungen eines weiteren eiskalten Bades. Zum Glück irrte ich mich. Ristin machte halt bei einem kleinen »Eka«, einem Flachboot, das unter einer umgestürzten Fichte halb verborgen lag. Es gehörte niemandem und jedermann, es wurde von den Lappen benutzt bei ihren wenigen Besuchen im Kirchdorf, wenn sie gegen ihre Renntierfelle Kaffee, Zucker und Tabak, die drei Luxusartikel ihres armen Lebens, eintauschten. Das Wasser im See war kobaltblau, noch schöner als das Saphirblau der Blauen Grotte in Capri, und so klar, daß ich fast meinte, das Loch zu sehen, das der schlimme Stalo in seinen Grund geschlagen hatte.

In der Mitte des Bergsees begegneten uns zwei vornehme Reisende, die Seite an Seite schwammen, ihr stolzes Geweih hoch über dem Wasser. Zum Glück hielten sie mich für einen Lappen, und wir konnten so nahe herankommen, daß ich die schönen sanften Augen furchtlos auf uns gerichtet sah. Es ist etwas sehr Seltsames in den Augen des Elches, wie auch in denen des Renntieres, sie scheinen immer gerade in deine Augen zu sehen, in welchem Winkel du sie auch ansiehst. Wir erklommen rasch das steile Ufer und wanderten noch einmal über eine weite Sumpffläche ohne anderen Führer als die Sonne. Mein Versuch, Ristin den Zweck meines Taschenkompasses zu erklären, hatte so wenig Erfolg gehabt, daß ich selbst aufhörte, ihn anzusehen; ich verließ mich auf Ristins halbgezähmten Tierinstinkt. Sie war sichtlich in Eile, und bald hatte ich den Eindruck, daß sie über den Weg in Unsicherheit war. Dann und wann rannte sie, so rasch sie konnte, in einer Richtung davon, stoppte plötzlich mit bebenden Nüstern, den Wind einziehend, stürzte von neuem in anderer Richtung davon, dasselbe Manöver wiederholend. Ab und zu beugte sie sich herab und roch am Boden wie ein Hund.

»Rog«, sagte sie, auf eine niedere Wolke deutend, die unglaublich schnell dicht über den Sümpfen auf uns zukam.

Wahrhaftig Nebel! Im Augenblick waren wir eingehüllt in einen dichten Schleier, undurchdringlich wie Londoner Novembernebel. Wir mußten uns an der Hand halten, um uns nicht aus den Augen zu verlieren. So kämpften wir uns vorwärts, ein oder zwei Stunden lang, knietief in eiskaltem Wasser. Endlich sagte Ristin, sie hätte die Richtung verloren, wir müßten warten, bis der Nebel vorüber wäre. Wie lange konnte das dauern?

Sie wußte es nicht, vielleicht einen Tag und eine Nacht, vielleicht eine Stunde, es hing alles vom Winde ab. Es war eins der schlimmsten Erlebnisse meines Lebens. Ich wußte ganz gut, daß mit unserer dürftigen Ausrüstung ein Nebel auf den unermeßlichen Sümpfen viel gefährlicher war als die Begegnung mit einem Bären in der Schlucht. Ich wußte auch, daß nichts zu machen war als zu warten, wo wir waren. Stundenlang saßen wir da auf unseren Rucksäcken, der Nebel klebte an unserer Haut wie ein naßkaltes Tuch. Mein Elend erreichte seinen Gipfel, als ich meine Pfeife anstecken wollte und meine Westentasche voller Wasser fand. Ich starrte noch trübsinnig auf meine durchweichte Zündholzschachtel, als Ristin schon mit ihrer Zunderdose Feuer geschlagen und ihre Pfeife entzündet hatte. Eine weitere Niederlage der Zivilisation erlebte ich, als ich trokkene Socken anziehen wollte und entdeckte, daß mein wasserdichter Rucksack bester Londoner Herkunft durch und durch naß war, während Ristins sämtliche Habseligkeiten in ihrem heimatlichen Laukos aus Birkenrinde trocken waren wie Heu. Wir warteten eben, bis das Wasser zu einer sehr erwünschten Tasse Kaffee kochte, da löschte ein Windstoß die Flamme meiner Spirituslampe aus. Ristin sprang auf und befahl mir, sofort meinen Rucksack umzuschnallen. In kaum einer Minute blies uns ein starker Wind ins Gesicht, und der Nebelvorhang hob sich rasch über unseren Köpfen. Tief unten im Tal zu unseren Füßen sahen wir einen Strom, der wie ein Schwert in der Sonne leuchtete.

An seinem jenseitigen Ufer erstreckte sich ein dunkler Tannenwald, so weit das Auge reichte. Ristin hob die Hand und wies auf eine Rauchsäule über den Baumkronen:

»Forstugan«, sagte sie.

Sie sprang den Abhang hinunter, um ohne jedes Zögern bis zur Schulter in den Fluß zu tauchen, und ich hinterher. Bald verloren wir den Grund und schwammen über den Fluß wie die Elche über den Bergsee. Nach halbstündigem Marsch durch den Wald kamen wir an eine Blöße, die von Menschenhänden stammte. Ein großer Lappländer Hund kam wild bellend auf uns losgestürmt. Nach eingehendem Schnüffeln freute er sich riesig, uns zu sehen, und lief die ganze Zeit wedelnd voraus, um den Weg zu zeigen.

*

Vor seinem roten Hause stand Lars Anders von Forstugan im langen Schafpelz, sechs Fuß sechs Zoll, in seinen Holzschuhen.

»Guten Tag im Walde!« sagte Lars Anders. »Wo kommst du her? Warum hast du nicht das Lappenkind allein durch den Fluß schwimmen lassen, um mein Boot zu holen? Tu ein neues Scheit ins Feuer, Kerstin!« rief er seinem Weibe zu. »Er hat den Fluß durchschwommen mit einem Lappenkind, sie müssen ihre Kleider trocknen.«

Ristin und ich setzten uns ans Feuer auf die niedere Bank.

»Er ist naß wie ein Otter«, sagte Mutter Kerstin, die mir half, Strümpfe, Knickerbockers, Sweater und Flanellhemd von meinem triefenden Körper zu ziehen, um sie zum Trocknen an einem Seil unter der Decke aufzuhängen. Ristin hatte schon ihren Rock ausgezogen, Gamaschen, Breeches und die Wollweste; ein Hemd hatte sie nicht. Da saßen wir nebeneinander auf der Holzbank vor dem flammenden Feuer, splitternackt, wie wir erschaffen waren. Die Alten fanden es so ganz in Ordnung, und das war es auch.

Eine Stunde später machte ich einen Rundgang durch mein neues Quartier, angetan mit dem langen schwarzen

Sonntagsrock aus selbstgewebtem Tuch von Onkel Lars und in seinen Holzschuhen, während Ristin am Küchenherd saß, wo Mutter Kerstin eifrig beim Brotbacken war. Der Fremde, der gestern mit einem Lappen aus Finnland gekommen war, hatte alles Brot aufgegessen, das im Hause war. Der Sohn von Lars war draußen beim Holzschneiden am anderen Seeufer, ich sollte in seiner Kammer überm Kuhstall schlafen. Sie hofften, ich hätte nichts gegen den Geruch der Kühe. Nicht die Spur, ich mochte das recht gern. Onkel Lars sagte, er ginge in die Herbre[1], um einen Schafpelz für mein Bett zu holen. Er meinte, ich würde ihn brauchen, die Nächte wären schon kalt. Die Herbre stand auf vier Pfählen aus starken Stämmen in Mannshöhe über dem Boden, um gegen vierfüßige Gäste bei dem tiefen Winterschnee geschützt zu sein. Der Vorratsraum war voller Kleider und Pelze, die sehr ordentlich an der Wand an Geweihen aufgehängt waren. Der Wolfspelz von Onkel Lars, die Winterpelze seiner Frau und ein halbes Dutzend anderer Wolfsfelle. Auf dem Boden lag eine Schlittendecke aus prachtvollem Bärenpelz. Auf einem anderen Pflock hing Mutter Kerstins Brautkleid, die farbig leuchtende Seidenjacke wundervoll mit Silber bestickt, der lange grüne Wollrock, ihr Pelzkragen aus Eichhornfell, die Haube mit den alten Spitzen, der rote Ledergürtel mit den echten Silberschnallen. Als wir die Leiter der Herbre herabstiegen, sagte ich zu Onkel Lars, er hätte vergessen, die Tür zuzuschließen. Das schade nichts, meinte er. Wölfe, Füchse und Wiesel würden sich um ihre Kleider nicht kümmern, und Eßbares wäre nicht in der Herbre. Nach einem Gang durch den Wald setzte ich mich am Hause zu einem köstlichen Abendbrot: Lappländer Forelle, die beste der Welt, Hausbrot, frisch aus dem Ofen, frischer Käse und selbstgebrauter Met. Ich meinte, Ristin sollte doch mitessen, aber das war offenbar gegen die Etikette, sie sollte in der Küche essen bei den Enkelkindern. Die beiden Alten saßen neben mir und sahen zu, wie ich aß.

[1] Vorratsraum

»Hast du den König gesehen?«

Nein, das hatte ich nicht, ich war nicht über Stockholm gekommen. Ich kam direkt aus einem anderen Lande, aus einer anderen Stadt, viel größer als Stockholm.

Onkel Lars wußte nicht, daß eine Stadt größer als Stockholm sei.

Ich sagte Mutter Kerstin, wie wunderschön ich ihr Hochzeitskleid fände. Sie lächelte und sagte, ihre Mutter wäre schon darin getraut worden vor Gott weiß wie vielen Jahren.

»Aber ihr laßt die Herbre doch nicht offen bei Nacht?« fragte ich.

»Weshalb nicht?« sagte Onkel Lars. »Es ist nichts zum Essen in der Herbre, ich sagte dir, Wölfe und Füchse werden doch unsere Kleider nicht holen.«

»Aber jemand anderer könnte sie nehmen, die Herbre liegt ganz einsam im Walde, viele hundert Meter von eurem Hause. Das Bärenfell allein ist viel Geld wert, und jeder Antiquar in Stockholm wird gern ein paar hundert Riksdaler für das Brautkleid deiner Frau zahlen.«

Die beiden Alten sahen sich sehr verwundert an.

»Aber ich hab dir doch gesagt, daß ich den Bären selbst geschossen habe und auch die Wölfe? Verstehst du nicht, daß es das Brautkleid meiner Frau ist und daß sie es von ihrer eigenen Mutter bekommen hat? Verstehst du nicht, daß alles uns gehört, solange wir leben, und wenn wir sterben, bekommt es unser Sohn. Wer wird es nehmen? Was meinst du nur?«

Onkel Lars und Mutter Kerstin sahen mich an, sie schienen fast ärgerlich über meine Frage. Plötzlich kratzte sich Lars Anders am Kopf mit einem schlauen Blick in seinen alten Augen.

»Jetzt weiß ich, was er meint«, schmunzelte er, »er meint diese Kerle, die man Diebe nennt!«

Ich fragte Lars Anders nach dem Siva-See. Ob es wahr wäre, was Turi mir erzählt hatte, daß der große Stalo ein Loch in seinen Grund geschlagen und alle Fische vertrieben hätte? Ja, es wäre ganz wahr, kein einziger Fisch wäre in dem See, während alle anderen Bergseen von Fischen wimmelten. Ob der Unfug von einem Stalo herrührte, konnte er ja nicht sagen. Die Lappen wären abergläubisch und unwissend. Sie wären nicht einmal Christen. Kein Mensch wüßte, woher sie kämen. Ihre Sprache wäre anders als irgendeine Sprache in der ganzen Welt.

Gab es noch Riesen oder Trolle auf dieser Seite des Flusses?

»In früheren Zeiten gab es bestimmt welche«, sagte Onkel Lars. Als Knabe hatte er viel von dem großen Troll gehört, der da drüben im Berge wohnte. Der war sehr reich. Er hatte Hunderte von häßlichen Zwergen, die sein Gold bewachten unten im Berge, und Tausende von Rindern, alle schneeweiß, mit Silberglocken am Halse. Jetzt, seitdem der König begann, die Felsen nach Eisenerz zu sprengen und die Eisenbahn zu bauen, hatte er nichts mehr vom Troll gehört. Die »Skogsra«, die Waldhexe, war natürlich noch da, sie versuchte noch, die Leute zu betören und tiefer in den Wald zu locken, wo sie sich verirrten. Manchmal rief sie mit einer Vogelstimme und dann wieder mit weicher Frauenstimme. Viele sagten, sie wäre eine wirkliche Frau, sehr böse und sehr schön! »Wenn du ihr im Wald begegnest, mußt du gleich weglaufen. Wendest du nur einmal den Kopf, um sie anzusehen, bist du verloren. Du darfst auch nie bei Vollmond im Walde unter einem Baum sitzen. Dann kommt sie und setzt sich an deine Seite und schlingt die Arme um dich wie eine Frau, wenn sie nach eines Mannes Liebe verlangt. Sie will aber nur das Blut deines Herzens trinken.«

Ob sie sehr große dunkle Augen hätte, fragte ich betroffen.

Das wußte Lars Anders nicht, er hatte sie nie gesehen, aber der Bruder seiner Frau hatte sie gesehen in einer Mondnacht im Walde. Er hatte den Schlaf verloren und war nicht mehr ganz richtig im Kopf seitdem.

Gab es auch Wichtelmännchen in der Nähe? Ja, es gab

eine Menge von den »Kleinen Leuten«, die im Dämmer herumschlichen. Ein kleiner Wichtelmann lebte drüben im Kuhstall, die Enkelkinder hatten ihn oft gesehen. Er war ganz harmlos, wenn man ihn in Frieden ließ und ihm seine Schale mit Haferbrei in die gewohnte Ecke stellte. Es war nicht ratsam, über ihn zu spotten. Einmal war ein Bahningenieur, der die Brücke über den Fluß bauen sollte, für eine Nacht nach Forstugan gekommen. Er betrank sich und spie in die Schale mit Haferbrei und sagte, er wollte verflucht sein, wenn es so was gäbe wie Wichtelmänner. Als er am Abend über den gefrorenen See zurückfuhr, glitt sein Pferd aus, stürzte auf dem Eise und wurde von Wölfen zerrissen. Am Morgen wurde er von Leuten, die aus der Kirche kamen, gefunden. Er saß im Schlitten und war erfroren. Zwei von den Wölfen hatte er mit der Büchse niedergeschossen. Ohne die Büchse hätten sie auch ihn gefressen.

Wie weit war es von Forstugan bis zum nächsten Ort?

Acht Stunden durch den Wald zu reiten auf einem guten Pferd.

»Ich hörte Kuhglocken, als ich vor einer Stunde im Walde umherstreifte. Es muß viel Vieh in der Umgegend sein.«

Lars Anders spie den Tabak aus und sagte nur, ich hätte mich geirrt. Es gäbe keine Herden in den Wäldern, außer hundert Meilen weit von hier. Seine eigenen vier Kühe wären im Stall.

Aber ich sagte, ich hätte deutlich Kuhglocken gehört fern im Walde, es wäre mir sogar aufgefallen, wie schön sie klangen, als seien sie aus Silber.

Lars Anders und Mutter Kerstin schauten einander unbehaglich an, sagten aber nichts. Ich bot ihnen eine gute Nacht und ging in meine Kammer über dem Kuhstall. Vor meinem Fenster stand dunkel und schweigend der Wald. Ich zündete das Talglicht an und legte mich auf das Schaffell, müde und schläfrig nach der langen Wanderung. Eine Weile lauschte ich noch auf das Malmen der schlafenden Kühe, dann meinte ich einen Eulenruf aus dem fernen Walde zu hören und blickte in das Talglicht, dessen milder Schein auf den Tisch fiel. Es tat meinen Augen wohl, hineinzuschauen; ich hatte kein Talglicht mehr gesehen, seit ich ein Kind war in meinem alten Heim. Mir schien, als sähe ich, während mir die Augen zufielen, einen Knaben an kaltem Wintermorgen auf dem Schulwege durch den tiefen Schnee stapfen. Er hatte seine Bücher auf den Rücken geschnallt und trug genau eine solche Talgkerze in der Hand. Denn jeder Junge mußte seine Kerze mitbringen, die auf seinem Pult im Schulzimmer angezündet wurde. Einige Knaben brachten dicke Kerzen, andere dünne, so dünn wie die, welche hier auf dem Tisch brannte. Ich kam aus einem reichen Hause, auf meinem Pult brannte eine dicke Kerze. Auf dem Pult neben mir brannte das dünnste Licht der ganzen Klasse, denn die Mutter des Knaben, der neben mir saß, war arm. Aber ich fiel durch bei der Prüfung zu Weihnachten, und er bestand als erster von uns allen, denn er hatte mehr Licht in seinem Kopfe als ich.

Ich meinte, ein Rascheln auf dem Tisch zu hören.

Ich mußte schon ein Weilchen geschlafen haben, denn das Talglicht war gerade im Ausflackern. Doch sah ich ganz deutlich ein Männchen, so groß wie meine Handfläche, mit gekreuzten Beinen auf dem Tische sitzen, vorsichtig an meiner Uhrkette zupfen und den alten grauen Kopf zur Seite beugen, um auf das Ticken meiner Repetieruhr zu lauschen. Er war so versunken, daß er nicht merkte, wie ich mich im Bett aufrichtete. Plötzlich sah er mich, ließ die Uhrkette fallen, glitt flink am Tischbein herab wie ein Seemann und sprang zur Tür, so schnell seine winzigen Beine ihn trugen.

»Hab keine Angst, Wichtelchen«, sagte ich. »Ich bin es ja nur. Lauf nicht weg, ich will dir zeigen, was in der goldenen Dose ist, die dich so interessiert. Es ist eine Glocke drin, die läuten kann wie am Sonntag in der Kirche.«

Er hielt inne und sah mich mit seinen kleinen, freundlichen Augen an.

»Das begreife ich nicht«, sagte das Männchen, »ich roch ein Kind in dieser Kammer; ich wäre sonst nicht hereingekommen, aber du siehst aus wie ein großer Mann. Nein, so etwas…«, rief er und zog sich am Stuhl empor, der am Bett stand. »Nein, so ein unerhörtes Glück, dich hier zu treffen an diesem weltfernen Ort! Du bist ganz dasselbe Kind wie damals – ich sah dich zuletzt im Kinderzimmer eures alten Hauses–, sonst hättest du mich heute abend nicht sehen können, als ich da auf dem Tisch saß. Erkennst du mich denn nicht? Ich war es doch, der jede Nacht in dein Kinderzimmer kam, wenn das ganze Haus schlief, um alles wieder gutzumachen und die Kümmernisse des Tages zu verscheuchen. Ich bin es, dem du immer ein Stück von deinem Geburtstagskuchen brachtest und die vielen Nüsse, Rosinen und Süßigkeiten vom Christbaum. Du hast nie vergessen, mir eine Schüssel Haferbrei hinzustellen. Warum hast du dein Heim dort mitten in den großen Wäldern verlassen? Damals lachtest du immer. Warum siehst du nun so ernst aus?«

»Weil ich keine Ruhe finde in meinen Gedanken, ich kann nirgends bleiben, ich kann nicht vergessen, ich kann nicht schlafen.«

»Genau wie dein Vater! Wie oft sah ich ihn die ganze Nacht in seinem Zimmer auf und ab gehen!«

»Erzähl mir von meinem Vater, ich erinnere mich kaum an ihn.«

»Dein Vater war ein seltsamer Mann, finster und schweigsam. Er war gut gegen Arme und gegen Tiere, aber seiner Umgebung erschien er oft hart. Dich hat er viel geschlagen, aber du warst auch ein schlimmes Kind. Du gehorchtest niemandem, und es schien, als liebtest du weder Vater noch Mutter, Bruder oder Schwester, noch überhaupt irgend jemand. Doch, ich glaube, du liebtest deine Amme. Erinnerst du dich noch an die Lena? Niemand konnte sie leiden, alle hatten Angst vor ihr. Man hatte sie in der Not als Amme angenommen, weil deine Mutter dich nicht nähren konnte. Niemand wußte, woher sie kam. Ihre Haut war dunkel, wie die Haut des Lappenkindes, das dich gestern herbrachte, nur war sie viel größer als die Lappen.

Sie sang dir in einer fremden Sprache vor, wenn sie dir die Brust gab, und sie nährte dich, bis du zwei Jahre alt warst. Niemand, nicht einmal deine Mutter, wagte es, ihr nahezukommen, sie knurrte wie eine zornige Wölfin, wenn dich jemand aus ihren Armen nehmen wollte. Schließlich wurde sie weggeschickt, aber sie kam bei Nacht und versuchte dich zu stehlen. Deine Mutter erschrak so, daß sie sie wieder annahm. Sie brachte dir allerlei Tiere zum Spielen, Fledermäuse, Igel, Eichhörnchen, Ratten, Schlangen, Eulen und Raben. Ich habe mit meinen eigenen Augen gesehen, wie sie den Hals eines Raben durchschnitt, um ein paar Tropfen seines Blutes in deine Milch zu tun. Eines Tages, als du vier Jahre alt warst, kam der Richter mit zwei Landgendarmen, die Lena mit Handschellen abführten. Man sagte, es hätte irgend etwas mit ihrem eigenen Kinde zu tun. Das ganze Haus war selig, aber du warst tagelang wie von Sinnen. Den meisten Kummer hattest du mit deinen Tieren. Dein Zimmer wimmelte von allen möglichen Tieren. Du hattest sogar welche im Bett, wenn du schliefest. Weißt du noch, wie erbarmungslos du geprügelt wurdest, weil du auf Eiern gelegen hattest? Jedes Vogelei, das du erwischtest, versuchtest du im Bett auszubrüten. Natürlich kann ein kleines Kind dabei nicht wach bleiben. Jeden Morgen war dein Bett voll zerquetschter Eier, und jeden Morgen bekamst du Prügel, aber nichts half. Weißt du noch den Abend, als deine Eltern nach einer Gesellschaft spät nach Hause kamen und deine Schwester im Nachthemd auf dem Tisch fanden, unter einem Regenschirm zusammengekauert und vor Entsetzen schreiend? Alle Tiere waren aus deinem Zimmer entkommen, die Fledermaus war deiner Schwester im Haar hängengeblieben. All deine Schlangen, Kröten und Ratten krochen auf dem Boden umher, und in deinem Bett fanden sie einen ganzen Wurf Mäuse. Dein Vater versetzte dir eine fürchterliche Tracht Prügel, da sprangst du ihn an und hast deinen eigenen Vater in die Hand gebissen. Am anderen Tage stahlst du dich bei Morgengrauen aus dem Haus, in der Nacht warst du in die Speisekammer eingebrochen, um deinen Rucksack mit allen Lebensmitteln zu füllen, die du erreichen konntest. Und die Sparbüchse deiner Schwester hattest du zertrümmert und all ihre Ersparnisse geraubt, selber hattest du noch nie etwas gespart. Den ganzen Tag und die ganze Nacht suchten dich eure sämtlichen Leute. Schließlich fand dich dein Vater, der ins Dorf galoppiert war, um die Polizei zu benachrichtigen, am Wegrand im Schnee ruhig schlafend. Dein Hund hatte gebellt, als er vorbeiritt. Ich hörte deines Vaters Jagdpferd den anderen Pferden im Stall erzählen, wie dein Vater dich ohne ein Wort in den Sattel hob , mit dir heimritt und dich zwei Tage und Nächte bei Wasser und Brot in ein dunkles Zimmer sperrte. Am dritten Tage führten sie dich in deines Vaters Zimmer. Er fragte, warum du dich aus dem Hause gestohlen hättest. Du sagtest, du würdest von allen im Hause mißverstanden, du wolltest nach Amerika auswandern. Er fragte, ob es dir leid täte, ihn in die Hand gebissen zu haben. Du sagtest nein. Am nächsten Morgen wurdest du in die Stadt zur Schule geschickt und durftest erst zu den Weihnachtsferien nach Hause kommen. Am Weihnachtstag fuhrt ihr alle zur Kirche zur Frühmette um vier Uhr. Ein ganzes Rudel Wölfe jagte hinter dem Schlitten her, als ihr über den gefrorenen See fuhrt. Der Winter war sehr streng und die Wölfe sehr hungrig. In der Kirche war ein Meer von Licht, zwei große Christbäume strahlten am Hochaltar. Die Gemeinde erhob sich und sang: ›Es ist ein Ros' entsprungen‹. Als das Lied zu Ende war, sagtest du deinem Vater, es täte dir leid, daß du ihn in die Hand gebissen hättest, und er streichelte deinen Kopf. Auf dem Heimweg über den See versuchtest du, aus dem Schlitten zu springen. Du sagtest, du wolltest den Wolfsfährten folgen und sehen, wo sie wohnten. Am Nachmittag fehltest du wieder; alles suchte vergeblich die ganze Nacht nach dir. Am Morgen fand dich der Förster schlafend unter einer großen Tanne. Rings um den Baum war alles voller Wolfsfährten, der Förster sagte, es sei ein Wunder, daß du nicht zerrissen worden seiest. Aber das Schlimmste passierte in deinen Sommerferien, als das Hausmädchen einen Menschenschädel unter deinem Bett fand, einen Schädel mit einer Strähne roter Haare, die noch am Hinterkopf hing. Deine Mutter fiel in Ohnmacht, und dein Vater gab dir die schwerste Tracht Prügel, die du bisher bekommen hattest. Dann kamst du wieder ins dunkle Zimmer bei Wasser und Brot. Es kam heraus, daß du in der Nacht auf deinem Pony nach dem Dorffriedhof geritten und dort ins Beinhaus eingebrochen warst. Aus einem Haufen von Totengebeinen, die im Keller lagen, hattest du den Schädel gestohlen. Der Pfarrer, der früher Oberlehrer an einer Knabenschule gewesen war, sagte deinem Vater, es wäre ein unerhörter Fall, daß ein zehnjähriger Knabe eine so furchtbare Sünde gegen Gott und Mensch begehen könne. Deine Mutter, die eine sehr fromme Frau war, hat das nie verwunden. Sie schien sich fast vor dir zu fürchten, und sie war nicht die einzige. Sie sagte, sie könne es nicht fassen, daß sie ein solches Ungeheuer geboren habe. Dein Vater sagte, du seiest sicher nicht von ihm gezeugt, eher vom Teufel selbst. Die alte Haushälterin meinte, es sei alles Schuld deiner Amme, die dich verhext hätte, indem sie etwas in deine Milch mischte und eine Wolfsklaue um deinen Hals hing.«

»Ist das alles wahr, was du mir über meine Kindheit erzählst? Ich muß wahrhaftig ein sonderbares Kind gewesen sein!«

»Was ich dir erzählt habe, ist wahr, jedes Wort davon«, erwiderte der Wichtelmann. »Was du anderen erzählen magst, dafür bin ich nicht verantwortlich. Du scheinst immer Wirklichkeit und Träume zu verweben, wie alle Kinder.«

»Aber ich bin doch kein Kind, ich werde siebenundzwanzig im nächsten Monat.«

»Natürlich bist du ein großes Kind, sonst hättest du mich gar nicht sehen können, nur Kinder können uns Wichtelmänner sehen.«

»Und wie alt bist du, kleiner Mann?«

»Sechshundert Jahre, ich weiß es zufällig, denn ich bin im

selben Jahr geboren wie die alte Tanne vor dem Fenster deines Kinderzimmers, in der die große Eule ihr Nest hat. Dein Vater sagte immer, es wäre der älteste Baum im ganzen Walde. Weißt du nicht mehr die große Eule? Weißt du nicht, wie sie da immer saß und dich durchs Fenster anblinzelte mit ihren runden Augen?«

»Bist du verheiratet?«

»Nein, ich bin noch frei«, sagte der Wichtelmann, »und du?«

»Bisher nicht, aber...«

»Laß es bleiben! Mein Vater sagte uns immer, heiraten wäre ein sehr riskantes Unternehmen, und es wäre ein weiser Spruch, daß man nie vorsichtig genug sein könne in der Wahl seiner Schwiegermutter.«

»Sechshundert Jahre! Wahrhaftig? So siehst du nicht aus! Das hätte ich nie gedacht, als ich dich am Tischbein herabgleiten und über den Boden rennen sah, als du mich im Bett entdecktest.«

»Danke, meine Beine sind noch gut, nur meine Augen werden ein bißchen müde; bei Tage sehe ich kaum etwas. Ich habe auch seltsame Geräusche im Ohr, seitdem ihr großen Menschen das schreckliche Sprengen in den Bergen ringsumher begonnen habt. Einige Wichtelmänner meinen, ihr wolltet den Trollen ihr Gold und Eisen rauben, andere sagen, es solle ein Loch werden für den großen gelben Drachen mit den zwei schwarzen Streifen auf dem Rücken, der seinen Weg windet durch Wald und Feld und über Ströme, den Rachen schäumend von Rauch und Feuer. Wir alle fürchten ihn, alle Tiere des Waldes und Feldes, alle Vögel unter dem Himmel, alle Fische in Flüssen und Seen; selbst die Trolle unter den Bergen fliehen entsetzt nordwärts bei seinem Nahen. Was wird aus unseren armen Wichtelmännern? Was wird aus all den Kindern, wenn wir nicht mehr in den Kinderzimmern sind, sie mit unseren Märchen in Schlaf raunen und ihre Träume bewachen? Wer wird sich um die Pferde in den Ställen kümmern, wer aufpassen, daß sie nicht auf dem Glatteis stürzen und die

Beine brechen? Wer wird die Kühe wecken und ihnen helfen, die neugeborenen Kälber zu versorgen? Ich kann dir sagen, die Zeiten sind schwer, es stimmt was nicht in eurer Welt, es ist nirgends mehr Frieden. Dies dauernde Rattern und Lärmen geht mir auf die Nerven. Aber, ich darf nicht länger bei dir bleiben. Die Eulen werden schon schläfrig, alles, was im Walde kriecht, geht zur Ruhe, die Eichhörnchen knuspern schon ihre Tannenzapfen, bald wird der Hahn krähen, und das scheußliche Sprengen jenseits des Sees wird gleich wieder anfangen. Ich sage dir, ich kann's nicht mehr aushalten. Dies ist meine letzte Nacht hier, ich muß dich verlassen. Ich muß mich noch vor Sonnenaufgang bis zum Kebnekajse durcharbeiten.«

»Kebnekajse, der Kebnekajse liegt Hunderte von Meilen nordwärts, wie in aller Welt wirst du dahin kommen, mit deinen kurzen Beinchen?«

»Ich denke, ein Kranich oder eine Wildgans wird mich auf den Fittichen tragen. Sie sammeln sich dort jetzt vor dem langen Fluge nach dem Lande, wo es keinen Winter gibt. Schlimmstenfalls kann ich ein Ende auf dem Rücken eines Bären oder Wolfes reiten, die es alle gut mit uns Wichtelmännern meinen. Ich muß fort.«

»Geh nicht, bleib noch ein bißchen! Ich zeige dir auch, was in der goldenen Dose ist, die dich so beschäftigt hat.«

»Was verwahrst du in der goldenen Dose? Ist es ein Tier? Ich meinte das Schlagen eines Herzens drinnen zu hören.«

»Es ist das Herz der Zeit, das du schlagen hörtest.«

»Was ist Zeit?« fragte der Wichtelmann.

»Ich kann dir's nicht sagen, und niemand kann dir sagen, was Zeit bedeutet. Sie meinen, sie wäre gefügt aus drei verschiedenen Dingen: Vergangenheit, Gegenwart und Zukunft.«

»Trägst du es immer bei dir in der goldenen Dose?«

»Ja, es ruht nie, schläft nie, hört nie auf, mir dasselbe Wort zu wiederholen.«

»Verstehst du, was es sagt?«

»Leider nur zu gut. Es sagt mir jeden Augenblick, jede

Minute, jede Stunde bei Tag und Nacht, daß ich älter werde, daß ich sterben muß. Sag mir, kleiner Mann, ehe du gehst, hast du Furcht vor dem Tode?«

»Furcht vor was?«

»Furcht vor dem Tage, wenn das Schlagen deines Herzens aufhört, die Zapfen und Räder des ganzen Mechanismus in Stücke fallen, deine Gedanken stillstehen, dein Leben verlöschen wird wie das matte Licht der Talgkerze auf dem Tisch.«

»Wer hat dir all den Unsinn in den Kopf gesetzt? Hör nicht auf die Stimme in der goldenen Dose mit ihrem törichten: Vergangenheit, Gegenwart und Zukunft! Begreifst du nicht, daß das alles dasselbe ist? Verstehst du nicht, daß jemand dich auslacht in dieser goldenen Dose? Wenn ich du wäre, würfe ich deine unheimliche Golddose in den Fluß, um den bösen Geist zu ertränken, der dort eingesperrt ist. Glaube nichts von dem, was er sagt, es sind Lügen! Du wirst immer ein Kind bleiben, nie alt werden, nie sterben. Nur zum Schlaf wirst du dich ein Weilchen niederlegen! Bald wird die Sonne wieder aufgehen über den Fichtenkronen, dann wird ein neuer Tag ins Fenster schauen, und du wirst viel klarer sehen als je bei dem Licht dieser Talgkerze.

Ich muß fort. Leb wohl, du Träumer, es war eine gute Begegnung.«

»Ja, es war eine gute Begegnung, Wichtel!«

Er glitt neben meinem Bett vom Stuhl herab und klapperte davon in seinen kleinen Holzschuhen. Als er in seiner Tasche nach seinem Hausschlüssel wühlte, brach er plötzlich in ein so lautes Lachen aus, daß er sich mit beiden Händen den Bauch halten mußte.

»Tod!« kicherte er. »So etwas! Das ist das Tollste, was ich je gehört habe! Was sie doch für kurzsichtige Narren sind, die großen Affen im Vergleich zu uns kleinen Wichteln. Tod! Beim König Laurin, solchen Unsinn hab' ich doch noch nicht gehört.«

Als ich beim Erwachen aus dem Fenster blickte, war der Boden weiß von frischem Schnee. Droben hörte ich Flügelschlag und den Ruf der Wildgänse. Gute Reise, kleiner Wichtel!

Ich setzte mich zum Frühstück: eine Schale Haferbrei, frisch gemolkene Milch und eine Tasse köstlichen Kaffees. Onkel Lars erzählte, er wäre zweimal in der Nacht aufgewesen, der Lappländer Hund hätte dauernd unruhig geknurrt, als sähe oder hörte er etwas. Er selbst glaubte, einen dunklen Umriß gesehen zu haben, etwas wie einen Wolf, der das Haus umlauerte. Einmal war es ihm, als ob er Stimmen aus dem Kuhstall gehört habe, und er war beruhigt, als er merkte, daß ich es war, der im Schlaf redete. Die Hühner hatten die ganze Nacht gegackert.

»Siehst du das?« sagte Onkel Lars, auf eine Fährte im frischen Schnee deutend, die zu meinem Fenster führte. »Es müssen mindestens drei gewesen sein. Ich lebe hier über dreißig Jahre, und nie habe ich eine Wolfsfährte so nahe am Hause gespürt. Siehst du das hier?« Dabei zeigte er auf eine andere Spur im Schnee, so groß wie eine Menschenspur. »Ich meinte zu träumen, als ich es zuerst sah. So wahr ich Lars Anders heiße, der Bär war diese Nacht hier, und dies ist die Fährte des Jungen. Es ist zehn Jahre her, seit ich einen Bären in diesem Wald schoß. Hörst du es keckern in der großen Tanne am Kuhstall. Das müssen ein paar Dutzend sein. So viel Eichhörnchen auf einem Baum hab' ich im Leben nicht gesehen. Hast du den Eulenruf im Walde gehört und den Schrei des Tauchers vom See herüber die ganze Nacht? Und den Ziegenmelker, der im Morgengrauen das Haus umkreiste? Ich begreife das nicht, sonst ist der Wald bei Nacht still wie ein Grab. Warum kamen heute all diese Tiere hierher? Kerstin und ich, wir haben kein Auge zugetan. Kerstin meint, es sei das Lappenkind, das das Haus verhext habe; es behauptet aber doch, es wäre letzten Sommer in Rukne getauft worden. Man weiß aber nie bei diesen Lappen, sie stecken voller Hexerei und Teufelskunst. Für alle Fälle hab' ich sie bei Tagesanbruch weggeschickt. Sie ist flink zu Fuß, sie wird vor Sonnenuntergang in der Lappenschule in Rukne sein.

Wann wirst du aufbrechen?«

Ich sagte, ich hätte keine Eile, ich bliebe gern ein paar Tage, es gefiele mir in Forstugan sehr gut.

Onkel Lars meinte, sein Sohn käme am Abend vom Holzschneiden heim, dann wäre kein Zimmer zum Schlafen für mich frei. Ich antwortete, es machte mir nichts, in der Scheune zu schlafen, ich liebte den Geruch von Heu. Weder Onkel Lars noch Mutter Kerstin schien der Plan zu gefallen. Ich hatte ein Gefühl, als ob sie mich loswerden wollten, sie sprachen kaum ein Wort mit mir, fast war es, als fürchteten sie sich vor mir.

Ich fragte Onkel Lars nach dem Fremden, der zwei Tage vor mir gekommen war und der alles Brot vertilgt hatte. Er konnte kein Wort Schwedisch, sagte Lars Anders; der Lappe aus Finnland, der sein Angelgerät trug, sagte, sie hätten sich verirrt. Sie waren halbtot vor Hunger, als sie ankamen, und hatten alles, was im Hause war, aufgegessen. Onkel Lars zeigte mir eine Münze. Der Fremde hatte darauf bestanden, sie den Enkeln zu schenken. War es möglich, daß es echtes Gold war? Es war ein englischer Sovereign! Am Fenster auf dem Fußboden lag eine »Times«, an Sir John Scott adressiert. Ich schlug sie auf und las in Riesenlettern:

Ausbruch von schrecklicher Cholera-Epidemie in Neapel!
Über 1000 Fälle am Tage.

Eine Stunde später stand Pelle, der Enkelsohn von Onkel Lars, vor der Haustür mit einem zottigen kleinen Norwegerpony. Onkel Lars war sprachlos, als ich ihm etwas bezahlen wollte, wenigstens doch für die Vorräte im Rucksack. Er sagte, so etwas hätte er nie gehört! Er meinte, ich solle unbesorgt sein, Pelle kenne die Richtung ganz gut. In dieser Jahreszeit war es eine leichte und behagliche Reise. Acht Stunden Fahrt durch den Wald bis Rukne, drei Stunden flußabwärts in Liß Jocums' Boot, sechs Stunden zu Fuß über den Berg zum Kirchdorf, zwei Stunden über den See nach

Losso Jarvi, von dort acht Stunden guter Weg nach der neuen Eisenbahnstation. Passagierzüge führen zwar noch keine, aber der Maschinist würde mir gewiß erlauben, auf der Lokomotive zu stehen die zweihundert Meilen bis zum Güterzug.

Onkel Lars hatte ganz recht, es war eine nette, behagliche Reise, wenigstens erschien sie mir damals so. Wie würde sie mir heute gefallen? Ebenso leicht und behaglich war die Reise durch Mitteleuropa in den elenden Zügen jener Tage fast ohne Schlaf. Von Lappland nach Neapel, seht euch die Karte an!

8

Neapel

Sollte jemand Lust haben, etwas über meinen Aufenthalt in Neapel zu erfahren, so muß er in den »Letters from a Mourning City« nachschlagen, falls es ihm gelingen sollte, noch ein Exemplar zu erwischen, was unwahrscheinlich ist, denn das Büchlein ist längst vergriffen und vergessen. Ich selbst habe eben, nicht ohne Interesse, diese »Briefe aus Neapel« gelesen, wie sie ursprünglich im Schwedischen hießen. Heute könnte ich – selbst wenn es ums Leben ginge – ein solches Buch nicht mehr schreiben. Reichlich knabenhaft ist der Sturm und Drang in diesen Briefen, reichlich selbstbewußt sind sie, um nicht zu sagen prahlerisch! Ich war offenbar recht zufrieden mit mir, von Lappland nach Neapel gejagt zu sein, gerade als alle anderen abreisten. Ziemlich großtuerisch klingt der Bericht, wie ich da Tag und Nacht in den infizierten Armenvierteln herumging, voller Läuse, von faulem Obst lebend und in einer dreckigen Locanda[1] schlafend. Das stimmt alles, ich habe nichts zu widerrufen, meine Schilderung von Neapel in der Cholerazeit trifft genau das, was ich damals mit den Augen eines Enthusiasten sah.

Weit weniger zutreffend ist die Beschreibung meiner selbst. Ich hatte die Stirn, zu schreiben, ich hätte keine Angst vor der Cholera, keine Angst vor dem Tode gehabt. Das war eine Lüge. Ich hatte grauenhafte Angst vor beiden – von Anfang bis zu Ende. Ich erzähle im ersten Brief, wie ich vom Karbolgestank halb ohnmächtig spät abends aus

[1] Bescheidenes Gasthaus

dem leeren Zuge auf die verlassene Piazza trat, wie ich in den Straßen langen Zügen von Karren und Omnibussen voller Leichen begegnete, die zum Cholerafriedhof fuhren, wie ich die ganze Nacht unter Sterbenden in den elenden Fondaci[1] des Armenviertels zubrachte. Aber es fehlt der Bericht, wie ich wenige Stunden nach meiner Ankunft wieder auf dem Bahnhof war, emsig nach dem nächsten Zug forschend – nach Rom – nach Kalabrien – den Abruzzen – irgendwohin – je weiter je besser – nur heraus aus dieser Hölle! Hätte es noch einen Zug gegeben, so gäbe es keine »Letters from a Mourning City«. Nun aber fuhr der nächste Zug erst spät am anderen Tage, die Verbindung mit der verseuchten Stadt war fast abgeschnitten. Mir blieb nichts übrig, als mich bei Sonnenaufgang an der Santa Lucia ins Meer zu stürzen und dann zurückzukehren ins Armenviertel mit kühlem Kopf, aber noch bebend vor Angst. Am Nachmittag wurde mein Anerbieten angenommen, unter den Angestellten des Cholerahospitals von Santa Maddalena zu arbeiten. Nach zwei Tagen verschwand ich aus dem Hospital, weil ich entdeckt hatte, daß mein Platz nicht bei den Sterbenden im Hospital, sondern bei den Sterbenden im Armenviertel war.

Wie viel leichter wäre es für sie und für mich gewesen, wenn ihr Todeskampf nicht so lang, so schrecklich gewesen wäre! Sie lagen stunden- und tagelang im Stadium algidum, kalt wie Leichen, mit starren Augen, offenem Munde, scheinbar tot, und doch noch lebend. Fühlten sie, begriffen sie noch etwas? Wohl den wenigen, die noch den Teelöffel voll Laudanum schlucken konnten, den einer der Freiwilligen des Weißen Kreuzes ihnen eilig in den Mund goß! Wenigstens gab ihnen das vielleicht den Rest, ehe die Soldaten und die halbbetrunkenen »Beccamorti[2]« in der Nacht kamen, um sie alle auf einen Haufen zu werfen in die große Grube auf dem Campo Santo dei Colerosi. Wie viele

[1] Tief gelegene ungesunde Stadtteile Neapels [2] Nach alter neapolitanischer Sitte werden die Leichen von vermummten Männern abgeholt. Ihre Tracht stammt aus den Zeiten der Pest und sollte gegen Ansteckung schützen. Diese Leute gehören bestimmten Bruderschaften an, die »Beccamorti« genannt werden.

wurden noch lebend dorthin geworfen? Hunderte, glaube ich. Sie sahen alle ganz gleich aus, ich selbst war oft unfähig zu sagen, ob sie tot oder lebendig waren. Es war keine Zeit zu verlieren, es gab Dutzende in jedem Viertel, die Befehle waren streng, alle mußten in der Nacht begraben werden.

Bald, als die Seuche den Höhepunkt erreichte, hatte ich keinen Grund mehr zur Klage, daß ihre Agonie so lange dauerte. Bald brachen sie auf der Straße wie vom Blitz getroffen zusammen, um von der Polizei aufgelesen und ins Choleraspital gefahren zu werden, wo sie nach wenigen Stunden starben. Der Kutscher, der mich in glänzender Laune morgens zum Zuchthaus in Granatello bei Portici fuhr und mich nach Neapel zurückbringen sollte, lag tot in seiner Droschke, als ich ihn abends suchte. In Portici wollte keiner sich mit ihm befassen, keiner half mir, ihn aus der Droschke zu heben. Ich mußte auf den Bock steigen und ihn selbst zurückfahren. Zweimal rollte er aus der Carozella während der Fahrt. Auch in Neapel wollte keiner etwas von ihm wissen, es blieb mir nichts übrig, als ihn zum Cholerafriedhof zu fahren, um ihn loszuwerden.

Oft kam ich abends so erschöpft in die Locanda, daß ich mich in Kleidern, ja ungewaschen aufs Bett warf. Was half das Waschen in dem schmutzigen Wasser, was half es, sich zu desinfizieren, wenn einfach alles umher infiziert war, mein Essen, mein Trinkwasser, das Bett, in dem ich schlief, ja, die Luft, die ich atmete! Oft hatte ich solche Angst, daß ich nicht zu Bett zu gehen, nicht allein zu sein wagte. Dann stürzte ich wieder auf die Straße, um den Rest der Nacht in einer Kirche zu verbringen. Santa Maria del Carmine war mein liebstes Nachtquartier; den besten Schlaf meines Lebens schlief ich auf einer Bank im linken Seitenschiff der alten Kirche. Es gab Kirchen genug zum Schlafen, wenn ich nicht wagte, nach Hause zu gehen. All die Hunderte von Kirchen und Kapellen Neapels waren die ganze Nacht geöffnet, strahlend von Votivkerzen und überfüllt mit Menschen. Hunderte von Madonnen und Heiligen arbeiteten Tag und Nacht, die Sterbenden in ihren verschiedenen

Revieren aufzusuchen. Wehe ihnen, wenn sie wagten, im Revier eines Rivalen aufzutauchen! Selbst die ehrwürdige Madonna della Colera, die bei der furchtbaren Seuche von 1834 die Stadt gerettet hatte, war vor wenigen Tagen in Bianchi Novi ausgepfiffen worden.

Aber nicht nur die Cholera fürchtete ich. Ich lebte dauernd in wahrer Todesangst vor den Ratten. Sie schienen genauso heimisch in den »fondaci bassi« und »soterranei[1]« der Armenviertel wie die jämmerlichen Menschengestalten, die dort lebten und starben. Ich muß zugeben, daß es im ganzen harmlose, manierliche Ratten waren, wenigstens gegen Lebende. Sie versahen das Amt der Straßenreinigung, das seit den Tagen der Römer ausschließlich ihnen überlassen war, als die einzigen Gemeindemitglieder, die bestimmt auf ihre Kosten kamen. Sie waren zahm wie Katzen und fast ebenso groß. Eines Tages kam ich zu einer alten Frau, die, nur Haut und Knochen, halbnackt auf verfaultem Strohsack in einer dunklen Höhle lag. Es hieß, es sei die »Vavama«, die Großmutter. Gelähmt und völlig blind lag sie da seit Jahren. Auf dem schmierigen Boden der Höhle saß ein halbes Dutzend riesiger Ratten im Halbkreis auf den Hinterbeinen um ihre nicht zu schildernde Morgenmahlzeit. Sie sahen mich ruhig an, mit Interesse, fast mit Sympathie, ohne sich zu rühren. Die Alte reckte den Knochenarm und schrie heiser: »Pane! – pane!«

Als aber die Sanitätsbehörde den zwecklosen Versuch machte, die Kloaken zu desinfizieren, änderte sich die Lage; aus meiner Angst wurde Entsetzen; Millionen von Ratten, die seit den Tagen der Römer ungestört in den Kloaken lebten, überschwemmten den unteren Stadtteil. Rasend von den Schwefeldämpfen und der Karbolsäure, durchjagten sie wie tollwütige Hunde die Gassen. Nie zuvor hatte ich solche Ratten gesehen, sie waren völlig kahl mit sonderbar langen roten Schwänzen, glühenden, blutunterlaufenen Augen und spitzen schwarzen Zähnen, lang wie Zähne von Frettchen! Schlug man mit dem Stock auf sie los, fuhren sie

[1] Niedere unterirdische Kellerwohnungen

wütend herum, um sich wie Bulldoggen an den Stock zu hängen. Nie im Leben hab' ich mich vor einem Tier so gefürchtet wie vor diesen Ratten; sie waren bestimmt tollwütig. Das ganze Basso-Porto-Viertel war in Aufregung. Mehr als hundert schlimm zerbissene Männer, Frauen und Kinder wurden am ersten Angriffstage ins Pellegrini-Spital eingeliefert. Ein paar kleine Kinder waren buchstäblich aufgefressen worden. Nie werde ich die Nacht vergessen im Fondaco des Vicolo della Duchessa. Der Raum, richtiger die Höhle, war fast dunkel, nur vor der Madonna brannte das Öllämpchen. Der Vater war seit zwei Tagen tot, aber die Leiche lag noch da unter einem Haufen Lumpen. Wie das im Armenviertel gebräuchlich ist, war es der Familie gelungen, sie vor der Polizei zu verbergen, die die Leichen suchte, um sie zum Friedhof zu bringen. Ich saß auf dem Erdboden neben der Tochter und wehrte mit dem Stock die Ratten ab. Das Mädchen war schon kalt, aber noch bei Besinnung. Ununterbrochen hörte ich die Ratten an der Leiche des Vaters nagen. Endlich machte mich das so nervös, daß ich die Leiche aufrecht in die Ecke stellte wie eine Standuhr! Aber bald fingen die Ratten gierig von neuem an, Füße und Beine zu fressen. Entsetzt floh ich; ich konnte es nicht mehr aushalten.

Die Farmacia San Gennaro war auch eine Zuflucht für mich, wenn ich nicht wagte, allein zu sein. Sie war bei Tag und Nacht offen. Don Bartolo war immer auf den Beinen und braute seine mannigfachen Mixturen und Wundermittel aus der Reihe bunter Majolikakruken zusammen, die noch aus dem siebzehnten Jahrhundert stammten, mit lateinischen Namen von Drogen, die ich meist nicht kannte. Ein paar große Glasflaschen mit Schlangen und einem Fötus in Alkohol schmückten das Wandgestell. Vor dem Schrein San Gennaros, des Schutzpatrons von Neapel, brannte die heilige Ampel, und unter Spinnweben an der Decke hing eine einbalsamierte Katze mit zwei Köpfen. Die Spezialität der Apotheke aber war Don Bartolos berühmte Anti-Cholera-Mischung. Die Flasche trug auf einer Seite das Bild San

Gennaros und auf der anderen einen Schädel mit der Unterschrift »Morte alla Colera!« Das Rezept war Familiengeheimnis, vom Vater auf den Sohn vererbt seit der Seuche von 1834, als dies Mittel unter Beihilfe von San Gennaro die Stadt gerettet hatte. Eine weitere Spezialität war eine geheimnisvolle Flasche, die ein Herz als Sinnbild trug, das Kupidos Pfeil durchbohrte, ein filtro d'amore[1]. Dieser Trank, auch Familiengeheimnis, war vielbegehrt, wie ich hörte. Don Bartolos Kundschaft schien meist aus den vielen Klöstern und Kirchen zu stammen, die bei seiner Straße lagen. Ein paar Priester, Mönche oder Frati saßen immer auf den Stühlen am Zahltisch in lebhaftem Gespräch über Tagesereignisse, die neuesten Wunder dieses oder jenes Heiligen und die Wirksamkeit der verschiedenen Madonnen, der Madonna del Carmine, der Madonna del Ajuto, der Madonna della Buona Morte, l'Addolorata, la Madonna Egiziaca. Selten, sehr selten hörte ich den Namen Gottes nennen, den Namen seines Sohnes nie. Einmal wagte ich es, einem schäbigen alten Frate, der mein besonderer Freund war, mein Erstaunen auszusprechen, daß in ihren Diskussionen Christi Name nie vorkäme. Der alte Frate machte aus seiner persönlichen Meinung kein Geheimnis, daß Christus seinen Ruf nur dem Umstand verdanke, daß er die Madonna zur Mutter hatte. Soviel er wisse, habe Christus nie jemanden von der Cholera gerettet. Seine heilige Mutter hatte sich die Augen ausgeweint seinetwegen. Was hatte er seinerseits für sie getan? »Weib«, sagte er, »was habe ich mit dir zu schaffen?«

»Perciò ha finito male! Deshalb nahm es auch ein schlimmes Ende mit ihm.«

Wenn der Sonnabend nahte, ließ man die Namen der diversen Heiligen und Madonnen in diesen Gesprächen mehr und mehr fallen. Am Freitagabend wimmelte die Apotheke von Priestern, die wild gestikulierend ihre Aussichten für die morgige Lotterie besprachen.

Trentaquattro, sessantanove, quarantatre, diciasette[2]!

[1] Ein Liebestrank [2] 34, 69, 43, 17

Don Antonio hatte geträumt, seine Tante wäre plötzlich gestorben und hätte ihm fünftausend Lire vermacht, plötzlicher Tod – 49, Geld – 70! Don Onorato hatte den Buckligen in der Via Forcella befragt, er war seines Einsatzes sicher – 9, 39, 20! Don Bartolos Katze hatte in der Nacht sieben Junge geworfen, Zahlen, 7, 16, 64! Don Dionisio hatte eben im »Pungolo[1]« gelesen, daß ein Camorrist einen Barbier an der Immacolatella erdolcht hatte. Barbier – 21, Messer – 41! Don Pasquale hatte seine Zahlen vom Friedhofswächter, der sie deutlich aus einem Grabe vernommen hatte – il morto che parla – ein Toter, der redet – 48! In der Farmacia di San Gennaro lernte ich auch zuerst Doktor Villari kennen. Don Bartolo hatte mir erzählt, daß er vor zwei Jahren nach Neapel gekommen war, als Assistent des alten Doktor Rispù, des bekannten Arztes aller Klöster und Kongregationen des Stadtteils – der bei seinem Tode die große Praxis seinem Assistenten hinterließ.

Ich freute mich immer, wenn ich diesen Kollegen traf, und faßte zugleich große Zuneigung zu ihm. Er war ein besonders schöner Mann mit guten, ruhigen Formen, sehr anders als der gewöhnliche Neapolitanertypus. Er stammte aus den Abruzzen. Durch ihn hörte ich zuerst vom Kloster der Sepolte Vive[2], dem finsteren alten Gebäude an der Straßenecke mit den kleinen gotischen Fenstern und den großen schweren Eisentoren, düster und still wie ein Grab. War es wahr, daß die Nonnen, im Sarge in Leichentücher gehüllt, durch diese Tore gelangten, die sie niemals wieder lebend freigaben?

Ja, das war ganz wahr; diese Nonnen hatten keinerlei Verbindung mit der Außenwelt. Wenn er seine seltenen beruflichen Besuche im Kloster machte, mußte selbst er hinter einer alten Nonne hergehen, die eine Glocke läutete, um den Nonnen zu künden, daß sie sich in ihre Zellen einschließen mußten.

War es wahr, was mir Padre Anselmo gesagt hatte, daß im Klostergarten so viel antike Marmorschätze wären?

[1] Kleine Zeitung [2] Lebendig Begrabene

Ja, er hatte viele Fragmente herumliegen sehen und hatte gehört, das Kloster stünde auf den Trümmern eines antiken Tempels.

Mein Kollege schien gern mit mir zu plaudern und sagte, in Neapel hätte er keine Freunde. Wie all seine Landsleute, haßte und verachtete er die Neapolitaner. Und nach allem, was er während der Cholera gesehen hatte, verabscheute er sie mehr denn je. Es war ihm schwer, nicht zu glauben, daß es die Strafe Gottes sei, die über ihre verkommene Stadt hereinbrach. Sodom und Gomorra waren nichts im Vergleich zu Neapel. Sah ich denn nicht, was in den Armenvierteln vorging auf der Straße, in den verseuchten Häusern, selbst in den Kirchen, während sie zu einem Heiligen beteten und den andern verwünschten? Ein Taumel der Wollust hatte ganz Neapel erfaßt. Überall, auch im Angesicht des Todes, Sünde und Laster. So häufig wurden Frauen überfallen, daß keine anständige Frau ihr Haus zu verlassen wagte.

Er schien keine Angst vor der Cholera zu haben, er sagte, er sei ganz ruhig, die Madonna behüte ihn.

Wie ich ihn um seinen Glauben beneidete! Er wies auf zwei kleine Medaillons, die seine Frau ihm am Tage des Ausbruchs der Seuche um den Hals gehängt hatte. Eins zeigte die Madonna del Carmine, das andere Santa Lucia, deren Namen seine Frau trug. Sie hatte das kleine Medaillon seit ihrer Kindheit getragen. Ich sagte, ich kenne Santa Lucia gut, ich wüßte, daß sie die Schutzheilige der Augen sei. Ich hätte oft gewünscht, eine Kerze an ihrem Schrein anzuzünden, ich, der seit Jahren in Angst lebte, das Augenlicht zu verlieren. Er meinte, er wolle seiner Frau sagen, sie möge mich in ihrem Gebet der Heiligen empfehlen, die selbst ihr Augenlicht verloren, aber es so vielen wiedergeschenkt hatte. Seine Frau säße den ganzen Tag am Fenster und wartete auf seine Heimkehr. Sie habe niemanden auf der Welt als ihn, den sie gegen den Willen der Eltern geheiratet hatte. Er hatte sie aus der verseuchten Stadt wegbringen wollen, aber sie weigerte sich, ihn zu verlassen.

Ich fragte ihn, ob er keine Angst vor dem Tod hätte. Nicht um seinetwillen, meinte er, aber im Gedanken an seine Frau. Wenn nur der Tod an der Cholera nicht so häßlich wäre! Besser, gleich auf den Friedhof kommen, als von liebenden Augen so gesehen werden!

»Bei Ihnen wird sicher alles gut gehen«, sagte ich, »Sie haben doch jemand, der für Sie betet – ich habe niemanden.«

Ein Schatten glitt über sein schönes Gesicht.

»Versprechen Sie mir, wenn...«

»Wir wollen nicht vom Sterben reden«, unterbrach ich ihn mit leisem Schauder.

Die kleine Osteria dell'Allegria hinter der Piazza Mercato war einer meiner Lieblingsplätze zum Ausruhen. Das Essen war schauderhaft, aber der Wein ausgezeichnet, sechs Soldi der Liter, ich trank viel davon. Oft war ich die halbe Nacht da, wenn ich nicht heimzugehen wagte. Cesare, der Nachtkellner, war bald mein Freund. Nach dem dritten Cholerafall in meiner Locanda zog ich in ein leeres Zimmer in dem Haus, wo er wohnte. Dies neue Quartier war ebenso schmutzig wie die Locanda, aber Cesare hatte recht, es war viel netter, »in compagnia« zu sein. Seine Frau war tot, aber Mariuccia, seine Tochter, war um so lebendiger. Sie glaubte, sie wäre fünfzehn, aber sie war schon voll erblüht mit ihren dunklen Augen und roten Lippen. Sie glich der kleinen Venus des Kapitolinischen Museums. Sie wusch meine Wäsche, kochte meine Makkaroni und machte mein Bett, wenn sie es nicht vergaß. Sie hatte bis jetzt nie einen Forestiere gesehen. Immer wieder erschien sie in meinem Zimmer, bald mit einer Weintraube oder einer Scheibe Wassermelone, bald mit einem Teller voll Feigen. Und wenn sie mir nichts anderes anzubieten hatte, nahm sie die rote Rose aus ihren dunklen Haaren und reichte sie mir mit einem betörenden Sirenenlächeln, während ihre funkelnden Augen fragten, ob ich nicht auch die roten Lippen wollte. Den ganzen Tag sang sie in der Küche mit der starken, schrillen Stimme:

»Amore! Amore!«

Nachts durch die dünne Wand hörte ich, wie sie sich im Bett herumwarf. Sie konnte nicht einschlafen, sagte sie, sie hätte Angst, Angst zu dormire solo. Hatte ich nicht auch Angst zu dormire solo?

»Dormite, Signorino«, flüsterte sie aus ihrem Bett.

Nein, ich schlief nicht, ich lag ganz wach und mochte ebensowenig wie sie »dormire solo«.

Welch neue Angst ließ mein Herz so aufgeregt schlagen und mein Blut mit Fiebereile durch die Adern jagen? Warum hatte ich nie bemerkt, wenn ich im Halbschlaf im Seitenschiff von Santa Maria del Carmine saß, wieviel schöne Mädchen in schwarzen Mantillas auf dem Marmorboden um mich herum knieten und mir zwischen ihren Gebeten und Gesängen heimlich zulächelten? Wie konnte ich nur wochenlang jeden Tag bei der »fruttivendola[1]« an der Ecke der Straße vorbeigehen, ohne stehenzubleiben und mit Nanina zu plaudern, ihrer schönen Tochter, deren Wangen leuchteten wie die Pfirsiche, die sie verkaufte? Warum hatte ich nicht eher entdeckt, daß die »fioraia[2]« auf der Piazza Mercato ebenso betörend lächelte wie Botticellis Primavera? Hatte ich an all den Abenden in der Osteria dell'Allegria nicht verstanden, daß es nicht der Vino di Gragnano war, sondern das Funkeln in Carmelas Augen, das mir zu Kopf stieg? Wie war es möglich, daß ich nur das Stöhnen der Sterbenden und das Grabesläuten der Kirchenglocken gehört hatte, während aus allen Straßen Lachen und Liebeslieder schallten und unter jedem Torbogen ein Mädchen mit ihrem Amoroso flüsterte?

»O Mari' O Mari', quanto sonno ho perso per te.
Fammi dormire
Abbracciato un poco con te[3]«,

sang ein Junge unter Mariuccias Fenster.

»O Carme' O Carme'!«

[1] Obsthändlerin [2] Blumenhändlerin [3] O Maria, o Maria, wieviel Schlaf hast du mir geraubt / Laß mich ein wenig in deinen Armen ruhen!

sang ein anderer vor der Osteria.

»Vorrei bacciar i tuoi capelli neri[1]«,

klang es von der Piazza Mercato.

»Vorrei bacciar i tuoi capelli neri«,

klang es mir in den Ohren, als ich im Bett lag und auf Mariuccias Atem lauschte, die hinter der Scheidewand schlief.

Was war mit mir? War ich verhext durch eine strega[2]? Hatte eins dieser Mädchen ein paar Tropfen von Don Bartolos Filtro d'Amore in meinen Wein getan? Was war mit all diesen Leuten ringsumher? Waren sie alle trunken von dem neuen Wein, oder waren sie im Angesicht des Todes vom Wahnsinn der Sinneslust erfaßt?

Morta la Colera, evviva la Gioia[3]!

Ich saß in der Osteria an meinem gewohnten Tisch beim Wein, nahe daran, einzuschlafen. Mitternacht war vorüber, ich wollte warten, bis Cesare seinen Kram erledigt hatte, um mit ihm heimzugehen. Da kam ein Junge und reichte mir ein Blatt Papier.

»Komm!« war kaum lesbar auf den Zettel gekritzelt.

In fünf Minuten hielten wir vor den mächtigen Eisentoren des Klosters der Sepolte Vive. Eine alte Nonne ließ mich ein und läutete eine Glocke, während sie durch den Klostergarten voranging. Am Ende eines endlos langen Ganges beleuchtete eine andere Nonne mein Gesicht mit einer Laterne, ehe sie die Tür zu einem matt erhellten Raum öffnete. Auf eine Matratze am Boden lag Doktor Villari. Kaum erkannte ich ihn. Padre Anselmo war im Begriff, ihm das letzte Abendmahl zu geben. Er war schon im Stadium algidum, sein Körper war ganz kalt, aber ich sah seinen Augen an, daß er noch bei Bewußtsein war. Mit Grauen blickte ich auf seine Züge; was ich da vor mir sah, war nicht mehr mein Freund, es war der Tod selbst, furchtbar und grauenerregend. Einige Male streckte er die Hände nach mir aus, sein bleiches Gesicht zuckte in der verzweifelten

[1] Ich möchte deine schwarzen Haare küssen [2] Eine Zauberin [3] Die Cholera ist tot, es lebe die Freude!

Anstrengung, zu sprechen. Die verzerrten Lippen formten deutlich das Wort: »Specchio!« Nach einer Weile kam eine Nonne mit einem kleinen Spiegel, den ich ihm vor die halbgeschlossenen Augen hielt. Er schüttelte den Kopf, ein paarmal, das war sein letztes Lebenszeichen. Eine Stunde später stand sein Herz still.

Vor den Toren stand der Karren, der die Leichen der zwei Nonnen fortbringen sollte, die am gleichen Tage gestorben waren. Es lag bei mir, zu entscheiden, ob er mit ihnen fortgebracht werden oder noch bis zum nächsten Abend dableiben sollte. Sie hätten mir geglaubt, wenn ich gesagt hätte, daß er noch lebte, er sah noch genauso aus wie bei meiner Ankunft. Ich sagte nichts. Zwei Stunden später wurde sein Körper mit hundert anderen in das Massengrab auf dem Cholerafriedhof geworfen. Ich hatte verstanden, weshalb er seine Hände nach mir hob, weshalb er den Kopf schüttelte, als ich ihm den Spiegel vorhielt. Seine Frau sollte nicht sehen, was er im Spiegel sah, er wollte, daß ich zu ihr ginge, wenn alles vorüber war, und es ihr sagte.

Als ich vor seinem Hause stand, sah ich am Fenster das weiße Gesicht seiner Frau, die fast noch ein Kind war. Entsetzen im Blick, wankte sie zurück, als ich öffnete.

»Sie sind der fremde Arzt, von dem er mir so viel erzählt hat. Er ist nicht heimgekommen, die ganze Nacht hab' ich am Fenster gestanden. Wo ist er?«

Ihre Mantilla umwerfend, eilte sie zur Tür.

»Bringen Sie mich zu ihm, gleich, ich muß ihn gleich sehen!«

Ich hielt sie zurück, ich sagte, ich müsse erst mit ihr sprechen. Er wäre im Kloster der Sepolte Vive krank geworden, das ganze Kloster wäre infiziert, sie könne nicht hingehen, sie müsse an das Kind denken, dem sie das Leben geben werde.

»Helfen Sie mir doch die Treppe hinunter, ich muß gleich zu ihm, warum helfen Sie mir denn nicht?« schluchzte sie.

Plötzlich stieß sie einen durchdringenden Schrei aus und sank halb ohnmächtig auf einen Stuhl.

»Es ist nicht wahr, er ist nicht tot, warum reden Sie nicht, Sie sind ein Lügner, er kann nicht gestorben sein, ohne daß ich bei ihm war!«

Sie stürzte wieder zur Tür.

»Ich muß ihn sehen, muß ihn sehen!«

Wieder hielt ich sie zurück.

»Sie können ihn nicht sehen, er ist nicht mehr da, er ist...«

Da sprang sie mich an wie ein verwundetes Tier.

»Sie hatten kein Recht, ihn wegzubringen, ohne daß ich ihn sah!« schrie sie irre vor Wut. »Er war das Licht meiner Augen, Sie haben mir mein Augenlicht genommen! Lügner! Mörder! Heilige Lucia, nimm ihm das Augenlicht, wie er mir das Licht meiner Augen nahm! Stich ihm die Augen aus, wie du mir selbst die Augen ausstachest!«

Eine alte Dienerin eilte herein, stürzte sich auf mich und hob die Hände, als wollte sie mein Gesicht zerkratzen.

»Heilige Lucia, nimm ihm das Gesicht, blende ihn!« kreischte sie mit schriller Stimme.

»Potess'essere ciecato, potess'essere ciecato[1]!« schrie sie noch aus der Tür, als ich die Treppe hinuntertaumelte.

Der furchtbare Fluch, der furchtbarste, den man mir ins Gesicht schleudern konnte, tönte die ganze Nacht in meinen Ohren. Ich traute mich nicht nach Hause, schauderte vor dem Dunkel. Ich saß den Rest der Nacht in Santa Maria del Carmine und dachte, der Tag würde niemals kommen.

Als ich in der Frühe nach der Farmacia di San Gennaro wankte, um meinen gewohnten Schluck von Don Bartolos Lebenselixier zu nehmen, auch ein Spezialmittel von außerordentlicher Wirksamkeit, hatte gerade Padre Anselmo den Bescheid gebracht, ich müsse sofort wieder ins Kloster kommen.

Das ganze Kloster war in Aufregung über drei neue Cholerafälle. Es war beschlossen worden, sagte der Padre Anselmo, nach langer Beratung zwischen der Äbtissin und ihm, mich zu bitten, an die Stelle meines verstorbenen

[1] Möge er erblinden!

Kollegen zu treten, da kein anderer Arzt zu haben war. Erschreckte Nonnen liefen in den Fluren hin und her, andere beteten in der Kapelle und sangen. Die drei Nonnen lagen in ihren Zellen auf Matratzen. Eine von ihnen starb am Abend. Am Morgen wurde die alte Nonne, die mir assistiert hatte, auch niedergeworfen. Sie wurde ersetzt von einer jungen Nonne, die ich schon bei meinem ersten Besuch bemerkt hatte, es war schwer, sie nicht zu bemerken, sie war sehr jung und von seltener Schönheit. Sie sprach kein Wort mit mir, antwortete nicht einmal, als ich sie nach ihrem Namen fragte; aber von Padre Anselmo erfuhr ich, daß es Suora Ursula war. Im Lauf des Tages bat ich um eine Unterredung mit der Äbtissin und wurde von Suora Ursula zu ihrer Zelle geführt. Die alte Äbtissin sah mich mit ihren kalten, durchdringenden Augen an, streng und forschend wie ein Richter. Ihr Gesicht war starr und leblos, wie aus Marmor gemeißelt, die schmalen Lippen schienen nie gelächelt zu haben. Ich sagte ihr, das ganze Kloster sei infiziert, die sanitären Bedingungen haarsträubend, das Wasser im Brunnen des Gartens verseucht, das ganze Kloster müsse evakuiert werden, sonst stürben sie alle an der Cholera.

Das sei unmöglich und gegen die Ordensregel, erklärte sie; keine Nonne dürfte, einmal eingetreten, je wieder lebend das Kloster verlassen. Sie alle müßten bleiben, wo sie waren. Sie seien in der Macht der Madonna und San Gennaros.

Bis auf einen kurzen Besuch in der Apotheke zu einer zunehmend verstärkten Dosis von Don Bartolos Lebenselixier verließ ich das Kloster nicht in diesen wenigen unvergeßlichen Schreckenstagen. Ich mußte Padre Anselmo um Wein bitten, und bald trank ich reichlich, vielleicht zuviel. Schlaf bekam ich fast keinen, schien keinen zu brauchen. Ich glaube, ich hätte doch nicht schlafen können, auch wenn ich Gelegenheit dazu gehabt hätte. Furcht und endlose Tassen schwarzen Kaffees hatten mein ganzes Nervensystem in einen Zustand von Erregung versetzt, der jede

Müdigkeit ausschloß. Meine einzige Entspannung war, mich in den Klostergarten zu stehlen, wo ich, ungezählte Zigaretten rauchend, auf der alten Marmorbank unter den Zypressen saß. Antike Marmorfragmente lagen im ganzen Garten umher, selbst als Brunnen diente ein ehemaliger Cippo – ein römischer Altar. Er steht heute im Hof von San Michele. Dicht vor meinen Füßen lag ein verstümmelter Faun aus Rosso antico, und halb verborgen zwischen Zypressen stand noch aufrecht ein kleiner Eros auf einer Säule aus afrikanischem Marmor. Ein paarmal hatte ich Suora Ursula auf der Bank getroffen; sie meinte, sie müsse ab und zu einen Hauch frischer Luft haben, sie würde sonst ohnmächtig von dem Gestank, der das ganze Haus durchdrang. Einmal brachte sie mir eine Tasse Kaffee und stand, auf die Tasse wartend, vor mir, während ich meinen Kaffee trank, so langsam wie möglich, damit sie ein wenig länger dabliebe. Mir schien, als wäre sie nicht mehr ganz so scheu, als hätte sie nichts dagegen, daß ich ihr so zögernd die leere Tasse zurückreichte. Es war eine Erholung für meine müden Augen, sie anzusehen, mehr noch, eine Freude, denn sie war schön. Verstand sie, was meine Augen ihr sagten, meine Lippen aber nicht zu sagen wagten: »Ich bin jung und du bist schön!« Es gab Augenblicke, da ich fast dachte – sie versteht.

Ich fragte, warum sie hergekommen sei, ihr junges Leben hier bei den Sepolte Vive zu begraben. Wußte sie nicht, daß fern von diesem Ort des Schreckens und Todes die Welt schön war wie je, das Leben voll Freude und nicht nur voll Leid?

»Wissen Sie, wer dieser Knabe ist?« sagte ich und deutete auf den kleinen Eros unter den Zypressen.

Sie meinte, das wäre ein »angelo«.

Nein, es ist ein Gott, der größte aller Götter und vielleicht der älteste aller Götter. Er herrschte über den Olymp und herrscht noch heute über unsere Welt.

»Euer Kloster steht auf den Trümmern eines alten Tempels, der bis auf seine Mauern in Staub zerfiel, zerstört durch Zeit und Menschenhand. Aber dieser Knabe ist geblieben und steht noch, wo er stand, den Köcher mit den Pfeilen in der Hand, bereit, den Bogen anzulegen. Er ist unzerstörbar, weil er unsterblich ist. Die Alten nannten ihn Eros, es ist der Gott der Liebe.«

Kaum hatte ich die unheiligen Worte gesprochen, da rief die Glocke die Nonnen zur Abendandacht. Sie bekreuzigte sich und eilte aus dem Garten.

Gleich darauf lief eine andere Nonne herbei, um mich zur Äbtissin zu holen, die in der Kapelle ohnmächtig geworden war. Sie hatten sie eben in ihre Zelle gebracht. Die Äbtissin sah mich mit ihren schrecklichen Augen an. Die Hand hebend, deutete sie auf das Kruzifix an der Wand, man brachte ihr die Sterbesakramente. Sie kam nicht mehr zu sich, sprach nicht mehr, der Herzschlag wurde zusehends schwächer, es ging rasch zu Ende. Den ganzen Tag lag sie so, mit geschlossenen Augen, das Kruzifix auf der Brust, den Rosenkranz in den langsam erkaltenden Händen. Ein- oder zweimal glaubte ich einen matten Herzschlag zu hören, bald hörte ich nichts mehr. Ich schaute auf das kalte, grausame Gesicht der Äbtissin, das selbst der Tod nicht hatte mildern können. Es war mir beinahe eine Erleichterung, daß ihre Augen sich für immer geschlossen hatten, etwas in diesen Augen hatte mich erschreckt. Ich sah auf die junge Nonne an meiner Seite.

»Ich kann nicht länger hierbleiben«, sagte ich, »ich habe nicht geschlafen, seit ich hier bin, mir schwindelt, ich bin nicht mehr ich selbst, weiß nicht mehr, was ich tue, habe Angst vor mir selbst, habe Angst vor dir – habe Angst vor...«

Ich hatte nicht Zeit, das Wort auszusprechen, sie hatte nicht Zeit, zurückzuweichen, meine Arme hielten sie umfangen, ich fühlte den stürmischen Schlag ihres Herzens an dem meinen.

»Pietà!« hauchte sie.

Plötzlich deutete sie mit der Hand auf das Bett und stürzte mit einem Schrei des Grauens aus dem Zimmer.

Die Augen der alten Äbtissin sahen mich gerade an – weit offen, drohend und furchtbar. Ich beugte mich über sie und glaubte ein schwaches Flattern des Herzens zu hören.

War sie tot oder lebte sie noch? Konnten diese schrecklichen Augen sehen, hatten sie gesehen? Würden diese Lippen je wieder reden? Ich konnte diese Augen nicht mehr ertragen, ich zog das Laken über das Gesicht und stürzte aus der Zelle, weg von den Sepolte Vive, um nie wiederzukommen.

Am nächsten Tag fiel ich in der Strada Piliero um. Als ich zu mir kam, lag ich in einer Carozella, mir gegenüber auf dem Rücksitz saß ein angstschlotternder Polizist. Wir waren auf dem Wege nach Santa Maddalena, dem Cholerahospital.

Ich habe an anderer Stelle erzählt, wie diese Fahrt ausging, wie drei Wochen später mein Aufenthalt in Neapel endete mit einer herrlichen Fahrt über den Golf im besten Segelboot Sorrents in Gesellschaft von etwa einem Dutzend Capreser Fischer, wie wir einen ganzen unvergeßlichen Tag vor der Marina von Capri lagen und wegen der Quarantäne nicht landen durften.

Ich habe mich wohl gehütet, in den »Letters from a Mourning City« zu schildern, was im Kloster der Sepolte Vive geschah. Ich habe nie gewagt, es irgendeinem Menschen zu erzählen, nicht mal meinem alten Freunde Doktor Norström, dem getreuen Chronisten der meisten meiner Jugendsünden. Die Erinnerung an mein schändliches Betragen hat mich jahrelang verfolgt. Je öfter ich daran dachte, um so unfaßlicher erschien es mir. Was war mit mir? Welche fremde Macht war am Werk gewesen, mich die Gewalt über meine Sinne verlieren zu lassen, die zwar stark, aber sonst doch immer weniger stark als mein Kopf waren? Ich war kein Neuling in Neapel, schon früher hatte ich oft mit diesen feurigen Mädchen des Südens geplaudert und gelacht. An manchem Sommerabend in Capri hatte ich die Tarantella mit ihnen getanzt. Schlimmstenfalls mag ich ihnen ein oder zwei Küsse geraubt haben, aber ich war doch stets der Kapitän des Schiffes geblieben, durchaus in der Lage, jedes Zeichen von Unbotmäßigkeit der Mannschaft zu unterdrücken. In meinen Studententagen im Quartier Latin hatte ich mich fast verliebt in Soeur Philomène, die schöne junge Schwester in der Salle Sainte Claire; alles, was ich gewagt hatte, war, schüchtern meine Hand auszustrecken, um ihr Lebewohl zu sagen am Tage, als ich endgültig das Hospital verließ – und sie nahm sie nicht einmal.

Und jetzt in Neapel hätte ich die Arme um jedes Mädchen legen mögen, das ich sah, und hätte es zweifellos getan, wäre ich nicht in der Strada Piliero ohnmächtig geworden am gleichen Tage, an dem ich eine Nonne am Sterbebett ihrer Äbtissin geküßt hatte.

Wenn ich auf meine Tage in Neapel zurückschaue nach so vielen Jahren, kann ich mein Betragen ebensowenig entschuldigen wie damals, aber vielleicht kann ich es bis zu einem gewissen Grade erklären.

In all den Jahren, in denen ich Zeuge dieses Kampfes zwischen Tod und Leben war, habe ich die beiden Widersacher nicht umsonst beobachtet. Anfangs, als ich in den Krankensälen den Tod an der Arbeit sah, schien es mir nur ein Ringkampf zwischen den beiden, ein bloßes Kinderspiel, verglichen mit dem, was ich später sah. In Neapel sah ich Ihn mehr als tausend Menschen an einem Tage vor meinen Augen erwürgen. Ich sah Ihn in Messina in einer Minute mehr als hunderttausend Männer, Frauen und Kinder unter einstürzenden Häusern begraben. Und dann sah ich Ihn vor Verdun, die Arme bis zu den Ellbogen von Blut gerötet, vierhunderttausend schlachten und die Blüte einer ganzen Armee auf der flandrischen Ebene und an der Somme niedermähen. Erst seit ich Ihn so gewaltige Massen einsetzen sah, fing ich an, etwas von der Art Seiner Kriegführung zu begreifen. Es ist ein faszinierendes Studium, voller Geheimnis und Widerspruch. Zunächst scheint alles nur ein erschreckendes Chaos, ein sinnloses Schlachten, nur Verwirrung und blinder Zufall. Eben noch stürmt das Leben siegreich vor, eine neue Waffe schwingend, um im nächsten Augenblick zurückzuweichen vor dem triumphierenden Tode. Es ist nicht so. Der Kampf wird bis in alle Einzelheiten geregelt durch ein unwandelbares Gesetz des Gleichgewichts zwischen Tod und Leben. Wo immer dies Gleichgewicht gestört ist durch ein großes Sterben, sei es Pest, Erdbeben oder Krieg, beginnt die wachsame Natur sofort, die Schalen ausgleichend, neue Wesen aufzurufen, die Stelle der Gefallenen einzunehmen. Im Zwang unwiderstehlicher Naturgewalten fallen sich Männer und Frauen in die Arme, blind vor Sinnenlust, ahnungslos, daß es der Tod ist, der an ihrem Beilager steht, seinen Liebestrank in einer Hand, in der anderen den Kelch ewigen Schlafes. Der Tod, der Spender des Lebens, der Vernichter des Lebens, der Anfang und das Ende.

9

Wieder in Paris

Statt ein paar Wochen war ich drei Monate lang weg gewesen. Ich war überzeugt, daß viele meiner Patienten bei meinem Freunde, Doktor Norström, bleiben würden, der sie in meiner Abwesenheit behandelt hatte. Ich hatte mich geirrt, sie kamen alle wieder zu mir zurück, einige wohler, andere kränker, alle sehr freundlich über meinen Kollegen urteilend, aber ebenso freundlich über mich. Es hätte mich nicht im geringsten gestört, wären sie bei ihm geblieben; ich hatte sowieso alle Hände voll zu tun und wußte, daß seine Praxis mehr und mehr dahinschwand. Er hatte sogar vom Boulevard Haussmann fort in eine bescheidenere Wohnung in der Rue Pigalle ziehen müssen. Norström hatte immer zu mir gehalten und mir manches Mal aus der Klemme geholfen. Am Anfang meiner Laufbahn, als ich noch in Chirurgie stümperte, war er stets bereit gewesen, einen Teil der Verantwortung für meine vielen Schnitzer zu tragen. Dabei fällt mir als Beispiel der Fall des Baron B. ein. Ich glaube, ich erzähle Ihnen diese Geschichte, damit Sie verstehen, was für ein Mensch mein Freund war. Baron B., eins der ältesten Mitglieder der schwedischen Kolonie, war immer etwas leidend und schon seit Jahren in Norströms Behandlung. Eines Tages schlug Norström in seiner unseligen Unsicherheit vor, daß ich zur Konsultation zugezogen werden sollte. Der Baron faßte gleich eine Vorliebe für mich; ein neuer Arzt scheint immer ein guter Arzt zu sein, bis man sich vom Gegenteil überzeugt hat. Norström wünschte eine sofortige Operation, ich war dagegen. Der Baron schrieb mir, daß er

Norströms düstere Miene satt hätte, und bat mich, seine Behandlung zu übernehmen. Natürlich lehnte ich ab, aber Norström bestand darauf, zurückzutreten, und wünschte, daß ich den Fall übernähme. Der allgemeine Zustand des Barons besserte sich zusehends, alles gratulierte mir. Nach einem Monat wurde mir klar, daß Norström mit seiner Diagnose recht hatte, daß es aber nun zur Operation zu spät war. Der Mann war verloren. Ich schrieb seinem Neffen in Stockholm, er solle kommen und ihn abholen, damit er in seiner Heimat sterben könne. Nur mit großer Mühe gelang es mir, den alten Herrn zu überreden; er wollte sich nicht von mir trennen, ich wäre der einzige Arzt, der seinen Fall verstünde. Einige Monate später schrieb mir der Neffe, sein Onkel hätte in seinem Testament eine sehr wertvolle goldene Repetieruhr für mich bestimmt, als Erinnerung an alles, was ich für ihn getan. Ich lasse sie oft die Stunden schlagen, um mich daran zu erinnern, aus welchem Stoff der Ruf eines Arztes gemacht ist.

In letzter Zeit hatte sich das Verhältnis zwischen Norström und mir etwas geändert. Mehr und mehr wurde ich von seinen Patienten zu Konsultationen gerufen, viel zu häufig. Eines Tages sah ich einen von ihnen ziemlich unerwartet sterben, was um so schlimmer für Norström war, als der Kranke einer der bekanntesten Männer der Schwedischen Kolonie war. Norström war außer sich darüber. Um ihn zu trösten, lud ich ihn ein, mit mir im Café de la Régence zu speisen.

»Wenn du mir doch das Geheimnis deiner Erfolge und meiner Mißerfolge erklären könntest«, sagte Norström und starrte mich über die Flasche St. Julien hinweg düster an.

»Vor allem ist es Glückssache«, sagte ich, »aber wir sind auch im Temperament verschieden; während ich Fortuna am Schopf packe, bleibst du mit den Händen in den Taschen sitzen und läßt die Göttin vorbeifliegen. Ich bin überzeugt, daß du vom menschlichen Körper in Gesundheit und Krankheit mehr weißt als ich; aber vielleicht weiß ich mehr von der Menschenseele, wenn du auch doppelt so alt bist wie ich. Warum sagtest du dem russischen Professor, den ich zu dir schickte, daß er Angina pectoris hatte, warum erklärtest du ihm alle Symptome dieses furchtbaren Leidens?«

»Er wollte die Wahrheit wissen, ich mußte sie ihm sagen, sonst hätte er mir nicht gehorcht.«

»Ich habe ihm nichts dergleichen gesagt, er gehorchte mir trotzdem. Er log, als er sagte, er wolle alles wissen und daß er den Tod nicht fürchte. Niemand will wissen, wie krank er ist, jedermann fürchtet den Tod, und aus guten Gründen. Jetzt geht es ihm viel schlechter. Sein Leben ist von Furcht gelähmt, das ist deine Schuld.«

»Du redest dauernd von Nerven und Seele, als ob der Körper aus nichts anderem bestünde. Die Ursache von Angina pectoris ist Arteriosklerose der Koronargefäße.«

»Frag doch Professor Huchard, was in dieser Woche in seiner Klinik passiert ist, als er uns einen Fall von Angina pectoris demonstrierte! Die Frau bekam plötzlich einen furchtbaren Anfall, den der Professor selbst für tödlich hielt. Ich bat ihn, mir den Versuch zu gestatten, den Anfall durch psychische Einwirkung zu beheben; er sagte, es wäre zwecklos, willigte aber ein. Ich legte der Patientin die Hand auf die Stirn und sagte ruhig, es ginge gleich vorüber; nach einem Augenblick schwand das Entsetzen aus ihren Augen, sie holte tief Atem und sagte, sie fühle sich besser. Gewiß, du sagst, das war ein Fall von Pseudo-Angina; ich kann das Gegenteil beweisen. Vier Tage darauf hatte sie wieder einen scheinbar ganz ähnlichen Anfall und starb in kaum fünf Minuten. Du versuchst immer deinen Patienten zu erklären, was du dir nicht einmal selber erklären kannst. Du vergißt, daß alles eine Frage des Glaubens und nicht des Wissens ist, wie der Glaube an Gott. Die katholische Kirche erklärt nie etwas und bleibt die gewaltigste Macht auf der Welt, die protestantische Kirche versucht, alles zu erklären, und zerfällt in Trümmer. Je weniger deine Patienten von der Wahrheit wissen, um so besser für sie. Es war nie beabsichtigt, daß die Organe unseres Körpers bei ihrer Arbeit vom

Bewußtsein überwacht werden sollten; wenn du deine Patienten über ihre Krankheiten nachdenken läßt, so vergreifst du dich an den Naturgesetzen. Sage ihnen, sie müßten dies oder das tun, dieses oder jenes Mittel nehmen, um geheilt zu werden, und wenn sie dir nicht gehorchen wollten, müßten sie zu jemand anderem gehen. Besuche sie nicht, wenn sie dich nicht unbedingt brauchen, sage ihnen nicht zuviel, sonst werden sie dich bald durchschaut haben und sehen, wie wenig du weißt. Ärzte und Fürstlichkeiten sollten stets möglichst im Hintergrund bleiben, sonst leidet ihr Ansehen; wir alle machen uns am besten bei gedämpftem Licht. Nimm doch nur die Familie eines Doktors, dort holt man auch lieber einen anderen Arzt. Ich behandle eben heimlich die Frau eines berühmten Pariser Arztes, erst vor zwei Tagen zeigte sie mir seine neueste Verordnung, um mich zu fragen, ob ihr das überhaupt helfen könne.«

»Du bist immer von Frauen umgeben. Wenn sie mich doch so gern hätten, wie das bei dir der Fall zu sein scheint; sogar meine alte Köchin ist verliebt in dich, seit du sie von der Gürtelrose kuriert hast.«

»Wenn sie mich doch um des Himmels willen nicht gern hätten! Mit Wonne schickte ich dir alle diese nervösen Frauenzimmer. Ich weiß, daß ich ihnen zum großen Teil meinen Ruf als sogenannter Modearzt verdanke, aber glaube mir, sie sind eine Plage, oft geradezu eine Gefahr. Du sagst, du möchtest, daß die Frauen dich gern hätten, nun, dann sage es ihnen nicht, mache nicht zuviel aus ihnen, laß dich nicht nach ihrem Belieben herumkommandieren. Frauen, obwohl sie es scheinbar nicht wissen, wollen viel lieber gehorchen, als daß man ihnen gehorcht. Sie tun, als wären sie unseresgleichen, wissen aber verflucht gut, daß sie es nicht sind, zu ihrem Glück, denn, wären sie unseresgleichen, würden wir sie längst nicht so gern haben. Ich halte im ganzen viel mehr von Frauen als von Männern, nur sage ich es ihnen nicht. Sie haben viel mehr Mut, sie leiden und sterben standhafter als wir, sie haben mehr Mitleid und weniger Eitelkeit. Ihr Instinkt führt sie im ganzen sicherer durchs Leben als uns unser Verstand, sie machen sich nicht so oft zum Narren, wie wir es tun. Die Liebe bedeutet einer Frau viel mehr, als sie einem Manne bedeutet, sie bedeutet ihr alles. Es ist weniger eine Frage der Sinnlichkeit, als der Mann im allgemeinen begreift. Eine Frau kann sich in einen häßlichen Mann verlieben, sogar in einen alten Mann, wenn es ihm gelingt, ihre Phantasie zu wecken. Ein Mann kann sich nicht in eine Frau verlieben, wenn sie nicht seinen sexuellen Trieb weckt, der gegen die Absicht der Natur beim modernen Manne seine sexuellen Fähigkeiten überdauert. Darum gibt es keine Altersgrenze für das Verlieben. Richelieu galt noch für unwiderstehlich, als er kaum mehr auf den Beinen stehen konnte, und Goethe war siebzig, als er an Ulrike von Levetzow sein Herz verlor.

Die Liebe hat ein kurzes Blumenleben. Beim Manne stirbt sie ihren natürlichen Tod in der Ehe, bei der Frau lebt sie oft fort bis ans Ende in einer rein mütterlichen Zuneigung für den gefallenen Helden ihrer Träume. Frauen können nicht verstehen, daß der Mann von Natur polygam ist. Er mag gezähmt werden und sich unserem späten Kodex sozialer Moral fügen, aber sein unverwüstlicher Instinkt schläft nur. Er bleibt das gleiche Tier, zu dem sein Schöpfer ihn machte, immer bereit, ›business as usual‹ weiterzuführen, ohne unnötige Unterbrechungen.

Frauen sind nicht weniger klug als Männer, vielleicht sind sie sogar klüger, aber ihre Klugheit ist von anderer Art. Man kann nicht an der Tatsache vorbeigehen, daß das männliche Gehirn schwerer ist als das der Frau. Die Gehirnwindungen, die man schon beim neugeborenen Kinde erkennt, sind bei beiden Geschlechtern ganz verschieden. Die anatomischen Unterschiede werden noch auffallender, wenn man den Okzipitallappen bei beiden Gehirnen vergleicht. Wegen der Pseudoatrophie dieses Lappens im weiblichen Gehirn schreibt Husche ihm so große psychische Bedeutung zu. Das Gesetz der Differenzierung zwischen den Geschlechtern ist ein unwandelbares Naturgesetz, das durch die ganze Schöpfung geht, um immer betonter zu werden, je höher die Typen sich entwickeln. Man sagt, es sei alles durch den Umstand zu erklären, daß wir die Geistesbildung wie ein Geschlechtsmonopol für uns behalten, daß die Frauen nie freien Spielraum gehabt hätten. Wirklich nicht? Selbst in Athen war die Frau nicht tiefer gestellt als der Mann, jeder Bildungszweig war ihr zugänglich. Die jonischen und dorischen Stämme erkannten ihr immer ihre Freiheit zu, bei den Lazedämoniern war sie sogar zu groß. Während der ganzen Dauer des Römischen Reiches, also in vierhundert Jahren hoher Kultur, erfreuten sich die Frauen großer Freiheit. Es genügt, daran zu erinnern, daß sie völlig über ihr Vermögen verfügten. Im Mittelalter war die Ausbildung der Frau der des Mannes überlegen. Die Ritter wußten besser das Schwert als die Feder zu führen, die Mönche waren gelehrt, aber es gab doch auch viele Nonnenklöster mit gleichen Möglichkeiten zum Lernen für ihre Insassen. Sieh doch unseren Beruf an, in dem Frauen keine Neulinge sind! Es gibt schon weibliche Professoren an der Schule in Salerno; Louise Bourgeois, Ärztin der Maria von Medici, der Gattin Heinrichs IV., schrieb ein schlechtes Buch über Hebammenkunst, Marguerite la Marche war Oberhebamme am Hôtel Dieu um 1677. Madame la Chapelle und Madame Boivin schrieben endlose Bücher über Frauenkrankheiten, alles kümmerliches Zeug! Im siebzehnten und achtzehnten Jahrhundert gab es eine Menge weiblicher Professoren an den berühmten italienischen Universitäten Bologna, Pavia, Ferrara und Neapel. Sie taten nichts, ihre Spezialwissenschaft zu fördern. Gerade weil Geburtshilfe und Gynäkologie so lange in weiblichen Händen lagen, blieben diese beiden Zweige unseres Berufs so lange in hoffnungslosem Stillstand. Der Fortschritt begann erst, als Männer sie in die Hand nahmen. Selbst heute wird keine Frau, wenn ihr Leben oder das ihres Kindes in Gefahr ist, bei einem Doktor ihres eigenen Geschlechts bleiben.

Denk doch an die Musik! Alle Damen der Renaissance spielten die Laute und später Harfe, Klavichord und Spinett. Ein Jahrhundert lang haben alle Mädchen der oberen Stände energisch ihre Klaviere bearbeitet, aber ich kenne bisher kein erstklassiges Musikstück, das eine Frau komponiert hätte, auch kenne ich keine Frau, die das Adagio sostenuto von Beethovens Opus 106 mir so vorspielen könnte, wie ich es hören möchte. Es gibt kaum eine junge Dame, die nicht Malerei treibt, aber soviel ich weiß, besitzt keine Galerie Europas ein erstklassiges Bild, das von einer Frau signiert wäre, außer vielleicht Rosa Bonheur, die ihr Kinn rasieren mußte und in Männerkleidern umherlief.

Einer der größten Dichter aller Zeiten war eine Frau. Aus dem Blumenkranz von der Stirn dieser Zauberin blieben nichts als ein paar Rosenblätter, die immer noch den Duft ewigen Frühlings tragen. Weckt nicht noch immer das Sirenenlied von fernen hellenischen Ufern das Echo unsterblicher Freude und Wehmut in uns? Bezaubernde Sappho, werde ich je deine Stimme wieder hören? Wer weiß, ob du nicht noch singst in einem versunkenen Fragment der Anthologie, das die Lava von Herkulaneum sicher aufbewahrt?«

»Ich will nichts mehr wissen von deiner Sappho«, knurrte Norström. »Was ich von ihr und ihren Anbetern weiß, genügt mir völlig! Auch über Frauen will ich nichts mehr hören. Du hast mehr Wein im Kopf, als dir gut ist, und hast eine Menge Unsinn geredet, gehen wir heim!«

Etwas weiter auf dem Boulevard wollte mein Freund ein Glas Bier trinken, und wir setzten uns an einen Tisch vor dem Café.

»Bon soir, chéri!« rief die Dame am Nebentisch meinem Freund zu. »Willst du mir nicht auch ein Glas spendieren, ich habe kein Abendbrot gegessen.« Norström ersuchte sie mit unwirscher Stimme, ihn in Ruhe zu lassen.

»Bon soir, Cloe«, sagte ich, »wie geht's Flopette?«

»Sie arbeitet in den Seitenstraßen. Sie taugt nicht für den Boulevard vor Mitternacht.«

Während sie noch sprach, erschien Flopette und setzte sich zu ihrer Waffengefährtin.

»Du hast wieder getrunken, Flopette«, sagte ich, »willst du denn ganz zum Teufel gehen?«

»Ja«, sagte sie mit rauher Stimme, »schlimmer als hier kann es dort nicht sein.«

»Du bist nicht sehr wählerisch in deinen Bekanntschaften«, grollte Norström und blickte voll Abscheu auf die beiden Prostituierten.

»Ich habe schon üblere Bekanntschaften gehabt als die beiden«, sagte ich, »zudem bin ich ihr ärztlicher Berater. Beide haben Syphilis, das übrige wird der Absinth tun. Sie werden bald in St. Lazare oder in der Gosse enden. Wenigstens geben sie sich nicht für etwas anderes aus, als sie sind. Vergiß nicht, daß sie das, was sie sind, einem Mann zu verdanken haben und daß ein anderer Mann drüben an der Straßenecke wartet, um ihnen das Geld abzunehmen, das wir ihnen geben. Sie sind nicht so schlecht, wie du denkst, diese Freudenmädchen, sie bleiben bis zuletzt Frauen mit allen Fehlern, die Frauen eigen sind, aber auch mit manchen ihrer Tugenden, die oft bestehen bleiben, wie tief sie auch gesunken sein mögen. Es klingt seltsam, sie sind sogar fähig, zu lieben im höchsten Sinne des Wortes; ein Anblick von ergreifenderem Pathos ist kaum denkbar. Eine Prostituierte hat sich einmal in mich verliebt, sie wurde verlegen und scheu wie ein junges Mädchen, ja, sie konnte erröten unter der Schicht von Rouge. Selbst das jammervolle Geschöpf dort am Tisch hätte eine nette Frau werden können, hätte sie Gelegenheit dazu gehabt. Höre dir ihre Geschichte an!«

»Entsinnst du dich«, begann ich, als wir Arm in Arm den Boulevard entlang schlenderten, »an die Mädchenschule in Passy, die die Schwestern von Ste. Thérèse leiteten und wohin du mich letztes Jahr einmal mitnahmst, ein schwedisches Mädchen zu behandeln, das an Typhus starb? Kurz darauf hatte ich in dieser Schule wieder einen Fall zu behandeln, ein sehr schönes französisches Mädchen von fünfzehn Jahren. Eines Abends, als ich die Schule verließ, wurde ich in der üblichen Weise von einem Frauenzimmer angesprochen, das den gegenüberliegenden Bürgersteig abpatroullierte. Als ich sie recht grob ersuchte, mich in Ruhe zu lassen, flehte sie mich in demütigem Ton an, mir ein paar Worte sagen zu dürfen. Sie hätte mich seit einer Woche jeden Tag beobachtet, wenn ich aus der Schule kam, hätte nie den Mut gehabt, mich anzureden, solange es noch hell war. Sie redete mich Monsieur le Docteur an und fragte mit bebender Stimme, wie es dem jungen Mädchen ginge, das Typhus hätte, ob es gefährlich wäre. ›Ehe sie stirbt, muß ich sie sehen‹, schluchzte sie, ›ich muß sie sehen, ich muß sie sehen, ich bin ihre Mutter.‹ Die Nonnen wüßten nichts davon, das Kind wäre ihnen mit drei Jahren übergeben worden, das Geld würde durch eine Bank bezahlt. Sie selbst hätte das Kind seit jenem Tage nicht gesehen, außer von der Straßenecke aus, wo sie jeden Donnerstag stand, wenn die Mädchen ihren Nachmittagsspaziergang machten. Ich sagte, ich sei sehr besorgt um das Kind, ich würde ihr Nachricht geben, wenn es schlimmer würde. Sie wollte mir ihre Adresse nicht geben, sie bat, mich jeden Abend auf der Straße erwarten zu dürfen, um Nachricht zu bekommen. Eine Woche traf ich sie regelmäßig da, aufgelöst von Kummer und Sorge. Ich mußte ihr sagen, daß es dem Kinde immer schlechter ging, ich wußte, es war undenkbar, das arme Wesen zu ihrem sterbenden Kinde zu bringen; ich konnte nichts tun als ihr versprechen, sie wissen zu lassen, wenn das Ende nahte. Daraufhin gab sie mir denn ihre Adresse. Spät am andern Abend fuhr ich nach dieser Angabe in eine berüchtigte Straße hinter der Opéra Comique. Der Droschkenkutscher grinste vielsagend und schlug vor, mich in einer Stunde wieder abzuholen. Ich erwiderte, eine Viertelstunde würde genügen. Nachdem die Bordellmutter mich kurz beäugt hatte, wurde ich zu einem Dutzend halbnackter Damen in kurzen Hüllen aus rotem, gelbem oder grünem Mull geführt. Ob ich meine Wahl treffen wollte? Ich sagte, ich hätte schon gewählt, ich wollte Mademoiselle Flopette. Die Madame bedauerte sehr, Mademoiselle Flopette war noch nicht unten, sie war in letzter Zeit recht nachlässig in ihren Pflichten. Sie war noch im Schlafzimmer beim Anziehen. Ich bat, gleich hinaufgeführt zu werden. Das kostete zwanzig Frank Vorausbezahlung und ein Andenken nach Belieben für Mademoiselle Flopette, wenn ich mit ihr zufrieden wäre, was ich sicher sein würde, sie wäre ja une fille charmante, prête à tout et très rigolo[1]. Wünschte ich, daß man eine Flasche Sekt auf ihr Zimmer brächte?

Flopette saß vor dem Spiegel, um ihr Gesicht instand zu setzen. Sie sprang auf, griff nach einem Schal, um ihre entsetzliche Uniform völliger Nacktheit zu verbergen, und starrte mich an mit dem Gesicht eines Clowns, Flecken von Rouge auf den Wangen, ein Auge von Kohle geschwärzt, das andere von Tränen gerötet.

›Nein, sie ist nicht tot, aber es geht sehr schlecht. Die Nonne, die Nachtwachen hatte, ist übermüdet, ich habe ihr gesagt, ich wolle heute nacht eine meiner Pflegerinnen mitbringen. Wischen Sie sich die scheußliche Farbe vom Gesicht, machen Sie Ihre Haare glatt mit Öl oder Vaseline oder womit Sie wollen und ziehen Sie statt des schrecklichen Mullröckchens die Schwesterntracht an, die Sie in diesem Paket finden werden. Ich hab' sie mir gerade von einer meiner Pflegerinnen geliehen, ich glaube, sie wird Ihnen passen, Sie sind ungefähr in ihrer Größe. Ich komme in einer halben Stunde, um Sie abzuholen.‹ Sprachlos starrte sie mich an, als ich zur Treppe ging.

›Schon?‹ fragte Madame sehr erstaunt. Ich sagte ihr, ich wollte, daß Mademoiselle Flopette die Nacht bei mir zubrächte, ich käme wieder, um sie abzuholen. Als ich eine halbe Stunde später vorfuhr, stand in der offenen Tür Flopette im langen Schwesternmantel, umgeben von all den Damen in Mulluniformen aus – überhaupt nichts.

›Hast du Dusel, Mädel‹, lachten sie alle durcheinander, ›am letzten Abend des Karnevals noch auf den Maskenball mitgenommen zu werden. Todschick, beinahe anständig

[1] Ein reizendes Mädchen, zu allem bereit und sehr ulkig

siehst du aus! Wenn dein Monsieur uns doch alle mitnehmen würde!‹

›Amüsiert euch, Kinder‹, lächelte Madame, die Flopette an die Droschke brachte, ›es macht fünfzig Frank Vorausbezahlung.‹

Viel zu pflegen gab es nicht mehr. Das Kind zerfiel zusehends, es war völlig bewußtlos; es ging zu Ende.

Die Mutter saß die ganze Nacht am Bett und starrte durch Tränen auf ihr sterbendes Kind.

›Küssen Sie sie zum Abschied‹, sagte ich, als der Todeskampf einsetzte, ›Sie können es tun, sie ist ganz bewußtlos.‹

Sie beugte sich zu dem Kinde, fuhr aber plötzlich zurück.

›Ich darf sie ja nicht küssen‹, schluchzte sie, ›Sie wissen es ja, ich bin durch und durch – verfault.‹

Als ich Flopette wiedersah, war sie sinnlos betrunken. Eine Woche später warf sie sich in die Seine. Sie wurde lebend herausgezogen, ich versuchte sie in Ste. Lazare unterzubringen, aber es war kein Bett frei. Einen Monat später trank sie eine Flasche Laudanum aus und war schon halbtot, als ich kam. Ich habe mir nie verziehen, ihr das Gift aus dem Magen gepumpt zu haben. Ihre Hand umkrallte einen kleinen Kinderschuh, und in dem Schuh war eine Haarlocke. Dann griff sie zum Absinth, ein durchaus zuverlässiges Gift, wenn auch leider langsam tötend. Immerhin, sie wird bald in der Gosse sein, wo man noch sicherer untergeht als in der Seine.«

Wir standen vor Norströms Haus, Rue Pigalle.

»Gute Nacht«, sagte mein Freund, »und danke für den vergnüglichen Abend!«

»Gleichfalls«, sagte ich.

10

Der Leichenbegleiter

Je weniger ich über die Reise nach Schweden sage, die ich in jenem Sommer machte, desto besser ist es vielleicht. Norström, der nachsichtige Chronist meiner meisten Jugendabenteuer, meinte, dies sei doch die schlimmste Geschichte, die ich ihm je erzählt hätte. Heute kann sie niemandem mehr schaden als mir, also kann ich sie hier ruhig erzählen.

Von Professor Bruzelius, dem berühmtesten Arzt Schwedens in jenen Tagen, wurde ich gebeten, einen seiner Patienten aus San Remo abzuholen, einen schwer lungenkranken jungen Mann, der den Winter dort verbracht hatte. Er hatte in letzter Zeit mehrmals Blutstürze gehabt, sein Zustand war so ernst, daß ich seine Begleitung nur übernehmen wollte, wenn ein Verwandter oder wenigstens eine zuverlässige schwedische Pflegerin mitkäme. Man mußte darauf gefaßt sein, daß er die Reise nicht überlebte. Vier Tage darauf traf seine Mutter in San Remo ein. Wir sollten unsere Reise in Basel und Heidelberg unterbrechen und in Lübeck den schwedischen Dampfer nach Stockholm nehmen. Am Abend eines sehr sorgenschweren Reisetages kamen wir in Basel an. In der Nacht bekam die Mutter einen Herzanfall, dem sie fast erlegen wäre. Ein am Morgen von mir zugezogener Spezialist war, wie ich, der Ansicht, daß in den nächsten Wochen an eine Reise für sie nicht zu denken war. Ich mußte mich entscheiden: Sollte ich den Jungen in Basel sterben lassen oder die Reise mit ihm allein fortsetzen? Wie alle, die dem Tode nahe sind, sehnte er sich, heimzukommen. Ob falsch oder richtig, ich entschied mich für die

Reise. Am Tage nach unserer Ankunft im Hotel in Heidelberg hatte er wieder einen schweren Blutsturz, und jede Hoffnung, die Reise fortzusetzen, mußte aufgegeben werden. Ich sagte ihm, wir würden einige Tage auf seine Mutter warten. Er war kaum zu überreden, die Reise auch nur um einen Tag zu verschieben. Am Abend studierte er eifrig die Zugverbindungen. Als ich nach Mitternacht nach ihm sah, schlief er friedlich. Am Morgen fand ich ihn tot in seinem Bett, zweifellos infolge einer inneren Blutung. Ich drahtete meinem Kollegen nach Basel, er möchte die Nachricht der Mutter übermitteln und mich über ihre Wünsche verständigen. Der Professor depeschierte zurück, ihr Zustand sei so ernst, daß er nicht wage, ihr die Nachricht zu überbringen. Überzeugt, daß sie ihren Sohn in Schweden beerdigt wissen wollte, setzte ich mich mit einem Bestattungsgeschäft in Verbindung. Dabei erfuhr ich, daß es Vorschrift sei, die Leiche einzubalsamieren. Das kostet zweitausend Mark. Ich wußte, daß die Familie nicht reich war, und entschloß mich deshalb, die Leiche selbst einzubalsamieren. Zeit war keine zu verlieren, es war Ende Juli und sehr heiß. Mit Hilfe eines Angestellten vom Anatomischen Institut machte ich mich noch in der Nacht an eine notdürftige Einbalsamierung, die etwa zweihundert Mark kostete. Es war die erste, die ich je ausgeführt habe, und ich muß zugeben, keinesfalls ein Erfolg. Der Bleisarg wurde in meiner Gegenwart verlötet, der äußere Sarg aus Eichenholz wurde nach den Bahnvorschriften mit einer gewöhnlichen Kiste umgeben. Alles weitere sollte das Bestattungsgeschäft erledigen, das den Transport bis Lübeck und von da per Schiff nach Stockholm übernommen hatte. Das Geld, das ich von der Mutter für die Heimreise erhalten hatte, genügte kaum, um die Hotelrechnung zu bezahlen. Umsonst erhob ich Einspruch gegen die unerhörten Forderungen für Bettzeug und Teppich aus dem Sterbezimmer des Jungen. Nachdem alles beglichen war, blieb mir kaum genug Geld übrig, um meine eigene Reise nach Paris zu bestreiten. Nicht ein einziges Mal hatte ich seit meiner Ankunft das Haus verlassen. Alles, was ich von Heidelberg zu sehen bekommen hatte, war der Garten des Hotels unter meinen Fenstern. So wollte ich wenigstens einen Blick auf die berühmte alte Schloßruine werfen, ehe ich Heidelberg verließ, um, wie ich hoffte, nie wiederzukehren. Als ich an der Brüstung des Schloßaltanes stand und das Neckartal betrachtete, das zu meinen Füßen ausgebreitet lag, stürzte ein junger Dachshund auf mich zu, so schnell die krummen Beinchen seinen langen, schlanken Körper tragen konnten. Sofort begann er mir das ganze Gesicht abzulecken. Seine schlauen Augen hatten mein Geheimnis auf den ersten Blick durchschaut. Mein Geheimnis war, daß ich mir schon lange glühend einen solchen kleinen Waldmann gewünscht hatte, wie diese bezaubernden Hunde in ihrem Heimatlande genannt werden. Trotzdem ich schlecht bei Kasse war, erstand ich Waldmann augenblicklich für fünfzig Mark, und wir kehrten im Triumph ins Hotel zurück. Waldmann trottete gleich ohne Leine dicht hinter mir her, ganz sicher, daß ich und kein anderer sein Herr sei. Am Morgen wurde mir eine Extrarechnung übergeben wegen eines Unglücks, das mit meinem Zimmerteppich passiert war. Meine Geduld war zu Ende, ich hatte schon achthundert Mark für Teppiche im Hotel ausgegeben. Zwei Stunden später schenkte ich den Teppich aus dem Zimmer des Verstorbenen einem alten Schuster, den ich vor seinem armseligen Häuschen, das von zerlumpten Kindern wimmelte, ein Paar Stiefel flicken sah. Der Hoteldirektor war vor Wut sprachlos, aber der Schuster bekam seinen Teppich. Meine Aufgabe in Heidelberg war beendet, ich beschloß, den Frühzug nach Paris zu nehmen. Nachts besann ich mich anders und beschloß, dennoch nach Schweden zu fahren. Meine Vorbereitungen für eine vierzehntägige Abwesenheit von Paris waren ohnehin getroffen, Norström sollte inzwischen nach meinen Patienten sehen; meinem Bruder hatte ich schon gedrahtet, daß ich käme, um ein paar Tage bei ihm in der alten Heimat zu weilen, sicher käme nie wieder eine solche Gelegenheit, meine Ferientage in Schweden zu verbringen. Mir war nur noch darum zu tun, so bald wie möglich aus dem Hotel fortzukommen. Den Schnellzug nach Berlin erreichte ich nicht mehr; so beschloß ich, den Bummelzug am Abend zu nehmen, denselben, der die Leiche des jungen Mannes nach Lübeck brachte. Ich konnte dann auch mit demselben schwedischen Dampfer nach Stockholm fahren. Kaum saß ich im Wartesaal, um Abendbrot zu essen, als mich der Kellner belehrte, daß Hunde im Restaurant »verboten« seien. Ich schob ein Fünfmarkstück in seine Hand und Waldmann unter den Tisch. Eben wollte ich weiteressen, als von der Tür her eine Stentorstimme erklang:

»Der Leichenbegleiter!«

An allen Tischen sah man von den Tellern auf und starrte einander an, aber niemand rührte sich.

»Der Leichenbegleiter!«

Der Mann schlug die Türe zu, um gleich darauf mit einem anderen zu erscheinen, in dem ich den Angestellten des Bestattungsgeschäftes erkannte.

Der Inhaber der gewaltigen Stimme ging auf mich zu und brüllte mir ins Gesicht:

»Der Leichenbegleiter!«

Alle betrachteten mich voller Interesse. Ich sagte dem Mann ärgerlich, er solle mich zufrieden lassen, ich wollte mein Abendbrot essen. Nein, ich müsse sofort mitkommen, der Stationsvorsteher wolle mich in einer sehr dringenden Angelegenheit sprechen. Ein Riese mit borstig gesträubtem Stachelschwein-Schnurrbart und goldgeränderter Brille überreichte mir einen Stoß von Papieren und schrie etwas in mein Ohr über einen Waggon, der versiegelt werden müsse und in dem ich sofort meinen Platz einzunehmen hätte. In meinem besten Deutsch sagte ich ihm, daß ich bereits einen Platz zweiter Klasse belegt hätte. Das sei »verboten«, sagte er, ich müsse sofort in dem Güterwagen mit dem Sarg eingeschlossen werden.

»Was soll das heißen? Teufel noch mal!«

»Sind Sie nicht Leichenbegleiter? Und wissen Sie nicht, daß es ›verboten‹ ist, daß eine Leiche ohne Begleitung reist, und daß beide zusammen eingeschlossen werden müssen?«

Ich zeigte ihm meine Fahrkarte zweiter Klasse nach Lübeck, sagte ihm, daß ich, ein unabhängiger Tourist, auf einer kleinen Reise nach Schweden sei. Mit dem Sarge hätte ich nicht das geringste zu tun.

»Sind Sie der Leichenbegleiter oder nicht?« brüllte er wütend.

»Das bin ich bestimmt nicht. Ich bin zu jeder Arbeit bereit, aber ein Leichenbegleiter zu sein, lehne ich ab – das Wort gefällt mir nicht.«

Der Stationsvorsteher verkündete nach einem ratlosen Blick auf seine Dokumente, falls der Leichenbegleiter nicht binnen fünf Minuten auftauchte, würde der Lübecker Wagen mit dem Sarge abgehängt werden, um auf einem Nebengeleise in Heidelberg zu bleiben. Während er noch sprach, stürzte ein kleiner Buckliger mit funkelnden Augen im blatternarbigen Gesicht zum Pult des Vorstehers und hielt ihm einen Stoß von Papieren hin.

»Ich bin der Leichenbegleiter«, sagte er mit unverkennbarer Würde.

Fast hätte ich ihn umarmt, ich hatte von jeher eine kleine Schwäche für Bucklige. Ich sagte ihm, ich freute mich außerordentlich, seine Bekanntschaft zu machen, führe nach Lübeck mit dem gleichen Zuge wie er und mit dem gleichen Dampfer nach Stockholm. Ich mußte mich am Pult des Stationsvorstehers festhalten, als er sagte, er führe nicht nach Stockholm, sondern nach Petersburg mit dem russischen General und von da nach Nischnij-Nowgorod.

Der Stationsvorsteher sah aus seinen Akten auf, sein stachliger Schnurrbart sträubte sich vor Bestürzung.

»Potzdonnerwetter!« tobte er. »Zwei Leichen sollen mit diesem Zug nach Lübeck! Ich habe bloß einen Sarg im Wagen. Sie können nicht zwei Leichen in einen Sarg legen, das ist ›verboten‹. Wo ist der zweite Sarg?«

Der Bucklige erklärte, der Sarg des russischen Generals würde eben abgeladen und in den Waggon gebracht, es wäre alles die Schuld des Tischlers, der die zweite Kiste erst im letzten Augenblick fertiggestellt hätte. Wer konnte auch vermuten, daß er zwei so riesige Kisten am selben Tag zu liefern hätte!

Der russische General! Plötzlich fiel mir ein, daß ich gehört hatte, ein alter russischer General sei im Nachbarhotel am Herzschlag gestorben, am selben Tage wie der junge Mann. Nun fiel mir auch ein, daß ich vom Fenster aus im Hotelgarten einen grimmig dreinschauenden alten Herrn mit wallendem Graubart im Rollstuhl gesehen hatte. Der Portier hatte mir erzählt, er sei ein berühmter russischer General, einer der Helden des Krimkrieges. Ich hatte nie einen wilder aussehenden Mann gesehen.

Während der Stationsvorsteher sich von neuem in seine durcheinandergeratenen Papiere versenkte, nahm ich den Buckligen beiseite, klopfte ihm herzlich auf die Schulter und bot ihm fünfzig Mark in bar und weitere fünfzig, die ich mir vom schwedischen Konsul in Lübeck borgen würde, falls er es übernahm, für den Sarg des Jungen ebenso wie für den des russischen Generals der Leichenbegleiter zu sein. Er willigte sofort ein. Der Stationsvorsteher sagte, dieser Fall sei nicht vorgesehen, es entstünde eine schwierige Rechtsfrage, er hielte es für durchaus »verboten«, daß zwei Leichen mit einem gemeinsamen Leichenbegleiter reisten. Da müßte er erst beim Kaiserlichen Ober-Eisenbahnamt-Direktionsbüro anfragen, eine Woche würde es bestimmt dauern, ehe eine Antwort käme. Es war Waldmann, der die Situation rettete. Einige Male während unserer Debatte hatte ich einen freundlichen Blick bemerkt, der durch die goldgeränderte Brille des Stationsvorstehers in Richtung Waldmann fiel, und mehrmals hatte seine Riesentatze schon Waldmanns langen seidigen Behang verstohlen gestreichelt. Ich beschloß, durch einen letzten verzweifelten Vorstoß sein Herz zu rühren. Wortlos legte ich ihm Waldmann in den Schoß. Während der Dackel ihm das Gesicht ableckte und an seinem Stachelbart zu zerren begann, milderten sich seine harten Züge zu einem breiten, ehrlichen Schmunzeln über unsere Hilflosigkeit.

Fünf Minuten später hatte der Bucklige ein Dutzend Papiere als Leichenbegleiter der zwei Särge unterschrieben, und ich wurde nebst Waldmann und Reisetasche in ein überfülltes Abteil zweiter Klasse geschoben, gerade als der Zug sich in Bewegung setzte. Waldmann erbot sich sofort, mit der dicken Dame neben uns zu spielen. Sie sah mich scharf an und sagte, es wäre »verboten«, einen Hund in ein Abteil zweiter Klasse zu bringen, ob er wenigstens stubenrein wäre. Natürlich wäre er »stubenrein«, er wäre schon so geboren. Nun schenkte Waldmann seine Aufmerksamkeit dem Korbe, den die dicke Dame auf dem Schoß hielt, schnüffelte emsig und begann ihn wütend anzubellen. Er bellte noch immer, als der Zug auf der nächsten Station hielt. Die dicke Dame rief den Schaffner und deutete auf den Boden. Der Schaffner sagte, es sei »verboten«, mit einem Hunde ohne Maulkorb zu reisen. Umsonst zeigte ich ihm Waldmanns aufgesperrtes Maul zum Beweis, daß er noch kaum Zähne hätte, umsonst legte ich mein letztes Fünfmarkstück in seine Hand; er blieb dabei, Waldmann müsse sofort in das Hundeabteil gebracht werden. Zur Rache deutete ich auf den Korb der dicken Dame und fragte, ob es nicht »verboten« wäre, mit einer Katze, die keinen Fahrschein hätte, zu reisen. Ja, das sei »verboten«. Die dicke Dame zankte sich noch mit dem Schaffner, während ich auf den Bahnsteig herunterkletterte. Die Einrichtungen für reisende Hunde waren in jenen Tagen schauderhaft unzulänglich. Ein dunkles Loch direkt über den Rädern, vom Rauch der Lokomotive verpestet, wie konnte ich Waldmann da hineinstecken? Ich rannte zum Gepäckwagen und flehte den Beamten an, den Dackel in seine Obhut zu nehmen, er sagte nur, es sei »verboten«. Da schob sich die Schiebetür des nächsten Wagens vorsichtig auseinander, gerade weit genug, um den Kopf des Leichenbegleiters mit einer langen Pfeife im Mund sichtbar werden zu lassen. Wie eine Katze sprang ich in den Wagen mit Waldmann und der Handtasche unter dem Arm.

Fünfzig Mark, zahlbar am Reiseziel, wenn er Waldmann

in seinem Wagen bis Lübeck verstecken wolle! Ehe er noch Zeit zur Antwort fand, wurden die Türen von außen verriegelt, ein scharfer Pfiff der Lokomotive, und der Zug setzte sich in Bewegung. Der große Güterwagen war ganz leer bis auf die beiden großen Kisten. Die Hitze war unerträglich, aber es war reichlich Platz, um die Beine auszustrecken. Der Dackel schlief sofort auf meinem Rock ein, der Leichenbegleiter zog eine Flasche warmes Bier aus seinem Freßkober, wir zündeten unsere Pfeifen an und setzten uns auf den Boden, um die Lage zu besprechen. Wir waren in Sicherheit, kein Mensch hatte bemerkt, wie ich mit dem Hund hineinsprang, ich konnte sicher sein, daß kein Schaffner je dem Güterwagen nahte. Eine Stunde später, als der Zug langsam in die nächste Station einfuhr, erklärte ich dem Leichenbegleiter, daß nur rohe Gewalt mich von ihm trennen könnte, ich wollte bleiben, wo ich war – bis Lübeck! Die Stunden vergingen in angenehmer Unterhaltung, die in der Hauptsache der Leichenbegleiter bestritt. Ich spreche sehr schlecht deutsch, obwohl ich es ganz gut verstehe. Mein neuer Freund sagte, er habe diese Fahrt schon so manchesmal gemacht, wußte sogar den Namen jeder Station, wo wir hielten, wenn wir auch aus unserem Gefängniskarren nichts von der Außenwelt sahen. Er war schon über zehn Jahre Leichenbegleiter, es war ein netter, ruhiger Beruf, er schätzte es, zu reisen und neue Länder zu sehen. Er war schon sechsmal in Rußland gewesen und liebte die Russen sehr. Sie wollten immer in ihrem eigenen Lande begraben sein. Viele Russen kamen nach Heidelberg, um die berühmten Professoren zu konsultieren. Sie waren die besten Kunden. Seine Frau war Leichenwäscherin von Beruf. Kaum je wurde eine Einbalsamierung von Bedeutung ohne ihre Mitwirkung ausgeführt. Auf die zweite Kiste deutend, sagte er, er hätte sich geärgert, daß weder er noch seine Frau zu dem schwedischen Herrn geholt worden seien, vermutlich sei eine Intrige im Spiel, es gäbe viel Futterneid zwischen ihm und seinen beiden Kollegen. Die ganze Sache wäre etwas dunkel, er hätte nicht einmal ermitteln können, welcher

Arzt die Einbalsamierung vorgenommen habe. Nicht alle wären darin gleich bewandert. Einbalsamieren sei eine knifflige und umständliche Sache, man könne nie wissen, was auf einer so langen Fahrt bei so heißem Wetter passieren könne. Wäre ich schon bei vielen Einbalsamierungen gewesen? – Nur bei einer, sagte ich schaudernd.

»Schade, daß Sie den russischen General nicht sehen können«, sagte der Leichenbegleiter schwärmerisch und deutete mit der Pfeife auf die zweite Kiste. »Er ist einfach fabelhaft gelungen, Sie glauben überhaupt nicht, daß es eine Leiche ist, sogar die Augen sind weit offen. Warum nur der Stationsvorsteher Ihnen solche Schwierigkeiten machte«, fuhr er fort, »freilich sind Sie etwas jung für einen Leichenbegleiter, aber Sie sehen doch ganz anständig aus. Sie müssen sich nur rasieren und etwas abbürsten. Ihr Anzug ist ganz voller Hundehaare, so können Sie sich doch nicht morgen beim Schwedischen Konsulat zeigen, mit dem Kinn, Sie haben sich wohl eine Woche lang nicht rasiert, Sie sehen mehr wie ein Räuber aus als wie ein anständiger Leichenbegleiter. Schade, daß ich mein Rasiermesser nicht mithabe, sonst würde ich Sie an der nächsten Haltestelle selbst rasieren.«

Ich öffnete meine Reisetasche und sagte, ich würde ihm sehr dankbar sein, wenn er mir die Tortur ersparen wolle, mich selbst zu rasieren, was ich nie täte, wenn ich es irgend vermeiden könnte. Er prüfte mein Rasierzeug mit Kennerblick und sagte, schwedische Rasiermesser seien die besten von allen, er selbst benutze nie etwas anderes. Er hätte eine sehr leichte Hand, hätte schon Hunderte rasiert, ohne je eine Klage zu hören.

Nie im Leben bin ich besser rasiert worden, das sagte ich ihm auch mit einem Kompliment, als der Zug wieder rollte.

»Es geht nichts über Reisen in fremden Ländern«, sagte ich, als ich mir die Seife vom Gesicht wischte, »jeden Tag lernt man was Neues und Interessantes. Je mehr ich von diesem Lande sehe, um so mehr fallen mir die grundlegenden Merkmale auf, die die Deutschen von anderen Völkern unterscheiden. Die lateinische und angelsächsische Rasse nehmen durchweg beim Rasieren eine sitzende Körperhaltung ein, in Deutschland liegt man flach auf dem Rücken. Es ist alles Geschmackssache, ›chacun tue ses puces à sa façon[1]‹, wie sie in Paris sagen.«

»Es ist eine Frage der Gewohnheit«, erklärte der Leichenbegleiter. »Eine Leiche kann nicht sitzen, Sie sind der erste Lebende, den ich rasiert habe.«

Mein Begleiter hatte eine reine Serviette auf seiner Kiste ausgebreitet und öffnete seinen Proviantkorb. Eine Duftmischung aus Wurst, Käse und Sauerkraut stieg mir in die Nase. Waldmann erwachte augenblicklich, und wir sahen mit hungrigen Augen zu. Groß war meine Freude, als der Bucklige mich einlud, an seinem Abendbrot teilzunehmen, sogar das Sauerkraut verlor seinen Schrecken für meinen Gaumen. Als er Waldmann eine große Scheibe Blutwurst reichte, hatte er mein Herz vollends gewonnen. Die Wirkung war fulminant und hielt bis Lübeck an. Nach unserer zweiten Flasche Mosel gab es kaum mehr ein Geheimnis zwischen mir und meinem neuen Freunde. Nur eines behielt ich sorgfältig für mich: daß ich ein Doktor war. Erfahrung aus vielen Ländern warnte mich, da jede Andeutung eines Klassenunterschiedes zwischen meinem Wirt und mir mich der einzigartigen Gelegenheit beraubt hätte, das Leben aus dem Gesichtswinkel eines Leichenbegleiters zu sehen. Das wenige, was ich von Psychologie weiß, verdanke ich einer gewissen angeborenen Leichtigkeit, mich der gesellschaftlichen Ebene meines Gegenübers anzupassen. Wenn ich mit einem Herzog speise, fühle ich mich ganz zu Hause in seiner Welt und ihm gleichgestellt. Speise ich mit einem Leichenbegleiter, werde ich, soweit es in meinen Kräften steht, selbst ein Leichenbegleiter.

Tatsächlich, als wir die dritte Flasche Mosel öffneten, lag es nur an mir – wirklich ein Leichenbegleiter zu werden.

»Nur Mut, Fritz«, rief mein Wirt mit fidelem Augenzwinkern, »sieh nicht so sauer drein! Ich weiß, du bist nicht bei

[1] Jeder tötet seine Flöhe nach eigener Methode

Kasse, und irgendwas scheint bei dir schiefgegangen zu sein. Mach dir nichts draus, gieß dir noch eins hinter die Binde und laß uns den Fall bereden! Ich bin nicht umsonst über zehn Jahre Leichenbegleiter gewesen, ich weiß, wen ich vor mir habe! Grips macht's nicht allein, aber du hast Dusel gehabt, sonst säßest du nicht hier bei mir. Greif zu, hier ist eine Gelegenheit, die nicht wieder kommt. Du lieferst deinen Sarg in Schweden ab, während ich meinen nach Rußland bringe; dann kommst du mit dem nächsten Zug nach Heidelberg zurück und wirst mein Teilhaber! Solange Professor Friedrich lebt, gibt es Arbeit für zwei, oder ich will nicht Zacharias Schweinfuß heißen! Schweden ist kein Land für dich, da gibt es keine berühmten Ärzte. Heidelberg wimmelt von ihnen, es ist das richtige für dich!«

Ich dankte meinem neuen Freunde herzlich und sagte, ich wollte ihm in der Frühe, wenn unsere Köpfe etwas klarer wären, meine Entscheidung mitteilen. Wenige Minuten danach lagen wir Seite an Seite in traumlosem Schlaf auf dem Boden des Leichenwagens. Ich hatte eine ausgezeichnete Nacht, Waldmann weniger. Es war volles Tageslicht, als der Zug im Bahnhof von Lübeck einfuhr.

Ein Angestellter des Schwedischen Konsulats wartete auf dem Bahnsteig, um den Transport des Sarges zum schwedischen Dampfer zu leiten. Nach einem herzlichen »Auf Wiedersehn« an den Leichenbegleiter fuhr ich zum Schwedischen Konsulat. Kaum sah der Konsul den Dackel, als er mir mitteilte, daß die Einreise von Hunden verboten sei, da in letzter Zeit mehrere Fälle von Tollwut im nördlichen Deutschland vorgekommen seien. Ich könnte es beim Kapitän probieren, aber er fürchte, Waldmann würde nicht an Bord gelassen werden. Der Kapitän war äußerst übler Laune, wie alle Seeleute, wenn sie eine Leiche an Bord haben. Meine Bitten waren vergeblich. Ermutigt durch meine Erfolge beim Heidelberger Stationsvorsteher, beschloß ich, ihn der Einwirkung des Dackels auszusetzen, aber Waldmann leckte ihm umsonst das Gesicht ab. Darauf beschloß ich, es mit meinem Bruder zu versuchen. Ja, gewiß kannte er den Kommandanten Munthe, sehr gut sogar, sie waren zusammen als Seekadetten auf der »Vanadis« gefahren, sie waren dicke Freunde.

Würde er denn so grausam sein, meines Bruders geliebten Dackel in Lübeck auszusetzen unter wildfremden Leuten?

Nein, so grausam war er doch nicht! Fünf Minuten später wurde Waldmann in meine Kabine eingeschlossen, um auf meine Verantwortung hin beim Landen in Stockholm eingeschmuggelt zu werden. Ich liebe die See, das Schiff war gut, ich aß am Tisch des Kapitäns, alles an Bord war sehr höflich zu mir. Die Stewardeß sah etwas verstimmt aus, als sie morgens meine Kabine aufräumte, wurde aber unser Bundesgenosse, sobald der Missetäter anfing, ihr Gesicht abzulecken, sie hatte nie ein so bezauberndes Vieh gesehen. Als Waldmann verstohlen auf Deck erschien, fingen alle Matrosen an mit ihm zu spielen, der Kapitän sah nach der anderen Seite, um ihn nicht zu bemerken. Spät abends legte das Schiff mit der Längsseite am Kai in Stockholm an, und ich sprang vom Bug aus an Land mit Waldmann im Arm. In der Frühe suchte ich Professor Bruzelius auf, der mir ein Telegramm aus Basel zeigte, daß die Mutter des Jungen außer Gefahr sei und die Beisetzung ihres Sohnes bis zu ihrer Rückkehr in etwa zwei Wochen verschoben werden solle. Er hoffte, ich wäre dann noch in Schweden. Sicher würde die Mutter wünschen, durch mich Näheres über ihres Sohnes Ende zu hören, und natürlich müsse ich der Feier beiwohnen. Ich sagte ihm, daß ich meinen Bruder besuchen wolle, dann aber eiligst zu meinen Patienten nach Paris zurückkehren müsse.

Ich hatte es ja meinem Bruder noch nicht verziehen, daß er unser schreckliches Erbstück Mamsell Agata auf mich abgewälzt hatte. Damals hatte ich ihm einen wütenden Brief geschrieben. Zum Glück schien er das ganz vergessen zu haben, er sagte, er wäre glücklich, mich zu sehen, und er und seine Frau hofften, ich würde wenigstens vierzehn Tage in unserem alten Heim bleiben. Zwei Tage später drückte er sein Erstaunen aus, daß ein vielbeschäftigter Arzt wie ich seine Patienten für so lange Zeit verlassen könne; an welchem Tage wollte ich abreisen? Meine Schwägerin war eisig geworden. Es ist nichts zu wollen mit Leuten, die Hunde nicht lieben. Man kann sie nur bemitleiden. Du kannst deinen Rucksack schultern und mit deinem Hund auf eine Fußtour gehen. Für junge Hunde gibt es nichts Schöneres, als im Freien zu kampieren unter freundlichen Tannen, auf einem Teppich aus weichem Moos statt aus Smyrna. Am Morgen meines Aufbruchs hatte meine Schwägerin Kopfschmerzen und erschien nicht zum Frühstück. Ich wollte in ihr Zimmer gehen, um mich zu verabschieden, aber mein Bruder riet mir, das nicht zu tun. Ich bestand nicht weiter darauf, als er hinzufügte, das Hausmädchen habe soeben den neuen Sonntagshut seiner Frau unter meinem Bett gefunden, ihre gestickten Pantoffeln, ihre Federboa, zwei Bände der Encyclopaedia Britannica in Fetzen, die Reste eines Kaninchens und ihr vermißtes Kätzchen mit halbabgebissenem Kopf. Was den Smyrnateppich im Salon, die Blumenbeete im Garten und die sechs jungen Entchen auf dem Teiche beträfe... Ich sah nach der Uhr und sagte meinem Bruder, ich wäre immer gern zeitig auf dem Bahnhof.

»Olle«, rief mein Bruder bei der Abfahrt dem alten Kutscher meines Vaters zu, »sieh zu, daß der Doktor um's Himmels willen nicht den Zug versäumt.«

Vierzehn Tage darauf war ich wieder in Stockholm. Professor Bruzelius sagte mir, die Mutter sei an diesem Morgen eingetroffen, die Beerdigung werde tags darauf stattfinden, natürlich müsse ich ihr beiwohnen. Zu meinem Schrecken fuhr er fort: »Die arme Frau besteht darauf, ihren Sohn vor der Beerdigung zu sehen, der Sarg soll in ihrer Gegenwart am frühen Morgen geöffnet werden.« Niemals hätte ich die Leiche selbst einbalsamiert, wäre mir eine solche Möglichkeit in den Sinn gekommen. Ich hatte es gut gemeint, aber schlecht gemacht – das wußte ich, und auch, daß das Öffnen des Sarges aller Wahrscheinlichkeit nach einen furchtbaren Anblick enthüllen würde. Mein erster Gedanke war, mich zu drücken und mit dem Nachtzug nach Paris zu fahren. Mein zweiter Gedanke war, zu bleiben, wo ich war, und meine Rolle zu Ende zu spielen. Es war keine Zeit zu verlieren. Selbst mit der Fürsprache von Professor Bruzelius gelang es mir nur unter großen Schwierigkeiten, die Erlaubnis zum Öffnen des Sarges zu erlangen. Ich wollte eine notdürftige Desinfektion vornehmen, falls es nötig wäre, woran ich nicht zweifelte.

Kurz nach Mitternacht stieg ich in die Gruft unter der Kirche in Begleitung des Friedhofwärters und eines Arbeiters, der den Sarg öffnen sollte. Als der Deckel des inneren Bleisarges aufgelötet war, traten die beiden Männer zurück in stiller Ehrfurcht vor dem Reich des Todes. Ich nahm die Laterne des Wärters und enthüllte das Gesicht. Die Laterne fiel zu Boden, ich taumelte zurück wie von unsichtbarer Hand getroffen.

Ich wundere mich oft über meine Geistesgegenwart in dieser Nacht. Ich muß damals Nerven aus Stahl gehabt haben!

»Es ist alles in Ordnung«, sagte ich, rasch das Gesicht des Toten wieder verhüllend, »schraubt den Deckel zu, es ist keine Desinfektion nötig, die Leiche ist vollkommen erhalten.«

Früh am Morgen ging ich zu Professor Bruzelius und sagte ihm, der Anblick, den ich in der Nacht gehabt hätte, würde die arme Mutter durchs Leben verfolgen; er müsse um jeden Preis das Öffnen des Sarges verhindern.

Ich war bei der Beisetzung zugegen; seitdem habe ich nie wieder einem Begräbnis beigewohnt. Der Sarg wurde auf den Schultern von sechs Schulkameraden des Jungen zu Grabe getragen. Der Pfarrer sagte in einer rührenden Ansprache, daß Gottes unerforschliche Weisheit es so gefügt hätte, daß dies junge Leben, so reich an Freude und schöner Zukunftshoffnung, grausam vom Tode hingerafft wurde. Ein Trost sei es für die, die trauernd an seinem frühen Grabe stünden, daß er heimgekehrt sei, unter den

Seinen zu ruhen im Lande, in dem er geboren sei. Sie würden nun doch wissen, wohin sie die Blumen liebenden Gedenkens bringen könnten, wo sie beten könnten. Ein Studentenchor aus Upsala sang das herkömmliche alte Lied:

»Integer vitae scelerisque purus.«

Seit jenem Tage habe ich die schöne Ode des Horaz gehaßt.

Am Arm ihres greisen Vaters trat des Knaben Mutter an das offene Grab, um einen Maiblumenkranz auf den Sarg zu legen.

»Es war seine Lieblingsblume«, schluchzte sie.

Nach und nach traten alle aus dem Trauergefolge mit Blumen heran und schauten ins Grab mit feuchten Blicken zu einem letzten Lebewohl. Der Chor sang das alte Sterbelied:

»Ruht in Frieden, alle Seelen!«

Die Totengräber begannen, die Erde auf den Sarg zu schaufeln, die Feier war beendet.

Als alle gegangen waren, trat auch ich heran und sah hinab in das halbgefüllte Grab.

»Ja, ruh in Frieden, grimmiger alter Held, der Kampf ist vorüber! Ruhe in Frieden! Verfolge mich nicht länger mit deinen weitgeöffneten Augen, sonst werde ich wahnsinnig! Warum hast du mich so böse angestarrt, als ich heute nacht dein Gesicht aufdeckte in der Gruft unter der Kapelle? Glaubst du etwa, ich hätte mich mehr gefreut, dich zu sehen, als du bei meinem Anblick? Hieltest du mich für einen Grabschänder, der deinen Sarg aufgebrochen hatte, um dir den goldenen Ikon von der Brust zu stehlen? Glaubst du, ich sei es gewesen, der dich hierherbrachte? Nein, ich war es nicht. Soviel ich wissen kann, war es der Erzfeind selber in Gestalt eines betrunkenen Buckligen, der dich herbrachte! Denn wer sonst als Mephisto, der ewige Spötter, konnte die grauenhafte Farce inszeniert haben, die hier aufgeführt wurde? Ich meinte zu hören, wie in ihre frommen Weisen sein höhnendes Lachen hineinklang. Gott verzeih mir, ich war selbst nicht weit davon, zu lachen, als dein Sarg in das Grab versenkt wurde. Aber was tut es dir, wessen Grab es ist? Du kannst den Namen nicht lesen auf dem Marmorkreuz, was macht es dir, wessen Name es ist? Du hörst nicht die Stimmen der Lebenden über dir. Was tut es dir, welche Sprache sie reden? Du schläfst nicht unter Fremden hier, nein, Seite an Seite mit Brüdern. So schläft auch der schwedische Jüngling, der im Herzen Rußlands zur Ruhe gebettet wurde, während die Hornisten deines alten Regimentes an deinem Grabe den letzten Salut bliesen. Das Reich des Todes hat keine Grenzen, das Grab hat keine Nationalität. Ihr gehört nun alle dem gleichen Volke an, und bald werdet ihr auch das gleiche Aussehen haben. Das gleiche Schicksal harrt eurer, wo ihr auch zur Ruhe gelegt werdet – vergessen werden und in Staub zerfallen, das ist das Gesetz des Lebens. Ruht in Frieden!«–

11

Madame Réquin

Nicht weit von der Avenue de Villiers wohnte ein ausländischer Arzt, der, wie ich annahm, ein Spezialist für Geburtshilfe und Gynäkologie war.

Es war ein roher, zynischer Kerl, der mich ein paarmal zu Konsultationen zugezogen hatte, weniger um durch mein überlegenes Wissen erleuchtet zu werden, als um mir ein Teil seiner Verantwortung aufzuhalsen.

Als er mich das letztemal zuzog, handelte es sich um die Agonie eines jungen Mädchens, das an Peritonitis unter sehr verdächtigen Umständen starb, so verdächtig, daß ich nur zögernd meinen Namen neben den seinen auf den Totenschein setzte. Eines Abends, als ich spät nach Hause kam, wartete eine Droschke an meiner Tür mit der dringenden Bitte, sofort zu meinem Kollegen nach seiner Privatklinik in der Rue Granet zu kommen. Ich hatte schon beschlossen, nichts mehr mit ihm zu tun zu haben; aber die Aufforderung war so dringend, daß ich glaubte, ihr unter allen Umständen Folge leisten zu müssen. Eine dicke, unsympathische Frau machte mir auf, erklärte, Madame Réquin, Hebamme erster Klasse, zu sein, und brachte mich in dasselbe Zimmer im oberen Stockwerk, in dem jenes Mädchen gestorben war. Blutige Handtücher, Laken und Bettdecken lagen überall umher. Unter dem Bett hörte man ein unheimliches Tropfen aus der blutgetränkten Matratze. Der Doktor, der mir glühend dankte, ihm zu Hilfe gekommen zu sein, war in großer Aufregung. Er meinte, es wäre keine Zeit zu verlieren, und darin hatte er recht, denn die Frau, die bewußtlos auf ihrem »lit de travail[1]« lag, sah mehr tot als lebendig aus. Nach einer raschen Untersuchung fragte ich ihn empört, weshalb er nicht nach einem Chirurgen oder Geburtshelfer geschickt hätte statt nach mir, da er doch wußte, daß keiner von uns fähig war, solch einen Fall zu behandeln. Die Frau erholte sich etwas nach ein paar Kampfer- und Ätherinjektionen. Nach einigem Zögern beschloß ich, Chloroform geben zu lassen, während ich an die Arbeit ging. Mit meinem gewöhnlichen Glück ging alles ziemlich gut, und nach energischer künstlicher Atmung kam sogar, zu unserem großen Erstaunen, das halberstickte Kind wieder zum Leben. Mit knapper Not waren Mutter und Kind dem Tode entgangen. Watte, Leinwand oder Verbandzeug waren nicht mehr da, die Blutung zu stillen, zum Glück aber fanden wir eine halb geöffnete Reisetasche voll feiner Leinwand und Damenwäsche, die wir rasch zu Tampons zerrissen.

»So feine Wäsche habe ich noch nie gesehen«, sagte mein Kollege, indem er ein Linonhemd aufnahm, und »sehen Sie«, rief er, auf eine Krone deutend, die in Rot über dem Buchstaben M gestickt war, »ma foi, mon cher confrère, wir bewegen uns in vornehmer Gesellschaft. Ich versichere Ihnen, sie ist ein prachtvolles Mädchen, wenn auch eben nicht viel von ihr übrig ist, ein ungewöhnlich schönes Mädchen, ich hätte nichts dagegen, die Bekanntschaft zu erneuern, falls sie wirklich durchkommt.«

»Ah, la jolie broche!« rief er aus und bückte sich nach einer Diamantbrosche, die offenbar auf den Boden gefallen war, während wir die Tasche plünderten. »Ma foi, sie sieht mir so aus, als ob sie schlimmstenfalls meine Rechnung begleichen könnte! Man kann nie wissen bei diesen fremden Damen, es könnte ihr einfallen, ebenso geheimnisvoll zu verschwinden, wie sie kam, Gott weiß, woher.«

»So weit sind wir noch nicht«, sagte ich und griff schnell nach der Brosche in seinen roten Fingern, um sie in die Tasche zu stecken. »Nach französischem Gesetz wird die

[1] In Geburtswehen

Rechnung des Leichenbestatters vor der des Arztes bezahlt, wir wissen noch nicht, welche von beiden zuerst eingereicht werden wird. Und was das Kind betrifft...«

»Keine Sorge um das Kind«, kicherte er, »wir haben genug Babys hier, und sogar welche übrig, um es schlimmstenfalls zu ersetzen; Madame Réquin schickt jede Woche ein halbes Dutzend Babys ab mit dem »train des nourrices[1]« von der Gare d'Orléans. Aber ich kann es mir nicht leisten, mir die Mutter durch die Finger schlüpfen zu lassen, ich muß mit meiner Statistik vorsichtig sein, ich habe in vierzehn Tagen schon zwei Totenscheine ausgestellt.«

Die Frau war noch halb bewußtlos, als ich bei Tagesgrauen fortging, aber der Puls war stetiger, und ich sagte dem Doktor, ich glaubte, sie käme durch. Ich muß selber ziemlich herunter gewesen sein, sonst hätte ich die Tasse schwarzen Kaffee nicht angenommen, die Madame Réquin mir in ihrem üblen kleinen Salon anbot, ehe ich hinauswankte.

»Ah, la jolie broche«, sagte Madame Réquin, als ich ihr die Brosche in Verwahrung gab. »Halten Sie die Steine für echt?« erwog sie und hielt die Brosche ans Gaslicht. Es war eine sehr schöne Diamantbrosche, mit dem Buchstaben M und einer Krone aus Rubinen. Das Feuer der Steine war echt, aber das Glühen ihrer gierigen Augen war verdächtig.

»Nein«, sagte ich, um die Dummheit wieder gutzumachen, ihr die Brosche ausgehändigt zu haben, »sicher alles falsch«.

Madame Réquin hoffte, daß ich irrte, die Dame hätte keine Zeit gehabt vorauszuzahlen, wie es Vorschrift ihrer Anstalt war, sie war halb ohnmächtig im letzten Augenblick gekommen. Auf ihrem Gepäck stand kein Name – auf einem Anhänger stand London.

»Das genügt, beruhigen Sie sich, Sie werden schon bezahlt werden.« Madame Réquin hoffte, mich bald wiederzusehen, und ich verließ schaudernd das Haus.

Einige Wochen darauf bekam ich einen Brief von meinem

[1] Zug der Ammen

Kollegen. Alles sei gut gegangen, die Dame sei in unbekannter Richtung abgereist, als sie eben auf den Füßen stehen konnte, alle Rechnungen wären bezahlt, und Madame Réquin hätte eine große Summe in Händen für die Adoption des Kindes in einer anständigen Familie.

Ich schickte ihm seine Banknote zurück und schrieb ihm kurz, er möchte nicht wieder nach mir schicken, wenn er das nächste Mal im Begriff wäre, jemanden umzubringen. Ich hoffte, weder ihn noch Madame Réquin je wiederzusehen.

Mein Wunsch erfüllte sich, was den Doktor betraf. Von Madame Réquin werde ich Ihnen noch ein andermal zu erzählen haben.

12

Der Riese

Immer mehr merkte ich, wie rasch Norströms Praxis dahinschwand, und daß ein Tag kommen könnte, der ihn zwänge, den Laden zuzumachen. Mehr und mehr wandten sich Arme und Reiche aus der Schwedischen Kolonie weg von der Rue Pigalle nach der Avenue de Villiers. Umsonst versuchte ich die Flut zu dämmen; glücklicherweise hat Norström nie an meiner Loyalität gezweifelt, wir blieben Freunde bis zuletzt. Es war weiß Gott keine einträgliche Praxis bei diesen skandinavischen Patienten. Mir lag sie wie ein Mühlstein um den Hals, solange ich in Paris praktizierte, und sie hätte mich umbringen können, hätte ich nicht in der Englischen und Amerikanischen Kolonie und unter den Franzosen selbst so festen Fuß gefaßt. Wie die Dinge lagen, nahm sie mir sehr viel Zeit, brachte mich in alle möglichen Patschen und schließlich sogar ins Gefängnis. Es ist eine komische Geschichte, ich erzähle sie oft Freunden, die Bücher schreiben, als schlagenden Beweis für das Gesetz der Koinzidenz, das vielgeplagte Schlachtroß der Novellisten.

Außer den skandinavischen Arbeitern in Pantin und La Villette, zusammen über eintausend, die immer einen Arzt brauchten, gab es die Künstlerkolonie in Montmartre und Montparnasse, wo es immer an Geld fehlte, Hunderte von Malern, Bildhauern, Autoren ungeschriebener Meisterwerke in Vers und Prosa, überlebende Exoten aus der Bohème Henry Murgers. Einige standen schon an der Schwelle des Erfolges wie Edelfeld, Carl Larson, Zorn und

Strindberg, aber die meisten lebten nur von Hoffnung. Den größten Umfang und den kleinsten Beutel hatte mein Freund, der Bildhauer, mit seinem wallenden, blonden Wikingerbart und den arglosen blauen Kinderaugen. Selten erschien er im Café de l'Hermitage, wo seine meisten Kameraden den Abend verbrachten. Wie er seinen zwei Meter langen Körper fütterte, war allen ein Rätsel. Er wohnte in einem riesigen, eiskalten Schuppen am Montparnasse, den er als Bildhaueratelier zurechtgemacht hatte, wo er seine Werke schuf, sein Essen kochte, sein Hemd wusch und seine Träume künftigen Ruhmes träumte. Raum war es, was er brauchte, für sich und seine Statuen, die alle überlebensgroß waren und aus Mangel an Ton niemals fertig wurden. Eines Tages tauchte er in der Avenue de Villiers auf und bat mich, bei seiner Hochzeit am nächsten Sonntag in der Schwedischen Kirche sein Trauzeuge zu sein. Darauf sollte ein Empfang in seiner neuen Wohnung folgen, »pour pendre la crémaillère[1]«. Als Erwählte seines Herzens erwies sich eine zarte schwedische Miniaturmalerin, kaum halb so groß wie er. Natürlich nahm ich mit Wonne an. Nach beendeter Feier hielt der schwedische Pfarrer eine nette kleine Ansprache an die Neuvermählten, die nebeneinander vor dem Altar saßen. Sie erinnerten mich an die Kolossalstatue Ramses' II., der im Tempel in Luxor sitzt mit seiner kleinen Frau, die ihm kaum bis zur Hüfte reicht. Eine Stunde später pochten wir voller Erwartung an die Tür des Ateliers. Der Riese selbst empfing uns und führte uns mit großer Vorsicht durch das liliputanische Pappvestibül in seinen Salon, wo wir herzlich gebeten wurden, Erfrischungen zu nehmen und abwechselnd auf seinem Stuhl zu sitzen. Sein Freund Skornberg – vielleicht haben Sie sein lebensgroßes Porträt im Salon jenes Jahres gesehen, es war leicht zu erkennen, denn er war der kleinste Bucklige, den ich je gesehen habe – brachte den Toast auf die Gesundheit unseres Wirtes aus. Als er mit begeistertem Schwung das Glas erhob, stieß er in die Pappwand ein Loch, durch das

[1] Wörtlich: »Den Kessel aufhängen« – alte Sitte bei Gründung eines Hausstandes

unsere staunenden Augen das Brautgemach erblickten mit dem Hochzeitslager, das geschickte Hände aus dem Verschlag eines großen Bechsteinflügels zurechtgebaut hatten. Während Skornberg ohne weitere Pannen seine Rede beendete, reparierte der Riese rasch die Wand mit einigen »Figaros«. Darauf hob er einen Vorhang und zeigte uns, mit schlauem Blick auf die errötende Braut, ein weiteres kleines Zimmerchen, das aus lauter Seiten des »Petit Journal« erbaut war – das Kinderzimmer!

Nach einer Stunde verließen wir das Papierhaus, um uns zum Abendessen in der Brasserie Montmartre zu treffen. Ich hatte noch einige Patienten zu besuchen, so war es fast Mitternacht, als ich bei der Gesellschaft anlangte. In der Mitte des großen Raumes saßen meine Freunde alle mit roten Gesichtern und sangen aus Leibeskräften in betäubendem Chor die schwedische Nationalhymne, bisweilen unterbrochen von einem donnernden Solo aus der breiten Brust des Riesen und von den schrillen Pfeiftönen des kleinen Skornberg. Ich wand mich eben durch den überfüllten Raum, da rief eine Stimme: »A la porte les Prussiens! A la porte les Prussiens!« Ein Bierseidel flog über meinen Kopf und traf den Riesen mitten ins Gesicht. Blutüberströmt sprang er auf, packte natürlich den verkehrten Franzosen am Kragen und schleuderte ihn wie einen Tennisball über die Theke dem Restaurateur in den Schoß, der, so laut er konnte, »la police, la police!« schrie. Ein zweites Seidel traf meine Nase und zerschmetterte meine Brille, ein drittes fegte Skornberg unter den Tisch. »Schmeißt sie raus, schmeißt sie raus!« brüllte die ganze Brasserie, uns umzingelnd. Der Riese mähte, in jeder Hand einen Stuhl, seine Widersacher wie reifes Korn, der kleine Skornberg schoß unterm Tisch hervor, schrie und biß wie eine wütende Meerkatze, bis ein neues Seidel ihn besinnungslos zu Boden streckte. Der Riese hob ihn auf, klopfte ihm liebevoll den Rücken und deckte nun, den Kleinen fest unter einem Arm haltend, so gut er konnte, unseren notgedrungenen Rückzug nach der Tür, wo uns ein halbes Dutzend Polizisten packte und zum Kommissariat in der Rue Douai eskortierte. Als wir Namen und Adressen angegeben hatten, wurden wir in ein vergittertes Zimmer gesperrt, wir waren – im Kittchen. Nach zweistündigem Nachdenken brachte man uns zum Brigadier, der mich mit rauher Stimme fragte, ob ich Doktor Munthe aus der Avenue de Villiers wäre. Ich sagte ja. Er sah auf meine geschwollene Nase, die doppelt so groß war wie sonst, meinen zerrissenen blutigen Anzug und meinte, ich sähe nicht so aus. Er fragte, ob ich etwas auszusagen hätte, da ich scheinbar am wenigsten betrunken sei in dieser Rotte von deutschen Wilden und zudem der einzige, der französisch zu sprechen schiene. Ich sagte ihm, wir wären eine friedliche schwedische Hochzeitsgesellschaft, die in der Brasserie brutal angegriffen worden sei, vielleicht weil man uns für Deutsche gehalten hätte. Bei weiterem Verhör wurde seine Stimme weniger streng, und er blickte dann und wann mit etwas wie Bewunderung auf den Riesen, der den halbbewußtlosen kleinen Skornberg wie ein Kind auf dem Schoß hielt. Endlich sagte er mit echt französischer Ritterlichkeit, es wäre wirklich schade, eine Braut auf ein so prachtvolles Exemplar von Bräutigam die ganze Nacht warten zu lassen; er würde uns jetzt freigeben und die Untersuchung vertagen. Wir dankten ihm überschwenglich und standen auf, um fortzugehen. Zu meinem Entsetzen wandte er sich zu mir:

»Bitte, bleiben Sie, ich habe mit Ihnen zu reden.« Er sah wieder in seine Papiere, schlug in Listen nach, die auf dem Tisch lagen, und sagte streng:

»Sie haben einen falschen Namen angegeben. Ich mache Sie darauf aufmerksam, daß das ein sehr ernstes Vergehen ist. Um Ihnen meinen guten Willen zu zeigen, gebe ich Ihnen nochmals Gelegenheit, Ihre Angaben bei der Polizei zurückzunehmen. Wer sind Sie?«

Ich sagte, ich wäre Doktor Munthe. »Ich kann beweisen, daß Sie es nicht sind«, sagte er streng.

»Sehen Sie dies an«, sagte er, auf die Liste deutend. »Doktor Munthe aus der Avenue de Villiers ist Ritter der

Ehrenlegion. Ich kann allerhand rote Flecken auf Ihrem Rock sehen, aber kein rotes Band.«

Ich sagte, ich trüge es nicht oft. Mit einem Blick auf sein eigenes leeres Knopfloch sagte er mit herzlichem Lachen, das müßte er wohl noch lernen, daß es in Frankreich einen Mann gäbe, der das rote Band hätte und es nicht trüge. Ich schlug vor, meinen Concierge kommen zu lassen, der meine Identität bezeugen könne. Das wäre unnütz, meinte er, es wäre ein Fall, den der Kommissar am Morgen selbst erledigen müssen. Dann läutete er:

»Nehmen Sie eine Leibesvisitation bei ihm vor!« befahl er den beiden Polizisten.

Ich protestierte und erklärte, er hätte kein Recht, mich durchsuchen zu lassen. Es wäre, sagte er, nicht nur sein Recht, sondern nach den Polizeivorschriften seine Pflicht, und zwar zu meinem Schutze. Das Depot sei voller Schurken jeder Sorte, er könnte nicht dafür haften, daß Wertsachen, die ich etwa bei mir hätte, mir nicht gestohlen würden. Ich sagte, ich hätte keine Wertsachen in der Tasche, außer einer kleinen Geldsumme, die ich ihm aushändigen wolle. »Durchsuchen Sie ihn!« wiederholte er.

Ich hatte Bärenkräfte in jenen Tagen, zwei Polizisten mußten mich halten, während ein dritter mich durchsuchte. Zwei goldene Repetier-Uhren, zwei antike Breguet-Uhren und eine englische Jagduhr wurden in meinen Taschen gefunden.

Man sprach kein Wort, ich wurde sofort in eine übelriechende Zelle gesperrt. Ich sank auf die Matratze nieder und fragte mich, was nun geschehen würde. Das richtige wäre natürlich gewesen zu verlangen, mit der Schwedischen Gesandtschaft verbunden zu werden, ich beschloß aber aus guten Gründen, bis zum anderen Morgen zu warten. Die Tür ging auf, um ein verdächtig aussehendes Individuum einzulassen, halb Apache, halb Zuhälter, der mir auf den ersten Blick die Weisheit der Polizeivorschrift klarmachte, mich durchsuchen zu lassen.

»Nur Mut, Charlie«, sagte der Ankömmling, »haben sie

dich erwischt, he? Sieh nicht so geknickt aus, mach dir nichts draus. In zwölf Monaten wirst du der Gesellschaft zurückerstattet, wenn du Dusel hast, und den mußt du wahrscheinlich haben, denn sonst hättest du nicht fünf Uhren klauen können an einem Tage! Fünf Uhren! Donnerwetter! Hut ab; 's geht nichts über euch Engländer!« Ich sagte, ich sei kein Engländer, ich sei Liebhaber von Uhren und sammle sie. Er sagte, das täte er auch. Er warf sich auf die andere Matratze, wünschte mir gute Nacht und schöne Träume und schnarchte sofort. Auf der anderen Seite der Wand begann ein betrunkenes Weib mit heiserer Stimme zu singen. Er knurrte wütend:

»Halt's Maul, Fifine, sonst schlag ich dir in die Fresse!«

Die Sängerin verstummte gleich und flüsterte:

»Alphonse – ich hab dir was Wichtiges zu sagen, bist du allein?« Er antwortete, er wäre mit einem reizenden jungen Freund zusammen, der so gern wissen wollte, was die Uhr wäre, da er leider vergessen hätte, die fünf Uhren aufzuziehen, die er immer in den Taschen trüge. Bald schlief er wieder ein, die lärmenden Stimmen der »Damen« verstummten langsam, und alles war still bis auf den Schritt des Wächters, der jede Stunde kam, um uns durch den Schieber anzusehen. Als die Uhr von St. Augustin sieben schlug, wurde ich aus der Zelle geholt und dem Kommissar vorgeführt. Er hörte sich mein Abenteuer aufmerksam an und sah mich dabei unverwandt mit seinen klugen Augen durchdringend an. Als ich auf meine Liebhabereien für Uhren zu sprechen kam und erzählte, daß ich den ganzen Tag auf dem Wege zu Le Roy gewesen war, um diese fünf Uhren nachsehen zu lassen, und sie ganz vergessen hatte, als man mich durchsuchte, lachte er laut auf und sagte, das wäre die beste Geschichte, die er je gehört hätte, der reine Balzac. Er öffnete eine Schublade des Schreibtisches und händigte mir meine fünf Uhren aus.

»Ich habe nicht zwanzig Jahre lang an diesem Tisch gesessen, ohne zu lernen, meine Besucher etwas zu klassifizieren. Sie sind all right.«

Er läutete nach dem Brigadier, der mich für die Nacht eingesperrt hatte.

»Ich lasse Ihnen acht Tage Lohn abschreiben wegen Nichtbefolgung der Vorschrift. Sie mußten sofort bei dem schwedischen Konsul anfragen. Sie sind ein Schafskopf!«

13

Mamsell Agata

Die alte Großvateruhr in der Halle schlug halb acht, als ich unhörbar wie ein Geist meine Wohnung in der Avenue de Villiers betrat. Es war gerade die Zeit, um die, pünktlich auf die Minute, Mamsell Agata sich aufmachte, um die Patina von meinem alten Refektoriumstisch im Eßzimmer abzureiben. So konnte ich hoffen, in Sicherheit mein Schlafzimmer zu erreichen. Meine einzige Zufluchtsstätte! Das übrige Haus war ganz in den Händen von Mamsell Agata. Leise und rastlos wie eine Schleichkatze bewegte sie sich den ganzen Tag von Zimmer zu Zimmer, ein Staubtuch in der Hand, auf der Suche nach Dingen zum Abstauben oder um einen zerrissenen Brief vom Boden aufzusammeln. Ich erstarrte, als ich die Tür zu meinem Ordinationszimmer öffnete. Da stand Mamsell Agata über meinen Schreibtisch gebeugt, mit der Untersuchung meiner Morgenpost beschäftigt. Sie hob den Kopf, ihre weißen Augen starrten in bösem Schweigen auf meine zerrissenen, blutbefleckten Kleider. Im Augenblick fand ihr Mund nicht gleich das richtige unfreundliche Wort.

»Um's Himmels willen, wo ist Er gewesen?« zischte sie schließlich. Sie nannte mich immer »Er«, wenn sie böse war, sie nannte mich leider selten anders.

»Ich habe einen Straßenunfall gehabt«, erklärte ich. Ich hatte mir in berechtigter Notwehr schon lange angewöhnt, Mamsell Agata gegenüber zu lügen. Sie untersuchte meine Lumpen mit den prüfenden Augen der Sachverständigen, immer auf Ausschau nach etwas zum Flicken, Stopfen oder

Ausbessern. Es kam mir vor, als klänge ihre Stimme etwas freundlicher, als sie mir befahl, ihr alles, was ich anhatte, unverzüglich auszuhändigen. Ich schlich in mein Schlafzimmer und nahm ein Bad. Rosalie brachte mir den Kaffee. Niemand war imstande, einen solchen Kaffee zu kochen wie Mamsell Agata.

»Armer gnädiger Herr«, sagte Rosalie, als ich ihr meine Kleider für Mamsell Agata übergab. »Sie haben sich doch nicht verletzt?«

»Nein«, sagte ich, »ich habe nur Angst.«

Rosalie und ich hatten keine Geheimnisse in allem, was Mamsell Agata betraf. Wir lebten in tödlicher Furcht vor ihr. Wir waren Waffengenossen in dem täglichen, ungleichen Kampf auf Leben und Tod. Rosalie war eigentlich Scheuerfrau von Beruf und mir als rettender Engel erschienen, am Tage, als die Köchin ausgerissen war. Und jetzt, seit das Stubenmädchen mich ebenfalls verlassen hatte, war sie bei mir geblieben als eine Art Mädchen für alles. Ich war sehr betrübt gewesen über den Verlust der Köchin. Aber ich mußte bald zugeben, daß ich niemals besser gegessen hatte als jetzt, seit Mamsell Agata von der Küche Besitz ergriffen hatte. Mit dem verflossenen Stubenmädchen, einer derben Bretonin, war ich auch sehr zufrieden gewesen. Sie hatte immer peinlichst unsere Abmachung innegehalten, die ihr verbot, jemals in die Nähe meines Schreibtisches zu kommen oder die antiken Möbel anzurühren. Eine Woche nach der Ankunft von Mamsell Agata zeigten sich bei ihr Merkmale einer erschütterten Gesundheit. Ihre Hände begannen zu zittern. Sie ließ meine beste alte Fayencevase fallen. Und bald darauf war auch sie fortgelaufen. So groß war ihre Eile, daß sie sogar vergaß, ihre Schürze mitzunehmen. Noch am gleichen Tage hatte Mamsell Agata damit begonnen, meine schönen Louis-XVI.-Möbel zu bürsten und zu scheuern, meine wertvollen Perserteppiche mit einem harten Stock unbarmherzig zu klopfen, das blasse Marmorantlitz meiner Florentiner Madonna mit Wasser und Seife zu behandeln, ja, schließlich gelang es ihr sogar, die Gubbio-Vase auf dem

Schreibtisch ihres wundervollen Glanzes zu berauben. Wäre Mamsell Agata vierhundert Jahre früher zur Welt gekommen, auch nicht der geringste Rest mittelalterlicher Kunst wäre uns erhalten geblieben. Aber vor wie langer Zeit war sie eigentlich geboren? Sie sah jetzt genauso aus, wie ich sie als kleiner Junge in meiner alten Heimat in Schweden gesehen hatte. Mein älterer Bruder hatte sie geerbt, als unser Familienbesitz aufgelöst wurde. Als Mann von ungewöhnlichem Mut, der er war, war es ihm gelungen, sie loszuwerden und mir zu überlassen. Mamsell Agata wäre gerade das richtige für mich, hatte er geschrieben, eine solche Haushälterin gäbe es nur einmal. Er hatte recht. Was mich anlangt, so hatte ich, seit sie bei mir war, nichts unversucht gelassen, um sie loszuwerden. Unverheiratete Freunde und flüchtige Bekannte lud ich zum Essen ein. Alle sagten, ich wäre um eine so fabelhafte Köchin zu beneiden. Ich erzählte dann, ich würde mich in der nächsten Zeit verheiraten, und Mamsell Agata, die Junggesellen bevorzuge, suche nach einer neuen Stelle. Sie waren alle Feuer und Flamme und wünschten sie zu sehen. Damit war dann der Fall erledigt. Sie wünschten niemals, sie ein zweites Mal zu sehen, wenn sie es vermeiden konnten. Eine genaue Beschreibung von ihr zu machen, geht über meine Kraft. Sie hat dünne goldene Locken, die sie in einem Knoten nach frühviktorianischer Mode trug. Rosalie meinte, es wäre eine Perücke, aber ich bin dessen nicht sicher. Ihre Stirn war ungewöhnlich hoch und eng, Augenbrauen fehlten. Sie hatte längliche weiße Augen und so gut wie gar kein Gesicht. Nur eine lange Hakennase war da, darunter ein enger Schlitz, der sich selten öffnete, um eine Reihe langer, spitzer Frettchenzähne zu zeigen. Die Farbe von Gesicht und Händen war bläulich wie bei einem Toten. Ihre Hand war immer naßkalt wie die einer Leiche. Ihr Lächeln – nein, ich will es lieber nicht beschreiben–, es war das, was Rosalie und ich am meisten fürchteten. Mamsell Agata sprach nur Schwedisch, schimpfte aber fließend auf französisch und englisch. Ich glaube, daß sie im Laufe der Zeit doch etwas

Französisch verstehen lernte, sonst hätte sie nicht all das herausbekommen können, was sie über meine Patienten zu wissen schien. Oft überraschte ich sie, wie sie hinter der Tür meines Sprechzimmers horchte, am liebsten, wenn ich Damen empfing. Sie hatte eine besondere Vorliebe für Tote. Stets erschien ihr Gemüt aufgeheitert, wenn einer meiner Patienten dem Tode nahe war. Und regelmäßig stand sie auf dem Balkon, wenn ein Leichenzug die Avenue de Villiers passierte. Sie haßte Kinder. So verzieh sie es Rosalie niemals, daß sie einmal ein Stück Weihnachtsgebäck den Pförtnerskindern gegeben hatte. Sie haßte meinen Hund. Sie ging überall umher, blies Insektenpulver auf die Teppiche, und sobald sie mich sah, kratzte sie sich als Zeichen des Protestes. Mein Hund verabscheute sie vom ersten Augenblick an, vielleicht wegen des höchst eigenartigen Geruches, der von ihr ausging. Er erinnerte mich an den »odeur de souris[1]« aus Balzacs »Cousin Pons«, aber mit einem besonderen »bouquet«, das mir nur noch einmal im Leben begegnet ist. Das war viele Jahre später, als ich ein verlassenes Grab im Tal der Könige bei Theben betrat. Das Grab war voll von großen Fledermäusen, die in schwarzen Klumpen am Gemäuer hingen.

Mamsell Agata verließ das Haus niemals, ausgenommen am Sonntag, wo sie ganz allein in einem Kirchenstuhl in der schwedischen Kirche am Boulevard Ornanot saß und zu dem Gott der Rache betete. Der Kirchenstuhl war immer leer. Niemand wagte, in ihrer Nähe zu sitzen. Mein Freund, der schwedische Pfarrer, erzählte mir, sie hätte ihn, als er ihr beim Abendmahl die Oblate reichte, mit so wütenden Blicken angestarrt, daß er fürchtete, sie würde ihm die Finger abbeißen.

Rosalie hatte ihre angeborene Fröhlichkeit vollständig eingebüßt. Sie sah mager und elend aus und sprach davon, zu ihrer verheirateten Schwester in die Touraine zu gehen. Allerdings hatte ich es leichter, da ich den ganzen Tag fort

[1] Mäusegeruch

war. Sobald ich nach Hause kam, hatte ich das Gefühl, als verließen mich die Kräfte, tödlich graue Müdigkeit umfing mich wie ein Nebel. Seit ich entdeckt hatte, daß Mamsell Agata Nachtwandlerin war, hatte sich meine Schlaflosigkeit erheblich verschlimmert. Oft hatte ich das Gefühl, sie sogar in meinem Schlafzimmer zu riechen. Schließlich offenbarte ich mich Flygare, dem schwedischen Geistlichen, der häufig bei mir zu Gast war und, wie ich glaube, eine leise Ahnung von der schrecklichen Wahrheit hatte.

»Warum entläßt du sie nicht?« sagte Flygare. »Es kann mit dir nicht so weitergehen, wirklich, ich fange an zu glauben, du hast Angst vor ihr. Wenn du nicht den Mut hast, sie wegzuschicken, dann will ich es für dich tun.«

Ich bot ihm tausend Frank für seine Kirche an, wenn es ihm gelänge sie wegzuschicken.

»Ich werde Mamsell Agata noch heute kündigen. Mach dir keine Sorgen. Komm morgen nach dem Gottesdienst in die Sakristei, und du wirst gute Nachricht vorfinden.«

Am nächsten Tag fand kein Gottesdienst in der schwedischen Kirche statt. Der Geistliche war am Abend vorher plötzlich erkrankt, zu spät, um noch einen Vertreter zu finden. Ich machte mich sofort zu seiner Wohnung an der Place des Ternes auf. Seine Frau sagte, sie hätte gerade nach mir schicken wollen. Am Abend war der Geistliche, einer Ohnmacht nahe, nach Hause gekommen. Er sah aus, als hätte er ein Gespenst gesehen, sagte seine Frau.

Vielleicht hat er eins gesehen, dachte ich auf dem Weg zu seinem Zimmer. Er berichtete, er hätte gerade angefangen, mit Mamsell Agata von seinem Auftrag zu sprechen, und erwartet, sie würde nun sehr zornig werden. Aber statt dessen hatte sie ihn nur angesehen und gelächelt. Im selben Augenblick verspürte er einen höchst seltsamen Geruch im Zimmer. Er hatte das Gefühl, ohnmächtig zu werden. Sicher war es der Geruch, meinte er.

»Nein«, sagte ich, »es war das Lächeln.«

Ich verordnete ihm Bettruhe, bis ich wiederkäme. Er fragte, was um Himmels willen denn mit ihm los sei. Ich sagte, ich wüßte es nicht – das war nicht wahr, ich wußte es nur zu gut, ich kannte die Symptome wohl.

»Übrigens«, sagte ich, als ich mich zum Gehen wandte, »kannst du mir nicht etwas von Lazarus erzählen? Du als Pfarrer weißt sicher mehr von ihm als ich. Gibt es nicht eine alte Legende...?«

»Lazarus«, sagte der Pfarrer mit schwacher Stimme, »war der Mann, der lebend in sein Haus aus dem Grabe zurückkehrte, wo er drei Tage und Nächte in der Gewalt des Todes geruht hatte. Man konnte nicht an dem Wunder zweifeln, denn Maria und Martha und viele frühere Freunde hatten ihn gesehen.«

»Ich möchte wissen, wie er wohl aussah?«

»Die Legende sagt, daß die Merkmale, die die zerstörende Kraft des Todes seinem Körper aufgeprägt hatte, noch erkennbar waren an der bläulich-leichenhaften Gesichtsfarbe und der Todeskälte seiner langen Finger, auch nachdem das Wunder ihn erweckt hatte. Die dunklen Fingernägel waren gewachsen, und schwüler Grabesgeruch haftete noch an seinen Kleidern. Als Lazarus hervortrat zu der Menge, die gekommen war, den Auferstandenen zu begrüßen, erstarben ihnen die frohen Begrüßungsworte auf den Lippen. Eine schwere Benommenheit senkte sich wie Staub über ihre Gedanken. Einer nach dem anderen floh, starr vor Angst und Grauen.«

Während der Kaplan die alte Legende hersagte, wurde seine Stimme schwächer; unruhig warf er sich im Bett hin und her, sein Gesicht wurde weiß wie das Kissen, auf dem er ruhte.

»Weißt du genau, daß Lazarus der einzige war, der aus dem Grabe auferstanden ist?« fragte ich, »weißt du, ob er nicht noch eine Schwester hatte?«

Der Kaplan schlug mit einem Angstschrei die Hände vors Gesicht.

Auf der Treppe begegnete ich Oberst Staaff, dem schwedischen Militärattaché, der gerade kam, um sich nach dem Pfarrer zu erkundigen. Der Oberst lud mich ein, mit ihm nach Hause zu fahren. Er müßte mich in einer wichtigen Angelegenheit sprechen. Er hatte in der französischen Armee gedient, sich während des Krieges 70 besonders ausgezeichnet und war bei Gravelotte verwundet worden. Er hatte eine Französin geheiratet und spielte eine hervorragende Rolle in der Pariser Gesellschaft.

»Du weißt«, begann der Oberst, als wir bei einer Tasse Tee beisammen saßen, »du weißt, daß ich dein Freund bin und mehr als doppelt so alt als du. Du darfst mir nicht übelnehmen, was ich dir in deinem eigenen Interesse sagen muß. Meine Frau und ich haben in der letzten Zeit oft Klagen gehört über die tyrannische Art und Weise, wie du deine Patienten behandelst. Niemand liebt es, wenn man ihm fortwährend Worte wie Disziplin und Gehorsam an den Kopf wirft. Damen, besonders Französinnen, sind eine so rauhe Behandlung, noch dazu von einem jungen Dachs wie du, nicht gewöhnt. Sie nennen dich schon ›Tiberius‹ mit Spitznamen. Leider, fürchte ich, scheint es dir ebenso selbstverständlich, zu befehlen, wie es deiner Meinung nach für andere selbstverständlich ist, dir zu gehorchen. Du bist im Irrtum, lieber Freund! Niemand liebt es zu gehorchen, jeder wünscht zu befehlen.«

»Ich bin anderer Meinung, die meisten Menschen und fast alle Frauen lieben es, zu gehorchen.«

»Warte, bis du verheiratet bist«, sagte mein alter Freund mit einem verstohlenen Blick nach der Tür zum Wohnzimmer.

»Nun zu einer weit wichtigeren Angelegenheit«, fuhr der Oberst fort. »Es gehen Gerüchte um über deine Unvorsichtigkeit in gewissen Angelegenheiten, die dein Privatleben betreffen. Man spricht von einer mysteriösen Frau, die mit dir zusammenwohnt, angeblich als deine Haushälterin. Sogar die Gattin des englischen Konsuls deutete meiner Frau gegenüber etwas Derartiges an, die dich natürlich sehr energisch verteidigte. Was werden der schwedische Gesandte und seine Frau, die dich wie einen Sohn behandeln, sagen, wenn sie von diesen Dingen erfahren, was früher oder später unvermeidlich ist? Ich sage dir, mein Freund, das ist unmöglich für einen Arzt in deiner Stellung, der so viele Damen der englischen und französischen Gesellschaft behandelt. Ich wiederhole, das ist eine Unmöglichkeit. Wenn du eine Mätresse haben mußt, meinetwegen. Aber schaff sie um Himmels willen aus dem Hause. Nicht einmal die Franzosen vertragen einen solchen Skandal.«

Ich dankte dem Oberst. Ich sagte ihm, er hätte vollkommen recht. Ich hätte oft versucht, sie aus dem Hause zu schaffen, aber nicht die Kraft dazu aufgebracht.

»Ich weiß, es ist nicht leicht«, gab der Oberst zu. »Ich bin selbst jung gewesen. Wenn du nicht den Mut hast, sie zu entfernen, will ich dir helfen. Das ist was für mich. Ich fürchte mich weder vor Männern noch vor Frauen. Ich habe bei Gravelotte die Preußen angegriffen. Ich habe in sechs schweren Schlachten dem Tod ins Auge gesehen...«

»Warte, bis du Mamsell Agata Swenson ins Auge siehst«, sagte ich.

»Ist es dein Ernst, daß sie Schwedin ist? Nun, um so besser, schlimmstenfalls werde ich veranlassen, daß sie durch die Gesandtschaft aus Frankreich ausgeweisen wird. Ich werde morgen vormittag um zehn Uhr in deiner Wohnung sein. Du bist doch zu Hause?«

»Nein, danke, ich nicht, ich gehe niemals in ihre Nähe, wenn ich es vermeiden kann.«

»Et pourtant tu couches avec elle?« platzte der Oberst heraus und sah mich verblüfft an.

Fast wäre mir regelrecht übel geworden auf seinem Teppich, als er mir noch rechtzeitig einen steifen Whisky-Soda verabfolgte, ehe ich aus dem Hause taumelte. Ich nahm noch seine Einladung an, am nächsten Tag bei ihm den Sieg zu feiern.

Ich saß am nächsten Tag allein mit Frau Staaff beim Abendessen. Der Oberst war nicht ganz wohl. Ich sollte nach dem Essen zu ihm kommen. Die alte Wunde von Gravelotte sei es wohl, die ihm wieder zu schaffen mache, meinte seine Frau. Der Held von Gravelotte lag auf seinem Bett mit einer kalten Kompresse auf der Stirn. Er sah sehr alt und mitgenommen aus. Seine Augen hatten einen leeren Blick, den ich bisher nie bei ihm gesehen hatte.

»Hat sie gelächelt?« fragte ich. Er zitterte am ganzen Körper, als er die Hand nach einem Whisky-Soda ausstreckte.

»Hast du den langen schwarzen Haken an ihrem Daumennagel gesehen, wie bei einer Fledermaus?«

Er wurde weiß und wischte sich den Schweiß von der Stirn.

»Was soll ich tun?« fragte ich, den Kopf in beiden Händen.

»Es gibt nur einen Ausweg«, antwortete der Oberst mit schwacher Stimme. »Du mußt heiraten, oder du wirst dich dem Trunk ergeben.«

14

Vicomte Maurice

Ich habe mich nicht verheiratet und nicht dem Trunk ergeben.

Ich fand einen anderen Ausweg; ich vermied einfach die Avenue de Villiers. Rosalie brachte mir früh um sieben Tee und »Figaro« ins Schlafzimmer; eine halbe Stunde später war ich fort, um erst um zwei Uhr zur Sprechstunde zurückzukommen. Dann verschwand ich wieder mit dem letzten Patienten und kam erst am späten Abend heimlich wie ein Dieb in mein Schlafzimmer geschlichen. Rosalies Lohn wurde verdoppelt. Sie hielt tapfer auf ihrem Posten aus, klagte nur, daß sie nichts zu tun hätte, als die Tür zu öffnen. Alles übrige, das Klopfen der Teppiche, das Ausbessern meiner Anzüge, das Putzen meiner Stiefel, das Waschen und das Kochen wurde von Mamsell Agata besorgt. Da sie die Notwendigkeit einer Verbindung zwischen sich und der Außenwelt einsah und immer jemanden zur Hand haben mußte, mit dem sie sich zanken konnte, duldete Mamsell Agata Rosalies Gegenwart in grimmiger Resignation. Sie hätte sie sogar einmal angelächelt, sagte Rosalie mit etwas unsicherer Stimme. Bald begann auch Tom die Avenue de Villiers zu meiden aus Angst vor Mamsell Agata. Er verbrachte den Tag, indem er mit mir herumfuhr, Patienten zu besuchen, nahm kaum eine Mahlzeit zu Hause ein und ging nie in die Küche, was sonst alle Hunde lieben. Sobald er heimkam von seinem Tagewerk, schlich er nach seinem Korbe in meinem Schlafzimmer, wo er sich relativ sicher fühlte. Als meine Praxis zunahm, wurde es immer schwerer, die Zeit für unser gewohntes Sonntagsnachmittagsaustoben im Bois de Boulogne zu erhaschen. Hunde müssen ebenso wie Menschen hier und da ein wenig an Mutter Erde schnüffeln, um bei Laune zu bleiben. Nichts ist besser als ein flotter Gang unter vertrauten Bäumen, wären es auch nur die halbgezähmten Bäume des Bois de Boulogne und ein gelegentliches Versteckspiel im Dickicht mit einer zufälligen Bekanntschaft. Eines Tages schlenderten wir durch eine Seitenallee und freuten uns am Zusammensein, als wir plötzlich weit hinten ein verzweifeltes Schnaufen und Keuchen hörten zwischen Anfällen von Husten und Ersticken. Ich hielt es für einen Fall von Asthma, aber Tom diagnostizierte den Fall sofort als einen halberstickten kleinen Bully oder Mops, der in Windeseile ankam und mit seinem letzten Atem flehte, auf ihn zu warten. Im nächsten Augenblick lag Loulou halbtot zu meinen Füßen, zu fett zum Atmen, zu erschöpft zum Reden, die schwarze Zunge fast aus dem Maul fallend, die blutunterlaufenen Augen aus den Höhlen quellend vor Freude und Aufregung.

»Loulou! Loulou!« rief eine verzweifelte Stimme aus einem Coupé, das in der Hauptallee vorbeifuhr.

»Loulou! Loulou!« rief ein Diener, der durchs Dickicht auf uns zukam. Der Diener sagte, er habe die Marquise und Loulou auf dem gewohnten Fünfminutenspaziergang neben dem Wagen begleitet, da hätte Loulou plötzlich aufgeregt nach allen Seiten geschnüffelt und wäre so flink durch die Büsche davongejagt, daß er ihn gleich aus den Augen verlor. Die Marquise wäre halb ohnmächtig von der Jungfer zum Wagen gebracht worden, er selbst suche schon eine halbe Stunde, während der Kutscher in der Allee auf und ab fuhr und jeden Spaziergänger um Nachricht über Loulou anredete. Die Marquise vergoß einen Strom von Freudentränen, als ich Loulou auf ihren Schoß niederlegte, er selbst war noch sprachlos vor Luftmangel. »Er wird einen Schlaganfall kriegen!« schluchzte sie. Wirklich war er so nahe dran, einen zu bekommen, wie ein fetter alter Mops es nur sein kann. Da ich nun die unfreiwillige Ursache von allem war, nahm ich die Einladung seiner Herrin zum Tee an. Als Tom auf meinen Schoß sprang, bekam Loulou einen Wutanfall, an dem er fast erstickte. Den Rest der Fahrt verbrachte er reglos im Schoß seiner Herrin, in völligem Kollaps, ein Auge wütend auf Tom gerichtet, während das andere mir liebevoll zublinzelte.

»Alles mögliche hab' ich schon gerochen im Leben«, sagte das Auge, »aber deinen ganz besonderen Geruch hab' ich nie vergessen. Ich mag ihn lieber als den Geruch von irgend jemand sonst. Welche Freude, dich endlich gefunden zu haben! Nimm doch mich auf den Schoß statt des schwarzen Fixköters da! Keine Angst, dem werd' ich's schon geben, sobald ich nur etwas Puste habe!«

»Was du da redest, läßt mich völlig kalt, stupsnäsiges kleines Scheusal«, sagte Tom hoheitsvoll, »so was ist mir noch nicht vorgekommen, man schämt sich fast, ein Hund zu sein! Ein preisgekrönter Pudel wie ich knurrt doch nicht eine Wurst an! Halt du nur lieber deine schwarze Zunge, sonst fällt sie dir wirklich noch aus dem Froschmaul!«

Nach unserer zweiten Tasse Tee trat Monsieur l'Abbé in den Salon, um seinen gewohnten Nachmittagsbesuch zu machen. Der freundliche Abbé machte mir Vorwürfe, daß ich ihm nichts von meiner Rückkehr nach Paris mitgeteilt hatte. Der Graf frage oft nach mir, er würde sich so freuen, mich zu sehen. Die Gräfin war zum Luftwechsel in Monte Carlo. Sie war nun sehr gesund und guter Dinge. Leider könne er das nicht auch vom Grafen sagen. Der hatte seine sitzende Lebensweise wieder begonnen und verbrachte den ganzen Tag Zigarren rauchend im Sessel. Der Abbé meinte, er müsse mich warnen. Vicomte Maurice sei wütend auf mich, weil ich ihn in Château Rameaux zum besten gehabt hätte. Ich hätte sowohl ihn als auch den kleinen Dorfarzt hypnotisiert, zu glauben, er habe Kolitis, nur um zu verhindern, daß er die Goldene Medaille bei dem Preisschießen der Société du Tir de France bekäme. Der Abbé beschwor mich, ihm nicht über den Weg zu laufen, er sei bekannt wegen seiner unberechenbaren Heftigkeit, stritte sich ewig herum und hätte erst vor einem Monat wieder ein Duell gehabt. Es könne Gott weiß was geschehen, wenn wir uns begegneten.

»Nichts würde geschehen«, sagte ich; »ich habe von diesem Rüpel nichts zu befürchten, denn er hat Angst vor mir. Wie ich im Herbst im Rauchzimmer von Château Rameaux bewiesen habe, bin ich der Stärkere von uns beiden, und es freut mich, von Ihnen zu hören, daß er diese Lehre nicht vergessen hat. Seine einzige Überlegenheit mir gegenüber besteht darin, daß er eine Schwalbe oder Lerche mit dem Revolver auf fünfzig Schritt aus der Luft holt, während ich vermutlich einen Elefanten in gleicher Entfernung fehlen würde. Aber es ist nicht anzunehmen, daß er je von dieser Überlegenheit Gebrauch macht – er wird mich nie fordern –, da er mich für nicht satisfaktionsfähig hält. Sie erwähnten das Wort ›Hypnose‹, ich habe das bloße Wort schon satt, es wird mir dauernd ins Gesicht geschleudert, weil ich ein Schüler Charcots war. Begreifen Sie doch ein für allemal, daß all dieser Unsinn über hypnotische Kraft eine veraltete Theorie ist, die die moderne Wissenschaft ablehnt. Es ist auch kein Fall von Hypnose, sondern von Einbildung. Dieser Hanswurst bildet sich ein, ich hätte ihn hypnotisiert; nicht ich habe diese alberne Idee in seinen Kopf gesetzt, das hat er ganz allein getan, wir nennen das Autosuggestion. Um so besser für mich. Es macht ihn unfähig, mir zu schaden, wenigstens in meiner Gegenwart.«

»Aber könnten Sie ihn hypnotisieren, wenn Sie es wollten?«

»Ja, ganz leicht, er ist ein ausgezeichnetes Objekt, Charcot wäre begeistert, ihn in seinen Dienstagsvorlesungen in der Salpêtrière vorzuführen.«

»Da Sie sagen, daß es so etwas wie eine ›hypnotische Kraft‹ nicht gibt, meinen Sie denn, daß ich zum Beispiel ihn zwingen könnte, meinen Befehlen zu gehorchen, wenn er den Ihren gehorcht?«

»Ja, falls er glaubt, daß Sie diese Kraft besitzen, was er bestimmt nicht glaubt.«

»Warum nicht?«

»Da liegt eben die Schwierigkeit. Eine befriedigende Antwort auf Ihre Frage ist heute noch nicht möglich. Es ist dies ja eine relativ junge Wissenschaft, noch in den Kinderschuhen.«

»Könnten Sie ihn dazu bringen, ein Verbrechen zu begehen?«

»Nicht, wenn er nicht von sich aus dazu fähig wäre. Da ich überzeugt bin, daß dieser Mensch verbrecherische Instinkte hat, ist die Frage in seinem Falle zu bejahen.«

»Könnten Sie ihn bewegen, die Gräfin aufzugeben?«

»Nein, es sei denn, daß er es selber wünschte und sich einer methodischen Behandlung durch hypnotische Suggestion unterwürfe. Selbst dann würde es lange dauern, denn der sexuelle Instinkt ist der stärkste in der menschlichen Natur.«

»Versprechen Sie mir, ihm aus dem Wege zu gehen; er sagt, er würde Sie bei der ersten Begegnung mit seiner Reitpeitsche ›traktieren‹.«

»Das kann er gern versuchen, ich weiß mich in solchem Falle zu benehmen, keine Sorge, ich bin durchaus fähig, mich zu verteidigen.«

»Zum Glück ist er bei seinem Regiment in Tours und wird voraussichtlich nicht so bald in Paris auftauchen.«

»Mein lieber Abbé, Sie sind viel naiver, als ich dachte; er ist augenblicklich mit der Gräfin in Monte Carlo und wird in Paris sein, wenn sie von ihrem Luftwechsel zurückkommt.«

Schon am nächsten Tage wurde ich beruflich zum Grafen gebeten. Der Abbé hatte recht, ich fand ihn in sehr unerfreulicher Verfassung, körperlich wie seelisch. Man kann einem älteren Mann wenig helfen, wenn er den ganzen Tag im Lehnstuhl sitzt und über endlosen Zigarren an nichts anderes denkt als an seine junge schöne Frau, die zum Luftwechsel nach Monte Carlo gefahren ist. Auch kann man ihm wenig helfen, wenn sie zurückkommt, um wieder eine der meistbewunderten und -begehrten Frauen der Pariser Gesellschaft zu sein, die am Tage bei Worth neue Kleider anprobiert, ihre Abende auf Bällen und im Theater verbringt und ihren Mann nach einem frostigen Gutenachtkuß sich selbst überläßt. Je mehr ich vom Grafen sah, um so mehr mochte ich ihn. Er war der vollkommenste Typ eines französischen Aristokraten des alten Regimes. Der wahre Grund meiner Zuneigung war vielleicht, daß er mir leid tat. In jenen Tagen dämmerte es mir noch nicht, daß die einzigen Menschen, die ich liebte, die waren, die mir leid taten. Das war wohl auch der Grund, weshalb ich die Gräfin nicht mochte, als ich sie zum ersten Male wiedersah nach unserer Begegnung unter der Linde im Park von Château Rameaux, damals, als der Mond voll war und die Eule mich davor bewahrte, sie zu gern zu haben. Nein, ich mochte sie gar nicht, als ich neben dem Abbé saß und über den Tisch herüber beobachtete, wie erfreut sie die dummen Witze des Vicomte belachte, von denen einige augenscheinlich mich betrafen, wie ich aus seinen frechen Seitenblicken schoß. Keiner von beiden richtete das Wort an mich. Das einzige Zeichen des Erkennens, das ich von der Gräfin erhalten hatte, war vor Tisch ein zerstreuter Händedruck gewesen. Der Vicomte hatte meine Gegenwart völlig ignoriert. Die Gräfin war so schön wie immer, aber es war nicht dieselbe Frau. Sie sah blühend aus, der sehnsuchtsvolle Ausdruck in den großen Augen war verschwunden. Ich sah auf den ersten Blick, daß im Park von Monte Carlo Vollmond gewesen war und keine warnende Eule im Lindenbaum! Vicomte Maurice sah ungemein selbstzufrieden aus, und seine unverkennbare Siegermiene wirkte geradezu herausfordernd.

»Ça y est[1]«, sagte ich zum Abbé, als wir nach Tisch im Rauchzimmer saßen. »Liebe ist wirklich blind, wenn man dies Liebe nennen soll. Sie hat ein besseres Schicksal verdient, als diesem entarteten Tölpel in die Hände zu fallen.«

»Wissen Sie, daß es noch keinen Monat her ist, seit der Graf seine Spielschulden bezahlt hat, um ihn vor dem schlichten Abschied zu retten; es gibt auch noch ein Gerücht

[1] Nun hat's geschnappt

über einen ungedeckten Scheck. Man sagt, er zahle phantastische Summen an eine berühmte Kokotte. Und das ist der Mann, der heute abend die Gräfin zum Maskenball der Oper begleitet.«

»Wenn ich doch schießen könnte!«

»Um des Himmels willen, reden Sie nicht so, ich wollte, Sie gingen jetzt, er kommt sicher herein, um seinen Brandy-Soda zu nehmen.«

»Er sollte lieber vorsichtig sein mit seinen Brandy-Sodas. Sahen Sie nicht, wie seine Hand zitterte, als er seine Medizin ins Weinglas tropfte? Auf alle Fälle ein gutes Omen für Schwalben und Lerchen. Sehen Sie nicht so besorgt zur Tür, er findet es viel zu schön, im Salon der Gräfin den Hof zu machen. Ich muß übrigens gehen, mein Wagen wartet.«

Ich ging nach oben, um den Grafen noch einen Augenblick zu sehen, er war beim Zubettgehen und sagte, er sei sehr schläfrig, der Glückliche! Als ich ihm gute Nacht sagte, hörte ich von unten das jämmerliche Geheul eines Hundes. Ich wußte, daß Tom in der Halle in seiner gewohnten Ecke auf mich wartete, laut stehender Einladung des Grafen, der Hunde liebte und ihm eigens einen bequemen Teppich angewiesen hatte. So rasch ich konnte, war ich unten. Tom lag zusammengebrochen an der Haustür, schwach stöhnend, während ihm Blut aus dem Maul floß. Über ihn gebeugt stand Vicomte Maurice und trat wütend nach ihm. So unerwartet fiel ich über die Canaille her, daß er das Gleichgewicht verlor und zu Boden stürzte. Ein zweiter wohlgezielter Hieb streckte ihn von neuem nieder, als er gerade aufspringen wollte. Ich ergriff Hut und Mantel, sprang, den Hund unterm Arm, in meinen Wagen und fuhr in eiligem Tempo nach der Avenue des Villiers. Es war ohne weiteres zu sehen, daß der arme Tom schwere innere Verletzungen hatte. Ich saß die ganze Nacht bei ihm, der Atem wurde immer mühsamer, die Blutung hörte nicht auf. Am Morgen erschoß ich den treuen Freund, um ihm weiteres Leiden zu ersparen.

Zu meiner Erleichterung erhielt ich am Nachmittag ein

Schreiben von zwei Kameraden des Vicomte, die mich ersuchten, sie mit meinen Sekundanten in Verbindung zu setzen, da der Vicomte nach einigem Zögern doch beschlossen habe, mir die Ehre zu erweisen usw. usw.... Nur mühsam gelang es mir, den schwedischen Militärattaché Oberst Staaff zu überreden, mir in dieser Sache beizustehen. Mein Freund Edelfeld, der bekannte finnische Maler, sollte der zweite Sekundant sein; Norström wollte als mein Arzt mitkommen.

»Nie im Leben hab ich so viel Glück gehabt wie in diesen letzten vierundzwanzig Stunden«, sagte ich zu Norström, als wir an unserem gewohnten Tisch im Café de la Régence zu Mittag aßen. »Offen gesagt, hatte ich scheußliche Angst, daß ich Angst haben würde. Statt dessen hat meine Neugier, zu sehen, wie ich diese Probe bestehen würde, meine Gedanken so beschäftigt, daß ich gar keine Zeit hatte, etwas anderes zu denken. Du weißt, wie mich Psychologie interessiert.«

Norström schien sich an diesem Abend nicht für Psychologie zu interessieren, was er, nebenbei bemerkt, überhaupt nicht tat. Er war ungewöhnlich schweigsam und feierlich, ich gewahrte eine gewisse Zärtlichkeit in seinen leblosen Augen, so daß ich mich fast schämte.

»Hör mich, Axel«, sagte er mit leicht verschleierter Stimme, »hör mich...«

»Sieh mich nicht so an und sei vor allen Dingen nicht sentimental, es paßt nicht zu deinem Typ. Kratz dir den dummen alten Kopf und versuche die Lage zu begreifen. Wie kannst du dir nur einen Augenblick einbilden, daß ich so ein Narr sein könnte, morgen im Bois de St. Cloud diesem Wilden gegenüberzutreten, wenn ich nicht wüßte, daß er mich nicht töten kann. Der Gedanke ist zu albern, um ihn auch nur einen Augenblick ernst zu nehmen. Außerdem sind diese französischen Duelle eine bloße Posse, das weißt du so gut wie ich. Wir haben doch beide bei mehr als einer dieser Komödie als Ärzte assistiert. Die Schauspieler treffen ab und zu einen Baum, aber niemals einander. Laß uns bitte eine Flasche Chambertin trinken und gleich zu Bett gehen, Burgunder macht mich schläfrig. Seit mein armer Hund starb, hab ich kaum geschlafen, heute nacht muß ich um jeden Preis Ruhe haben.«

Der Morgen war kalt und neblig. Mein Puls war stetig bei achtzig, aber ich merkte ein sonderbares Zucken in den Waden und eine erhebliche Hemmung beim Sprechen; so sehr ich mir auch Mühe gab, ich konnte den Tropfen Kognac nicht 'runterkriegen, den mir Norström aus seiner Feldflasche reichte, als wir aus dem Wagen stiegen. Die endlosen einleitenden Formalitäten ärgerten mich um so mehr, als ich kein Wort davon verstand. Wie töricht das alles ist und welche Zeitvergeudung! dachte ich. Wieviel einfacher wäre es, ihm eine gesunde Tracht Prügel à l'anglaise zu geben und damit gut. Jemand erklärte, der Nebel stünde nun hoch genug, um klare Sicht zu gewähren. Ich war erstaunt, es zu hören, mir schien der Nebel dichter denn je. Trotzdem konnte ich ganz gut sehen, wie Vicomte Maurice mir gegenüberstand in seiner gewohnten unverschämten Nonchalance, die Zigarette im Mund, und sich scheinbar sehr wohl fühlte. In diesem Augenblick begann hinter mir im Gebüsch ein Rotkehlchen zu singen. Ich dachte gerade darüber nach, was in aller Welt das Kerlchen so spät im Jahr im Bois de St. Cloud wollte, als Oberst Staaff mir eine lange Pistole in die Hand gab.

»Tief zielen!« flüsterte er.

»Feuer!« kommandierte eine scharfe Stimme.

Ich hörte einen Schuß. Ich sah den Vicomte die Zigarette aus dem Mund fallen lassen und Professor Labbé nach ihm hinlaufen. Kurz darauf fand ich mich in Oberst Staaffs Wagen sitzend, Norström auf dem Rücksitz, ein breites Grinsen im Gesicht. Der Oberst klopfte mir auf die Schulter, aber niemand sprach.

»Was ist geschehen, warum schoß er nicht? Ich will keine Gnade haben von diesem Vieh – ich werde ihn meinerseits fordern –, ich werde...«

»Nichts Derartiges wirst du tun – du wirst Gott danken

für deine wunderbare Rettung«, unterbrach mich der Oberst. »Er tat sein möglichstes, dich zu töten, und hätte es zweifellos getan, hättest du ihm zum zweiten Schuß Zeit gelassen. Zum Glück drücktet ihr gleichzeitig ab; hättest du den Bruchteil einer Sekunde gezögert, so säßest du nicht neben mir. Hörtest du nicht die Kugel über deinem Kopf pfeifen? Sieh her!«

Da plötzlich, beim Anblick meines Hutes, senkte sich der Vorhang vor meiner Heldenrolle. Die schlecht sitzende Verkleidung als tapferer Mann glitt herab, der wahre Mensch stand vor mir, der Mensch, der den Tod fürchtet. Schaudernd vor Angst sank ich zurück in die Wagenecke.

»Ich bin stolz auf dich, mein Junge«, fuhr der Oberst fort, »es tat meinem alten Soldatenherzen wohl, dich zu beobachten, ich hätte es selbst nicht besser machen können! Als wir bei Gravelotte gegen die Preußen ritten...«

Das Schnattern meiner Zähne ließ mich das Ende des Satzes nicht hören. Mir ward elend und übel, ich wollte Nordström bitten, das Fenster herunterzulassen, um Luft zu kriegen, ich brachte aber kein Wort heraus. Die Tür wollte ich aufreißen und auskneifen wie ein Hase, konnte aber weder Arme noch Beine rühren.

»Er schweißte ordentlich«, schmunzelte Nordström. »Professor Labbé sagte, daß die Kugel die rechte Lungenbasis durchschlagen habe, er könne noch von Glück sagen, wenn er nur zwei Monate liegen müsse.«

Das Zähneschnattern hörte sofort auf, ich lauschte gespannt.

»Ich ahnte nicht, daß du ein so glänzender Schütze bist«, sagte der ritterliche Oberst. »Warum erzähltest du mir denn, du hättest nie eine Pistole in der Hand gehabt?«

Plötzlich lachte ich laut und wußte nicht warum.

»Es ist kein Grund zum Lachen«, sagte der Oberst ernst, »der Mann ist schwer verwundet, Professor Labbé sah sehr besorgt aus, es kann als Trauerspiel enden.«

»Um so schlimmer für ihn«, sagte ich, wie durch ein Wunder wieder fähig zu reden, »er hat meinen wehrlosen

Hund totgetreten, in seinen Mußestunden tötet er Schwalben und Lerchen, er hat allerhand verdient. Weißt du, daß der Areopag von Athen das Todesurteil über einen Knaben fällte, der einen Vogel blendete?«

»Aber du bist doch nicht der Areopag von Athen!«

»Nein, aber auch nicht die Todesursache dieses Mannes, wenn es dazu kommen sollte. Ich hatte nicht einmal Zeit zum Zielen, die Pistole ging von selber los. Nicht ich habe ihm die Kugel durch die Lunge gejagt, das tat ein anderer. Übrigens, da du den Schurken bedauerst, möchte ich dich fragen, ob du mir dein ›Tiefzielen‹ zuflüstertest, damit ich ihn fehlen sollte?«

»Es freut mich, daß du die Sprache wiedergefunden hast, alter Prahlhans«, lächelte der Oberst. »Als ich dich in den Wagen zog, konnte ich kein Wort verstehen, was du redetest, ich glaube, du wußtest es selbst nicht, du brabbeltest dauernd so etwas von einem Rotkehlchen.«

Als wir durch die Porte Maillot fuhren, hatte ich wieder volle Gewalt über meine dummen Nerven und war recht zufrieden mit mir selbst. Vor der Avenue de Villiers tauchte medusenhaft aus dem Morgennebel Mamsell Agatas Gesicht auf, das mich mit den weißen Augen drohend anstarrte. Ich sah auf meine Uhr, und mein Mut stieg, es war halb acht.

Sie scheuert eben die Patina vom Refektoriumstisch im Eßzimmer, dachte ich; noch ein wenig Glück, und ich kann unbemerkt in mein Schlafzimmer schleichen und Rosalie ein Zeichen geben, mir meinen Tee zu bringen.

Rosalie kam auf den Fußspitzen mit Frühstück und »Figaro«.

»Rosalie, du bist ein Mordskerl! Um des Himmels willen schaff sie weg aus der Halle, ich möchte in einer halben Stunde entwischen. – Ach, Rosalie, und dann bürste mich doch noch ein bißchen ab, ich hab's sehr nötig!«

»Aber Monsieur kann wirklich nicht so gehen Patienten besuchen mit diesem alten Hut, sehen Sie doch! Ein rundes Loch vorne und noch eins hinten, wie sonderbar! Eine

Motte kann das nicht gewesen sein, das ganze Haus stinkt ja nach Naphthalin, seit Mamsell Agata da ist. Könnte es eine Ratte sein? In Mamsell Agatas Zimmer wimmelt es von Ratten, Mamsell Agata liebt Ratten.«

»Nein, Rosalie, das ist der Totenwurm, er hat Zähne hart wie Stahl und kann genauso ein Loch in den Schädel eines Menschen beißen wie in seinen Hut, wenn das Glück nicht auf seiner Seite ist.«

»Warum schenkt Monsieur den Hut nicht dem alten Don Gaetano, dem Orgelspieler, es ist heute gerade der Tag, an dem er kommt, unter dem Balkon zu spielen.«

»Du darfst ihm jeden Hut schenken, den du willst, nur diesen nicht, den will ich aufheben. Es tut mir gut, die beiden Löcher zu sehen, sie bedeuten Glück.«

»Warum geht Monsieur nicht im Zylinder wie die anderen Ärzte, das ist viel schicker.«

»Es kommt nicht auf den Hut an, sondern auf den Kopf. Mein Kopf ist ›all right‹, solange du mir nur Mamsell Agata aus den Augen schaffst.«

15

John

Ich saß beim Frühstück und las den »Figaro«; nichts sehr Aufregendes. Da fiel mein Blick auf eine Notiz unter großer Überschrift:

Üble Angelegenheit!

Madame Réquin, approbierte Hebamme erster Klasse, Rue Granet, wurde gestern verhaftet wegen des unter verdächtigen Umständen erfolgten Todes eines jungen Mädchens. Ferner erging ein Haftbefehl gegen einen ausländischen Arzt, der, wie man fürchtet, schon außer Landes ist. Madame Réquin steht außerdem unter Anklage, das Verschwinden mehrerer Kinder verschuldet zu haben, die ihrer Obhut anvertraut waren.

Das Blatt fiel mir aus der Hand, Madame Réquin, approbierte Hebamme, Rue Granet! Ich war von so viel Leid umgeben gewesen, so viele Tragödien hatten sich unter meinen Augen abgespielt in diesen letzten Jahren, daß ich diese ganze Angelegenheit vergessen hatte. Als ich nun dasaß und die Notiz im »Figaro« anstarrte, wurde mir alles so lebendig, als wäre es erst gestern gewesen, statt vor drei Jahren, daß ich in jener schrecklichen Nacht Madame Réquin kennenlernte. Als ich nun, meinen Tee schlürfend, die Notiz im »Figaro« wieder und wieder las, freute ich mich doch, daß man dieses scheußliche Weib endlich gefaßt hatte. Ebenso froh machte mich der Gedanke, daß es mir vergönnt gewesen war, in jener unvergeßlichen Nacht zwei Menschenleben, das Leben einer Mutter und das eines

Kindes, davor zu bewahren, durch sie und ihren gemeinen Helfershelfer hingemordet zu werden. Aber da schoß mir ein anderer Gedanke durch den Kopf. Was hatte ich für diese Mutter getan, die schon ein anderer Mann im Stich gelassen hatte, in der Stunde, in der sie ihn am meisten brauchte?

»John, John!« hatte sie in verzweifeltem Ton unter dem Chloroform gerufen, »John! John!«

Hatte ich besser gehandelt als er? Hatte nicht auch ich sie verlassen in der Stunde, wo sie meiner am meisten bedurfte? Was für Qualen muß sie gelitten haben, ehe sie diesem schrecklichen Weib und meinem brutalen Kollegen in die Hände fiel, die sie umgebracht hätten, wäre ich nicht dazwischengetreten, was für Qualen, als das erwachende Bewußtsein sie zur grauenhaften Wirklichkeit ihrer Umgebung zurückbrachte. Und das halberstickte Kind, das mich mit seinen blauen Augen angesehen hatte, als es seinen ersten Atemzug tat und die lebensspendende Luft einsog, die ich ihm, meine Lippen an den seinen, in die Lungen hauchte, was hatte ich für dies Kind getan? Ich hatte es dem barmherzigen Tod aus den Armen gerissen, um es in die Arme von Madame Réquin zu werfen! Wie viele neugeborene Kinder hatten nicht aus ihrem umfangreichen Busen schon den Tod gesogen? Was hatte sie mit dem blauäugigen Knaben gemacht? War er unter den achtzig Prozent der hilflosen kleinen Reisenden im »Train des nourrices«, die nach offizieller Statistik während ihres ersten Lebensjahres starben, oder unter den übrigen zwanzig Prozent, die einem vielleicht schlimmeren Schicksal entgegenlebten?

Eine Stunde später hatte ich von der Polizeiverwaltung die Erlaubnis erbeten und erhalten, Madame Réquin im Gefängnis zu besuchen. Sie erkannte mich gleich und begrüßte mich so herzlich, daß es mir vor dem Gefängniswärter, der mich zur Zelle begleitet hatte, peinlich war.

Der Knabe war in der Normandie und sehr glücklich. Sie hatte gerade ausgezeichnete Nachrichten von seinen Pflegeeltern über ihn erhalten, die ihn zärtlich liebten. Leider konnte sie die Adresse eben nicht finden, es war da eine kleine Verwechslung in ihrer Liste. Möglich, aber nicht wahrscheinlich, daß ihr Mann sich der Adresse entsänne.

Überzeugt, daß das Kind tot sei, aber um nichts unversucht zu lassen, sagte ich scharf, wenn ich die Adresse der Pflegeeltern nicht binnen achtundvierzig Stunden hätte, würde ich sie der Behörde wegen Kindesmordes anzeigen und auch wegen Diebstahls einer wertvollen Diamantbrosche, die ich in ihrer Obhut gelassen hätte. Es gelang ihr, ein paar Tränen in den kalten Augen zu zerdrücken; sie schwor, sie hätte die Brosche nicht gestohlen, sie hätte sie als Andenken an die süße junge Dame behalten, die sie so zärtlich gepflegt hätte, als wäre es ihre Tochter.

»Sie haben achtundvierzig Stunden«, sagte ich und überließ Madame Réquin ihren Gedanken.

Am Morgen des zweiten Tages besuchte mich Madame Réquins edler Gatte, mit dem Pfandschein der Brosche und den Namen dreier Dörfer in der Normandie, in die Madame Réquin während jenes Jahres ihre Babys zu befördern pflegte. Sofort schrieb ich an die drei Bürgermeister der betreffenden Dörfer mit der Bitte, ausfindig zu machen, ob sich ein blauäugiger Knabe, etwa drei Jahre alt, unter den Pflegekindern ihrer Dörfer befände. Nach langem Warten bekam ich von zwei Bürgermeistern verneinende Auskunft, vom dritten gar keine. Darauf schrieb ich an die Geistlichen dieser Dörfer, und nach Monaten des Wartens teilte mir der Curé von Villeroy mit, er hätte bei einer Schuhmachersfrau einen Knaben entdeckt, der meiner Beschreibung entsprechen könnte. Er wäre vor drei Jahren aus Paris gekommen, und blaue Augen hätte er bestimmt.

Ich war nie in der Normandie gewesen, es war Weihnachtszeit, und ich meinte, einen kleinen Urlaub zu verdienen. Es war tatsächlich am Heiligen Abend, als ich an die Tür des Schuhmachers klopfte. Keine Antwort. Ich kam in ein trübes Zimmer, am Fenster stand der niedere Schustertisch, schmierige, vertragene Stiefel und Schuhe aller Größen lagen verstreut am Boden, gewaschene Hemden und

Unterröcke hingen zum Trocknen an der Leine unter der Decke. Das Bett war ungemacht, Laken und Decken sahen unsagbar schmutzig aus. Auf dem Steinboden der übelriechenden Küche saß ein halbnackter kleiner Knabe und aß eine rohe Kartoffel. Er warf einen angstvollen Blick aus den blauen Augen auf mich, ließ die Kartoffel fallen, hob unwillkürlich, wie um einen Schlag abzuwehren, das schmächtige Ärmchen und kroch, so flink er konnte, ins Nebenzimmer.

Ich fing ihn ein, als er eben unters Bett kriechen wollte, und setzte mich mit ihm an den Schustertisch, um seine Zähne zu untersuchen. Ja, der Knabe war etwa dreieinhalb Jahre alt, ein kleines Skelett mit abgezehrten Armen und Beinen, enger Brust und einem zu doppeltem Umfang aufgetriebenen Leib. Er saß reglos still auf meinem Schoß, gab keinen Laut von sich, nicht einmal, als ich ihm den Mund öffnete, um die Zähne anzusehen. Keine Zweifel über die Farbe seiner müden freudlosen Augen, sie waren so blau wie meine eigenen.

Die Tür wurde aufgestoßen, und mit einem furchtbaren Fluch taumelte der Schuhmacher ins Zimmer, sinnlos betrunken. Hinter ihm in der offenen Tür stand eine Frau, die einen Säugling an der Brust hatte, während zwei kleine Kinder ihr am Rock hingen. Sie starrte mich verständnislos an. Der Schuhmacher meinte, er wäre verflucht froh, den Bengel loszuwerden, aber erst müsse das rückständige Geld bar ausbezahlt sein. Er hatte mehrmals an Madame Réquin geschrieben, aber keine Antwort bekommen. Ob sie sich einbilde, daß er dieses elende Balg mit seinem eigenen mühsamen Verdienst füttern würde? Die Frau sagte, jetzt, seit sie ein eigenes Kind hätte und noch zwei andere in Pension, gäbe sie den Jungen nur zu gerne her. Sie murmelte dem Schuhmacher etwas zu, und ihre Augen wanderten aufmerksam von meinem Gesicht zu dem des Jungen. Der verängstigte Blick war wieder in den Augen des Knaben, seit die beiden ins Zimmer gekommen waren, die kleine Hand, die ich hielt, zitterte ein wenig. –

Zum Glück hatte ich rechtzeitig an Weihnachten gedacht,

und so zog ich mein Holzpferd aus der Tasche. Er nahm es schweigend mit einer Teilnahmslosigkeit, die ganz unkindlich war, er schien sich nicht viel daraus zu machen.

»Sieh«, sagte die Schuhmachersfrau, »was für ein schönes Pferd dein Papa dir aus Paris mitgebracht hat, sieh doch, Jules!«

»Er heißt John«, sagte ich.

»Er ist ein trübseliges Gör, sagt nie 'nen Ton, nicht 'mal Mama! Und gelacht hat er noch nie.«

Ich hüllte ihn in meine Reisedecke und ging zu Monsieur le Curé, der so freundlich war, mir durch seine Haushälterin ein wollenes Hemd und ein warmes Tuch für unsere Reise besorgen zu lassen.

Der Curé sah mich aufmerksam an und sagte: »Es ist meine Pflicht als Priester, Sünde und Laster zu verdammen und zu strafen, aber ich kann nicht anders als Ihnen sagen, mein Freund, daß ich es achte, daß Sie wenigstens versuchen, Ihre Sünde gutzumachen, eine Sünde, die um so abscheulicher ist, weil die Strafe unschuldige Kinder trifft. Es war hohe Zeit, daß Sie ihn holten, Dutzende dieser armen verlassenen Babys habe ich hier begraben, und bald hätte ich auch Ihren Sohn beerdigt. Sie haben recht gehandelt, ich danke Ihnen!« sagte der alte Mann und klopfte mir auf die Schulter.

Wir waren nahe daran, den Nachtexpreß nach Paris zu versäumen, es war keine Zeit für Erklärungen. John schlief die ganze Nacht, friedlich eingehüllt in sein warmes Tuch, während ich bei ihm saß und mich fragte, was in aller Welt ich mit ihm machen sollte. Ich glaube wirklich, wenn Mamsell Agata nicht gewesen wäre, hätte ich ihn direkt vom Bahnhof nach der Avenue de Villiers mitgenommen. Statt dessen fuhr ich zur Crèche St. Joseph in der Rue de Seine, wo ich die Nonnen gut kannte. Sie versprachen, den Knaben für vierundzwanzig Stunden zu behalten, bis ein passendes Heim für ihn gefunden sei. Sie kannten eine ehrbare Familie, der Mann arbeitete in der Norwegischen Margarinefabrik in Pantin; die hatten eben ihr einziges Kind verloren. Der Vorschlag gefiel mir, ich fuhr gleich hin, und am anderen Tag war der Junge in seinem neuen Heim untergebracht. Die Frau schien klug und tüchtig, etwas heftig schien sie mir nach dem Blick ihrer Augen, aber die Nonnen hatten mir gesagt, sie sei für ihr eigenes Kind eine aufopfernde Mutter gewesen.

Sie erhielt das nötige Geld für seine Ausstaffierung und drei Monate Vorausbezahlung, weniger, als ich für meine Zigaretten ausgab. Ich zog vor, ihr nicht meine Adresse zu geben; weiß Gott, was geschehen würde, wenn Mamsell Agata von der Existenz des Kindes erführe. Joséphine sollte den Nonnen Bescheid sagen, falls etwas schief ginge oder das Kind krank würde. Es dauerte nicht lange, bis sie etwas zu berichten hatte. Der Junge bekam Scharlach, war nah am Tode. Alle skandinavischen Kinder im Pantin-Viertel lagen am Scharlach, ich mußte dauernd hingehen. Kinder brauchen bei Scharlach keine Medizin, nur sorgsame Pflege und ein Spielzeug für die lange Rekonvaleszenz. John bekam beides, denn seine neue Pflegemutter war offenbar sehr gut zu ihm, und ich hatte längst gelernt, Puppen und Holzpferde unter meine Heilmittel aufzunehmen.

»Er ist ein kurioses Kind«, sagte Joséphine, »er sagt nicht einmal Mama, lächelt nie, auch nicht, als er den Knecht Ruprecht bekam, den Sie schickten.«

Denn es war wieder Weihnachten, der Knabe war nun schon ein Jahr bei seiner neuen Pflegemutter, ein Jahr voller Arbeit und Sorge für mich, aber relativ glücklich für ihn. Joséphine war entschieden heftig, oft unverschämt gegen mich, wenn ich sie schelten mußte, weil der Junge nicht gut genug gehalten war, oder weil sie nie das Fenster aufmachte. Aber ich hörte sie nie ein böses Wort an ihn richten, und wenn ich auch nicht glaubte, daß er sie liebte, so konnte ich doch an seinen Augen sehen, daß er keine Angst vor ihr hatte. Er schien merkwürdig gleichgültig gegen alle und alles. Allmählich wurde ich unruhig um ihn und unzufrieden mit seiner Pflegemutter. Der Knabe hatte wieder den verängstigten Blick in den Augen, und es war klar, daß

Joséphine ihn vernachlässigte. Ich hatte öfters Krach mit ihr, was meistens damit endete, daß sie ärgerlich sagte, wenn ich nicht zufrieden wäre, sollte ich ihn nur wegnehmen, sie hätte mehr als genug von ihm. Ich hatte den Grund wohl erkannt, sie sollte selber Mutter werden. Nach der Geburt ihres eigenen Kindes wurde es viel schlimmer, und ich sagte ihr endlich, daß ich entschlossen sei, den Knaben wegzunehmen, sobald ich das Rechte für ihn gefunden hätte. Durch Erfahrung gewarnt, wollte ich einen neuen Mißgriff unbedingt vermeiden.

Als ich einige Tage später nach Hause zur Sprechstunde kam, hörte ich schon beim Öffnen der Haustür eine zornige Frauenstimme aus dem Wartezimmer schallen. Das Zimmer war voller Leute, die mit gewohnter Geduld auf mich warteten. John saß, in die Sofaecke gedrückt, neben der Frau des englischen Geistlichen. Mitten im Zimmer stand Joséphine, redend und wild umherfuchtelnd. Sobald sie mich in der Tür sah, wandte sie sich zum Sofa, ergriff John und warf ihn tatsächlich nach mir, ich hatte kaum Zeit, ihn in meinen Armen aufzufangen.

»Natürlich bin ich nicht gut genug, um so ein junges Herrchen zu pflegen wie dich, Monsieur John!« brüllte Joséphine. »Du bleibst besser beim Doktor, ich habe sein Schelten satt und all seine Lügen, daß du eine Waise wärest. Man braucht ja nur deine Augen zu sehen, da weiß man, wer dein Vater ist!« Sie hob die Portiere, um aus dem Zimmer zu stürzen, und fiel beinahe über Mamsell Agata, die mir aus ihren weißen Augen einen Blick zuwarf, der mich an den Boden nagelte. Die Pfarrersfrau erhob sich vom Sofa, segelte aus dem Zimmer und raffte majestätisch ihr Kleid, als sie an mir vorbeirauschte.

»Bitte nehmen Sie den Jungen mit ins Eßzimmer und bleiben Sie bei ihm, bis ich komme«, sagte ich zu Mamsell Agata. Sie streckte die Arme entsetzt von sich, wie um sich vor etwas Unreinem zu schützen, der Schlitz unter ihrer Hakennase öffnete sich zu einem scheußlichen Lächeln, und sie verschwand hinter der Pfarrersfrau.

Ich setzte mich zum Frühstück, gab John einen Apfel und klingelte nach Rosalie.

»Rosalie«, sagte ich, »nimm dieses Geld, geh und kaufe dir ein Waschkleid, ein paar weiße Schürzen und was du sonst noch brauchst, um anständig auszusehen. Von heute an bist du zur Pflegerin für dieses Kind ernannt. Es wird heute in meinem Zimmer schlafen, von morgen ab sollst du mit ihm in Mamsell Agatas Zimmer schlafen.«

»Aber Mamsell Agata?« fragte Rosalie, schreckensbleich.

»Mamsell Agata wird von mir entlassen werden, sobald ich fertig gefrühstückt habe.«

Ich schickte meine Patienten fort und ging, um an ihre Tür zu klopfen. Zweimal hob ich zum Klopfen die Hand, zweimal ließ ich sie fallen. Ich klopfte nicht. Ich hielt es für klüger, diese Unterredung bis nach Tisch zu verschieben, wenn meine Nerven sich etwas beruhigt hätten. Mamsell Agata blieb unsichtbar. Rosalie stellte einen ausgezeichneten Pot-au-feu auf den Tisch und einen Milchpudding, den ich mit John teilte; alle Französinnen ihres Standes sind gute Köchinnen. Nach einigen Extragläsern Wein zur Nervenstärkung ging ich an Mamsell Agatas Tür, um zu klopfen, noch bebend vor Wut. Ich klopfte nicht. Plötzlich wurde mir klar, daß es mich den Schlaf einer Nacht kosten würde, wenn ich jetzt den Krach mit ihr herbeizuführen suchte, und Schlaf brauchte ich mehr denn je. Viel besser, die Aussprache bis morgen zu verschieben.

Beim Frühstück kam mir die Überzeugung, daß es das einzig richtige sei, ihr schriftlich zu kündigen. Ich setzte mich hin, um ihr einen geharnischten Brief zu schreiben; aber kaum hatte ich begonnen, als Rosalie mir ein Billett brachte in der zierlichen spitzen Schrift von Mamsell Agata. Darin stand, daß keine anständige Frau einen Tag länger in meinem Hause bleiben könne, daß sie noch heute nachmittag mein Haus für immer verließe, und daß sie mich nie wiedersehen wolle, genau dieselben Worte, die ich gehofft hatte, ihr in meinem Briefe zu sagen.

Während die unsichtbare Gegenwart von Mamsell Agata

noch über dem Hause lastete, ging ich zum Printemps[1], um für John ein Bettchen und ein Schaukelpferd zu kaufen, als Lohn für das, was ich ihm verdankte. Am nächsten Tag kam die Köchin wieder, glücklich und zufrieden. Rosalie strahlte, sogar John schien an seiner neuen Umgebung Gefallen zu finden. Als ich abends an seinem molligen Bettchen saß, war ich glücklich wie ein Schuljunge auf Ferien.

Aber viel Ferien gab es nicht. Ich hatte von morgens bis abends schweren Dienst bei meinen Patienten und nicht selten auch bei den Patienten meiner Kollegen, die sehr zu meiner Überraschung anfingen, mich zu Konsultationen zu rufen, um ihre Verantwortung mit mir zu teilen, denn offenbar scheute ich mich schon damals nicht vor Verantwortung. Später im Leben entdeckte ich, daß dies eins der Geheimnisse meines Erfolges war. Ein anderes Geheimnis meines Erfolges war natürlich mein dauerndes Glück, auffallender denn je, so sehr, daß ich zu glauben begann, ich hätte eine Maskotte im Hause; sogar schlafen konnte ich besser, seit ich abends einen Blick auf den kleinen Jungen in seinem Bettchen warf.

Die Frau des englischen Pfarrers schnitt mich zwar, aber es gab genug ihrer Landsleute, auf ihrem Sofaplatz in meinem Wartezimmer. Der Glanz, der den Namen Professor Charcots umgab, war so groß, daß davon sogar auf den kleinsten Trabanten ausstrahlte. Die Engländer schienen zu glauben, ihre eigenen Ärzte wüßten weniger über Nervenleiden als ihre französischen Kollegen. Darin mochten sie recht oder unrecht haben, jedenfalls war es günstig für mich. Gerade damals wurde ich zu einer Konsultation nach London gerufen. Kein Wunder, daß ich mich freute und mein möglichstes tun wollte. Ich kannte die Patientin nicht, aber ich hatte bei einem ihrer Verwandten eine ungewöhnlich glückliche Hand gehabt, was offenbar der Grund war, daß man mich zu ihr rief. Es war ein schwerer Fall, ein verzweifelter Fall nach der Meinung meiner beiden engli-

[1] Bekanntes Warenhaus

schen Kollegen, die am Bett standen und mir mit düsteren Mienen zusahen, während ich untersuchte. Ihr Pessimismus hatte das ganze Haus angesteckt, der Genesungswille der Patientin war gelähmt durch Schwermut und Todesfurcht. Sehr wahrscheinlich kannten meine Kollegen ihre Pathologie viel besser als ich. Aber etwas wußte ich, was sie offenbar nicht wußten: daß keine Medizin so stark ist wie Hoffnung, daß die geringste Spur von Pessimismus im Ausdruck oder den Worten eines Arztes seinem Patienten das Leben kosten kann. Ohne von medizinischen Einzelheiten zu reden, genügt es, zu sagen, daß ich nach meiner Untersuchung die Überzeugung hatte, daß die schwersten Symptome nervösen Störungen und seelischer Apathie entsprangen. Meine beiden Kollegen beobachteten mich mit einem Zucken ihrer beiden Schultern, als ich der Kranken meine Hand auf die Stirne legte und mit ruhiger Stimme sagte, sie brauche kein Morphium für diese Nacht, sie würde sowieso gut schlafen, sich schon am Morgen viel besser fühlen, und ehe ich am anderen Tag London verließe, aus aller Gefahr sein. Einige Minuten später schlief sie fest, während der Nacht fiel die Temperatur fast zu rasch für meinen Geschmack, der Puls wurde stetig, am Morgen lächelte sie mich an und sagte, es ginge viel besser.

Ihre Mutter beschwor mich, noch einen Tag in London zu bleiben, um ihre Schwägerin zu sehen, um die sie sich alle große Sorgen machten. Der Oberst, ihr Mann, wollte sie zu einem Nervenspezialisten bringen, sie selbst hatte umsonst versucht, sie zu veranlassen, Doktor Phillips zu konsultieren, sie war überzeugt, sie würde gesund, wenn sie ein Kind hätte. Leider hätte sie eine unbegreifliche Abneigung gegen Ärzte und würde sich bestimmt weigern, mich zu konsultieren, aber es könnte so eingerichtet werden, daß ich beim Dinner neben ihr säße, um mir wenigstens ein Urteil über ihren Fall zu bilden. Vielleicht könnte Charcot ihr helfen? Ihr Mann betete sie an, sie hatte alles, was das Leben nur zu geben hatte, ein schönes Haus in Grosvenor Square, einen der schönsten alten Landsitze in Kent. Sie waren gerade von einer langen Seereise in ihrer Jacht aus Indien heimgekommen. Sie hatte keine Ruhe, wanderte von Ort zu Ort, als wäre sie auf der Suche nach etwas. In ihren Augen war ein Ausdruck von Trauer, der einen verfolgte. Früher hatte sie sich für Kunst interessiert, sie malte sehr schön und hatte sogar einen Winter in Paris in Juliens Atelier gearbeitet. Und nun freute sie sich an nichts, interessierte sich für nichts, außer vielleicht für Kinderwohlfahrt, sie stiftete viel für Ferienheime und Waisenhäuser.

Zögernd willigte ich ein zu bleiben. Ich hatte Eile, wieder in Paris zu sein. Johns Husten machte mir Sorge. Die Hausfrau hatte mir nicht gesagt, daß ihre Schwägerin, die beim Dinner neben mir saß, eine der schönsten Frauen war, die ich jemals sah. Ich war ganz ergriffen von dem schmerzlichen Ausdruck ihrer herrlichen dunklen Augen. Aber es war etwas Lebloses in ihrem Gesicht. Meine Gesellschaft schien sie zu langweilen, sie gab sich keine Mühe, es zu verhehlen. Ich sagte, es wären dieses Jahr ein paar gute Bilder im Salon, ich hätte von ihrer Schwägerin gehört, daß sie in Juliens Atelier Kunst studiert hätte. Ob sie Marie Baschkirzeff da getroffen hätte? Nein, das hätte sie nicht, aber von ihr gehört.

Ja, das hatte jeder. Moussia verbrachte ihre Zeit mit Selbstreklame. Ich kannte sie sehr gut, sie war eines der klügsten jungen Geschöpfe, die ich je getroffen habe, aber sie hatte wenig Herz. Vor allem war sie eine Poseuse, unfähig, jemand zu lieben – außer sich selbst.

Meine Nachbarin sah immer gelangweilter aus. In der Hoffnung auf mehr Glück sagte ich, ich hätte den Nachmittag im Kinderhospital in Chelsea verbracht, es sei eine Offenbarung für mich gewesen, der ich ein häufiger Besucher des »Hôpital des enfants trouvés[1]« in Paris war.

Sie sagte, sie habe geglaubt, unsere Kinderhospitäler wären sehr gut.

Ich sagte ihr, das sei nicht der Fall, die Sterblichkeit unter den französischen Kindern in und außerhalb der Hospitäler

[1] Findelhaus

sei furchtbar. Ich sprach mit ihr von den Tausenden verlassener Kinder, die im Train des nourrices in die Provinz geschickt würden.

Zum erstenmal sahen mich ihre traurigen Augen an, der harte, leblose Ausdruck war verschwunden, und ich dachte, vielleicht sei sie doch eine warmherzige Frau.

Als ich mich von meiner Wirtin verabschiedete, sagte ich, dieses sei kein Fall für mich und auch nicht für Charcot. Doktor Phillips sei das Richtige, ihre Schwägerin würde ganz gesund werden, wenn sie ein Baby hätte.

John schien froh zu sein, mich zu sehen, aber ich fand ihn blaß und schmal, wie er da neben mir am Frühstückstisch saß. Rosalie sagte, er huste viel in der Nacht. Gegen Abend habe er leicht erhöhte Temperatur; wir ließen ihn ein paar Tage im Bett. Bald nahm er seinen gewohnten kleinen Tageslauf wieder auf, wohnte ernst und schweigsam meinem Frühstück bei, und nachmittags ging Rosalie mit ihm in den Parc Monceau. Eines Tages, ein paar Wochen nach meiner Rückkehr aus London, fand ich zu meiner Überraschung den Oberst in meinem Wartezimmer. Seine Frau habe sich anders besonnen und für einige Besorgungen nach Paris kommen wollen, sie würden in einer Woche in Marseille an Bord ihrer Jacht gehen und im Mittelmeer kreuzen. Ich wurde für den nächsten Tag zum Lunch ins Hôtel du Rhin eingeladen. Seine Frau würde sich sehr freuen, wenn ich sie nach dem Essen in eins der Kinderhospitäler führen wolle. Da ich nicht zum Lunch kommen konnte, verabredeten wir, daß sie mich in der Avenue de Villiers nach der Sprechstunde abholen sollte. Mein Wartezimmer war noch voller Menschen, als ihr eleganter Landauer vor dem Hause hielt. Ich schickte Rosalie hinunter und ließ sie bitten, noch eine halbe Stunde spazierenzufahren, wenn sie nicht lieber im Eßzimmer warten wolle, bis ich mit meinen Patienten fertig sei. Eine halbe Stunde später fand ich sie im Eßzimmer. John saß auf ihrem Schoß, und sie ließ sich mit großem Interesse von ihm seine verschiedenen Spielsachen zeigen.

»Er hat Ihre Augen«, sagte sie, von John auf mich schauend, »ich wußte gar nicht, daß Sie verheiratet sind.«

Ich sagte, daß ich nicht verheiratet sei. Sie errötete ein wenig und vertiefte sich wieder in Johns neues Bilderbuch. Bald faßte sie wieder Mut und fragte mit der den Frauen eigenen zähen Neugierde, ob seine Mutter Schwedin sei, sein Haar sei so blond, seine Augen so blau.

Ich verstand genau, worauf sie hinauswollte, und wußte, daß Rosalie, der Concierge, der Milchmann, der Bäcker und überhaupt alle fest glaubten, daß ich Johns Vater sei. Meinen eigenen Kutscher hatte ich ihn »le fils de Monsieur« nennen hören. Ich wußte, Erklärungen wären ganz nutzlos und hätten sie nicht überzeugt; ich war schon so weit, es beinahe selber zu glauben. Aber ich dachte, diese gütige Frau hätte ein Recht, die Wahrheit zu wissen. Ich sagte ihr lachend, ich sei ebensowenig sein Vater wie sie seine Mutter, er sei eine Waise mit einer sehr traurigen Geschichte. Sie solle lieber nicht fragen, es würde sie nur betrüben. Ich schlug seinen Ärmel zurück und deutete auf eine tiefe Narbe an seinem Arm. Er sei ja nun gut aufgehoben bei Rosalie und mir, aber ich könne nicht eher glauben, daß er die Vergangenheit vergessen habe, ehe ich ihn nicht lächeln sähe. Er lächle nie.

»Das ist wahr«, sagte sie leise, »er hat nicht gelächelt, wie das Kinder doch tun, wenn sie einem ihre Spielsachen zeigen.«

Ich sagte, daß wir so wenig von der Mentalität kleiner Kinder wüßten, wir seien fremd in der Welt, in der sie lebten. Nur der Instinkt einer Mutter fände manchmal den Weg zu ihren Gedanken.

Als einzige Antwort neigte sie den Kopf und küßte ihn zärtlich. John sah sie mit großem Erstaunen in seinen blauen Augen an.

»Das ist wahrscheinlich der erste Kuß, den er je bekommen hat«, sagte ich.

Rosalie erschien, um ihn zu seinem gewohnten Nachmittagsspaziergang im Parc Monceau abzuholen. Statt dessen schlug seine neue Freundin vor, ihn in ihrem Landauer spazierenzufahren. Ich willigte dankbar ein, froh, dem geplanten Besuch im Hospital zu entgehen.

Seit diesem Tag begann für John ein neues Leben, und ich glaube, auch noch für jemand anderen. Jeden Morgen kam sie mit einem neuen Spielzeug in sein Zimmer, jeden Nachmittag fuhr sie mit ihm in ihrem Landauer ins Bois de Boulogne, wobei Rosalie in ihrem schönsten Sonntagsstaat auf dem Rücksitz saß. Oft ritt er ernst hoch oben auf einem Kamel im Jardin d'Acclimatation, von Dutzenden lachender Kinder umringt.

»Bringen Sie ihm nicht so viele kostbare Spielsachen«, sagte ich, »Kinder haben billige Spielsachen genauso gern, und es gibt so viele, die gar keine bekommen. Wie oft habe ich es erlebt, daß die bescheidene Puppe für ein paar Groschen ein großer Erfolg ist, auch in den reichsten Kinderzimmern. Sobald Kinder erst etwas vom Preis ihrer Spielsachen verstehen, sind sie aus ihrem Paradies vertrieben und hören auf, Kinder zu sein. John hat außerdem schon zu viele Spielsachen, es wird Zeit, ihn zu lehren, einige zu verschenken an die, die keine haben, etwas, was manche Kinder schwer lernen. Die relative Leichtigkeit, mit der sie diese Aufgabe erfassen, ist ein sicherer Maßstab, um vorauszusagen, was für Menschen einstmals aus ihnen werden.«

Rosalie erzählte mir, wenn sie von der Ausfahrt kämen, wollte die schöne Dame John immer selbst herauftragen. Bald blieb sie auch, um ihn baden zu helfen, und kurz darauf war sie es, die ihn badete; Rosalies Rolle beschränkte sich darauf, ihr die Badetücher zu reichen. Rosalie erzählte etwas, das mich sehr rührte. Sie erzählte, daß die Dame, nachdem sie sein mageres Körperchen trockengerieben hatte, stets die häßliche Narbe am linken Arm küßte, ehe sie ihm sein Hemdchen anzog. Bald war sie es, die ihn zu Bett brachte und bei ihm blieb, bis er schlief. Ich selbst sah sie selten, ich war den ganzen Tag unterwegs, und ich fürchtete, der arme Oberst sah auch nicht viel von ihr, sie verbrachte ihre Tage bei dem Jungen. Der Oberst sagte mir, daß die Segelfahrt im Mittelmeer aufgegeben sei. Sie würden in Paris bleiben, für wie lange, wußte er nicht, es sei ihm einerlei, wenn seine Frau nur glücklich wäre, sie sei nie in besserer Stimmung gewesen als eben. Der Oberst hatte recht, der Ausdruck ihres Gesichtes war ganz verändert, unendliche Zärtlichkeit leuchtete aus ihren dunklen Augen.

Der Junge schlief schlecht. Oft, wenn ich vor dem Schlafengehen nach ihm sah, schien mir sein Gesichtchen zu glühen. Rosalie sagte wieder, daß er nachts hustete. Eines Morgens hörte ich das verdächtige Geräusch in der Spitze seiner rechten Lunge. Ich wußte nur zu gut, was es bedeutete. Ich mußte es seiner neuen Freundin mitteilen, aber sie sagte, sie wisse es schon, vermutlich hatte sie es vor mir gewußt. Als ich eine Pflegerin bestellen wollte als Hilfe für Rosalie, wollte sie nichts davon wissen. Sie beschwor mich, sie als seine Pflegerin zu nehmen, und ich gab nach. Es blieb gar nichts anderes übrig, der Kleine schien sogar im Schlaf unruhig zu werden, sowie sie das Zimmer verließ. Rosalie zog zum Schlafen in die Mansarde der Köchin, die Herzogstochter schlief im Bett der Putzfrau in Johns Zimmer. Ein paar Tage später hatte er eine leichte Blutung, am Abend stieg das Fieber, die Krankheit schien einen raschen Verlauf zu nehmen.

»Er wird nicht lange leben«, sagte Rosalie, ihre Augen trocknend, »er sieht schon wie ein Engel aus.«

Er saß gern ein Weilchen auf dem Schoß seiner liebevollen Pflegerin, wenn Rosalie sein Bett zur Nacht richtete. Ich habe immer gefunden, daß John klug und anziehend aussah, hätte ihn aber nie für ein schönes Kind gehalten. Wenn ich ihn nun ansah, schienen sogar die Gesichtszüge verändert, seine Augen waren größer und hatten einen tieferen Glanz. Er war ein schönes Kind geworden, schön wie der Genius der Liebe oder der Genius des Todes. Ich betrachtete die beiden Gesichter; wie ich sie da Wange an Wange gelehnt vor mir sah, ergriff mich Staunen. War es möglich, daß die unendliche Liebe, die aus diesem Frauenherzen auf das sterbende Kind strahlte, die zarten Umrisse des kleinen

Gesichtes umgestalten konnte in eine ferne Ähnlichkeit mit ihrem eigenen? Wurde ich Zeuge eines neuen, nie geahnten Geheimnisses des Daseins? Oder war der Tod, der große Bildhauer, schon am Werk, mit seiner Meisterhand dies Kindergesicht neu und feiner zu bilden, ehe er ihm die Augen schloß? Die gleiche klare Stirn, die gleiche schöne Kurve der Brauen, die gleichen langen Wimpern. Sogar der liebliche Schwung der Lippen wäre der gleiche gewesen, hätte ich ihn je lächeln sehen, wie ich sie lächeln sah, als er eines Nachts im Schlaf zum erstenmal das Wort sagte, das jedes Kind so gerne sagt und jede Frau so gerne hört: »Mama! Mama!«

Sie legte ihn wieder ins Bett, er hatte eine unruhige Nacht, sie ging nicht von seiner Seite. Gegen Morgen atmete er leichter und schlummerte ein. Ich erinnerte sie an ihr Versprechen, mir zu gehorchen, und zwang sie mit Mühe, sich eine Stunde lang aufs Bett zu legen. Rosalie würde sie rufen, sobald er wach würde. Als ich in der Morgendämmerung ins Zimmer kam, flüsterte Rosalie, den Finger an den Lippen, sie schliefen beide.

»Sehen Sie«, flüsterte sie, »er träumt!«

Sein Gesicht war ruhig und klar. Ein schönes Lächeln teilte seine Lippen. Ich legte meine Hand auf sein Herz. Er war tot. Ich sah von dem lächelnden Gesicht des Knaben zu dem der Frau, die auf Rosaliens Bett schlief. Sie waren einander völlig gleich.

Sie wusch und kleidete ihn zum letztenmal. Nicht einmal Rosalie durfte ihr helfen, ihn in den Sarg zu legen. Sie schickte sie zweimal hinaus, um das richtige Kissen zu suchen, sie meinte, sein Köpfchen läge noch nicht gut.

Sie beschwor mich, das Schließen des Sarges bis zum anderen Tag zu verschieben. Ich sagte ihr, sie kenne die Bitterkeit des Lebens, aber sie wisse wenig von der Bitternis des Todes, ich sei Arzt und kenne beide. Der Tod habe zwei Gesichter, sagte ich ihr, eins schön und friedvoll, das andere drohend und furchtbar. Der Knabe habe vom Leben Abschied genommen, ein Lächeln auf den Lippen, der Tod werde es nicht lange da lassen. Der Sarg müsse heute abend verschlossen werden. Sie neigte den Kopf und sagte nichts. Als ich den Deckel hob, schluchzte sie und sagte, sie könne sich nicht von ihm trennen und ihn ganz allein auf einem fremden Friedhof lassen.

»Warum sich von ihm trennen«, sagte ich, »warum nehmen Sie ihn nicht in Ihrer Jacht mit nach England und begraben ihn bei Ihrer schönen Pfarrkirche in Kent?«

Sie lächelte unter Tränen – das Lächeln des Knaben – und sprang auf.

»Kann ich? Darf ich?« rief sie fast mit Freude.

»Es kann geschehen, es wird geschehen, wenn Sie mich nun den Deckel aufschrauben lassen, es ist keine Zeit zu verlieren, sonst wird er morgen früh auf den Friedhof in Passy gebracht.«

Als ich den Deckel hob, legte sie einen Veilchenstrauß dicht an die kleine Wange.

»Ich hab nichts weiter für ihn, ich möchte ihm etwas geben, was er von mir mitnehmen könnte!«

»Ich glaube, *dies* würde er gern mitnehmen«, sagte ich und nahm die Diamantbrosche aus meiner Tasche, um sie an sein Kissen zu stecken, »es gehörte seiner Mutter.«

Sie gab keinen Ton von sich, streckte die Arme aus nach ihrem Kind und sank besinnungslos zu Boden. Ich hob sie auf und trug sie auf Rosalies Bett. Dann schraubte ich den Deckel auf den Sarg und fuhr zum Bureau des Pompes Funèbres auf der Place de la Madelaine. Ich hatte eine Privatunterredung mit dem Leiter. Wir kannten uns ja leider schon. Ich ermächtigte ihn, jede beliebige Summe auszugeben, wenn der Sarg am nächsten Abend im Hafen von Calais sein könne. Er sagte, es sei zu machen, wenn ich verspräche, die Rechnung nicht zu prüfen. Nun fuhr ich ins Hôtel du Rhin, weckte den Oberst, um ihm zu sagen, seine Frau wünsche, daß die Jacht in zwölf Stunden in Calais sei. Während er das Telegramm an den Kapitän aufsetzte, schrieb ich seiner Frau ein paar kurze Zeilen, daß der Sarg am Abend an Bord ihrer Jacht in Calais sein würde. In einer

Nachschrift fügte ich hinzu, ich müsse Paris früh am Morgen verlassen und wolle ihr hiermit Lebewohl sagen.

Ich habe Johns Grab gesehen, er ruht auf dem kleinen Friedhof einer der schönsten Pfarrkirchen in Kent. Primeln und Veilchen wachsen auf seinem Grab, und Drosseln schlagen ihm zu Häupten. Seine Mutter habe ich nie wiedergesehen. Besser so!

16

Eine Reise nach Schweden

Ich glaube, ich habe Ihnen schon einmal von der plötzlichen Erkrankung des schwedischen Konsuls erzählt; die Geschichte passierte etwa in dieser Zeit; dies ist sie. Der Konsul war ein ruhiger kleiner Mann mit einer amerikanischen Frau und zwei kleinen Kindern. Ich war am Nachmittag dagewesen: eins der Kinder hatte eine fiebrige Erkältung, wollte aber unbedingt am Abend aufstehen, um die Heimkehr des Vaters mitzufeiern. Das Haus war voller Blumen, und die Kinder durften an diesem festlichen Tage aufbleiben und bei Tisch mitessen. Die Mutter zeigte mir voller Freude zwei besonders herzliche Telegramme ihres Mannes, eins aus Berlin, das andere aus Köln, in denen er seine Rückkehr ankündigte. Mir schienen sie ein wenig lang. Gegen Mitternacht erhielt ich von der Frau eine dringende Bitte, sofort zu kommen. Die Tür öffnete mir der Konsul persönlich – im Nachthemd. Er sagte, mit dem Essen wollten sie warten bis zum Eintreffen des Königs von Schweden und des Präsidenten der Französischen Republik, der ihm soeben das Großkreuz der Ehrenlegion verliehen hätte. Er habe gerade Le Petit Trianon gekauft als Sommersitz für seine Familie, war wütend, daß seine Frau das Perlenhalsband der Marie-Antoinette nicht trüge, das er ihr geschenkt hätte, stellte seinen kleinen Sohn als den Dauphin und sich selbst als Robespierre vor: Größenwahn! Aus dem Spielzimmer hörte man die verstörten Kinder schreien, die Frau war völlig gebrochen. Unterm Tisch lag der treue Hund und knurrte aus Angst vor seinem Herrn. Plötzlich wurde mein armer Freund tobsüchtig, ich mußte ihn im Schlafzimmer einschließen, wo er alles zertrümmerte und um ein Haar uns beide aus dem Fenster geworfen hätte. Am Morgen wurde er nach Passy gebracht in die Anstalt von Doktor Blanche. Der berühmte Irrenarzt vermutete sofort allgemeine Paralyse. Nach zwei Monaten war die Diagnose klar, der Fall war unheilbar. Da die Anstalt sehr teuer war, beschloß ich, den Kranken in der staatlichen Anstalt in Lund unterzubringen. Doktor Blanche war dagegen. Er hielt die Reise für ein gefährliches und kostspieliges Unternehmen, man dürfe sich nicht darauf verlassen, daß der Kranke zeitweilig bei klarer Besinnung war; auf jeden Fall müsse er von zwei tüchtigen Wärtern hingebracht werden. Ich erklärte, um das letzte vorhandene Geld für die Kinder zu sparen, müsse die Reise so billig wie möglich eingerichtet werden, ich würde den Kranken allein nach Schweden bringen. Als ich bei der Entlassung des Patienten aus der Anstalt die Papiere unterschrieb, wiederholte Doktor Blanche seine Warnungen ausdrücklich und schriftlich, aber ich wußte es natürlich besser. Ich brachte ihn in meinem Wagen direkt nach der Avenue de Villiers. Beim Essen war er ruhig und verständig, nur daß er versuchte, Mamsell Agata den Hof zu machen., sicher die einzige Chance, die sie jemals in ihrem Leben hatte. Zwei Stunden später waren wir im Nachtexpreß nach Köln in einem Kupee erster Klasse eingeschlossen. In jenen Tagen gab es keine D-Züge. Zufällig war einer der Rothschilds, denen der Chemin de Fer du Nord gehörte, mein Patient. Man hatte Order gegeben, unsere Fahrt in jeder Weise zu erleichtern, die Schaffner sollten uns nicht stören, da mein Schutzbefohlener sich bei fremden Gesichtern leicht aufregte. Er war sehr ruhig und fügsam, und wir legten uns beide auf unsere Bänke zum Schlafen. Der Griff des Wahnsinnigen an meiner Kehle riß mich unsanft aus dem Schlaf. Mit der Gewandtheit eines Panthers sprang er mich zweimal an, zweimal schlug ich ihn nieder, fast wäre es ihm gelungen, mich zu erwürgen. Ich weiß nur noch, wie ich ihm einen gewaltigen Schlag auf den Kopf versetzte, der ihn zu betäuben schien. Als der Zug am Morgen in Köln einfuhr, fand man uns beide bewußtlos am Boden des Wagens liegend. Wir wurden ins Hôtel du Nord gebracht – wo wir vierundzwanzig Stunden blieben –, Bett an Bett im gleichen Zimmer. Ich mußte dem Arzt, der meine Wunde zunähte, die Lage erklären, mein Ohr war fast abgebissen; daraufhin ließ der Besitzer sagen, es sei verboten, Wahnsinnige ins Hotel zu bringen. Ich beschloß, mit dem Frühzug nach Hamburg weiterzufahren. Auf der ganzen Fahrt war mein Freund sehr liebenswürdig und sang mit lauter Stimme die Marseillaise, während wir durch Hamburg zum Kieler Bahnhof fuhren. Wir erreichten den Dampfer nach Korsör, damals die schnellste Verbindung zwischen dem Festland und Schweden. Ein paar Meilen von der dänischen Küste wurde der Dampfer von Eisschollen blockiert, die ein wüster Nordsturm vom Kattegatt heruntertrieb, was in strengen Wintern nicht selten vorkommt. Über eine Meile mußten wir zu Fuß übers Treibeis gehen, was mein Freund sehr genoß. Dann wurden wir in offenen Booten nach Korsör gebracht. Bei der Einfahrt in den Hafen sprang mein Freund ins Meer und ich ihm nach. Wir wurden aufgefischt und saßen im ungeheizten Zug bis Kopenhagen, die Kleider steifgefroren, die Temperatur zwanzig Grad unter Null. Der Rest der Fahrt verlief auffallend gut. Das kalte Bad schien meinem Freunde gut bekommen zu sein. Eine Stunde nach der Landung in Malmö übergab ich ihn am Bahnhof von Lund zwei Wärtern der Anstalt. Ich fuhr zum Hotel – in jenen Tagen gab es in Lund nur ein Hotel – und bestellte ein Zimmer und Frühstück. Es zeigte sich, daß ich wohl ein Frühstück, aber kein Zimmer haben konnte, alle Zimmer waren für die Schauspielergruppe reserviert, die am Abend eine Galavorstellung in der Stadthalle geben sollte. Beim Frühstück brachte mir der Kellner stolz das Programm für die Abendaufführung: Hamlet, eine Tragödie in fünf Akten von William Shakespeare. Hamlet in Lund! Ich überflog das Programm: Hamlet, Prinz von Dänemark... Herr Erik Carolus Malmborg. – Ich starrte auf das Blatt. Erik Carolus Malmborg! Wäre es denkbar, mein alter

Kamerad aus Studententagen in Upsala! Damals sollte Erik Carolus Malmborg Pfarrer werden. Ich hatte ihn für seine Examine eingepaukt, seine erste Probepredigt und ein ganzes Semester lang seine Liebesbriefe an die Braut geschrieben. Ich hatte ihn regelmäßig jeden Abend verdroschen, wenn er betrunken in mein Zimmer wankte, um zu schlafen; aus seiner eigenen Bude hatte man ihn wegen ungeordneten Lebenswandels herausgeschmissen. Dann hatte ich ihn aus den Augen verloren, als ich vor Jahren Schweden verließ. Ich wußte, er hatte die Universität verlassen müssen und war immer mehr heruntergekommen. Da fiel mir ein, daß ich gehört hatte, er sei zur Bühne gegangen, natürlich, es mußte mein unseliger alter Freund sein, der heute abend Hamlet war! Ich schickte meine Karte auf sein Zimmer, er kam angeschossen, überglücklich, mich nach so vielen Jahren wiederzusehen. Er erzählte eine jammervolle Geschichte. Nach einer Reihe von Vorstellungen vor leerem Haus in Malmö hatte seine Truppe, auf ein Drittel ihrer Mitglieder zusammengeschmolzen, gestern abend Lund erreicht, um einen letzten Verzweiflungskampf mit dem Schicksal aufzunehmen. Fast alles, ihre Kostüme und ihre tragbare Habe, die Juwelen der Königin-Mutter, die Krone des Königs, ja Hamlets Schwert, mit welchem er Polonius durchbohren mußte, sogar Jorricks Schädel, hatten die Gläubiger in Malmö beschlagnahmt. Der König litt an einem heftigen Ischiasanfall und konnte weder gehen noch auf dem Thron sitzen. Ophelia hatte einen furchtbaren Schnupfen, der Geist hatte sich beim Abschiedsessen in Malmö betrunken und den Zug versäumt. Er selbst war glänzend in Form, Hamlet war seine beste Schöpfung – er hätte ihm auf den Leib geschrieben sein können. Aber wie konnte er allein die Riesenlast der fünfaktigen Tragödie auf seine Schultern nehmen? Alle Karten für die heutige Vorstellung waren verkauft; falls sie das Geld zurückzahlen müßten, war völliger Zusammenbruch unvermeidlich. Vielleicht könnte ich um unserer alten Freundschaft willen ihm zweihundert Kronen leihen? –

Ich zeigte mich der Situation gewachsen. Ich trommelte die Hauptsterne der Truppe zusammen. Mit einigen Flaschen Schwedenpunsch flößte ich ihren bedrückten Herzen neuen Mut ein, strich unbarmherzig die ganze Szene mit den Schauspielern, die Szene mit den Totengräbern, die Ermordung des Polonius und erklärte: mit Geist oder ohne Geist, die Aufführung müsse stattfinden!

Es war ein denkwürdiger Abend in den Theaterannalen von Lund. Pünktlich um acht Uhr ging der Vorhang hoch vor dem Königsschloß von Helsingör, »wie die Krähe fliegt«, nicht eine Stunde von dem Ort, wo wir waren. Das vollbesetzte Haus bestand meist aus übermütigen Studenten und schien weniger ergriffen, als wir erwartet hatten. Das Auftreten des Prinzen von Dänemark wurde kaum beachtet, selbst sein berühmtes »Sein oder Nichtsein« zündete nicht. Der König hinkte schmerzgekrümmt über die Bühne und sank laut stöhnend auf seinen Thron. Ophelias Erkältung hatte schauerliche Formen angenommen. Polonius war offenbar nicht ganz klar im Kopf. Es war der Geist, der die Lage rettete. Der Geist war ich.

Wie ich in gespenstischer Weise die mondhellen Wälle des Schlosses von Elsinore betrat und mühsam tastend meinen Weg über die großen Kisten suchte, die das Gerüst zum Ganzen bildeten, krachte der Aufbau plötzlich zusammen, und ich versank bis zu den Achselhöhlen in einer Kiste. Wie hat sich ein Geist in solcher Lage zu benehmen? Sollte ich den Kopf ducken und völlig in die Kiste tauchen oder bleiben, wo ich war, und warten, was noch kommen würde? Eine nette Frage! Eine dritte Möglichkeit wurde mir von Hamlet selbst leise flüsternd eröffnet: Warum zum Teufel kröche ich nicht aus der verdammten Kiste heraus?

Dies aber überstieg meine Kraft. Meine Beine waren verwickelt in Schlingen, Stricke und allerhand Bühnenzubehör. Falsch oder richtig, ich beschloß zu bleiben, wo ich war, für alle Fälle gerüstet. Mein unerwartetes Verschwinden in der Kiste war von den Zuschauern sehr wohlwollend aufgenommen worden, aber es war gar nichts gegen den

Erfolg, als ich nun mit dem Kopf aus der Kiste tauchend mit düsterer Stimme meine unterbrochene Rede an Hamlet wieder begann. Der Applaus wurde so rasend, daß ich ihn mit freundlichem Winken der Hand quittieren mußte, ich konnte mich ja nicht verneigen in meiner heiklen Lage. Das machte meine Zuschauer völlig wild vor Jubel. Der Beifall hörte bis zum Schluß nicht mehr auf. Als beim letzten Akt der Vorhang fiel, erschien ich mit den Hauptsternen der Truppe, die sich vor der Zuhörerschaft verneigten. Sie brüllten noch immer: »Der Geist, der Geist!«, so andauernd, daß ich mehrmals allein herauskommen mußte, um, die Hand am Herzen, ihre Huldigungen entgegenzunehmen.

Wir waren alle glücklich, mein Freund Malmborg sagte, er habe nie einen erfolgreicheren Abend erlebt. Wir feierten ein sehr vergnügtes Gelage. Ophelia war reizend zu mir, Hamlet hob sein Glas auf mein Wohl und bot mir im Namen aller die Leitung der Truppe an. Ich sagte, ich müsse es mir überlegen. Sie brachten mich alle noch zur Bahn. Achtundvierzig Stunden später war ich in Paris wieder an der Arbeit, keine Spur von Müdigkeit. Jugend! Jugend!

17

Ärzte

Damals praktizierten in Paris eine Menge ausländischer Ärzte. Unter ihnen herrschte großer Futterneid, wovon auch ich mein Teil zu spüren bekam, was mich nicht wunderte. Auch bei den französischen Kollegen waren wir nicht sonderlich beliebt wegen unseres Monopols in der reichen ausländischen Kolonie, die natürlich eine besonders einträgliche Praxis war. Schließlich setzte sogar eine Pressefehde gegen die immer größere Zahl ausländischer Ärzte in Paris ein, von denen behauptet wurde, daß sie nicht einmal gültige Diplome von anerkannten Hochschulen hätten. Das Ergebnis war ein Befehl des Polizeipräsidenten, wonach alle ausländischen Ärzte noch vor Ablauf des Monats ihre Diplome zur Prüfung vorlegen mußten. Mit meinem Diplom des M. D. der Pariser Fakultät war natürlich alles in Ordnung, fast hätte ich die Geschichte vergessen und erschien erst am letzten Tag auf dem Kommissariat meines Quartiers. Der Kommissar, der mich flüchtig kannte, fragte mich, ob ich einen Dr. X kenne, der in derselben Avenue wohnte wie ich. Ich antwortete, ich wisse nichts weiter, als daß er eine sehr große Praxis haben müsse, ich hätte oft von ihm gehört und oft seinen eleganten Wagen vor seinem Hause bewundert.

Der Kommissar meinte, ich würde ihn nicht mehr lange bewundern können, der Mann sei auf der Schwarzen Liste, sei nicht mit seinem Diplom gekommen, weil er keins zu zeigen hätte, ein Kurpfuscher, der nun endlich gefaßt würde. Man sagte, er verdiene zweimalhunderttausend

Frank im Jahr, mehr als manche der führenden Berühmtheiten in Paris. Ich sagte, es läge kein Grund vor, weshalb ein Kurpfuscher kein guter Arzt sein sollte, ein Diplom bedeute wenig für den Kranken, wenn man ihm nicht helfen könne. Ich habe einige Monate später das Ende dieser Geschichte durch den Kommissar erfahren. Dr. X. war in allerletzter Stunde erschienen mit der Bitte um eine Privatunterredung mit dem Kommissar. Sein Doktordiplom von einer sehr bekannten Universität in der Hand, beschwor er den Kommissar, sein Geheimnis zu wahren. Er verdanke, wie er sagte, seine Riesenpraxis dem Umstand, daß er allgemein für einen Kurpfurscher gelte. Ich sagte dem Kommissar, dieser Mann würde bald Millionär werden, wenn er halb soviel von Medizin verstünde wie von Psychologie. Als ich nach Hause ging, waren es nicht die zweimalhunderttausend Frank Einkommen, um die ich meinen Kollegen beneidete, aber ich beneidete ihn darum, daß er wußte, wie hoch sein Einkommen war. Ich hätte immer so gern gewußt, wieviel ich verdiente. Sicher verdiente ich eine Masse, es war immer ein Haufen Geld da, wenn ich es für etwas brauchte. Ich hatte eine schöne Wohnung, einen eleganten Wagen, eine vorzügliche Köchin; nun, seit Mamsell Agata weg war, lud ich oft Freunde zu mir zu Tisch nach der Avenue de Villiers, und dann gab es von allem das Beste. Zweimal war ich im Fluge in Capri gewesen, einmal, um Mastro Vincenzos Haus zu kaufen, und einmal, um dem unbekannten Eigentümer der kleinen zerfallenen Kapelle des San Michele eine große Summe anzubieten. Zehn Jahre brauchte ich, bis diese Sache geregelt war. Schon damals liebte ich die Kunst, und in meiner Wohnung in der Avenue de Villiers waren viele Schätze aus vergangenen Tagen. Über ein Dutzend schöner alter Uhren ließen in meinen oft schlaflosen Nächten ihr Glockenspiel erklingen. Aber aus unerklärlichen Gründen wurden diese wohlhabenden Zeiten nicht selten unterbrochen von Augenblicken, in denen ich gar kein Geld hatte. Rosalie, der Concierge, sogar die Lieferanten wußten das. Auch Norström wußte es, denn oft mußte ich ihn anpumpen. Er meinte, so etwas sei nur durch einen Defekt meines Denkapparates zu erklären; das Heilmittel sei: richtige Buchführung und regelmäßige Rechnungen an Patienten, kurz das, was jedermann tat. Ich sagte, Buchführung sei bei mir hoffnungslos, und was Rechnungen beträfe, so hätte ich nie welche versandt und würde es auch nicht tun. Unser Beruf sei kein Geschäft, sondern eine Kunst. Dieser Handel mit dem Leiden scheine mir erniedrigend. Ich würde immer rot, wenn ein Patient ein Zwanzigfrankstück auf den Tisch legte, und drücke er es mir gar in die Hand, hätte ich immer Lust, nach ihm zu schlagen. Norström erklärte, das alles sei bloß Eitelkeit und Hochmut, ich solle alles Geld einstecken, das ich erwischen könne, wie alle Kollegen, und käme es auch aus der Hand des Leichenbestatters. Unser Beruf, sagte ich, sei ein heiliges Amt wie das des Priesters, wenn nicht noch heiliger, bei dem übermäßiges Geldverdienen verboten sein müßte. Ärzte sollten vom Staate bezahlt werden, gut bezahlt, wie in England die Richter. Diejenigen, denen das nicht paßte, sollten doch den Beruf aufgeben und an die Börse gehen oder einen Laden aufmachen. Ärzte sollten wie Weise einhergehen, von allen verehrt und beschützt. Es müsse ihnen freistehen, soviel sie wollten von reichen Patienten zu nehmen für die Armen und für sich selbst, aber sie sollten sich nicht ihre Visiten bezahlen lassen und Rechnungen schreiben. »Wie hoch soll eine Mutter den Preis für das Leben ihres Kindes schätzen, das du gerettet hast? Welches ist der angemessene Lohn dafür, daß man die Todesfurcht aus einem schreckerstarrten Augenpaar bannt durch ein tröstliches Wort oder durch bloße Berührung mit der Hand? Wieviel Frank sollst du berechnen für jeden Augenblick des Todeskampfes, den deine Morphiumspritze dem Henker abgerungen hat? Wie lange noch sollen wir der leidenden Menschheit all die teuren Markenpräparate und Heilmittel aufdrängen, die zwar moderne Namen tragen, aber mittelalterlichem Aberglauben entstammen? Wir wissen genau, daß die wirksamen Mittel an den Fingern zu zählen sind und daß Mutter Natur sie uns zu geringem Preise überläßt. Warum soll ich, der ich ein Modearzt bin, in einem schönen Wagen fahren, während mein Kollege im Armenviertel zu Fuß gehen muß? Warum gibt der Staat tausendmal mehr Geld aus, um die Kunst des Tötens zu lehren als die des Heilens? Warum bauen wir nicht mehr Hospitäler und weniger Kirchen? Du kannst überall zu Gott beten, aber du kannst nicht in der Gosse operieren! Warum bauen wir soviel behagliche Heimstätten für Berufsmörder und Einbrecher und so wenige für die heimatlosen Armen der Elendsgassen? Weshalb sollte man nicht verlangen, daß jene sich selbst erhalten? Es gibt keinen Mann und keine Frau, die nicht selbst im Gefängnis ihr tägliches Brot verdienen könnten, wenn man sie vor die Wahl stellt, zu essen oder nicht zu essen. Man hat uns dauernd erzählt, die Gefängnisse wären in der Hauptsache von schwachsinnigen, unbegabten, mehr oder weniger unverantwortlichen Individuen bevölkert. Das ist ein Irrtum. Ihre Begabung steht meist nicht unter, sondern über dem Durchschnitt. Bei allen ersten Verfehlungen sollte das Urteil auf viel kürzere Gefängnisstrafe lauten bei sehr knapper Kost und wiederholter strenger körperlicher Züchtigung. Diese Leute sollten den Vätern verlassener unehelicher Kinder Platz machen und den Zuhältern, die heute massenhaft unter uns herumlaufen. Grausamkeit gegen hilflose Tiere ist in Gottes Augen eine viel größere Sünde als Einbruch, und doch steht nur eine geringe Geldstrafe darauf. Wir wissen doch alle, daß übermäßige Anhäufung von Wohlstand häufig nur geschickt verschleierter Diebstahl an der Armut ist. Ich bin noch nie einem Millionär im Gefängnis begegnet. Der Trick, so ziemlich aus allem Geld zu machen, ist eine besondere Begabung von recht zweifelhaftem moralischem Wert. Wer diese Gabe besitzt, dürfte nur dann weiter in ihrer Ausübung belassen werden, wenn ausgemacht wäre, daß, wie bei den Bienen, eine große Scheibe der goldenen Waben unter jene verteilt würde, die zu ihrem täglichen Brot keinen Honig haben.

Was nun die übrigen Gefängnisinsassen betrifft, die eingefleischten Verbrecher, die kaltblütigen Mörder usw., so sollten sie, nicht als Strafe, denn wir haben nicht das Recht, zu richten oder zu strafen, aber um unseres Schutzes willen einen schmerzlosen Tod erhalten, statt verhältnismäßig behaglich und mit Kosten, die das Dauerbett eines Hospitals übersteigen, ein Menschenalter lang erhalten zu werden. Auch hier hat England das Rechte getroffen. Selbst so haben diese Übeltäter keinen Grund, zu behaupten, sie würden von der Gesellschaft zu hart behandelt. Sie werden für ihre Verbrechen belohnt durch das größte Privileg, das einem Menschen zuteil werden kann und das ihren Mitmenschen als Lohn für ihre Tugenden meist versagt wird, das Vorrecht, rasch und schmerzlos zu sterben.

Norström meinte, ich solle es aufstecken, die Gesellschaft zu reformieren, es läge mir nicht recht, ich solle bei der Medizin bleiben, da hätte ich bisher keinen Grund zum Klagen. Dagegen hätte er ernste Zweifel, ob die Sache so reibungslos laufen würde, wenn ich als Weiser unter meinen Patienten einherwandelte und meine Dienste gegen Gebrauchswaren eintauschen wolle. Er bleibe bei seiner Meinung, daß das alte System, Rechnungen zu schreiben, sicherer wäre. Ich sagte: »Ich bin nicht so überzeugt davon. Es ist ja richtig, daß einige meiner Patienten nach ein paar unbeantworteten Briefen, in denen sie um ihre Rechnungen bitten, wegbleiben, ohne mir etwas zu bezahlen (es ist nie bei Engländern vorgekommen), andere schicken häufig Summen, die viel größer sind, als was ich in meiner Rechnung verlangt hätte. Obwohl die Mehrzahl meiner Patienten sich lieber von ihrem Geld als von ihrer sonstigen Habe zu trennen scheint, habe ich mein System doch in mehreren Fällen mit Erfolg angewandt. Eins meiner teuersten Besitztümer ist ein altes Lodencape, das ich Miß C. wegnahm, an dem Tage, als sie nach Amerika abreiste. Während sie in meinem Wagen mit mir herumfuhr, um Zeit zu haben, mir all das zu sagen, was sie über ihre ewige Dankbarkeit und die Unmöglichkeit, all meine Hilfe zu bezahlen, sagen mußte, fiel mir ein altes Lodencape auf, das sie umhatte. Das war genau das, was ich brauchte. Deshalb legte ich es auf meine Knie und sagte, dies würde ich behalten. Sie sagte, sie hätte es vor zehn Jahren in Salzburg gekauft und liebe es sehr. ›Ich auch‹, sagte ich. Sie schlug vor, sofort zu Old England zu fahren, sie würde mir mit Wonne das teuerste schottische Cape schenken, das zu haben wäre. Ich wollte kein schottisches Cape, sagte ich. Ich muß bemerken, daß Miß C. eine reizbare Dame war, die mir seit Jahren allerhand zu schaffen gemacht hatte. Sie wurde so böse, daß sie aus dem Wagen sprang, ohne auch nur Adieu zu sagen. Am anderen Tage fuhr sie nach Amerika. Ich habe sie nie mehr gesehen.

Ich entsinne mich auch an den Fall der Lady Maud B., die mich in der Avenue de Villiers aufsuchte, ehe sie nach London fuhr. Sie hätte mich bereits dreimal schriftlich um meine Rechnung gebeten, ich brächte sie in eine sehr peinliche Lage, sie wisse nicht, was tun. Sie war überwältigend im Lob meines Könnens und meiner Freundlichkeit; Geld hätte mit ihrem Dank nichts zu tun, mit allem, was sie besäße, könne sie nicht bezahlen, daß ich ihr das Leben gerettet hätte. Ich hörte das alles recht gern von einer so reizenden jungen Dame. Während sie redete, bewunderte ich ihr neues dunkelrotes Seidenkleid, und das tat auch sie mit einem gelegentlichen Seitenblick in den Venezianer Spiegel überm Kamin. Ich betrachtete aufmerksam die große schlanke Gestalt und sagte, ich würde ihr Kleid nehmen, es sei gerade das, was ich brauche. Sie brach in helles Lachen aus, das aber rasch in Bestürzung umschlug, als ich erklärte, Rosalie würde um sieben Uhr in ihr Hotel kommen, um das Kleid zu holen. Sie erhob sich bleich vor Zorn und sagte, etwas Derartiges hätte sie nie erlebt. Höchstwahrscheinlich nicht, sagte ich, sie hätte gesagt, sie besitze nichts, das sie mir nicht geben möchte. Ich hätte aus besonderen Gründen das Kleid gewählt. Sie stürzte weinend aus dem Zimmer. Eine Woche später traf ich auf der Schwedischen Gesandtschaft die Frau des englischen Botschafters. Die gütige Dame sagte mir, sie hätte die schwindsüchtige englische Erzieherin nicht vergessen, die ich ihr anempfohlen, ja, sie habe ihr sogar eine Einladung zur Garden party für die englische Kolonie gesandt.«

»Sie sah ja gewiß schrecklich elend aus«, sagte die Gattin des Botschafters, »aber sie kann nicht so arm sein, wie Sie sagen, ihre Kleider bezieht sie bestimmt von Worth.«

Daß es nur Eitelkeit und Hochmut sei, die mich hinderten, Rechnungen zu schreiben und ohne Erröten mein Honorar einzustecken, wie Norström behauptete, war mir doch kränkend. Wenn Norström recht hatte, dann muß ich zugeben, daß alle meine Kollegen in dieser Hinsicht merkwürdig fehlerfrei waren. Alle schrieben genau wie die Schneider ihre Rechnungen und ergriffen mit Behagen den Louis d'or, den ihnen die Patienten in die Hand drückten. In vielen Sprechzimmern war es sogar Sitte, daß der Patient sein Geld auf den Tisch legte, ehe er den Mund auftat, um sein Leid zu klagen. Vor einer Operation war es feste Regel, daß die Hälfte der Summe vorausbezahlt wurde. Ich kenne einen Fall, wo der Patient aus der Narkose geweckt und die Operation verschoben wurde, um die Gültigkeit eines Schecks zu prüfen. Wenn einer von uns kleineren Leuchten eine Berühmtheit zur Konsultation zuzog, so legte der große Mann dem kleinen Mann ein Scheibchen seines Gewinnes in die Hand wie eine selbstverständliche Sache. Nicht genug damit. Ich erinnere mich meiner Bestürzung, als ich zum erstenmal einen Spezialisten bei einer Einbalsamierung zuzog und dieser Mann mir fünfhundert Frank von seinem Honorar anbot. Die Kosten einer Einbalsamierung waren schamlos hoch.

Viele der Professoren, die ich in schwierigen Fällen in ihrer Spezialwissenschaft zu konsultieren pflegte, waren Männer von Weltruf, auf dem höchsten Gipfel ihres Könnens, äußerst genau und erstaunlich rasch in ihrer Diagnose. Unheimlich war zum Beispiel bei Charcot die Art, wie er dem Übel direkt an die Wurzel ging, oft, so schien es mir, nur nach einem raschen Blick auf den Patienten aus seinen kalten Adleraugen. Vielleicht verließ er sich in seinen letzten Lebensjahren zu sehr auf sein Auge, die Untersuchung seiner Patienten war häufig viel zu flüchtig und oberflächlich. Einen Fehler gab er niemals zu, und wehe dem Mann, der auch nur anzudeuten wagte, er könne sich geirrt haben. Andererseits war er erstaunlich vorsichtig, eine tödliche Prognose zu stellen, selbst in offenbar hoffnungslosen Fällen; »L'imprévu est toujours possible[1]«, pflegte er zu sagen. Charcot war der berühmteste Arzt seiner Zeit. Aus aller Welt strömten die Patienten in sein Sprechzimmer im Faubourg St. Germain und warteten oft wochenlang, ehe sie ins innere Heiligtum Einlaß fanden, wo er in seiner riesigen Bibliothek am Fenster saß. Klein von Wuchs, mit Athletenbrust und Stiernacken, war er von imponierendem Anblick. Ein weißes, glattrasiertes Gesicht, eine niedere Stirn, kalte, durchdringende Augen, eine Adlernase, sensible Lippen, die Maske eines römischen Kaisers! War er zornig, so sprühten seine Augen furchtbare Blitze. Wer je diesen Blick zu spüren bekam, wird ihn kaum vergessen. Seine Stimme war herrisch, hart und oft sarkastisch. Der Druck seiner kleinen schlaffen Hand war unangenehm. Er hatte wenig Freunde unter seinen Kollegen, war gefürchtet von seinen Patienten und ebenso von den Assistenten, für die er selten ein freundliches Wort der Ermutigung hatte als Lohn für die übermenschliche Arbeitslast, die er ihnen aufbürdete. Scheinbar gleichgültig für die Leiden der Patienten, interessierte er sich kaum für sie von dem Tage an, an dem er seine Diagnose stellte, bis zum Tage ihrer Obduktion. Unter seinen Assistenten hatte er seine Lieblinge, die er oft in bevorzugte Stellen brachte, weit über ihre Verdienste. Ein Wort der Empfehlung von Charcot genügte, um das Ergebnis eines jeden Examens oder Wettbewerbs zu entscheiden; tatsächlich herrschte er bedingungslos über die gesamte medizinische Fakultät.

Insofern teilte er das Los aller Nervenspezialisten, daß er von einer Leibgarde nervöser Damen umrigt war, Helden-

[1] Das Unvorhergesehene ist immer möglich

verehrerinnen um jeden Preis. Zu seinem Glück waren ihm Frauen völlig gleichgültig. Die einzige Erholung von seiner übermenschlichen Arbeit war ihm die Musik. An seinen Donnerstagabenden, die ganz der Musik geweiht waren, durfte kein Wort über Medizin fallen. Beethoven bewunderte er über alles. Außerdem liebte er Tiere, und jeden Morgen, wenn er im Binnenhof der Salpêtrière schwerfällig aus seinem Landauer stieg, zog er ein Stück Brot aus der Tasche für seine beiden alten Pferde. Jede Unterhaltung über Sport und das Töten von Tieren schnitt er kurzweg ab. Seine Abneigung gegen Engländer entsprang, glaube ich, dem Abscheu vor der Fuchsjagd.

Professor Potain stand neben Charcot an erster Stelle unter den medizinischen Berühmtheiten im Paris jener Tage. Nie waren zwei Menschen einander weniger ähnlich als diese beiden großen Ärzte. Der berühmte Kliniker vom Hôtel Necker war ein sehr schlichter, unscheinbar aussehender Mann, der in einer Menge unbemerkt geblieben wäre, wo Charcots Kopf unter Tausenden auffallen mußte. Neben dem berühmtem Confrère wirkte er fast schäbig in seinem schlechtsitzenden alten Gehrock. Seine Züge waren unbedeutend, die Worte spärlich und wie mit großer Mühe gesprochen. Er wurde von all seinen Kranken wie ein Gott geliebt. Arme und Reiche schienen ihm völlig gleich zu sein. Er kannte den Namen jedes einzelnen Patienten in seinem riesigen Krankenhaus, streichelte ihnen, ob jung oder alt, die Wangen, lauschte unendlich geduldig ihren Leidensgeschichten und bezahlte oft aus eigener Tasche extra Leckerbissen für ihre müden Gaumen. Er untersuchte seine ärmsten Patienten im Hospital mit der gleichen äußersten Sorgfalt wie seine Fürstlichkeiten und Millionäre; von beiden Sorten hatte er genug. Kein Zeichen einer Störung in Lunge oder Herz schien seinem unglaublich scharfen Ohr zu entgehen. Ich glaube nicht, daß es je einen Mann gab, der besser wußte, was in der Brust eines anderen vorgeht, als er. Das wenige, was ich von Herzleiden weiß, verdanke ich ihm. Professor Potain und Guéneau de Mussy waren ziemlich die beiden einzigen konsultierenden Ärzte, an die ich mich zu wenden wagte, wenn ich für einen armen Patienten einen Rat brauchte. Professor Tillaux, der bekannte Chirurg, war der dritte. In seiner Klinik im Hôtel Dieu galten die gleichen Richtlinien wie bei Potain im Hôtel Necker. Er war wie ein Vater für all seine Kranken, je ärmer sie aussahen, um so mehr schien ihm ihr Ergehen am Herzen zu liegen. Ich habe nie einen besseren Lehrer gesehen, sein Buch über Anatomie topographique ist übrigens das beste Buch, das je darüber verfaßt wurde. Er war ein fabelhafter Operateur und machte stets alle Verbände selbst. Es war etwas fast Nordisches an diesem Mann mit seinen geraden, schlichten Manieren und den blauen Augen. Tatsächlich war er Bretone. Außerordentlich gütig und geduldig war er mit mir und meinen vielen Mängeln. Daß ich kein guter Chirurg wurde, ist sicher nicht seine Schuld. Auch so verdanke ich ihm eine Menge. Ich bin sogar überzeugt, daß ich es ihm verdanke, daß ich noch herumlaufe. Ich will diese Geschichte erzählen.

Ich hatte in diesem langen, heißen Sommer schwer gearbeitet, ohne einen Ruhetag, bei qualvoller Schlaflosigkeit und der sie so häufig begleitenden Gefährtin, der Schwermut. Ich war reizbar mit den Patienten, schlechter Laune gegen jedermann, und als es Herbst wurde, ging sogar meinem phlegmatischen Freunde Norström die Geduld aus. Endlich, eines Tages, als wir zusammen aßen, teilte er mir mit, ich würde völlig aus dem Leim gehen, wenn ich nicht gleich zu einer Ruhekur von drei Wochen an einen kühlen Ort reiste. Capri wäre zu heiß, die Schweiz wäre das richtige für mich. Ich beugte mich immer vor der Überlegenheit seiner gesunden Vernunft. Ich wußte, daß er recht hatte, wenn auch seine Voraussetzungen falsch waren. Es war nicht Überarbeitung, sondern etwas anderes, das mich in so elenden Zustand versetzt hatte, aber davon wollen wir hier nicht reden. Drei Tage darauf traf ich in Zermatt ein und machte mich gleich daran, zu erforschen, ob das Leben jenseits der Schneegrenze heiterer wäre als unterhalb. Der

Eispickel wurde mein neues Spielzeug, ich begann das alte Spiel um Gewinn oder Verlust zwischen Leben und Tod. Ich begann, wo die meisten anderen Kletterer enden, mit dem Matterhorn. An meinen Eispickel angeseilt, verbrachte ich die Nacht auf einem abschüssigen Felsblock, der zweimal so groß war wie mein Eßtisch, in tobendem Schneesturm unter dem Gipfel des erzürnten Bergriesen. Wie ich von meinen beiden Führern hörte, hingen wir an demselben Felsen, von dem einst Hadow, Hudson, Lord Francis Douglas und Michel Croz bei Whympers erstem Aufstieg viertausend Fuß tief auf den Matterhorngletscher abgestürzt waren[1]. Bei Tagesanbruch stießen wir auf Burckhardt. Ich wischte den frischen Schnee von seinem Gesicht, das friedvoll und ruhig war wie bei einem Schlafenden. Er war erfroren. Am Fuß des Berges holten wir seine beiden Führer ein, die zwischen sich einen halb betäubten Kameraden Davies schleppten, den sie unter eigener Lebensgefahr gerettet hatten.

Zwei Tage darauf schleuderte das Schreckhorn, der trotzige Riese, eine seiner gefürchteten Lawinen aus losem Geröll gegen die Vorwitzigen. Er verfehlte uns, aber es war immerhin ein guter Schuß auf diese Entfernung, ein Felsblock, der eine Kathedrale zerschmettert hätte, donnerte in weniger als zwanzig Schritt Entfernung an uns vorüber. Und ein paar Tage später sahen unsere entzückten Augen bei Sonnenaufgang die Jungfrau ihr fleckenloses Schneegewand anlegen. Wir konnten gerade ihre mädchenhaft rosigen Wangen und den weißen Schleier sehen. Ich brach sofort auf, um die Zauberin zu erobern. Zunächst schien es, als wolle sie ja sagen, aber als ich ein paar Edelweiß von ihrem Mantelsaum pflücken wollte, verbarg sie sich plötzlich scheu hinter einer Wolke. So sehr ich mich anstrengte, es gelang mir nie, der Geliebten nahezukommen. Je weiter ich vordrang, desto ferner schien sie zu entweichen. Bald verbarg eine Hülle aus Nebel und Sonnenglast die Schöne völlig unserer Sicht, wie der schirmende Wall aus Feuer und

[1] Erste Besteigung des Matterhorns 1865

Rauch, der ihre jungfräuliche Schwester Brunhilde im letzten Akt der Walküre umgibt. Eine Hexe, die wie eine giftige alte Amme die Holde zu bewachen schien, lockte uns immer weiter vom Ziel zwischen öde Klippen und gähnende Schluchten, die uns jeden Augenblick zu verschlingen drohten. Bald erklärten die Führer, sie hätten sich verirrt, wir müßten zurückgehen, und zwar je eher je besser. So wurde ich besiegt und liebeskrank am starken Seil meiner beiden Führer wieder zu Tal geschleppt.

Kein Wunder, daß ich niedergeschlagen war, denn zum zweiten Male in diesem Jahr hatte mich eine junge Dame abgewiesen. Aber Jugend ist für Herzenswunden ein wunderbares Heilmittel. Ein wenig Schlaf, ein kühler Kopf, und man erholt sich von ihnen. Viel Schlaf bekam ich nicht, aber zum Glück verlor ich nicht den Kopf.

Am nächsten Sonntag, ich weiß sogar das Datum, weil es mein Geburtstag war, rauchte ich oben auf dem Montblanc mein Pfeifchen, wo, wie die Führer sagten, den meisten Leuten die Zunge aus dem Halse hängt. Was an diesem Tage geschah, habe ich anderswo beschrieben, aber da das kleine Buch vergriffen ist, muß ich es hier erzählen, damit Sie sehen, was ich Professor Tillaux verdanke.

Die Besteigung des Montblanc ist im Winter und im Sommer verhältnismäßig leicht. Niemand, außer einem Narren, versucht den Aufstieg im Herbst, ehe noch Tagessonne und Nachtfröste Zeit gehabt haben, den Neuschnee an den Berghalden festzukitten. Der Alpenkönig schützt sich gegen Zudringliche durch Lawinen aus Neuschnee wie das Schreckhorn durch sein Sperrfeuer aus Steinschlag.

Es war Mittagszeit, als ich auf dem Gipfel meine Pfeife ansteckte. Die sämtlichen Fremden des Hotels in Chamonix sahen abwechselnd durch die Teleskope nach den drei Fliegen, die auf der weißen »Calotte« herumkrochen, die das Haupt des alten Bergkönigs bedeckte. Während sie ihren Lunch einnahmen, tappten wir durch den Schnee in der Schlucht unter dem Mont Maudit, um bald wieder in ihren Ferngläsern auf dem Grand Plateau aufzutauchen.

Keiner von uns sprach, wir wußten alle, daß schon der Klang einer Stimme eine Lawine lösen kann. Plötzlich wandte sich Boisson um und zeigte mit seinem Eispickel nach einem schwarzen Strich, der von der Hand eines Riesen quer über den weißen Hang gezogen schien.

»Wir sind alle verloren«, murmelte er; schon barst das endlose Schneefeld entzwei und löste mit donnerndem Getöse eine Lawine, die uns in rasenden Wirbeln den Hang hinunterschleuderte. Ich fühlte gar nichts, wußte gar nichts. Da – im Zwang des gleichen reflektorischen Impulses, der in Spalanzanis berühmtem Experiment seinen geköpften Frosch nach der Stelle, wo ihn die Nadel sticht, die Pfote ausstrecken läßt – hob das große unbewußte Tier in mir die Hand in Abwehr gegen den scharfen Schmerz an meinem Schädel. Die dumpfe periphere Empfindung weckte in meinem Gehirn den Selbsterhaltungstrieb, das letzte, das in uns stirbt. Mit verzweifelter Anstrengung begann ich mich von der Schneeschicht zu befreien, unter der ich begraben lag. Um mich her sah ich leuchtendblaue Eiswände, über mir sah ich das Tageslicht durch den Spalt der Schlucht, in die mich die Lawine geschleudert hatte. Seltsam, ich entsinne mich, daß ich keine Angst fühlte, auch war mir kein Gedanke bewußt, weder an Vergangenheit noch Gegenwart oder Zukunft. Langsam dämmerte in mir nebelhaft ein Empfinden, das sich allmählich durch mein benommenes Gehirn tastete, bis es endlich mein Bewußtsein erreichte. Da erkannte ich es, es war ein altes Steckenpferd, meine unstillbare Neugierde, zu erfahren, was irgend zu erfahren war über den Tod. Endlich war für mich die Gelegenheit gekommen. Es galt nur, mein Denken klar zu halten und ohne Beben dem Tod gerade ins Gesicht zu sehen. Ich wußte – er war da, ich meinte fast, ihn zu sehen, wie er in seinem eisigen Bahrtuch immer näher kam. Was würde er mir sagen, würde er schroff und unversöhnlich sein oder würde er Mitleid mit mir haben und mich nur ruhig im Schnee liegen lassen, wie ich lag, bis ich in ewigem Schlaf erstarrte? So unbegreiflich es klingen mag, ich glaubte, es war wirklich dieser letzte Lebensrest meiner normalen Mentalität, der Wunsch, den Tod zu enträtseln, der mein Leben rettete. Nun fühlte ich auf einmal meine Finger um den Eispickel greifen, fühlte das Seil um meinen Leib. Das Seil! Wo waren meine beiden Gefährten? Ich zog das Seil heran, so rasch ich konnte, es gab einen kurzen Ruck, und der schwarze bärtige Kopf Boissons tauchte aus dem Schnee auf. Tief ächzend holte er Atem, griff sofort nach dem Seil an seinem Gürtel und zerrte seinen halbbetäubten Gefährten aus seinem Grabe.

»Wie lange dauert das Erfrieren?« fragte ich.

Boissons rascher Blick glitt an den Wänden unseres Gefängnisses entlang, um an einer schmalen Eisbrücke zu haften, die die schrägen Wände der Gletscherspalte überspannte wie der Schwibbogen einer gotischen Kathedrale.

»Wenn ich einen Eispickel hätte und die Brücke da erreichen könnte«, sagte er, »dann glaube ich, könnte ich einen Weg hinauf schlagen.«

Ich reichte ihm den Eispickel, den meine Finger mit fast kataleptischem Griff umklammerten.

»Ruhig stehen, um Gottes willen, ruhig«, wiederholte er, als er, wie ein Akrobat auf meinen Schultern stehend, sich auf die Eisbrücke über unseren Köpfen schwang. Mit den Händen an den schrägen Wänden hängend, schnitt er seinen Weg Schritt für Schritt aus der Gletscherspalte und schleppte mich am Seil hoch. Mit großer Mühe zogen wir den anderen Führer herauf, der noch halb betäubt war.

Die Lawine hatte alle früheren Spuren und Richtsteine weggefegt, wir hatten zu dritt nur einen Eispickel, um uns gegen den Absturz in weitere Gletscherspalten zu sichern, die sich unter dem frischen Schnee verbargen. Daß wir nach Mitternacht die Hütte erreichten, erklärte Boisson für ein noch größeres Wunder, als daß wir der Gletscherspalte entronnen waren. Die Hütte war fast ganz unterm Schnee verweht, wir mußten ein Loch ins Dach schlagen, um hineinzugelangen. Da fielen wir der Länge nach auf den Boden. Ich trank bis auf den letzten Tropfen das ranzige Öl aus der kleinen Lampe, während Boisson meine erfrorenen Füße mit Schnee rieb, nachdem er meine schweren Bergstiefel mit seinem Messer aufgeschnitten hatte. Die Rettungsmannschaft aus Chamonix, die schon den ganzen Morgen die Lawinenbahn umsonst nach unseren Leichen abgesucht hatte, fand uns schlafend auf dem Boden der Hütte. Am anderen Tage wurde ich in einem Heuwagen nach Genf gebracht und in den Nacht-Schnellzug nach Paris verladen.

Professor Tillaux war beim Händewaschen zwischen zwei Operationen, als ich am anderen Morgen im Hôtel Dieu in den Operationssaal wankte. Als man die Watteverbände von meinen Beinen wickelte, starrte er auf meine Füße, und das tat auch ich. Sie waren so schwarz wie bei einem Neger.

»Sacré Suédois, wo zum Teufel kommst du her?« donnerte der Professor.

Er sah mich so besorgt mit den gütigen blauen Augen an, daß ich mich schämte. Ich sagte, ich käme von einer Ruhekur in der Schweiz, ich hätte in den Bergen ein kleines Mißgeschick gehabt, was jedem Touristen passieren könne, es täte mir sehr leid.

»Mais c'est lui«, rief einer der Assistenten, »pour sûr, c'est lui[1]!« Dabei zog er einen Figaro aus der Tasche des weißen Mantels und begann ein Telegramm aus Chamonix vorzulesen über die wunderbare Rettung eines Fremden, der mit seinen beiden Führern beim Abstieg vom Montblanc von einer Lawine erfaßt worden war.

»Nom de Tonnerre, nom de nom de nom! Fiche moi la paix, sacré Suédois, qu'est-ce que tu viens faire ici, va-t-en à l'Asile Ste. Anne chez les fous[2]!«

»Erlauben Sie mir, Ihnen den Schädel eines Lapplandbären vorzuführen«, fuhr er fort, während er die häßliche Schnittwunde oben auf meinem Schädel verband. »Ein Knockout-Schlag, der einen Elefanten betäubt hätte, aber kein Schädelbruch, nicht einmal eine Gehirnerschütterung! Wozu die weite Reise bis Chamonix, warum kletterst du

[1] Aber das ist er – wahrhaftig er! – [2] Etwa: Zum Donnerwetter noch mal – laß mich in Ruhe – was willst du hier – geh ins Irrenhaus nach Ste. Anne zu den Verrückten.

nicht auf die Turmspitze von Notre Dame und stürzest dich auf den Platz vor unseren Fenstern, es ist ganz unbedenklich, solange du nur auf den Kopf fällst!«

Ich war immer selig, wenn der Professor mich neckte, es war ein sicheres Zeichen, daß er guter Laune war. Ich wollte gleich nach der Avenue de Villiers fahren, aber Professor Tillaux meinte, ich wäre für die nächsten Tage besser in einem Einzelzimmer des Krankenhauses aufgehoben. Ich war bestimmt sein schlechtester Schüler, aber so viel Chirurgie hatte er mir doch beigebracht, daß ich begriff, daß er amputieren wollte. Fünf Tage lang kam er dreimal täglich, meine Beine anzusehen, am sechsten war ich auf meinem Sofa in der Avenue de Villiers. Die Gefahr war vorüber. Meine Strafe war immerhin schwer. Ich lag sechs Wochen lang und wurde so nervös, daß ich ein Buch schreiben mußte – keine Angst: es ist vergriffen. Während eines weiteren Monats humpelte ich an zwei Stöcken, dann war alles in Ordnung.

Mir schauderte beim bloßen Gedanken, was aus mir geworden wäre, wenn ich zufällig einem der anderen führenden Pariser Chirurgen jener Tage in die Hände gefallen wäre. Der alte Papa Richet im anderen Flügel vom Hôtel Dieu hätte mich sicher an Brand oder Blutvergiftung sterben lassen, die seine Spezialität waren und in seiner ganzen mittelalterlichen Klinik üppig wucherten. Der berühmte Professor Péan, der furchtbare Schlächter des Hospital St. Louis, hätte mir auf dem Fleck beide Beine abgehackt und sie auf den Haufen von Arm- und Beinstummeln geworfen zwischen einem halben Dutzend Ovarien, Uterussen und Geschwülsten, die in einer Ecke auf dem Boden seines Operationssaals, der wie ein Schlachthaus mit Blut beschmiert war, lagen. Dann, die Riesenhände noch blutgerötet, hätte er sein Messer mit der Gewandtheit eines Taschenspielers in sein nächstes Opfer gestoßen, das, ungenügend betäubt, halb bei Bewußtsein war, indes die anderen Opfer auf ihren Bahren vor Entsetzen aufschrien, bis sie zur Tortur an die Reihe kamen. Nach beendetem Massenmord wischte sich Péan den Schweiß von der Stirn, einige Spritzer von Blut und Eiter von der weißen Weste und vom Frack – er operierte stets im Abendanzug –, um dann mit einem »Voilà, pour aujourd'hui, messieurs[1]!« aus dem Operationssaal zu eilen und in seinem prunkhaften Landauer in scharfen Trab nach seiner Privatklinik in der Rue de la Santé zu fahren. Dort schnitt er dann einem halben Dutzend Frauen den Leib auf, die ihm durch eine riesenhafte Reklame wie hilflose Schafe zum Schlachthof von La Villette zugetrieben wurden.

[1] Genug für heute, meine Herren!

18

La Salpêtrière

Selten versäumte ich, Professor Charcots berühmten »Leçons du mardi[1]« in der Salpêtrière beizuwohnen, die damals hauptsächlich seiner Grande Hystérie und der Hypnose gewidmet waren.

Der große Hörsaal war bis zum letzten Platz besetzt. Eine bunte Hörerschaft aus ganz Paris: Schriftsteller, Journalisten, berühmte Schauspieler und Schauspielerinnen und die elegante Halbwelt, alle voll krankhafter Neugierde, diese aufregenden Wunder der Hypnose zu erleben, die man seit den Tagen von Mesmer und Braid fast vergessen hatte. Bei einer dieser Vorlesungen lernte ich auch Guy de Maupassant kennen, der schon damals durch seine »Boule de suif« und sein unvergeßliches »Maison Tellier« berühmt geworden war. Fast immer drehten sich unsere Gespräche um Hypnose und Geistesstörungen; er war unermüdlich, das wenige, was ich davon wußte, von mir zu erfahren. Auch über Wahnsinn wollte er genau Bescheid wissen, denn damals sammelte er Material für ein furchtbares Buch, »Le Horla«, ein getreues Bild seiner eigenen schrecklichen Zukunft. Er begleitete mich sogar einmal bei einem Besuch in Professor Bernheims Klinik in Nancy. Hier wurde mir zuerst klar, welche Irrwege auf dem Gebiet der Hypnose die Schule der Salpêtrière eingeschlagen hatte. Später war ich auch ein paar Tage sein Gast auf seiner Jacht und entsinne mich einer Nacht an Bord und der Gespräche über den Tod, die uns wachhielten. Es war im kleinen Salon seiner »Bel Ami«, die im Hafen von Antibes vor Anker lag. Er hatte

[1] Dienstags-Vorlesungen

Angst vor dem Tode und sagte, der Gedanke an den Tod ließe ihn selten los. Er wollte Genaues von den verschiedenen Giften wissen, wie schnell und wie relativ schmerzlos ihre Wirkung sei. Besonders drang er in mich, ihm den Tod in den Wellen genau zu schildern. Ich sagte ihm, der Tod im Meere ohne Rettungsgürtel sei verhältnismäßig leicht, mit einem Rettungsgürtel vielleicht der allerschwerste. Ich sehe noch heute seine düsteren Augen auf den Rettungsgürteln haften, die an der Kabinentür hingen, und hörte ihn sagen, er würde sie über Bord werfen. Ich fragte, ob er uns denn auf den Meeresgrund schicken wolle? Da saß er eine Weile still.

Nein, meinte er endlich, er wolle doch in Frauenarmen sterben. Ich sagte ihm, bei seinem jetzigen Tempo hätte er alle Aussicht, seinen Wunsch erfüllt zu sehen. Darüber erwachte Ivonne, verlangte blinzelnd noch ein Glas Champagner und schlief wieder ein, den Kopf auf seinem Schoß. Sie war Ballettänzerin, kaum achtzehn, unter den lasterhaften Liebkosungen irgendeines vieux marcheur hinter den Kulissen der Großen Oper aufgewachsen, und trieb nun haltlos völliger Zerrüttung entgegen an Bord der »Bel Ami« im Schoß dieses furchtbaren Liebhabers. Ich wußte, es gab keinen Rettungsgürtel für sie. Ich wußte, sie würde ihn nicht ergreifen, wenn ich ihn ihr auch reichte, ich wußte, sie hatte mit ihrem Körper auch ihr Herz verschenkt an dies unersättliche Mannsbild, das für andere Gaben als die des Körpers keine Verwendung hatte. Ich kannte ihr Verhängnis, sie war nicht die erste, die ich so schlafen sah, den Kopf in seinem Schoß.

Wieweit er für sein Tun verantwortlich war, ist eine andere Frage. Die Furcht, die bei Tag und Nacht sein rastloses Hirn peinigte, war schon in seinen Augen sichtbar. Mir wenigstens schien er seinem Schicksal bereits verfallen, und das feine Gift aus seiner eigenen »Boule de Suif« schien mir schon damals in diesem prachtvollen Gehirn sein Zerstörungswerk begonnen zu haben. Wußte er es? Ich glaube ja. Das Manuskript seines »Sur l'eau« lag zwischen uns auf dem Tisch, er hatte mir gerade einige Kapitel vorgelesen, meiner Ansicht nach das Beste, was er je geschrieben. Noch schuf er fieberhaft ein Meisterwerk nach dem andern, sein erregtes Hirn mit Champagner, Äther und anderen Giften aufpeitschend. Frauen in endloser Folge, Frauen jeder Herkunft, aus dem Faubourg St. Germain bis zu den Boulevards, Schauspielerinnen, Ballettmädchen, Midinettes, Grisettes, gewöhnliche Prostituierte beschleunigten das Verderben des »taureau triste«[1], wie seine Freunde ihn nannten. Er war stolz auf seine Erfolge, oft ließ er durchblicken, wie geheimnisvolle Damen der besten Gesellschaft in seiner Etage, Rue Clausel, von seinem treuen Diener François eingelassen würden – das erste Anzeichen seines beginnenden Größenwahns.

Oft stürmte er hastig die Stufen in der Avenue de Villiers empor, um sich in eine Ecke meines Zimmers zu setzen und mich aus jenen krankhaft reglosen Augen, die ich so gut kannte, stumm anzusehen. Oft stand er minutenlang vor dem Spiegel am Kamin, sein eigenes Gesicht anstarrend, als sähe er einen Fremden.

Eines Tages, erzählte er mir, habe er, als er mitten in der Arbeit an seinem neuen Roman am Schreibtisch saß, zu seiner Überraschung einen Fremden gesehen, der trotz der strengen Wachsamkeit seines Dieners hereingekommen war. Der Fremde hätte ihm gegenüber Platz genommen und ihm diktiert, was er eben schreiben wollte. Er war gerade im Begriff, nach François zu läuten, um ihn hinauszuwerfen, da sah er mit Entsetzen, der Fremde – war er selbst.

Ein paar Tage darauf stand ich neben ihm in den Kulissen der Großen Oper. Mademoiselle Ivonne tanzte einen pas de quatre und sandte ein verstohlenes Lächeln nach ihrem Liebhaber hin, dessen glühender Blick nicht von ihr wich. Dann soupierten wir spät in der eleganten kleinen Wohnung, die Maupassant gerade für sie gemietet hatte. Sie war abgeschminkt, und ich erschrak, wie bleich und erschöpft sie aussah, wie anders als damals, als ich sie zuerst auf der

[1] Der traurige Stier

Jacht sah. Sie nähme immer Äther, sagte sie mir, wenn sie tanze, nichts wäre so gut wie Äther als Belebungsmittel, alle Kolleginnen nähmen Äther, sogar M. le Directeur du Corps de Ballet; tatsächlich habe ich ihn daran sterben sehen, viele Jahre später in seiner Villa in Capri. Maupassant klagte, sie würde zu mager, und ihr ewiges Husten hielte ihn die ganze Nacht wach. Auf seine Bitte untersuchte ich sie am nächsten Morgen. Die eine Lungespitze war schon ernstlich erkrankt. Ich sagte Maupassant, sie müsse völlig ausspannen, und riet ihm, sie für den Winter nach Mentone zu schicken. Er erklärte sich bereit, alles für sie zu tun, aber er mache sich nun einmal nichts aus mageren Frauen.

Sie lehnte glatt ab, fortzugehen, sie wolle lieber sterben als ihn verlassen. Ich sollte in diesem Winter noch viel Mühe mit ihr haben; auch eine Menge neuer Patienten bekam ich durch sie. Nach und nach tauchten ihre Kolleginnen in der Avenue de Villiers auf, um mich heimlich zu konsultieren, aus Angst, durch den Theaterarzt auf halben Sold gesetzt zu werden. Die Kulissen des Ballettkorps waren mir eine fremde Welt und nicht ungefährlich für einen Neuling. Leider war es nicht nur der Altar der Göttin Terpsichore, an dem diese jungen Vestalinnen die Kränze ihrer Jugend opferten. Aus meinem Olymp war ihre Terpsichore glücklicherweise längst verbannt mit den letzten vergessenen Klängen von Glucks Chaconne und Mozarts Menuett. Was heute übrigblieb, war in meinen Augen nur noch Akrobatik. Anders erging es den übrigen Zuschauern. Ich staunte immer wieder, wie leicht diese verlebten Don Juans ihr Gleichgewicht verloren beim Anblick dieser halbnackten Mädchen, die, auf den Zehenspitzen tanzend, das ihre behielten.

Als Ivonne ihren ersten Blutsturz hatte, wurde die Sache ernst. Wie so viele Schriftsteller, die Tod und Leiden schildern, haßte es auch Maupassant, sie aus der Nähe zu sehen. Ivonne trank viele Flaschen Lebertran, um zuzunehmen, sie wußte, daß ihr Geliebter magere Frauen nicht schätzte. Umsonst, bald blieb von ihrer Jugendschönheit nichts als die herrlichen Augen, die in Fieber und Ätherrausch glänzten. Maupassants Börse blieb für sie offen, aber seine Arme umschlossen bald den Körper einer ihrer Kolleginnen. Ivonne schleuderte eine Flasche Vitriol nach dem Gesicht ihrer Rivalin, fehlte sie zum Glück und kam mit zwei Monaten Gefängnis davon durch Maupassants großen Einfluß und dank meinem Gutachten, daß sie nur noch wenige Monate zu leben hätte.

Aus dem Gefängnis entlassen, weigerte sie sich trotz aller Bitten Maupassants, in ihre Wohnung zurückzukehren. Sie verschwand in der unbekannten Weite der Riesenstadt wie ein todwundes Tier, das sich zum Sterben verkriecht.

Ganz zufällig fand ich sie einen Monat später in einem der Betten in St. Lazare, der letzten Stufe auf dem Marterpfad all der gefallenen und verlassenen Frauen von Paris. Ich sagte ihr, ich würde Maupassant benachrichtigen, sicher würde er sie gleich besuchen. Am selben Nachmittag fuhr ich zu Maupassants Haus, es war keine Zeit zu verlieren, sie hatte offensichtlich nur noch wenige Tage zu leben. Der treue François war, wie immer, als Zerberus auf seinem Posten, um seinen Herrn gegen alle Störenfriede zu bewachen. Umsonst begehrte ich Einlaß, die Befehle waren streng, unter keinen Umständen sollte Besuch angenommen werden, es war die alte Geschichte von der geheimnisvollen Dame.

So konnte ich nichts tun, als eine Zeile über Ivonne zu schreiben, die François seinem Herrn sofort abzugeben versprach. Ich habe nie erfahren, ob er die Nachricht bekommen hat oder nicht, hoffentlich nicht, das ist sogar wahrscheinlich, denn François versuchte dauernd, seinem geliebten Gebieter all diese Weibergeschichten fernzuhalten. Als ich am andern Tage nach St. Lazare kam, war Ivonne tot. Die Nonne erzählte mir, wie sie schon am Morgen Rouge aufgelegt und ihr Haar aufgesteckt hatte. Sie hatte sich sogar von einer alten Prostituierten im nächsten Bett einen kleinen roten Seidenschal geliehen, ein letztes Andenken besserer Tage, um damit ihre eingefallenen

Schultern zu umhüllen. Sie hatte der Nonne erzählt, ihr Monsieur käme, und den ganzen Tag in angespannter Erwartung verbracht – aber er kam nicht. In der Frühe fanden sie sie tot in ihrem Bett, sie hatte ihre Flasche Chloral bis zum letzten Tropfen ausgetrunken.

Zwei Monate später sah ich Guy de Maupassant im Garten der Maison Blanche in Passy, dem bekannten Irrenhause. Er stützte sich auf den Arm des treuen François und warf Kieselsteine auf die Blumenbeete mit der Gebärde des Sämanns von Millet. »Sieh, sieh«, sagte er, »sie werden im Frühling alle aufgehen, lauter kleine Maupassants, wenn es nur regnet.«

Für mich, der ich schon jahrelang meine freie Zeit der Erforschung der Hypnose widmete, waren die Schaustellungen der Salpêtrière vor der Öffentlichkeit von ganz Paris nur alberne Spielerei, in der sich Betrug und Wahrheit untrennbar vermischten. Einige dieser Medien waren zweifellos wirklich Somnambulen, die im wachen Zustand getreulich die verschiedenen Suggestionen ausführten, die man ihnen im Schlaf eingegeben hatte – posthypnotische Suggestionen, aber viele waren bloße Schwindler, die genau wußten, welche Handlungen man von ihnen erwartete, selig, ihre verschiedenen Tricks öffentlich zeigen zu können und Ärzte wie Zuhörer mit der fabelhaften Schlauheit der Hysterischen zu betrügen. Sie waren stets bereit, »de piquer une attaque[1]«, um Charcots klassische Grande Hystérie, den »arc-en-ciel[2]« und so weiter, oder seine berühmten drei Stadien der Hypnose vorzunehmen: Lethargie, Katalepsie, Somnambulismus, alle vom Meister erfunden und kaum je außerhalb der Salpêtrière beobachtet. Einige rochen mit Behagen an einer Flasche Ammoniak, wenn man sie ihnen als Rosenwasser hinhielt, andere aßen ein Stück Kohle, wenn man ihnen sagte, daß es Schokolade sei, wieder andere krochen auf allen vieren, bellten wütend, wenn man ihnen suggerierte, sie seien Hunde; sie bewegten die Arme, als wollten sie fliegen, wenn man sie zur Taube machte.

[1] Einen Anfall zu inszenieren [2] Charakteristische Form von hysterischem Anfall

Andere rafften ihr Kleid mit einem Entsetzensschrei, wenn man ihnen einen Handschuh zuwarf mit der Suggestion, es sei eine Schlange. Ein anderes Medium ging umher, einen Zylinderhut im Arm, wiegte ihn und küßte ihn zärtlich, wenn man sagte, es sei sein Baby.

Täglich Dutzende von Malen beliebig von Ärzten und Studenten hypnotisiert, verbrachten viele dieser unglücklichen Mädchen ihre Tage in einem Zustand von halber Trance, das Hirn verwirrt von allerlei wilden Suggestionen, kaum bei Bewußtsein und sicher nicht verantwortlich für ihr Handeln, um früher oder später der »Salle des agités[1]«, wenn nicht dem Irrenhaus zu verfallen. Während man diese Galavorstellungen an den Dienstagen im Hörsaal als unwissenschaftlich und der Salpêtrière unwürdig verurteilen mußte, wäre es ungerecht, nicht zuzugeben, daß in den Krankensälen ernste Arbeit geleistet wurde, um die dunklen Phänomene der Hypnose zu erforschen. Ich selbst machte damals gerade mit Erlaubnis des Chefs der Klinik ein paar interessante Experimente an einem dieser Mädchen, das das beste Medium war, dem ich je begegnet bin. Es handelte sich um posthypnotische Suggestionen und Telepathie.

Schon damals hatte ich ernste Zweifel an der Richtigkeit von Charcots Theorien, die widerstandslos von seinen verblendeten Schülern übernommen wurden, ebenso wie vom Publikum, ein Umstand, den man nur als eine Art von Massensuggestion erklären konnte. Ich war seit meinem letzten Besuch in Professor Bernheims Klinik in Nancy ein zwar unbedeutender, aber entschiedener Anhänger der sogenannten Schule von Nancy geworden, die die Lehren Charcots ablehnte. Die Schule von Nancy in der Salpêtrière zu erwähnen, galt in jenen Tagen fast als Majestätsbeleidigung. Charcot selbst wurde wütend, wenn man nur Professor Bernheim nannte. Einer der Assistenten, der mich gründlich verabscheute, zeigte dem Meister einen Aufsatz von mir in der »Gazette des Hôpitaux«, zu dem mich mein

[1] Saal für Nervenkranke

letzter Besuch in Nancy angeregt hatte. Tagelang schien Charcot mich überhaupt nicht zu bemerken. Etwas später brachte der »Figaro« einen heftigen Artikel unter dem Pseudonym »Ignotus« von einem der führenden Pariser Journalisten, der die öffentliche Vorführung der Hypnose als eine gefährliche und alberne Schaustellung geißelte, ohne wissenschaftlichen Wert und unwürdig des großen Meisters der Salpêtrière. Ich war dabei, als dieser Artikel Charcot während der Morgenvisite gezeigt wurde, und war starr über seine empörte Empfindlichkeit gegen einen bloßen Zeitungsartikel; mir schien, er hätte es sich wirklich leisten können, ihn zu ignorieren. Es gab natürlich viel Eifersucht unter seinen Schülern, und ich wurde reichlich damit bedacht. Wer die Lüge aufbrachte, weiß ich nicht, aber ich war entsetzt, als ich erfuhr, daß das Gerücht umging, »Ignotus« hätte seine belastende Tatsachen von mir erfahren. Charcot hat mir nie ein Wort darüber gesagt, aber seit jenem Tage änderte sich sein gewohntes herzliches Benehmen gegen mich. Dann kam der Schlag, einer der härtesten, den ich je im Leben empfing. Das Schicksal stellte die Falle, in meinem gewohnten närrischen Ungestüm lief ich gerade hinein.

Eines Sonntags, als ich aus dem Krankenhaus kam, traf ich ein Paar alte Bauersleute, die unter den Platanen des Innenhofs auf einer Bank saßen. Etwas von Landluft, Obstgärten, Feldern und Kuhställen umgab sie, es tat meinem Herzen wohl, sie anzusehen. Ich fragte, wo sie herkämen und was sie hier wollten. Der Alte in seiner langen blauen Bluse hob die Hand an sein Béret, die Frau in ihrer netten weißen Haube lächelte freundlich und knickste. Sie wären diesen Morgen aus ihrem Dorf in der Normandie gekommen, um ihre Tochter zu besuchen, die schon über zwei Jahre Küchenmädchen in der Salpêtrière sei. Es war eine sehr gute Stelle, eine der Nonnen des Dorfes hatte sie hingebracht. Die Nonne war nun zweite Köchin in der Küche des Krankenhauses. Aber es war so viel Arbeit auf ihrem Hof in der Normandie, sie hatten nun drei Kühe und sechs Schweine, und so waren sie gekommen, um die Tochter heimzuholen. Sie war ein starkes, gesundes Mädel, und sie wurden zu alt, um den Hof allein zu versorgen. So müde waren sie von der langen Nachtreise in der Bahn, darum mußten sie sich auf die Bank setzen und ein wenig ausruhen. Wäre ich so freundlich, ihnen zu zeigen, wo es zur Küche ging? Ich sagte, sie müßten durch drei Höfe und endlose Flure; ich wollte sie lieber selbst in die Küche führen und ihnen helfen, die Tochter zu finden. Weiß Gott, wie viele Küchenmädchen es in der Riesenküche gab, die das Essen für fast dreitausend Münder lieferte! Wir trabten los zum Küchenpavillon, die Alte hörte gar nicht auf, mir von ihrem Apfelgarten zu erzählen, ihrer Kartoffelernte, den Schweinen, Kühen und dem guten Käse, den sie machte. Sie zog aus ihrem Korbe einen kleinen Rahmkäse, den sie für Geneviève gemacht hatte, sie würde sich aber sehr freuen, wenn ich ihn annehmen wolle. Ich sah ihr ins Gesicht, als sie mir den Käse gab. Wie alt war Geneviève?

Sie war gerade zwanzig.

War sie blond und sehr hübsch?

»Vater sagt, sie sieht genauso aus wie ich«, antwortete das Mütterchen schlicht.

Der Alte nickte beifällig.

»Seid Ihr sicher, daß sie in der Küche arbeitet?« fragte ich mit unwillkürlichem Schauder und betrachtete noch einmal aufmerksam das runzlige Gesicht des Mütterchens.

Statt jeder Antwort durchwühlte der Alte die tiefe Tasche seiner Bluse und zog Genevièves letzten Brief hervor. Ich hatte seit Jahren Graphologie studiert und erkannte auf den ersten Blick die seltsam verschnörkelte und naive, aber besonders saubere Schrift, die sich stetig gebessert hatte während der vielen hundert Experimente mit automatischem Schreiben, auch unter meiner persönlichen Aufsicht.

»Hierher«, sagte ich und führte sie direkt in den Saal Ste. Agnes – die Abteilung der »Grandes Hystériques«.

Auf dem langen Tisch mitten im Saal saß Geneviève. Ihre Beine, die in seidenen Strümpfen steckten, baumelten herab. Auf ihrem Schoß lag eine Nummer von »Le Rire«, dessen Titelblatt ihr Bild zeigte! Neben ihr saß Lisette, auch ein Stern aus dieser Gesellschaft. In Genevièves keck aufgesteckten Haaren prangte eine blauseidene Schleife, an ihrem Halse eine falsche Perlenschnur, ihr bleiches Gesicht war geschminkt, die Lippen rot gemalt. Sie glich mehr einer unternehmenden Midinette, die sich anschickt, auf den Boulevards zu bummeln, als der Angestellten eines Krankenhauses. Geneviève war die Primadonna der Dienstags-Schaustellungen, von allen verwöhnt und verhätschelt, sehr eingenommen von sich und ihrer Umgebung. Die zwei alten Bauersleute starrten verstört auf ihr Kind. Geneviève erwiderte den Blick mit einer Miene alberner Gleichgültigkeit, sie schien sie nicht sofort zu erkennen. Plötzlich begann ihr Gesicht zu zucken, und mit einem durchdringenden Schrei fiel sie der Länge nach zu Boden, von heftigen Konvulsionen geschüttelt. Sofort folgte ihr Lisette in dem berühmten arc-en-ciel; dem Gesetz der Nachahmung folgend, begannen nun die anderen Hysterischen in den Betten ihre Anfälle zu bekommen, die eine mit krankhaftem Gelächter, die andere mit Tränenströmen. Die zwei alten Leute waren sprachlos vor Entsetzen. Eilig schoben die Nonnen sie aus dem Saal. Auf der Treppe holte ich sie ein und brachte sie zu der Bank unter den Platanen. Sie waren zu erschreckt, um auch nur zu weinen. Es war keine Kleinigkeit, diesen armen Bauersleuten den Sachverhalt zu erklären. Wie ihre Tochter aus der Küche in den Saal der Hysterischen gekommen war, wußte ich selber nicht. Ich redete ihnen zu, so freundlich ich konnte, und versicherte, ihre Tochter würde bald wieder ganz gesund sein. Das Mütterchen weinte, die kleinen funkelnden Augen des Vaters begannen böse aufzuleuchten. Ich riet ihnen dringend, in ihr Dorf zurückzukehren, und versprach, ihre Tochter würde so bald wie möglich nach Hause geschickt werden. Der Vater wollte sie gleich mitnehmen, aber die Mutter unterstützte mich und meinte, es wäre richtiger, sie dazulassen, bis es ihr besser ginge, sie wäre sicherlich in guten Händen. Als ich mein Versprechen wiederholt hatte, möglichst bald mit dem Professor und dem Direktor des Hospitals die nötigen Formalitäten zu erledigen, damit Geneviève unter der Obhut einer Nonne nach Hause gesandt werden könne, gelang es mir mit vieler Mühe, die Alten in eine Droschke zu setzen, die sie zum nächsten Zuge an die Gare d'Orléans brachte. Der Gedanke an die zwei alten Bauersleute hielt mich die Nacht über wach. Wie sollte ich mein Versprechen halten? Ich wußte nur zu gut, daß ich gerade damals von allen Menschen der ungeeignetste war, um den Fall mit Charcot zu besprechen. Ich wußte ebensogut, daß Geneviève nie freiwillig die Salpêtrière verlassen würde, um in ihr altes bescheidenes Heim zurückzukehren. Ich sah nur eine Lösung: ihren Willen zu besiegen und ihn durch meinen Willen zu ersetzen. Ich kannte Geneviève gut als hervorragende Somnambule. Sie war von mir und anderen ausgebildet und reagierte auf posthypnotische Suggestionen mit derselben Sicherheit, wie ein Stein zu Boden fällt, ja, mit einer nahezu astronomischen Pünktlichkeit. Dazu kam völlige Amnesie, das heißt Ahnungslosigkeit im wachen Zustande von dem, was ihr in der Hypnose zu tun befohlen worden war. Ich wandte mich an den Chef der Klinik, um mit Geneviève meine telepathischen Experimente fortsetzen zu können, die damals sehr an der Tagesordnung waren. Er interessierte sich selbst glühend für das Problem, erlaubte mir, täglich eine Stunde ungestört in seinem eigenen Laboratorium zu arbeiten, und wünschte mir guten Erfolg. Ich hatte ihn belogen. Gleich am ersten Tage suggerierte ich Geneviève unter tiefer Hypnose, daß sie am nächsten Dienstag im Bett bliebe, statt in den Hörsaal zu gehen, daß sie ihr Leben in der Salpêtrière verabscheue und sich sehne, zu den Eltern heimzukehren. Eine Woche lang wiederholte ich ihr täglich diese Suggestionen, scheinbar ohne Erfolg. In der nächsten Woche fehlte sie bei der Dienstag-Vorführung im Hörsaal und wurde sehr vermißt. Man sagte mir, sie läge mit einer Erkältung zu Bett. Ein paar Tage später traf ich sie mit einem Kursbuch in der Hand, sie steckte es rasch in die Tasche, als sie mich sah, ein Beweis, daß ich mich auf ihre Amnesie verlassen konnte. Bald darauf wurde ihr suggeriert, am nächsten Donnerstag, dem Tage des Ausgangs, zum Bon Marché zu gehen, um sich einen neuen Hut zu kaufen. Am anderen Morgen sah ich, wie sie ihn mit großem Stolz Lisette zeigte. Zwei Tage später wurde ihr befohlen, am nächsten Tage um 12 Uhr den Saal Ste. Agnes zu verlassen, während die Nonnen mit dem Austeilen des Essens beschäftigt waren, durch die Portiersloge zu schlüpfen, während der Mann frühstückte, in eine Droschke zu springen und direkt nach der Avenue de Villiers zu fahren. Als ich zur Sprechstunde kam, fand ich sie im Wartezimmer. Ich fragte sie, was ihr fehle, sie war sehr verlegen und stammelte etwas über meine Hunde und den Affen, von denen ich ihr erzählt hätte und die sie sehen wolle. Rosalie bewirtete sie im Eßzimmer mit einer Tasse Kaffee, dann wurde sie in eine Droschke gesetzt, um zurück ins Krankenhaus zu fahren.

»Ein schönes Mädel«, sagte Rosalie und legte dabei den Finger an die Stirne, »aber ich glaube, sie hat 'nen Vogel, sie hat mir erzählt, sie hätte keine Ahnung, warum sie hergekommen wäre.«

Das Gelingen dieses einleitenden Versuches ließ mich in meinem gewohnten Draufgängertum beschließen, meinen Plan sofort auszuführen. Geneviève erhielt nach zwei Tagen die Weisung, nach der Avenue de Villiers zu kommen mit derselben Vorsicht und zur selben Stunde. Es war an einem Montag, ich hatte Norström zum Frühstück eingeladen, da ich ihn als Zeugen haben wollte, falls unvorhergesehene Verwicklungen einträten. Als ich ihm von meinem Plan erzählte, warnte er mich vor ernsten Folgen, die für mich entstehen könnten, einerlei, ob es gelänge oder nicht. Dabei war er überzeugt, daß sie überhaupt nicht kommen würde.

»Nimm einmal an, sie hätte es jemandem gesagt.«

»Sie kann nichts sagen, was sie selbst nicht weiß, sie wird nicht wissen, daß sie in die Avenue de Villiers kommt, bis die Uhr zwölf schlägt.«

»Aber könnte man es nicht unter hypnotischem Schlaf aus ihr herausbringen?« beharrte er.

»Nur einer könnte es ihr entwinden, Charcot selbst. Da er sie aber kaum beachtet, außer bei seinen Dienstags-Vorlesungen, brauche ich mit dieser Möglichkeit nicht zu rechnen.«

Im übrigen, sagte ich, sei es bereits zu spät für Erwägungen, ich sei aber sicher, sie habe bereits die Klinik verlassen und würde in weniger als einer halben Stunde auftauchen.

Die Stehuhr in der Halle schlug dreiviertel eins, ich meinte, sie müsse vorgehen, zum ersten Mal reizte mich ihr sonorer Klang.

»Wenn du doch den Unsinn mit deiner Hypnose aufstekken wolltest«, sagte Norström und zündete eine dicke Zigarre an. »Du hast es bereits im Kopf, du wirst noch selbst verrückt, wenn du's nicht schon bist. Ich glaube nicht an Hypnose, ich habe öfters Leute zu hypnotisieren versucht, es ist mir nie gelungen.«

»Wenn es dir gelungen wäre, würde ich auch nicht mehr daran glauben«, entgegnete ich ärgerlich. Die Hausglocke ertönte. Ich sprang auf, um selbst die Tür zu öffnen. Es war Miß Anderssen, die Pflegerin, die ich für ein Uhr bestellt hatte, um Geneviève nach Hause zu begleiten. Sie sollte mit ihr im Nachtexpreß nach der Normandie fahren und einen Brief von mir an den Pfarrer des Dorfes mitnehmen, der die Sachlage erklärte und ihn bat, unter allen Umständen Genevièves Rückkehr nach Paris zu verhindern.

Ich setzte mich wieder an den Eßtisch und rauchte wütend eine Zigarette nach der andern. »Was wird die Pflegerin zu all dem sagen?« fragte Norström.

»Sie sagt nichts, sie ist Engländerin. Sie kennt mich gut und vertraut meinem Urteil unbedingt.«

»Wenn ich das doch auch könnte«, knurrte Norström, große Rauchwolken ausstoßend.

Die Cromwell-Uhr über dem Kamin schlug halb zwei, und mit unheimlicher Genauigkeit fiel ein halbes Dutzend alter Uhren ein.

»Mißlungen«, sagte Norström gelassen, »um so besser für uns beide, ich bin verdammt froh, mit dieser Geschichte nichts zu tun zu haben.«

In jener Nacht schloß ich kein Auge. Diesmal waren es nicht die Bauersleute, sondern Geneviève, die mich wach hielt. Vom Glück verwöhnt, waren meine Nerven Mißerfolgen nicht gewachsen. Was war geschehen?

Mir war übel und ein wenig schwindlig, als ich am anderen Morgen den Hörsaal der Salpêtrière betrat. Charcot hatte seine Dienstags-Vorlesung über Hypnose bereits begonnen, Genevièver war nicht auf ihrem gewohnten Platz auf dem Podium. Ich schlüpfte hinaus, um nach ihr zu sehen. Einer der Assistenten erzählte mir, er wäre gestern von seinem Frühstück weg nach dem Saal der Ste. Agnes geholt worden. Dort hätte er Geneviève in einem Zustand von kataleptischem Koma gefunden, von Krämpfen unterbrochen, so heftig, wie er sie noch nie gesehen habe. Eine der Nonnen hätte sie eine halbe Stunde vorher vor der Anstalt getroffen, als sie gerade in eine Droschke sprang. Sie hatte sehr erregt ausgesehen, und die Nonne hatte große Mühe gehabt, Geneviève zurück zur Portiersloge zu bringen, und zum Saal Ste. Agnes mußte sie heraufgetragen werden. Die ganze Nacht über hatte sie verzweifelt getobt wie ein wildes Tier, das aus seinem Käfig ausbrechen will; sie hätten ihr eine Zwangsjacke anlegen müssen. Nun war sie in einem Einzelzimmer eingeschlossen mit einer starken Dosis Brom und einem Eisbeutel auf der Stirn. Niemand konnte sich diese plötzliche Veränderung erklären. Charcot selbst war bei ihr gewesen, es war ihm nur mühsam gelungen, sie einzuschläfern. Wir wurden unterbrochen, der Direktor der Klinik trat ein und sagte, er hätte mich im ganzen Krankenhause gesucht. Charcot wünsche mich zu sprechen, er solle mich in sein Zimmer bringen, sowie die Vorlesung im Hörsaal zu Ende sei. Er sprach kein Wort mit mir, während wir die anstoßenden Laboratorien durchschritten. Er klopfte, und ich betrat das wohlbekannte kleine Heiligtum des Meisters zum letztenmal in meinem

Leben. Charcot saß wie gewöhnlich am Tisch, über das Mikroskop gebeugt. Er hob den Kopf und blickte mich an mit seinen furchtbaren Augen. Sehr langsam sprach er, und die tiefe Stimme zitterte vor Wut, als er sagte, ich hätte den Versuch gemacht, eine Schutzbefohlene seines Krankenhauses, ein junges Mädchen, eine Haltlose, die halb unbewußt handelte, in meine Wohnung zu locken. Nach ihrem eigenen Geständnis wäre sie schon einmal in meinem Hause gewesen, mein teuflischer Plan, sie ein zweites Mal auszunutzen, wäre nur durch einen Zufall mißlungen. Es sei ein Verbrechen, er müsse mich von Rechts wegen der Polizei überliefern, aber um der Ehre des Berufes willen und wegen des roten Bandes in meinem Knopfloch wolle er es dabei bewenden lassen, mich aus dem Krankenhaus auszuweisen, er wünsche mich niemals wiederzusehen.

Mir war, als hätte mich der Blitz getroffen, die Zunge klebte mir am Gaumen, ich brachte kein Wort hervor. Plötzlich begriff ich den wahren Sinn seiner scheußlichen Anklage, und da schwand meine Furcht. Ich antwortete zornig, er und seine Anhänger wären es und nicht ich, die das Verderben über dies Mädchen gebracht hätten, das als starkes, blühendes Bauernkind in die Anstalt gekommen sei und sie als Irre verlassen würde, wenn sie noch lange dabliebe. Ich hätte das einzige Mittel gewählt, das mir offenstand, um sie ihren alten Eltern zurückzugeben. Mein Rettungsversuch sei mißlungen, und ich bedauere, daß er mißlungen sei.

»Assez, Monsieur!« brüllte er. Dann wandte er sich an den Direktor der Klinik und sagte, er solle mich bis zur Portiersloge begleiten mit der ausdrücklichen Weisung von Charcot selbst, mich nie wieder das Krankenhaus betreten zu lassen. Er fügte hinzu, wenn seine eigene Autorität nicht genügen sollte, mich von seiner Klinik fernzuhalten, würde er der »Assistance publique« über die Angelegenheit berichten. Er erhob sich und verließ das Zimmer mit seinem schweren, langsamen Schritt.

19

Hypnose

Kenner hypnotischer Phänomene haben längst den Stab über jene berühmten Schaustellungen in der Salpêtrière gebrochen, die damals meine Ungnade zur Folge hatten. Aber die Wucht von Charcots Autorität hatte einer ganzen Generation von Ärzten seine Theorien aufgezwungen. Nun längst überholt, haben sie doch unser Wissen von der wahren Natur dieser Erscheinungen um mehr als zwanzig Jahre aufgehalten. Fast alle Theorien Charcots über Hypnose haben sich als falsch erwiesen. Hypnotismus ist nicht, wie er sagte, eine künstlich herbeigeführte Neurose, der man nur bei Hysterie und bei willensschwachen, haltlosen, überempfindlichen Menschen begegnet. Das Gegenteil ist richtig. Hysterische sind meist weniger leicht zu hypnotisieren als ausgeglichene und geistig gesunde Menschen. Kluge, willensstarke und herrschsüchtige Naturen sind leichter zu hypnotisieren als dumme, oberflächliche und willensschwache. Idioten und Irre sind meist refraktär gegen hypnotischen Einfluß. Leute, die behaupten, an Hypnose nicht zu glauben, dich auslachen und sagen, sie wären überzeugt, nicht hypnotisiert werden zu können, sind meist sehr leicht in Schlaf zu versetzen. Kinder sind leicht zu hypnotisieren. Hypnotischer Schlaf ist nicht durch mechanische Mittel allein hervorzurufen. Die Mittel, die damals in der Salpêtrière und der Charité angewandt wurden, wie die drehbaren Spiegel der Vogelsteller, Glaskugeln und Magnete, das Fixieren der Augen des Subjektes, das klassische Streichen Mesmers, sind Unsinn. Der therapeutische

Wert der Hypnose für Medizin und Chirurgie ist nicht zu verkennen, darin hat Charcot recht behalten. Er ist sogar sehr groß in der Hand eines fähigen Arztes mit klarem Kopf, reinen Händen und genauer Kenntnis und Technik. In vielen Tausenden von gut nachgeprüften Fällen konnte dies einwandfrei bewiesen werden. Ich selbst war nie ein sogenannter Hypnotiseur, aber ein Nervenarzt, der häufig diese Waffe brauchen mußte, wenn andere Mittel sich als nutzlos erwiesen hatten, und ich habe oft wunderbare Erfolge mit dieser noch unverstandenen Heilmethode erzielt. Geistige Störungen aller Art, mit oder ohne Verlust der Willenskraft, Alkoholismus, Morphinismus, Kokainismus und Nymphomanie können oft auf diese Weise geheilt werden. Sexuelle Inversion ist schwieriger zu behandeln. In vielen, wenn auch nicht in den meisten Fällen kann man sie nicht als eine Krankheit ansehen, sondern als eine Abweichung des sexuellen Instinkts, die gewissen Individuen natürlich ist und wo energisches Eingreifen oft mehr schadet als nützt. Ob und wieweit unsere sozialen Gesetze eingreifen sollten, ist eine verwickelte Frage, die ich hier nicht behandeln will, sicher aber beruht die heutige Abfassung des Gesetzes auf einem Verkennen der unglücklichen Lage, in der sich zahlreiche Menschen dieser Art befinden. Sie sind keine Verbrecher, sondern Opfer einer zufälligen Zerstreutheit von Mutter Natur, vielleicht bei ihrer Empfängnis, vielleicht bei ihrer Geburt. Wie ist das enorme Überhandnehmen sexueller Inversion zu erklären? Rächt sich die Natur an dem männlichen Mädchen von heute, indem sie seinen geraden Hüften und der flachen Brust einen weibischen Sohn beschert? Oder sind wir verwirrte Zuschauer einer neuen Entwicklungsphase, wo sich zwei verschiedene Tiere langsam zu einem neuen, bisher unbekannten Geschöpf umbilden, dem letzten eines todgeweihten Geschlechtes auf einem verbrauchten Planeten, einem Zwischenglied zwischen dem homo sapiens von heute und dem geheimnisvollen Übermenschen von morgen?

Der große Wert hypnotischer Anästhesie bei chirurgischen Operationen und bei Geburten wird heute allgemein anerkannt. Noch wichtiger ist die lindernde Wirkung dieser Behandlung bei der schmerzhaftesten aller Operationen, die meist noch ohne Anästhesie ertragen werden muß, bei dem Tode. Was mir vergönnt war, für viele sterbenden Soldaten im Weltkriege tun zu können, genügt mir, um Gott zu danken, daß ich diese starke Waffe in Händen hatte. Im Herbst 1915 verbrachte ich zwei unvergeßliche Tage und Nächte unter einigen Hunderten von sterbenden Soldaten, die, in ihre blutigen Mäntel gehüllt, auf den Fliesen einer französischen Dorfkirche lagen. Wir hatten kein Morphium, kein Chloroform, keine anästhetischen Mittel irgendwelcher Art, um ihre Qualen zu lindern, ihren Todeskampf abzukürzen. Viele starben unter meinen Augen, ahnungslos und ruhig, oft beinahe mit einem Lächeln auf den Lippen, während sie meinen langsam wiederholten Worten von Trost und Hoffnung lauschten.

Was für eine geheimnisvolle Macht war das? Fast schien es, als ginge sie von meiner Hand aus. Woher kam sie? Entsprang sie aus dem Bewußtseinsstrom, der unter meinem wachen Leben fließt, oder war es doch die geheimnisvolle Kraft des Ods, das magnetische Fluidum der alten Mesmerianer? Natürlich hat die moderne Forschung das magnetische Fluidum verworfen und es durch ein Dutzend neuer, mehr oder weniger geistvoller Theorien ersetzt. Ich kenne sie alle, bisher befriedigt mich keine von ihnen. Suggestion allein, der Grundstein der jetzt allgemein anerkannten Theorie über Hypnose, kann all die verblüffenden Erscheinungen nicht erklären. Übrigens unterscheidet sich der Begriff Suggestion, wie ihn seine Hauptverfechter aus der Nancyschule gebrauchen, nur dem Namen nach von der jetzt verspotteten Mesmerischen Kraft des Ods. Wohl oder übel werden wir zugeben müssen, daß das Wunder nicht von dem Operateur bewirkt wird, sondern sich im Unterbewußtsein des Patienten vollzieht. Wie aber sollen wir es erklären, daß der eine Operateur Erfolg hat und der andere nicht? Warum hallt die Suggestion des einen Operateurs wie ein Befehl in der unterirdischen Seelenwerkstatt des Patienten wider und setzt verborgene Kräfte in Tätigkeit, während die gleiche Suggestion, wenn ein anderer Operateur sie anwendet, vom Bewußtsein des Patienten abgefangen wird und wirkungslos bleibt? Ich, mehr als irgendeiner, wäre begierig, es zu wissen, denn seit ich ein Knabe war, merkte ich, daß ich diese Gabe besaß, wie sie auch heißen möge, und zwar in einem ungewöhnlichen Grade. Meine meisten Patienten, junge und alte, Männer und Frauen, schienen es früher oder später zu merken und sprachen mir oft davon. Meine Kameraden in den Krankensälen wußten es alle, Charcot selbst wußte darum. Professor Voisin, der berühmte Irrenarzt am Asyle Ste. Anne, ließ sich oft von mir bei seinen verzweifelten Versuchen helfen, einige seiner Irrsinnigen zu hypnotisieren. Manchmal arbeiteten wir stundenlang an den armen Irren, die vor Wut schrien und tobten und in ihren Zwangsjacken uns nur noch anspucken konnten, was sie auch oft taten. Meist hatten wir nur negative Erfolge, aber hier und da gelang es mir, einen zu beruhigen, wenn der Professor trotz seiner wunderbaren Geduld nichts ausrichten konnte. Alle Wärter im Zoologischen Garten und der Menagerie Pezon wußten darum. Es war ein bekannter Trick von mir, ihre Schlangen, Eidechsen, Schildkröten, Papageien, Eulen, Bären und die großen Katzen in einen Zustand von Lethargie zu versetzen, der Charcots erstem Stadium der Hypnose sehr ähnlich war; oft konnte ich sogar tiefen Schlaf herbeiführen. Ich glaube, ich habe schon erzählt, wie ich an der Pranke von Leonie, der prachtvollen Löwin der Menagerie Pezon, das Geschwür aufschnitt und den Splitter herauszog. Das war nur zu erklären als Lokalanästhesie unter leichter Hypnose. Affen kann man trotz ihrer Lebhaftigkeit leicht einschläfern, weil sie hohe Intelligenz und ein sehr eindrucksfähiges Nervensystem besitzen. Ich selber habe im Tempel von Karnak eine Kobra in Katalepsie versetzt. Das Zähmen wilder Elefanten hat, wie ich glaube, auch etwas mit hypnotischem Einfluß zu tun. Ich hörte einmal im Zoo einen Mahout stundenlang mit einem Elefanten reden, der widerspenstig geworden war, und es klang genau wie hypnotische Suggestion. Die meisten Vögel sind leicht zu hypnotisieren, jedermann weiß, wie leicht es bei Hühnern geht. Im Verkehr mit Tieren, seien es wilde oder zahme, kann jeder leicht die beruhigende Wirkung des monotonen Klanges langsam wiederholter Worte nachprüfen, es scheint dann fast, als verstünden sie sogar den Sinn des Gesagten; was gäbe ich nicht darum, wenn ich sie verstehen könnte, wenn sie zu mir reden! Natürlich ist es offensichtlich unmöglich, hier von geistigen Suggestionen zu reden. Eine andere Kraft muß hier wirksam sein; ich frage immer wieder und frage umsonst: Welches ist diese Kraft?

Unter den Patienten, die ich während meines Aufenthaltes in Schweden Norström anvertraut hatte, war eine schwer Morphiumkranke, die durch hypnotische Suggestion schon fast geheilt war. Da ich wünschte, daß die Behandlung nicht unterbrochen würde, ließ ich Norström bei der letzten Sitzung assistieren. Er meinte, es wäre ganz leicht, und die Patientin schien ihn gern zu haben. Bei meiner Rückkehr nach Paris fand ich sie wieder in ihre alten Gewohnheiten verfallen, denn mein Kollege war unfähig gewesen, sie zu hypnotisieren. Ich wollte mir von ihr die Ursache seines Mißerfolges erklären lassen, sie meinte, sie begriffe es selbst nicht, es täte ihr sehr leid, sie hätte sich große Mühe gegeben und ebenso Norström, den sie, wie sie sagte, sehr gern hätte.

Eines Tages schickte mir Charcot einen jungen ausländischen Diplomaten, einen ernsten Fall sexueller Inversion. Sowohl der berühmte Wiener Spezialist Professor Krafft-Ebing wie auch Charcot selbst hatten diesen Mann nicht hypnotisieren können. Er selbst wünschte glühend, geheilt zu werden, er lebte in ständiger Angst vor Erpressung und war über die Mißerfolge der beiden sehr unglücklich. Er glaubte fest, daß die Hypnose seine einzige Rettung wäre, und war überzeugt, geheilt zu werden, wenn man ihn einschläfern könnte.

»Aber Sie schlafen ja«, sagte ich, indem ich nur seine Stirn leicht mit den Fingerspitzen berührte; keine Striche, kein Anstarren, keine Suggestion. Die Worte waren kaum über meine Lippen gekommen, als seine Lider sich mit leichtem Zittern senkten, in kaum einer Minute war er in tiefem hypnotischem Schlaf. Er sah anfangs hoffnungsvoll aus. Nach einem Monat kehrte er in seine Heimat zurück voll Vertrauen in die Zukunft, ja, viel vertrauender als ich. Er sagte, er wolle einer jungen Dame, die er gern hätte, einen Heiratsantrag machen, er wünsche sehr, zu heiraten und Kinder zu haben. Ich verlor ihn aus den Augen. Ein Jahr später hörte ich durch Zufall von ihm, er hatte sich das Leben genommen. Wenn dieser unglückliche Mann mich einige Jahre später konsultiert hätte, als ich über sexuelle Inversion mehr wußte, dann hätte ich nicht den aussichtslosen Versuch gemacht, ihn zu heilen.

Den berühmten drei Stadien der Hypnose, wie sie Charcot so einleuchtend in seinen Dienstags-Vorlesungen zeigte, bin ich außerhalb der Salpêtrière kaum begegnet. Es war alles seine Erfindung, die er seinen hysterischen Patienten aufpfropfte und die seine Schüler unter der starken Suggestion des Meisters gläubig hinnahmen. Dasselbe gilt auch für seine Spezialität, die Grande Hystérie, die damals in der ganzen Salpêtrière wütete, einen Saal nach dem anderen ergriff und heute fast erloschen ist. Die einzige Erklärung für seine Unfähigkeit, den wahren Charakter dieser Phänomene zu verstehen, lag vielleicht in dem Umstand, daß alle diese Experimente über Hypnose an hysterischen Medien ausgeführt wurden. Wäre die These der Salpêtrière richtig, daß man nur Hysteriker hypnotisieren kann, so würde das heißen, daß mindestens fünfundachtzig Prozent der Menschheit hysterisch sind.

In einem aber hatte Charcot bestimmt recht, was auch die Schule von Nancy, Forel, Moll und viele andere sagen mögen. Versuche mit Hypnotismus sind nicht ungefährlich, weder für die Medien noch für Zuschauer. Ich bin der Meinung, daß ein Gesetz die öffentliche Vorführung hypnotischer Phänomene verbieten müßte. Spezialisten für nervöse und geistige Störungen können natürlich ohne Hypnose ebensowenig auskommen wie Chirurgen ohne Chloroform und Äther. Ich erinnere nur an die tausend und aber tausend aussichtslosen Fälle von Nervenschock und traumatischen Neurosen im letzten Kriege, die durch diese Behandlung fast wie durch Zauber geheilt wurden. In den meisten Fällen bedarf es zu hypnotischer Behandlung keines hypnotischen Schlafes und keiner Ausschaltung des Tagesbewußtseins. Wer die verwickelte Technik gut beherrscht und etwas von Psychologie weiß, zwei notwendige Bedingungen zum Erfolge, wird merkwürdige, oft erstaunliche Wirkungen erzielen, indem er nur das anwendet, was man »Wachsuggestion« nennt. Die Schule von Nancy erklärt den hypnotischen Schlaf für identisch mit dem natürlichen Schlaf. Dies ist nicht richtig. Bisher wissen wir nicht, was der hypnotische Schlaf ist, und ehe wir mehr davon wissen, sollten wir ihn bei unseren Patienten nur da anwenden, wo es unvermeidlich ist. Nach dieser Feststellung möchte ich hinzufügen, daß die meisten Anklagen gegen Hypnose stark übertrieben sind. Bisher kenne ich keinen überzeugenden Beweis, daß ein Medium unter posthypnotischer Suggestion eine verbrecherische Tat begangen hätte. Ich habe nie ein Medium gesehen, das eine unter Hypnose empfangene Suggestion ausführte, die er oder sie verweigert hätten, wäre sie ihnen im normalen und wachen Zustande nahegelegt worden. Ich behaupte: Wenn ein Schurke einer Frau unter tiefer Hypnose suggeriert, sie solle sich ihm hingeben, und sie diese Suggestion ausführt, so bedeutet das, daß sie ebenso bereit dazu gewesen wäre, wenn sie diese Suggestion im normalen Zustande wachen Daseins erhalten hätte. Jenen blinden Gehorsam gibt es nicht. Das Medium weiß dauernd genau, was vorgeht und was es tun oder nicht tun will. Die berühmte Somnambule Camille bei Professor Liégois blieb regungslos und gleichgültig, wenn man ihr eine Stecknadel in ganzer Länge tief in den Arm steckte oder ihr ein Stück glühender Kohle in die

Hand legte. Machte aber der Professor eine Bewegung, als wolle er ihre Kleidung in Unordnung bringen, errötete sie und erwachte sofort. Das ist nur einer der vielen verwirrenden Widersprüche, denen man beim Studium hypnotischer Phänomene begegnet, die Fernstehende schwer begreifen können. Die Tatsache, daß kein Mensch hypnotisiert werden kann, der es nicht will, darf von Leuten, die gern Lärm schlagen, nicht übersehen werden. Natürlich ist die Behauptung, ein Mensch könne unfreiwillig und aus der Ferne hypnotisiert werden, unsinniges Gerede.

Was Psychoanalyse angeht, so möchte ich hier nicht darüber reden; persönlich halte ich nicht viel davon.

20

Schlaflosigkeit

Am Abend jenes schrecklichen Tages hatte mich Norström in gewohnter freundlicher Fürsorge zum Essen eingeladen. Es war eine trübselige Mahlzeit, ich litt noch schmerzlich unter meiner demütigenden Niederlage, und Norström kratzte sich nachdenklich den Schädel, weil er nicht wußte, wie er die dreitausend Frank aufbringen sollte, die er am nächsten Tag seinem Hauswirt schuldete. Norström wollte von meiner Auffassung über die Ursache meines Mißgeschicks nichts wissen. Ich sagte, ich hätte Pech gehabt, und völlig unerwartete Umstände hätten meinen sorgfältig ausgearbeiteten Plan zerstört. Seine Diagnose meines Falles lautete: Tollkühne Donquichotterie und maßlose Eitelkeit. Ich erklärte mich bereit, seine Diagnose anzuerkennen, wenn Fortuna, meine geliebte Göttin, mir nicht noch heute ein Zeichen gäbe, daß sie bedauere, mich verlassen zu haben, und mich wieder in Gnaden aufnähme.

Während ich das sagte, wurde mein Blick auf wunderbare Art von der Flasche Medoc, die zwischen uns stand, abgelenkt und haftete plötzlich auf Norströms riesigen Daumen.

»Hast du es je mit Massage probiert?« fragte ich unvermittelt.

Statt jeder Antwort öffnete Norström seine kolossalen ehrlichen Hände, um mit großem Stolz ein Paar Handballen in der Größe von Apfelsinen zu zeigen. Offenbar sprach er die Wahrheit, als er sagte, er hätte früher in Schweden viel massiert.

Ich ließ den Kellner eine Flasche »Veuve Cliquot« bringen, die beste, die zu haben war, hob mein Glas und trank auf meine Niederlage von heute und seinen Sieg von morgen.

»Du hast mir doch eben gesagt, du wärest blank«, sagte Norström und sah verwundert die Sektflasche an.

»Laß nur«, sagte ich lachend, »ein blendender Gedanke, mehr wert als hundert Flaschen Veuve Cliquot, schießt mir eben durch den Kopf, trink noch ein Glas, bis ich ihn ausgearbeitet habe.«

Norström pflegte zu behaupten, ich hätte zwei verschiedene Gehirne, die umschichtig in meinem Kopf arbeiteten, das gut ausgebildete Hirn eines Toren und das unentwikkelte Hirn einer Art von Genie. Er starrte mich ratlos an, als ich sagte, ich käme am nächsten Tage zu ihm in die Rue Pigalle in seine Sprechstunde zwischen zwei und drei und würde ihm dann alles erklären. Er meinte, das sei die beste Zeit für ein ungestörtes Gespräch. Ich war sicher, ihn allein zu finden. Arm in Arm verließen wir das Café de la Régence, Norström grübelte noch, welchem meiner beiden Gehirne wohl die glänzende Idee entsprungen sei, ich hatte fast vergessen, daß ich am Morgen aus der Salpêtrière hinausgeschmissen worden war.

Pünktlich um zwei Uhr am nächsten Tage betrat ich das üppige Sprechzimmer von Professor Guéneau de Mussy in der Rue de Cirque. Er war der berühmte Leibarzt der Orléans, hatte ihr Exil geteilt und stand nun an führender Stelle unter den berühmten Ärzten von Paris. Der Professor, der stets sehr gütig zu mir war, fragte, was er für mich tun könne. Ich antwortete, als ich ihn zuletzt vor einer Woche besucht habe, hätte ich die Ehre gehabt, von ihm dem Herzog von Aumale vorgestellt zu werden. Ich hatte gesehen, wie der Herzog beim Gehen von seinem Diener gestützt wurde und sich schwer auf einen Stock lehnte. Er hatte mir erzählt, daß der Herzog an Ischias litte, daß seine Knie ihm den Dienst versagten, er kaum gehen könne und vergeblich die ersten Chirurgen von Paris konsultiert habe. Ich hätte mir nun erlaubt, heute zu kommen, um dem

Professor zu sagen, daß – falls ich mich nicht sehr irre – der Herzog geheilt werden könne, und zwar durch Massage. Einer meiner Landsleute, eine Autorität für Ischias und Massage, sei eben in Paris, ich erlaube mir, vorzuschlagen, daß er hinzugezogen würde, um den Herzog zu untersuchen. Guéneau de Mussy, der, wie die meisten französischen Ärzte, seinerzeit fast nichts von Massage wußte, willigte sofort ein. Da der Herzog am anderen Tage nach seinem Schloß in Chantilly abreiste, wurde abgemacht, daß ich sofort mit meinem berühmten Landsmann in sein Palais im Faubourg St. Germain kommen sollte. Im Laufe des Nachmittags kamen Norström und ich ins Palais, wo wir Professor Guéneau de Mussy trafen. Norström hatte von mir die Weisung, möglichst wie ein berühmter Ischias-Spezialist auszusehen, aber um Gottes willen nicht über das Thema zu reden. Eine erste Untersuchung überzeugte uns, daß der Fall wirklich günstig für Massage und passive Übungen lag. So reiste denn der Herzog am anderen Tage in Norströms Begleitung nach Chantilly ab. Vierzehn Tage später las ich im »Figaro«, der weltberühmte schwedische Spezialist Doktor Norström sei nach Chantilly gerufen, um den Herzog von Aumale zu behandeln. Man habe Seine Hoheit schon ohne Unterstützung durch den Park gehen sehen, es sei eine fabelhafte Kur. Doktor Norström behandle auch den Herzog von Montpensier, der seit Jahren durch Gicht verkrüppelt sei und dessen Besserung nun rasch fortschreite.

Dann kam die Reihe an Prinzessin Mathilde, der bald Don Pedro von Brasilien folgte, ein paar russische Großfürsten, eine österreichische Erzherzogin und die Infantin Eulalie von Spanien.

Norström, der mir nach seiner Rückkehr aus Chantilly blind gehorchte, erhielt nun den strengen Befehl von mir, bis auf weiteres keine anderen Patienten als Fürstlichkeiten anzunehmen. Ich versicherte ihm, diese gesunde Taktik beruhe auf greifbaren Tatsachen der Psycholgie. Nach zwei Monaten saß Norström wieder in seiner schönen Wohnung am Boulevard Haussmann. In seinem Sprechzimmer drängten sich Patienten aller Länder, an der Spitze der Liste standen Amerikaner. Im Herbst erschien dann das Handbuch der schwedischen Massage von Dr. Gustaf Norström, Paris Librairie Hachette, das wir in fieberhafter Eile aus mehreren schwedischen Quellen zusammengebraut hatten. Eine amerikanische Ausgabe erschien gleichzeitig in New York. Im Spätherbst wurde Norström nach Newport berufen, um den alten Herrn Vanderbilt zu behandeln; das Honorar sollte er selbst bestimmen. Zu seinem Erstaunen verbot ich ihm, zu fahren; einen Monat später wurde der alte Multimillionär nach Europa verfrachtet, um dem Kreise von Norströms Patienten eingereiht zu werden, eine lebende Reklame in Riesenlettern, sichtbar über ganz Amerika. Von früh bis spät knetete nun Norström seine Patienten mit seinen Riesendaumen, so daß seine Handballen mehr und mehr die Größe kleiner Melonen annahmen. Bald mußte er sogar seine Sonnabende im Skandinavischen Klub opfern, wo er schweißtriefend durch den Saal zu galoppieren pflegte, der Reihe nach mit allen Damen tanzend, mit Rücksicht auf seine Leber. Er sagte, nichts sei so gut wie Tanzen und Schwitzen, um die Leber anzuregen.

Norströms Erfolg machte mich so glücklich, daß ich eine Zeitlang meine eigene Niederlage fast vergaß. Ach, sie sollte bald wieder auftauchen mit all ihren Schrecken, zunächst in meinen Träumen und dann in meinem wachen Denken. Oft sah ich gerade, wenn ich einschlafen wollte, mit geschlossenen Lidern den beschämenden Schluß der Tragödie, ehe der Vorhang vor meiner Zukunft sich senkte. Dann sah ich Charcots furchtbare Augen durch das Dunkel leuchten, sah mich zwischen den beiden Assistenten wie einen Verbrecher, der von zwei Schutzleuten eskortiert wird, zum letztenmal aus der Salpêtrière gehen. Ich sah meine eigene Torheit, begriff, daß Norströms Diagnose: »Tollkühne Donquichotterie und maßlose Eitelkeit« doch richtig war. Wieder der Don Quichotte!

Bald schlief ich überhaupt nicht mehr, es setzte eine akute

Schlaflosigkeit ein, so furchtbar, daß sie mir fast den Verstand raubte. Schlaflosigkeit tötet den Menschen nicht, wenn er sich nicht selbst tötet, aber sie ist der häufigste Grund zum Selbstmord, denn sie tötet seine Lebensfreude, sie zehrt an seiner Kraft, sie saugt ihm wie ein Vampir das Blut aus Herz und Hirn. Sie erinnert ihn nachts an das, was er in seligem Schlummer hätte vergessen sollen, und läßt ihn bei Tag vergessen, was er im Sinn behalten wollte. Zuerst schwindet das Gedächtnis, bald aber werden Freundschaft, Liebe, Pflichtgefühl und sogar das Mitleid fortgespült. Nur die Verzweiflung klammert sich an das Unglücksschiff und steuert es auf Felsen zu völliger Vernichtung. Voltaire hatte recht, als er den Schlaf auf gleiche Stufe mit der Hoffnung setzte.

Ich habe nicht den Verstand verloren und mich nicht getötet. Ich schleppte mich weiter und arbeitete, so gut ich konnte, achtlos, gleichgültig, was aus mir, was aus meinen Patienten wurde. Hütet euch vor einem Doktor, der an Schlaflosigkeit leidet! Meine Patienten fingen an zu klagen, ich ginge rauh und ungeduldig mit ihnen um, viele verließen mich, viele blieben – nicht zu ihrem Heile. Erst wenn sie sterbend waren, schien ich aus meiner Erstarrung zu erwachen, denn noch immer fesselte mich der Tod, auch als ich schon jedes Interesse am Leben verloren hatte. Noch immer konnte ich das Nahen meines finsteren Kollegen mit der gleichen Spannung beobachten wie damals als Student in der Halle Ste. Claire in der eitlen Hoffnung, ihm sein furchtbares Geheimnis zu entwinden. Noch immer konnte ich eine Nacht hindurch am Bett eines sterbenden Patienten sitzen, den ich vernachlässigt hatte und den ich vielleicht hätte retten können. Man sagte, es sei sehr gütig von mir, die ganze Nacht über am Krankenbett auszuharren, wenn andere Ärzte fortgingen. Aber was machte es mir aus, ob ich auf dem Stuhl an jemands Bett saß oder in meinem eigenen Bett wach lag? Glücklicherweise bewahrte mich mein zunehmendes Mißtrauen gegen Mittel und Schlaftränke vor völligem Zusammenbruch; kaum je habe ich selber eines der zahlreichen Schlafmittel genommen, die ich täglich anderen verschreiben mußte. Rosalie war mein ärztlicher Berater. Gehorsam schluckte ich einen Kräutertee nach dem anderen, den sie wie alle Französinnen aus ihrer unerschöpflichen Sammlung wundertätiger Kräuter zusammenbraute. Rosalie machte sich Sorgen um mich. Ich kam sogar dahinter, daß sie oft nach eigenem Ermessen meine Patienten wegschickte, wenn ich ihr zu müde erschien. Ich versuchte, böse zu werden, hatte aber nicht die Kraft, sie zu schelten.

Auch Norström machte sich Sorgen um mich. Unser Verhältnis hatte sich geändert, er stieg empor auf der schlüpfrigen Leiter zum Erfolg, ich stieg hinab. Das machte ihn gütiger denn je. Ich wunderte mich täglich, daß er nicht die Geduld mit mir verlor. Oft kam er und teilte mein einsames Mahl in der Avenue de Villiers. Ich aß nie auswärts, lud nie jemanden zu Tisch und ging nie in Gesellschaft, wie ich es früher so viel getan hatte. Nun schien es mir nur ein Zeitverlust zu sein. Mein einziger Wunsch war, allein gelassen zu werden, zu schlafen.

Norström wollte, daß ich für ein paar Monate nach Capri ginge, um mich völlig auszuruhen, dann würde ich bestimmt ganz gesund zu meiner Arbeit zurückkehren. Ich sagte, nie würde ich mehr nach Paris zurückkehren, wenn ich jetzt fortführe, mehr und mehr haßte ich dies unnatürliche Leben der Großstadt. Ich wollte nicht länger meine Zeit verlieren in dieser Atmosphäre von Krankheit und Verfall. Ich wollte endgültig fortgehen und nicht länger ein Modearzt sein; je mehr Patienten ich bekäme, um so schwerer drückten mich meine Ketten. Ich hätte andere Interessen am Leben, als mich um reiche Amerikaner zu kümmern und alberne nervöse Frauenzimmer. Was für einen Sinn hatte es, daß er sagte, ich vergeude meine glänzenden Möglichkeiten? Er wußte so gut wie ich, daß ich nicht das Zeug hatte, ein Arzt ersten Ranges zu werden. Ebensogut wußte ich, daß ich Geld weder verdienen noch behalten konnte. Übrigens wollte ich kein Geld, ich würde nichts damit anzufangen wissen, ich fürchtete mich vor dem Geld, ich haßte es. Ich wollte ein einfaches Leben führen unter schlichten, ungebildeten Leuten. Wenn sie nicht lesen und schreiben konnten, um so besser. Ich brauchte nichts als ein getünchtes Zimmer mit einem harten Bett, einen Tannenholztisch, ein paar Stühle und ein Klavier, Vogelgezwitscher vor den Fenstern und aus der Ferne das Rauschen des Meeres. Alles, was ich wirklich liebte, war für ganz wenig Geld zu haben, ich würde in der bescheidensten Umgebung ganz glücklich sein, wenn ich nur nichts Häßliches zu sehen brauchte.

Norströms Augen wanderten langsam durch das Zimmer von der Wand mit den Bildern der Primitiven auf goldenem Grunde bis zur Florentiner Madonna aus dem Cinquecento auf dem Betpult, von der flämischen Weberei über der Tür zu den leuchtenden Cafailo-Vasen und zarten Venezianer Gläsern des Büfetts bis zum Perserteppich auf dem Boden.

»Das alles hast du wohl in ›Bon Marché[1]‹ erstanden?« fragte Norström und prüfte boshaft den unbezahlbaren alten Bucharateppich unter dem Tisch.

»Ich schenke ihn dir mit Freuden für eine einzige Nacht gesunden Schlafes. Du darfst dir diese einzigartige Urbino-Vase nehmen, die Maestro Giorgio selbst signiert hat, wenn du mich zum Lachen bringst. Ich will den ganzen Kram nicht mehr sehen, er sagt mir nichts, ich hab' ihn satt! Hör auf mit deinem unverschämten Grinsen. Ich weiß, was ich sage, und werde es dir beweisen. Weißt du, was ich getan habe, als ich letzte Woche in London zur Konsultation bei der Dame mit Angina pectoris war? Nun, ich hatte noch eine zweite Konsultation dort am gleichen Tage, einen anderen, viel ernsteren Fall, diesmal ein Mann. Der Mann war ich, oder besser, mein Doppelgänger, wie ihn Heine nannte.

›Sieh mal, mein Freund‹, sagte ich zu meinem Doppelgänger, als wir Arm in Arm aus dem St. James Club kamen, ›ich möchte mal dein Inneres etwas genauer untersuchen.

[1] Billiges Warenhaus

Reiß dich zusammen und laß uns mal langsam die New Bond Street von Piccadilly bis Oxford Street hinabschlendern. Hör genau, was ich sage: Setz deine schärfste Brille auf und sieh aufmerksam in jedes Schaufenster, prüfe sorgfältig jeden Gegenstand, den du siehst. Es ist eine schöne Gelegenheit für dich, der du schöne Dinge so liebst; hier sind die reichsten Läden von London. Alles, was für Geld zu haben ist, wird hier in Reichweite deiner Hände ausgebreitet sein. Was du irgend besitzen möchtest, wirst du erhalten, du brauchst nur zu sagen: Dies will ich haben. Aber nur unter einer Bedingung: Was du gewählt hast, muß zu deinem eigenen Nutzen oder Vergnügen in deinem Besitz bleiben, du darfst es nicht fortgeben.‹

Wir kamen um die Ecke von Piccadilly, das Experiment begann. Ich beobachtete meinen Doppelgänger scharf aus dem Augenwinkel, als wir Bond Street hinabschlenderten und jedes Schaufenster betrachteten. Einen Augenblick stand er still bei Agnew, dem Kunsthändler, prüfte sorgfältig eine Madonna auf Goldgrund, sagte, es wäre ein sehr gutes Bild, frühe Sieneser Schule, es könne von Simone di Martino selbst sein. Er machte eine Bewegung nach der Fensterscheibe, als wolle er nach dem Bilde greifen, dann aber schüttelte er betrübt den Kopf, steckte die Hand in die Tasche und ging weiter. Er bewunderte ungeheuer eine alte, schöne Cromwell-Uhr bei Hunt und Roskells, aber dann sagte er achselzuckend, er wolle gar nicht wissen, wieviel Uhr es sei, er könne es erraten, wenn er nach der Sonne sähe. Vor dem Schaufenster von Asprey mit allen möglichen Nippsachen und Andenken aus Gold, Silber und Edelsteinen erklärte er, ihm würde übel, er würde die Fensterscheibe zerschlagen und alles was dahinter sei, wenn er noch länger dies verwünschte Zeug ansehen müsse. Dann kamen wir zum Schneider Seiner K. H. des Prinzen von Wales. Er sagte, er fände, alte Kleider wären behaglicher zu tragen als neue. Je weiter wir kamen, um so gleichgültiger wurde er und schien lieber stehenzubleiben, um die zahlreichen Hunde zu streicheln, die auf dem Bürgersteig hinter ihren Herren hertrotteten, als die Schaufenster zu besichtigen. Als wir endlich in Oxford Street anlangten, hatte er einen Apfel in der einen Hand und in der anderen einen Maiblumenstrauß. Er sagte, nichts anderes wolle er von allem, was er in der Bond Street gesehen habe, es sei denn vielleicht den kleinen Aberdeen-Terrier, der so geduldig vor Asprey auf seinen Herrn wartete. Er begann seinen Apfel zu essen, es sei ein sehr guter Apfel, dann blickte er zärtlich auf seine Maiblumen und meinte, sie erinnerten ihn an sein altes Heim in Schweden. Hoffentlich sei ich nun fertig mit meinem Experiment. Dann fragte er, ob ich herausbekommen habe, was ihm fehle – lag es am Kopf?

›Nein‹, sagte ich, ›es ist das Herz!‹

Er sagte, ich sei ein sehr kluger Doktor, er habe schon lange den Verdacht, daß es das Herz sei. Er bat mich, darüber das Berufsgeheimnis zu wahren und seinen Freunden nichts zu erzählen, sie brauchten nicht zu erfahren, was sie nichts anginge.

Am anderen Tage fuhren wir zurück nach Paris. Die Überfahrt von Dover nach Calais schien ihm Spaß zu machen, er sagte, er liebe die See, aber seitdem hat er noch kaum die Avenue de Villiers verlassen. Unablässig wandert er durch die Zimmer, als ob er nicht eine Minute stillsitzen könne. Er treibt sich immer in meinem Wartezimmer herum, drängt sich unter die reichen Amerikaner, um mich um ein Belebungsmittel zu bitten, er sei so schrecklich müde! Den Tag über fährt er mit mir in der Stadt herum und wartet geduldig im Wagen bei meinem Hunde, während ich bei den Patienten bin. Beim Essen sitzt er mir gegenüber in demselben Stuhl, in dem du jetzt sitzt, und sieht mich fortwährend mit seinen müden Augen an, klagt, er habe keinen Appetit, er wolle nichts weiter als ein starkes Schlafmittel. Nachts kommt er an mein Bett, beugt sich über mein Kopfkissen und beschwört mich, ihn um Gottes willen fortzubringen, er könne es unmöglich länger aushalten, sonst...«

»Ich schon lange nicht«, unterbrach Norström wütend, »hör um des Himmels willen mit diesem verfluchten Unsinn über deinen Doppelgänger auf, Seelenvivisektion ist eine gefährliche Spielerei für jemand, der nicht schlafen kann. Wenn du so weitermachst, nur noch etwas länger, wirst du mitsamt deinem Doppelgänger in der Irrenanstalt enden. Ich gebe deinen Fall auf. Wenn du willst, daß deine Karriere vor die Hunde geht, wenn du weder auf Namen noch auf Geld Wert legst, wenn dir dein gekalktes Zimmer in Capri lieber ist als deine schöne Wohnung hier, dann mach um Himmels willen, daß du fortkommst, je eher, desto besser, auf deine geliebte Insel, und werde glücklich, statt hier verrückt zu werden. Was deinen Doppelgänger anlangt, so sag ihm bitte mit meiner besten Empfehlung, daß er ein Humbug ist. Ich gehe jede Wette mit dir ein, daß er bald einen weiteren Buchara auftreiben wird, um ihn unter deinen gescheuerten Tisch zu legen, eine sienesische Madonna und einen flämischen Gobelin, um sie an die Wand deines getünchten Zimmers zu hängen, eine Cinquecento-Gubbio-Schale, um deine Makkaroni zu essen, und ein altes Venezianer Glas, um deinen Capri Bianco zu trinken!«

21

Das Wunder des heiligen Antonius

Sant' Antonio hatte wieder ein Wunder getan. Ich wohnte in einem weißgetünchten sauberen kleinen Bauernhause in Anacapri, vor den offenen Fenstern eine besonnte Pergola, rings um mich her schlichte, freundliche Menschen. Die alte Maria Porta-Lettere, la Bella Margherita, Anarella und Gioconda, alle waren froh, mich wieder in ihrer Mitte zu sehen. Don Dionisios Capri Bianco war besser denn je, und mehr und mehr dämmerte es mir, daß der Capri Rosso des Parroco ebenso gut war. Von Sonnenaufgang bis Sonnenuntergang war ich an der Arbeit. Dort, wo Mastro Vincenzos Garten gewesen war, hob ich die Fundamente für die großen Bögen der Loggia meines zukünftiges Hauses aus. Seite an Seite mit mir schaufelten Mastro Nicola und seine drei Söhne, während ein halbes Dutzend Mädchen mit lachenden Augen und wiegenden Hüften die Erde in flachen Körben auf ihren Köpfen davontrugen. Einen Meter unter der Oberfläche fanden wir römische Mauern, hart wie Granit: Opus reticulatum, mit tanzenden Nymphen und Bacchanten auf pompejanisch rotem Stuck. Unterhalb wurde der Mosaikboden frei, ein Weinlaubfries aus Nero antico umrahmte die zerbrochenen Platten aus schönem Palombino, die heute mitten in der großen Loggia angebracht sind. Eine kannelierte Säule aus Cipollino, die nun die kleine Loggia des Innenhofs trägt, lag quer über dem Fußboden, wie vor zweitausend Jahren, als sie gestürzt war und im Fallen die große Vase aus parischem Marmor zertrümmerte, deren Griff mit dem Löwenkopf noch heute auf meinem Tisch liegt.

»Roba di Timberio«, sagte Mastro Nicola und hob einen Augustus-Kopf empor, der mittendurch gespalten war; er liegt heute in der Loggia.

Wenn in der Küche des Parroco Don Antonio die Makkaroni fertig waren, läuteten die Kirchenglocken Mezzogiorno; dann setzten wir uns alle zu einer herzhaften Mahlzeit nieder vor einer Riesenschüssel von insalata di pomidoro, minestrone oder maccaroni, um bald wieder bis zum Sonnenuntergang an der Arbeit zu sein. Dann läuteten unten in Capri die Glocken das Ave-Maria, meine Freunde schlugen das Zeichen des Kreuzes, um mit einem buon riposo Eccelenza, buona notte Signorino heimzugehen. Ihr Wunsch wurde von Sant' Antonio vernommen, er tat wieder mal ein Wunder, ich schlief die ganze Nacht köstlich, wie ich seit Jahren nicht geschlafen hatte. Ich erhob mich mit der Sonne, eilte hinab zum Leuchtturm, um mein Morgenbad zu nehmen, und war im Garten, wenn die anderen nach der Frühmette um fünf Uhr zur Arbeit kamen.

Von meinen Arbeitsgefährten konnte keiner lesen und schreiben, keiner hatte je an einem anderen Bau als an dem eines Bauernhauses gearbeitet, die einander alle sehr ähnlich sind. Aber Mastro Nicola verstand es, Bögen zu bauen wie schon sein Vater und Großvater seit undenklichen Generationen; die Römer waren ihre Lehrmeister gewesen. Daß dies Haus anders werden würde als irgendeins, das sie jemals gesehen hatten, schien ihnen schon zu dämmern, sie waren alle ungeheuer gespannt, bisher wußte niemand, wie es aussehen würde, und ich auch nicht. Unsere einzige Richtschnur bestand in einer Art flüchtiger Skizze, die ich mit Kohle auf die weiße Gartenmauer gezeichnet hatte. Ich kann gar nicht zeichnen; wie von Kinderhand hingemalt sah es aus.

»Dies hier ist mein Haus«, erklärte ich ihnen, »große romanische Säulen stützen seine gewölbten Zimmer, und natürlich sind kleine gotische Pfeiler in allen Fenstern. Hier ist die Loggia mit ihren kühnen Bögen; nach und nach werden wir sehen, wie viele Bögen es sein sollen. Hier führt eine Pergola von über hundert Säulen zur Kapelle hinauf; macht euch keine Sorgen über die Landstraße, die heute quer durch meine Pergola läuft, die muß verschwinden. Hier, mit der Aussicht nach dem Kastell Barbarossa, wird eine zweite Loggia sein, ich sehe sie noch nicht genau, aber im rechten Augenblick wird sie meinem Haupte entspringen. Hier ist ein kleiner Binnenhof, ganz aus weißem Marmor, eine Art Atrium mit einer kühlen Fontäne in der Mitte und mit römischen Kaiserbüsten in den Wandnischen. Die Gartenmauer hier hinter dem Hause werden wir einreißen, um ein Kloster zu errichten, in der Art des Laterans in Rom. Dort soll die große Terrasse sein, wo ihr Mädchen alle an Sommerabenden Tarantella tanzen werdet. Oben, an der höchsten Stelle des Gartens, werden wir den Felsen sprengen und ein Griechentheater bauen, auf allen Seiten offen für Sonne und Wind. Dort führt eine Zypressenallee zur Kapelle, die wir natürlich wiederherstellen wollen mit Chorgestühl und bunten Glasfenstern, es soll meine Bibliothek werden. Dies ist ein Gang aus gewundenen gotischen Säulen. Er führt um die Kapelle herum. Und hierin, mit dem Blick auf den Golf von Neapel, wollen wir eine riesige ägyptische Sphinx aus rotem Granit setzen, älter noch als Tiberius. Der Platz ist wie geschaffen für eine Sphinx. Wo ich sie herbekomme, ist mir noch dunkel, aber sie wird sich rechtzeitig einfinden.«

Alle waren begeistert und eifrig dabei, das Haus rasch zu vollenden. Mastro Nicola wollte wissen, woher das Wasser zu den Fontänen kommen würde.

Natürlich vom Himmel, wie alles Wasser auf der Insel. Übrigens plante ich, den ganzen Barbarossaberg zu kaufen, dort eine Riesenzisterne zu bauen, die das Regenwasser sammeln sollte. So könnte das ganze Dorf mit Wasser gespeist werden, an dem es so sehr mangelte. Das wäre das wenigste, was ich tun könnte, um ihnen all ihre Freundlichkeit zu vergelten. Als ich mit meinem Stock die Umrisse des kleinen Klosters in den Sand malte, sah ich es genauso vor mir, wie es heute dasteht mit seinen anmutigen Arkaden und dem kleinen Zypressenhof mit dem tanzenden Faun in der Mitte.

Als wir die Tonvase mit den römischen Münzen fanden, entstand eine allgemeine Aufregung; seit zweitausend Jahren ist jeder »contadino[1]« der Insel auf der Suche nach »il tesoro di Timberio[2]«. – Erst später beim Reinigen fand ich darunter die Goldmünze – frisch – als wäre sie heute geschlagen, »fleur de coin[3]« im wahrsten Sinne des Wortes, das schönste Bild des alten Kaisers, das ich je gesehen hatte. Dicht neben der Vase fanden wir die beiden bronzenen Hufe einer Reiterstatue, deren einer noch in meinem Besitz ist, während der zweite zehn Jahre später von einem Touristen gestohlen wurde.

Tausende von bunten Stücken polierten Marmors lagen im Garten umher: Africano, pavonazetto, giallo antico, verde antico, cipollino, alabastro[4]. Sie bilden heute die Fußböden der großen Loggia, der Kapelle und der Terrassen. Eine zerbrochene Achatschale von herrlicher Form, einige heile und einige zerbrochene griechische Vasen, zahllose Fragmente frührömischer Skulpturen darunter, nach Mastro Nicolas Meinung »la gamba di Timberio[5]«. Dutzende von griechischen und römischen Inschriften kamen zutage, während wir gruben. Als wir Zypressen pflanzten, die den Pfad zur Kapelle säumen, stießen wir auf ein Grab. Es barg das Skelett eines Mannes, er hatte eine griechische Münze im Munde; die Gebeine liegen noch, wo wir sie fanden, der Schädel liegt auf meinem Schreibtisch.

Rasch wuchsen die großen Bögen der geräumigen Loggia aus dem Boden, die hundert weißen Säulen hoben sich, eine nach der anderen, gegen den blauen Himmel ab. Was einst Mastro Vincenzos Behausung und Werkstatt gewesen war, wurde Stück für Stück umgestaltet und erweitert zu dem, was mein zukünftiges Heim werden sollte. Wie es zustande kam, habe ich nie begreifen können, und ebenso rätselhaft blieb es allen, die die Entstehungsgeschichte von

[1] Bauer [2] Der Schatz des Tiberius [3] Frisch geprägt [4] Verschiedene Marmorarten [5] Das Bein des Tiberius

San Michele kennen. Ich hatte keine Ahnung von den Gesetzen der Baukunst, ebensowenig wie meine Mitarbeiter. Kein Mensch, der lesen oder schreiben konnte, hat an den Bau je mit Hand angelegt; kein Architekt hat mich je beraten. Weder wurden jemals ein Plan oder Grundriß entworfen noch irgendwelche Vermessungen vorgenommen. Alles entstand »all occhio[1]«, wie Mastro Nicola sagte.

Um die Abendstunde, wenn die anderen gegangen waren, saß ich dann oft allein auf der zerfallenen Brüstung vor der kleinen Kapelle, wo meine Sphinx einmal liegen sollte, und sah im Geiste das Schloß meiner Träume aus dem Zwielicht aufsteigen. Oft, wenn ich so saß und auf die halbvollendeten Bögen der Loggia herabblickte, glaubte ich dort unten eine hohe Gestalt im langen Mantel umhergehen zu sehen. Bald prüfte sie sorgfältig die Arbeit des Tages, erprobte die Stärke des Neugefügten, bald neigte sie sich über die dürftigen Umrisse, die ich in den Sand gezeichnet hatte. Wer war der geheimnisvolle Aufseher? War der ehrwürdige Sant' Antonio selber heimlich von seinem Heiligenschrein in der Kirche herabgestiegen, um hier ein neues Wunder zu tun? Oder war es der Versucher aus meiner Jugend, der in seinem roten Mantel vor zwölf Jahren an dieser Stelle neben mir gestanden hatte, der mir damals seine Hilfe anbot, um den Preis meiner Zukunft? Es war zu dunkel, um seine Züge zu erkennen, aber ich meinte das Blitzen einer Schwertklinge unter dem roten Mantel zu sehen. Wenn wir dann morgens die Arbeit aufnahmen, gerade da, wo wir sie abends abbrechen mußten, in großer Verlegenheit, was weiter zu tun und wie es zu tun sei, schienen über Nacht alle Rätsel gelöst. Jeder Zweifel war geschwunden. Mein inneres Auge sah das Ganze klar vor sich, als wäre alles bis in die feinsten Einzelheiten von einem Architekten vorgezeichnet worden.

Vor ein paar Tagen hatte mir Maria Porta-Lettere einen Brief aus Rom gebracht. Ich hatte ihn uneröffnet in die Schublade des Tannenholztisches geworfen, wo schon ein

[1] Nach Augenmaß

Dutzend anderer Briefe ungelesen lag. Ich hatte keine Zeit für die Welt außerhalb Capri, im Himmel gibt es keine Post. Da geschah etwas Unerhörtes: nach Anacapri kam ein Telegramm. Nachdem es zwei Tage vorher mühsam von dem Semaphor in Massa Lubrense signalisiert worden war, hatte es allmählich den Semaphor in Capri am Arco Naturale erreicht[1]. Don Ciccio, der Semaphorist, hatte seinen Sinn nebelhaft erraten und es darauf offen der Reihe nach verschiedenen Leuten in Capri angeboten. Niemand verstand ein Wort davon, niemand wollte etwas damit zu tun haben. Es wurde beschlossen, seine Wirkung auf Anacapri zu versuchen, so legte man es in Maria Porta-Letteres Fischkorb obenauf. Maria Porta-Lettere, die nie im Leben ein Telegramm gesehen hatte, händigte es unter größter Vorsicht dem Parroco aus. Il Reverendo Don Antonio, ungewohnt etwas zu lesen, das er nicht auswendig wußte, trug Maria Porta-Lettere auf, es zum Schullehrer zu bringen, dem Reverendo Don Natale, dem gelehrtesten Mann des Dorfes. Don Natale erkannte mit Sicherheit, daß es auf Hebräisch geschrieben war, doch so unorthographisch, daß er es nicht übersetzen konnte. Er sagte Maria Porta-Lettere, sie solle es zu Reverendo Don Dionisio mitnehmen, der in Rom gewesen war, um die Hand des Papstes zu küssen, und der der geeignetste Mann sei, die geheimnisvolle Botschaft zu entziffern. Don Dionisio, die größte Autorität für Altertumskunde im Dorf, erkannte sofort, daß es in dem geheimen chiffrierten Telegraphen-Code von Tiberius selbst abgefaßt war, kein Wunder, daß es niemand verstehen konnte. In dieser Meinung wurde er bestärkt durch den Apotheker, aber heftig angegriffen vom Barbier, der schwor, es sei auf englisch geschrieben. Scharfsinnig schlug er vor, es der Bella Margherita zu bringen, deren Tante einen Lord Inglese geheiratet hatte. La Bella Margherita brach in Tränen aus, als sie das Telegramm sah, sie hatte in der Nacht geträumt, ihre Tante sei erkrankt, sicher wäre das

[1] Damals wurden die Telegramme zwischen Capri und dem Festland durch Lichtsignale übermittelt.

Telegramm an sie von dem Lord Inglese, um ihr den Tod ihrer Tante mitzuteilen. Während Maria Porta-Lettere mit dem Telegramm von Haus zu Haus wanderte, wuchs im Dorf die Erregung immer mehr und mehr, so daß jegliche Arbeit aufhörte. Ein Gerücht, daß zwischen Italien und der Türkei Krieg ausgebrochen sei, wurde am Nachmittag dementiert durch ein anderes Gerücht, das auf nackten Jungenfüßen auf Capri einlief, demzufolge der König in Rom ermordet worden war. Der Gemeinderat wurde eilig einberufen, aber Don Diego, der Syndaco, entschied, man solle mit dem Hissen der Flagge auf halbmast noch warten, bis ein neues Telegramm die Trauerkunde bestätigt hätte. Kurz vor Sonnenuntergang erschien Maria Porta-Lettere in San Michele mit dem Telegramm und einem Gefolge von Dorf-Notabeln beiderlei Geschlechts. Ich warf einen Blick darauf und sagte, es wäre nicht an mich. An wen wäre es denn? Ich sagte, ich wüßte es nicht, ich wisse von niemandem, weder einem Lebenden noch Toten, der mit einem derartigen Namen behaftet sei, es war gar kein Name, es sah aus wie das Alphabet einer unbekannten Sprache. Wollte ich nicht versuchen, das Telegramm zu lesen und sagen, was darin stünde? Nein, das wollte ich nicht, ich haßte Telegramme. Ich wünschte gar nichts damit zu tun zu haben. Ob es denn wahr wäre mit dem Krieg zwischen Italien und den Türken? schrie es aus der Menge unter der Gartenmauer.

Ich wußte von nichts, es war mir auch vollkommen gleichgültig, ob Krieg war, solange man mich ruhig in meinem Garten graben ließ. Die alte Maria Porta-Lettere ließ sich erschöpft und mutlos auf einer Marmorsäule nieder. Sie wäre seit Tagesanbruch auf den Beinen mit dem Telegramm, sie hätte nichts gegessen, nun sei sie am Ende ihrer Kräfte. Außerdem müßte sie jetzt gehen und die Kuh füttern. Wollte ich nicht bis morgen früh das Telegramm aufbewahren? Es sei bei ihr nicht sicher aufgehoben in dem Zimmer, wo all die Enkelkinder herumspielten, von den Hühnern und dem Schwein ganz zu schweigen. Maria

Porta-Lettere und ich waren alte Freunde, ich hatte Mitleid mit ihr und mit der Kuh. Ich steckte das Telegramm in die Tasche. Sie sollte sich am nächsten Morgen wieder mit ihm auf den Weg machen.

Die Sonne sank ins Meer, die Glocken läuteten das Ave-Maria, als wir alle nach Hause zum Abendbrot gingen. Als ich unter meiner Pergola bei einer Flasche von Don Dionisios bestem Wein saß, durchzuckte plötzlich ein furchtbarer Gedanke mein Hirn: wie, wenn das Telegramm nun doch für mich wäre! Ich stärkte mich mit einem zweiten Glas, legte das Telegramm vor mich auf den Tisch und machte mich an den Versuch, den mystischen Sinn in menschliche Worte zu fassen. Es kostete mich die ganze Flasche, bis ich die beruhigende Gewißheit hatte, daß es nicht für mich war. Ich schlief ein, den Kopf auf dem Tisch, das Telegramm in der Hand. Ich schlief bis spät in den nächsten Morgen; es war kein Grund zur Eile, niemand arbeitete heute bei mir in meinem Garten, sicher war alles seit der Frühmesse in der Kirche, es war Karfreitag. Als ich ein paar Stunden später nach San Michele hinaufschlenderte, fand ich zu meiner größten Überraschung Mastro Nicola mit seinen drei Söhnen und all den Mädchen eifrig bei der Arbeit wie gewöhnlich. Natürlich wußten sie, wieviel mir daran lag, so schnell wie möglich mit der Arbeit vorwärtszukommen; aber es wäre mir nie im Traum eingefallen, sie zu bitten, am Karfreitag zu arbeiten. Das war wirklich viel, ich sagte ihnen, wie dankbar ich wäre. Mastro Nicola sah mich sichtlich verwundert an und sagte, heute wäre kein Feiertag.

»Heute kein Feiertag?!« Wußte er nicht, daß Karfreitag war, der Tag der Kreuzigung unseres Herrn Jesus Christus?

»Va bene«, sagte Mastro Nicola, »aber Jesus Christus war kein Heiliger.«

»Gewiß war er ein Heiliger, der größte von allen Heiligen.«

»Aber nicht so groß wie Sant' Antonio, der hat mehr als hundert Wunder getan. Wie viele Wunder hat denn Jesus Christus getan?« fragte er mit einem maliziösen Lächeln.

Niemand wußte besser als ich, daß Sant' Antonio im Wundertun nicht leicht zu schlagen war; welch größeres Wunder war denkbar als das, welches mich in sein Dorf zurückbrachte? Ich vermied es, auf Mastro Nicolas Frage zu antworten, und sagte, daß, bei aller schuldigen Ehrerbietung vor Sant' Antonio, er doch nur ein Mensch sei, während Jesus Christus der Sohn Gottes im Himmel sei, der, um uns alle vor der Hölle zu retten, den Kreuzestod erlitten hätte, gerade am heutigen Tage.

»Non è vero«, sagte Mastro Nicola und machte sich mit großer Energie wieder ans Schaufeln. »L'hanno fatto morire ieri, per abbreviare le funzioni nella chiesa, es ist nicht wahr, sie haben ihn gestern sterben lassen, um die kirchlichen Feierlichkeiten abzukürzen.«

Ich hatte knapp Zeit, mich von dieser Eröffnung zu erholen, als ich eine wohlbekannte Stimme von jenseits der Gartenmauer meinen Namen rufen hörte. Es war mein Freund, der neuernannte schwedische Gesandte in Rom. Er war empört, keine Antwort auf seinen Brief erhalten zu haben, der seine Absicht ankündigte, zu kommen, um Ostern mit mir zu verleben, womöglich noch mehr gekränkt, daß ich nicht so viel Anständigkeit aufgebracht hatte, ihn beim Eintreffen des Postbootes an der Marina mit einem Esel abzuholen, wie er in seinem Telegramm gebeten hatte. Er wäre niemals nach Anacapri gekommen, wenn er gewußt hätte, daß er genötigt sein würde, 777 phönizische Stufen ganz allein heraufzuklettern bis zu meinem elenden Nest. Hätte ich etwa die Stirn, zu behaupten, daß ich sein Telegramm nicht bekommen hätte?

Natürlich hatte ich es bekommen, wir alle hatten es bekommen, ich hatte mich seinethalben fast betrunken. Er schien etwas besänftigt, als ich ihm das Telegramm aushändigte, er sagte, er würde es mit nach Rom nehmen, um es dem ministero delle poste e telegrafi zu zeigen. Ich entriß es ihm mit der Drohung, jeden Versuch, die telegraphische Verbindung zwischen Capri und dem Festland zu verbessern, energisch zu bekämpfen.

Es machte mir Spaß, meinen Freund herumzuführen und ihm all die zukünftigen Herrlichkeiten von San Michele zu zeigen unter gelegentlichem Hinweis auf meine Skizze an der Wand, zu klarerem Verständnis, was, wie er sagte, sehr nötig sei. Er war voller Bewunderung, und als er von der Kapelle herunterblickte auf die herrliche Insel zu meinen Füßen, meinte er, dies sei wohl der schönste Blick in der ganzen Welt. Als ich ihm den Platz für die riesige ägyptische Sphinx aus rotem Granit zeigte, sah er mich etwas besorgt von der Seite an. Und als ich auf den Berg deutete, der weggesprengt werden sollte, um für ein griechisches Theater Platz zu schaffen, meinte er, ihm sei ein wenig schwindlig; er bat mich, ihn in meine Villa zu bringen und ihm ein Glas Wein zu geben, er müsse einmal ruhig mit mir reden.

Seine Augen glitten an den getünchten Wänden entlang, als er fragte, ob dies »meine Villa« sei. Ich sagte, ich hätte mich nie im Leben irgendwo so wohl gefühlt. Dann stellte ich eine Flasche von Don Dionisios' Wein auf den blanken Tisch, lud ihn ein, auf meinem Stuhl Platz zu nehmen, und warf mich auf das Bett, um zu hören, was er mir zu sagen hatte. Mein Freund fragte mich, ob ich nicht in den letzten Jahren sehr viel Zeit in der Salpêtrière verbracht hätte unter Leuten, die mehr oder weniger aus den Angeln geraten und etwas wacklig im Oberstübchen waren?

Das sei ganz richtig, sagte ich, aber ich hätte die Salpêtrière nun aufgegeben.

Es freute ihn, das zu hören, es schien ihm höchste Zeit, er fand, ich sollte mich lieber in einem anderen Fach spezialisieren. Er hatte mich wirklich gern und war eigentlich hergekommen, um mich, wenn möglich, dazu zu bringen, sofort nach Paris in meinen erfolgreichen Wirkungskreis zurückzukehren, statt meine Zeit unter Bauern in Anacapri zu verlieren. Jetzt, nachdem er mich gesehen hatte, war er anderer Ansicht, es war ihm klargeworden, daß ich gründliche Ruhe brauchte.

Ich sagte, es freue mich, daß er meinen Entschluß billige,

ich könne wirklich die dauernde Anspannung nicht mehr aushalten, ich sei erschöpft.

»Im Kopf?« fragte er teilnehmend.

Es sei zwecklos, sagte ich, mich zu bitten, nach Paris zurückzukehren, ich wolle den Rest meiner Tage in Anacapri verbringen.

»Soll das heißen, daß du dein Leben in diesem elenden kleinen Nest verbringen willst, ganz allein unter diesen Bauern, die nicht lesen und schreiben können! Ein Mann mit solchen geistigen Ansprüchen wie du; mit wem willst du denn verkehren?«

»Mit mir selbst, mit meinen Hunden und vielleicht noch mit einem Affen.«

»Du behauptest doch immer, ohne Musik nicht leben zu können, wer soll dir vorspielen und vorsingen?«

»Die Vögel im Garten und das Meer ringsumher. Horch nur! Hörst du den herrlichen Mezzosopran des Pirols da draußen, ist seine Stimme nicht schöner als die unserer berühmten Christina Nilson oder selbst der Patti? Hör doch dies feierliche Andante der Wogen, ist es nicht schöner als selbst der getragene Rhythmus von Beethovens Neunter Sinfonie?«

Mein Freund änderte unvermittelt das Gesprächsthema, um zu fragen, wer mein Architekt sei und in welchem Stil das Haus gebaut würde.

Ich sagte ihm, einen Architekten hätte ich nicht, und bisher wisse ich nicht, in welchem Stil das Haus gebaut werden würde, das alles würde sich bei fortschreitender Arbeit herausstellen.

Wieder warf er einen besorgten Seitenblick auf mich. Er sei wenigstens glücklich, zu sehen, daß ich Paris als reicher Mann verlassen habe, denn es bedürfe sicher eines großen Vermögens, um eine so prachtvolle Villa zu bauen, wie ich sie ihm geschildert hätte.

Ich öffnete das Schubfach meines Tisches und zog ein Bündel Banknoten aus dem Strumpf. Das wäre alles, was ich auf dieser Welt besäße nach zwölf Jahren harter Arbeit in

Paris. Ich glaube, es waren etwa fünfzehntausend Frank, vielleicht etwas mehr, vielleicht etwas weniger, vermutlich weniger.

»Unverbesserlicher Träumer! Hör einmal auf die Stimme eines Freundes«, sagte der schwedische Gesandte. Den Finger an der Stirn, fuhr er fort: »Du siehst nicht viel klarer als deine Patienten in der Salpêtrière, offenbar ist die Sache ansteckend. Versuch einmal die Dinge zu sehen, wie sie in Wirklichkeit liegen und nicht in deinen Träumen. Bei deinem Tempo wird dein Strumpf in einem Monat leer sein, und bisher sehe ich keinen einzigen Raum, in dem man auch nur leben könnte, ich sehe nichts als halbfertige Loggien, Terrassen, Klöster und Pergolen. Womit wirst du dein Haus bauen?«

»Mit meinen Händen.«

»Und wovon wirst du leben, wenn du erst in dem Hause wohnst?«

»Makkaroni.«

»Es wird mindestens eine halbe Million kosten, dein San Michele so zu errichten, so wie du es in deiner Phantasie erblickst. Woher willst du das Geld nehmen?«

Ich war wie vor den Kopf geschlagen, daran hatte ich nie gedacht, das war ein völlig neuer Gesichtspunkt.

»Was soll ich denn nun in aller Welt anfangen?« sagte ich endlich und starrte meinen Freund an.

»Ich will dir sagen, was du tun sollst«, sagte er in seiner energischen und entschlossenen Art. »Du sollst die Arbeit an deinem verrückten San Michele sofort einstellen, dein getünchtes Zimmer sofort räumen, und da du es ablehnst, wieder nach Paris zu gehen, sollst du nach Rom kommen und dort eine ärztliche Praxis aufnehmen. Rom ist die rechte Umgebung für dich. Du brauchst nur den Winter dort zu verbringen, der lange Sommer wird dir gehören, um weiterzubauen. San Michele ist dir aufs Gehirn geschlagen, aber du bist kein Schafskopf, oder jedenfalls haben es bisher die wenigsten entdeckt. Außerdem hast du ja Glück in allem, was du angreifst. Wie ich höre, praktizieren vierundzwanzig ausländische Ärzte in Rom; wenn du dich zusammennimmst und ernstlich willst, kannst du sie alle mit deiner linken Hand aus dem Felde schlagen. Wenn du tüchtig arbeitest und mir deine Ersparnisse aushändigst, gehe ich jede Wette mit dir ein, daß du in weniger als fünf Jahren genug verdient haben wirst, um dein San Michele zu vollenden und den Rest deines Lebens glücklich zu verbringen im Umgang mit deinen Hunden und Affen.«

Als mein Freund abgereist war, hatte ich eine furchtbare Nacht. Wie ein Tier im Käfig lief ich in meiner kleinen Bauernstube auf und ab. Ich traute mich nicht mal mehr zur Kapelle hinauf, um wie sonst der Sphinx meiner Träume gute Nacht zu sagen. Ich fürchtete, der Versucher im roten Mantel könnte in der Dämmerung noch einmal an meiner Seite stehen. Bei Sonnenaufgang stürmte ich hinab zum Leuchtturm und sprang ins Meer. Als ich an Land schwamm, war mein Denken klar und kühl wie das Wasser des Golfs.

Zwei Wochen darauf hatte ich mich im Hause von Keats[1] in Rom als Arzt niedergelassen.

[1] An der Piazza di Spagna

22

Piazza di Spagna

Meine allerererste Patientin war Frau P., die Gattin des bekannten Bankiers P. in Rom. Sie war vor fast drei Jahren bei einer Jagd in der Campagna mit dem Pferde gestürzt und lag seitdem gelähmt zu Bett. Alle ausländischen Ärzte in Rom hatten sie nacheinander behandelt; vor einem Monat hatte sie sogar Charcot konsultiert, der ihr meinen Namen genannt hatte. Ich ahnte gar nicht, woher er wußte, daß ich mich in Rom niedergelassen hatte. Als ich sie untersucht hatte, war mir klar, daß die Prophezeiung des schwedischen Gesandten sich erfüllen würde. Ich wußte, daß Fortuna mir wieder einmal zur Seite stand; unsicher für alle, außer für mich. Es war wirklich ein sehr günstiger Fall, um damit meine Praxis in Rom zu beginnen; war doch diese Patientin die bekannteste Frau der Fremdenkolonie. Ich stellte fest, daß ein Schock und keine dauernde Verletzung des Rückgrates die Ursache ihrer Lähmung war und daß Glaube und Massage sie in ein paar Monaten wieder auf die Beine bringen würden. Ich sagte ihr, was bisher niemand ihr zu sagen gewagt hatte, und ich hielt Wort. Es fing an, ihr besser zu gehen, ehe ich noch mit der Massage begonnen hatte; und nach weniger als drei Monaten sah das elegante Rom sie in der Villa Borghese aus ihrem Wagen steigen und am Stock unter den Bäumen auf und ab gehen. Man betrachtete als eine Wunderkur, was in Wirklichkeit ein sehr einfacher und leichter Fall war, vorausgesetzt, daß der Patient Glauben und der Arzt Geduld hat. In der großen britischen Kolonie Roms öffneten sich mir alle Türen, und bald folgte auch eine Reihe italienischer Häuser dem Beispiel. Ein Jahr darauf wurde ich Arzt der britischen Botschaft und hatte nun mehr englische Patienten als die elf englischen Ärzte zusammen – ich überlasse es jedem, sich vorzustellen, welche Gefühle sie mir gegenüber hegten. Ein alter Freund von der École des Beaux Arts her, der jetzt pensioniert in der Villa Medici lebte, führte mich bei der französischen Kolonie ein. Mein Jugendfreund, Graf Giuseppe Primoli, sang mein Loblied in der römischen Gesellschaft; ein schwaches Echo meiner Erfolge in der Avenue de Villiers tat ein übriges, um mein Wartezimmer mit Patienten zu füllen. Professor Weir-Mitchell, der erste amerikanische Nervenspezialist, mit dem ich schon in Paris in Berührung gekommen war, fuhr fort, seinen Überschuß an verlebten Millionären nebst ihren nervenschwachen Frauen zu mir zu schicken. Auch ihre überspannten Töchter, die ihre ehrgeizigen Hoffnungen auf den ersten besten verfügbaren römischen Prinzen gesetzt hatten, fingen an, mich in ihre düsteren Palazzi holen zu lassen, um mich wegen ihrer diversen Enttäuschungssymptome zu konsultieren. Die große Menge von Amerikanern folgte wie eine Herde Schafe, und bald teilten die zwölf amerikanischen Ärzte das Schicksal ihrer englischen Kollegen. Hunderte von Modellen auf den Stufen der Trinità dei Monti unter meinen Fenstern in den malerischen Trachten der Berge um Montecassino gehörten zu meinen Patienten, so mancher Blumenverkäufer von der Piazza di Spagna warf mir einen Bund Veilchen in den Wagen, wenn ich vorbeifuhr, als Dank für eine Hustenmedizin für eines der unzähligen Babys; und mein »Ambulatorio[1]« in Trastevere machte meinen Namen in allen Armenvierteln Roms bekannt.

Ich war von früh bis spät auf den Beinen und schlief wie ein König von spät bis früh; wenn ich nicht nachts geholt wurde, was recht häufig geschah. Es machte mir alles nichts aus; was Müdigkeit hieß, wußte ich in jener Zeit nicht. Um Zeit zu sparen, und weil ich Pferde liebte, fuhr ich bald in

[1] Poliklinik

einer eleganten roträderigen Viktoria mit einem Paar schöner Ungarn bespannt in vollem Trabe durch ganz Rom, Tappio, meinen Lappenhund, neben mir. Ich kann jetzt verstehen, daß es vielleicht etwas prahlerisch ausgesehen haben mag und als Reklame mißverstanden werden konnte, hätte ich nicht damals schon auf jede Propaganda verzichten können. Immerhin, meinen vierundzwanzig Kollegen ging es bös gegen den Strich, darüber war wohl kein Zweifel. Manche von ihnen fuhren in düsteren, alten Kutschen aus der Zeit Pio Nonos herum, die so trübselig aussahen, daß sie zugleich als Leichenwagen für ihre toten Patienten hätten dienen können. Andere machten ihre Wege kummervoll zu Fuß, in langen Gehröcken, die hohen Zylinder tief ins Gesicht gedrückt, wie in abgründigem Nachdenken, wen sie als nächsten einbalsamieren wollten. Alle blickten wütend nach mir, wenn ich vorbeifuhr; sie kannten mich von Ansehen. Bald mußten sie mich wohl oder übel auch persönlich kennenlernen, da ihre sterbenden Patienten anfingen, mich zur Konsultation zuzuziehen. Ich tat mein bestes, die Etikette unseres Berufes zu wahren und den Kranken klarzumachen, sie wären wirklich zu beglückwünschen, in so gute Hände gekommen zu sein; aber es war nicht immer ganz einfach.

Wir waren eine traurige Mannschaft, Schiffbrüchige aus aller Herren Länder, mit unserem bißchen Wissenschaft nach Rom verschlagen. Irgendwo mußten wir leben, warum nicht in Rom, solange wir das Dasein unserer Patienten nicht störten? Bald wurde es schwierig für einen Ausländer, in Rom zu sterben, ohne daß ich gerufen worden wäre, um ihm beizustehen. Ich wurde für die sterbenden Ausländer dasselbe, was der Illustrissimo Professore Baccelli für die sterbenden Römer war: die letzte – ach so selten erfüllte Hoffnung. Noch jemand, der niemals versäumte, bei solchen Gelegenheiten aufzutauchen, war Signor Cornacchia, Leichenbestatter der Fremdenkolonie und Verwalter des Protestantischen Friedhofes an der Porta San Paolo. Er schien nie gerufen worden zu sein, aber immer war er zur rechten Zeit da; mit seiner großen Hakennase schien er den Tod auf weite Entfernungen zu wittern wie ein Aasgeier. Tadellos angezogen in Gehrock und steifem Hut nach Art der Ärzte lungerte er dann im Flur herum und wartete, bis er an die Reihe kam und hineingerufen wurde.

Zu mir hatte er scheinbar eine besondere Zuneigung gefaßt, denn er grüßte mich immer äußerst verbindlich mit einem Schwenken seines steifen Hutes, wenn er mich auf der Straße traf. Jedesmal drückte er sein größtes Bedauern aus, wenn ich im Frühling als erster Rom verließ, und immer kam er mir mit ausgestreckten Händen und einem freundlichen »Ben 'tornato Signor Dottore« entgegen, wenn ich im Herbst zurückkam. Vergangene Weihnachten hatte es allerdings ein kleines Mißverständnis zwischen uns gegeben, als er mir zwölf Flaschen Wein schickte und der Hoffnung auf ein recht erfolgreiches Zusammenarbeiten in der nächsten Saison Ausdruck verlieh. Er schien tief verletzt, daß ich außerstande war, sein Geschenk anzunehmen, und sagte, keiner meiner Kollegen hätte je sein kleines Freundschaftszeichen zurückgewiesen. Dasselbe unglückselige Mißverständnis hatte auch das herzliche Verhältnis zwischen mir und den beiden ausländischen Apothekern für einige Zeit etwas abgekühlt.

Sehr überrascht war ich, als mich eines Tages Dr. Pilkington besuchte, der ganz spezielle Gründe hatte, mich zu hassen. Er sagte mir, sie alle hätten bisher vergeblich darauf gewartet, daß ich ihnen, den ungeschriebenen Gesetzen der Etikette entsprechend, meinen Besuch machen würde. Da aber der Berg nicht zu Mohammed gekommen wäre, käme Mohammed nun also zum Berg. (Er hatte übrigens keinerlei Ähnlichkeit mit Mohammed; abgesehen von dem langen, weißen, ehrwürdigen Bart, sah er mehr wie ein falscher als wie ein wahrer Prophet aus.) Weiter sagte er mir, daß er in seiner Eigenschaft als Senior der fremden Ärzte in Rom käme, um mich aufzufordern, Mitglied ihrer kürzlich gegründeten Gesellschaft zu gegenseitiger Unterstützung zu werden, deren Ziel es sei, den Feindseligkeiten, die so lange unter ihnen bestanden hätten, ein Ende zu machen. Alle seine Kollegen wären Mitglied geworden, mit Ausnahme des alten Grobians Dr. Campbell, mit dem keiner von ihnen spräche. Die schwierige Frage des Honorars sei schon zu allseitiger Zufriedenheit gelöst. Sie seien übereingekommen, den Mindestsatz mit zwanzig Frank festzusetzen, das Maximum bliebe je nach den Umständen dem Dafürhalten eines jeden überlassen. Keine Einbalsamierung, gleichgültig, ob es sich um Mann, Frau oder Kind handele, dürfe unter fünftausend Frank vorgenommen werden. Es täte ihm leid, mir mitteilen zu müssen, daß bei der Gesellschaft kürzlich mehrmals darüber geklagt worden wäre, daß ich mit meinen Liquidationen sehr nachlässig sei, ja sogar des öfteren gar nicht liquidiert hätte. Gerade gestern hätte Signor Cornacchia, der Leichenbestatter, ihm fast unter Tränen anvertraut, daß ich die Frau des schwedischen Geistlichen für hundert Lire einbalsamiert hätte, ein sehr bedauerlicher Verstoß gegen die Solidarität meinen Kollegen gegenüber. Er wäre sicher, ich würde die großen Vorteile erkennen, die mir die Mitgliedschaft der Gesellschaft zu gegenseitiger Unterstützung böte, und er würde sich außerordentlich freuen, mich morgen bei ihrer Versammlung begrüßen zu können.

Ich antwortete ihm, daß ich sehr bedauere, die Vorteile dieser Mitgliedschaft weder für mich noch für sie entdecken zu können; immerhin wäre ich bereit, über die Festsetzung eines Höchsthonorars mit ihnen zu diskutieren, nicht aber über die eines Mindestsatzes. Was die Sublimatinjektionen beträfe, die sie mit Einbalsamierung bezeichneten, so gingen die Kosten dafür nicht über fünfzig Frank hinaus; rechnete man noch weitere fünfzig für Zeitverlust hinzu, so sei die Summe, die ich für die Einbalsamierung der Frau des Geistlichen verlangt hätte, korrekt. Ich beabsichtigte an den Lebenden zu verdienen und nicht an den Toten. Ich wäre Arzt und keine Hyäne.

Bei dem Wort Hyäne fuhr er von seinem Sitz hoch mit dem Ersuchen, mich nicht zu bemühen, falls ich ihn einmal zur Konsultation zuziehen möchte; er sei nicht verfügbar.

Ich erwiderte, das sei ein harter Schlag sowohl für mich als auch für meine Patienten, aber wir würden wohl versuchen müssen, ohne ihn auszukommen.

Ich bedauerte, heftig geworden zu sein, und sagte ihm das bei unserem nächsten Zusammentreffen, diesmal in seinem eigenen Hause, in der Via Quattro Fontane. Der arme Doktor Pilkington hatte am Tage nach unserem Interview einen leichten Schlaganfall gehabt und bat mich, seine Behandlung zu übernehmen. Er erzählte mir, die Gesellschaft zu gegenseitiger Unterstützung sei zusammengebrochen; sie seien wieder alle miteinander verfeindet, und er fühlte sich sicherer in meinen Händen als in denen der anderen. Glücklicherweise war kein Grund zur Beunruhigung; im Gegenteil, ich fand ihn nach seinem Anfall lebhafter aussehend als vorher. Ich versuchte ihn aufzuheitern, so gut ich konnte, und sagte ihm, er brauche sich keine Sorgen zu machen, ich hätte immer vermutet, er habe schon früher mehrere leichte Schlaganfälle gehabt. Bald war er wieder auf den Beinen, vergnügter denn je, und es ging ihm noch ausgezeichnet, als ich Rom verließ.

Bald darauf machte ich die Bekanntschaft seines Todfeindes, Dr. Campbell, den er einen alten Grobian genannt hatte. Nach meinem ersten Eindruck zu urteilen, schien diesmal seine Diagnose zutreffend. Ich habe nie einen verwilderter aussehenden alten Herrn gesehen: blutunterlaufene Augen, ein brutaler Mund, das rote Trinkergesicht über und über behaart wie das eines Affen; dazu ein langer, ungepflegter Bart. Man sagte, er sei über achtzig, und der längst in Ruhestand getretene, alte englische Apotheker erzählte mir, er hätte schon vor dreißig Jahren, als er nach Rom kam, genauso ausgesehen. Niemand wußte, woher er kam. Es hieß, er sei Chirurg bei der Südarmee im amerikanischen Kriege gewesen. Operieren war seine Spezialität. Tatsächlich war er der einzige Chirurg unter den fremden Ärzten, von denen keiner mit ihm verkehrte.

Eines Tages traf ich ihn an meinem Wagen stehend und

Tappio streichelnd. »Ich beneide Sie um diesen Hund«, sagte er plötzlich mit seiner rauhen Stimme. »Mögen Sie Affen gern?«

Ich versicherte, ich liebe Affen sehr.

»Sie sind mein Mann«, meinte er und bat mich, zu ihm zu kommen und seinen Affen anzusehen, der einen Kessel mit kochendem Wasser umgerissen und sich fast zu Tode verbrüht hätte. Wir kletterten in seine Wohnung hinauf, die ganz oben in einem Eckhause der Piazza Mignanelli lag. Er bat mich, einen Augenblick im Salon zu warten, und erschien gleich darauf mit einem Affen auf dem Arm, einem Riesenpavian, der von oben bis unten verbunden war. »Ich fürchte, es steht sehr schlimm mit ihm«, sagte der alte Doktor mit ganz veränderter Stimme, indem er das abgemagerte Gesicht des Tieres zärtlich liebkoste. »Ich weiß nicht, was ich tun soll, wenn er stirbt, er ist mein einziger Freund. Als er noch ganz klein war, habe ich ihn mit der Flasche aufgezogen, denn seine Mutter starb bei seiner Geburt. Sie war fast so groß wie ein Gorilla und so unglaublich menschlich! Ich glaube kaum, daß Sie je etwas so Reizendes gesehen haben. Wissen Sie, es macht mir gar nichts aus, an meinen Mitmenschen herumzuschneiden; ich tue es sogar ganz gern, aber ich bringe nicht mehr den Mut auf, diesen armen, kleinen, verbrühten Körper zu verbinden. Er leidet so entsetzlich, wenn ich versuche, seine Wunden zu reinigen, daß ich's einfach nicht mehr mit ansehen kann. Ich bin sicher, Sie haben Tiere gern. Wollen Sie ihn behandeln?«

Wir nahmen die blutigen, eitrigen Verbände ab. Es war ein jammervoller Anblick, der ganze Körper eine einzige Wunde.

»Er weiß, daß Sie ihm helfen wollen, sonst würde er nicht so stillhalten; er erlaubt sonst niemand, außer mir, ihn anzufassen. Er begreift alles und hat mehr Verstand als alle fremden Ärzte in Rom zusammengenommen. Seit vier Tagen hat er nichts mehr gegessen«, fuhr er fort, mit einem zärtlichen Ausdruck in den blutunterlaufenen Augen.

»Billy, mein Sohn, willst du nicht dem Papa zuliebe diese Feige versuchen?«

»Ich wünschte, wir hätten Bananen«, sagte ich, »es gibt nichts, was Affen lieber mögen.« Er wollte sofort nach London um einen Bund Bananen telegraphieren, koste es, was es wolle. »Es kommt nur darauf an, ihn bei Kräften zu halten«, fuhr ich fort. Wir flößten ihm etwas Milch ein, die er aber gleich wieder ausspie.

»Er kann nicht mehr schlucken«, seufzte sein Herr. »Ich weiß wohl, was das heißt: er stirbt.«

Wir improvisierten mit Hilfe einer Kanüle ein Art Magensonde, und zum Entzücken des alten Doktors behielt er diesmal die Milch bei sich.

Billy ging es langsam besser. Zwei Wochen lang sah ich jeden Tag nach ihm, und es endete damit, daß ich beide, ihn sowohl als auch seinen Herrn, sehr gern hatte. Bald fand ich ihn, wie er in einem eigens für ihn konstruierten Schaukelstuhl neben dem Doktor auf der Terrasse saß; die Whiskyflasche stand zwischen ihnen. Der alte Herr schwor darauf, man sollte vor einer Operation Whisky trinken, um eine sichere Hand zu haben. Der Zahl der leeren Whiskyflaschen nach zu urteilen, die in einer Ecke der Terrasse standen, mußte seine chirurgische Praxis recht beträchtlich sein! Wie dem auch sei, sie waren jedenfalls beide dem Alkohol ergeben, und ich habe Billy des öfteren dabei ertappt, wie er sich mit Whiskysoda aus seines Herrn Glas versorgte. Der Doktor sagte, daß Alkohol das beste Stärkungsmittel für Affen sei, das auch Billys geliebter Mutter nach einer Lungenentzündung das Leben gerettet hätte.

Eines Abends traf ich die beiden auf ihrer Terrasse, völlig betrunken. Billy tanzte auf dem Tisch um die Whiskyflasche herum eine Art Negertanz. Der alte Doktor saß in seinen Stuhl zurückgelehnt, klatschte den Takt dazu und sang mit seiner rauhen Stimme: »Billy, mein Sohn, mein Söööhnchen!« Sie hörten mich nicht und sahen mich auch nicht kommen. Ich starrte völlig sprachlos auf dieses glückliche Familienidyll. Das Gesicht des betrunkenen Affen war ganz menschlich geworden, das Gesicht des alten Trinkers sah genau wie das eines gigantischen Gorillas aus. Die Familienähnlichkeit war nicht zu verkennen.

»Billy, mein Sohn, Billy, mein Sohn, Söööhnchen!«

War es möglich? Nein, natürlich war es nicht möglich, aber eines unheimlichen Gefühles konnte ich mich doch nicht erwehren...

Ein paar Monate später traf ich den alten Doktor wieder einmal im Gespräch mit Tappio an meinem Wagen stehend. Nein, Gott sei Dank, Billy ginge es gut; diesmal wäre es seine Frau, die krank sei, und ob ich so gut sein wollte, einmal nach ihr zu sehen?

Wir kletterten also wieder in seine Wohnung hinauf. Ich hatte bisher keine Ahnung gehabt, daß er sie außer mit Billy mit irgend jemand teilte. Auf dem Bett lag ein Mädchen, fast noch ein Kind, mit geschlossenen Augen, scheinbar bewußtlos.

»Ich dachte, Sie hätten gesagt, daß es sich um Ihre Frau handelte; ist dies Ihre Tochter?« Nein, dies sei seine vierte Frau. Die erste hätte Selbstmord begangen, die zweite und dritte wären an Lungenentzündung gestorben, und er wäre sicher, mit dieser würde es ebenso gehen. Mein erster Eindruck war, daß er recht hatte. Sie hatte eine doppelseitige Lungenentzündung, aber ein starker Erguß im linken Rippenfell schien ihm entgangen zu sein. Ich gab ihr einige Kampfer- und Ätherinjektionen mit seiner schmutzigen Spritze, und wir begannen sie tüchtig zu frottieren, aber mit sehr geringem Erfolg. »Versuchen Sie sie aufzurütteln, sprechen Sie mit ihr«, sagte ich ihm. Er beugte sich über ihr fahles Gesichtchen und schrie ihr ins Ohr: »Sally – Liebling, reiß dich zusammen, werde wieder gesund oder ich werde wieder heiraten.« Sie seufzte tief auf, erschauerte und öffnete die Augen.

Am nächsten Tage punktierten wir das Rippenfell; die Jugend tat das ihre, und sie erholte sich langsam, fast widerwillig. Mein Verdacht, daß sie vielleicht ein chronisches Lungenleiden hätte, erwies sich leider als begründet:

sie hatte eine stark vorgeschrittene Tuberkulose. Ich besuchte sie einige Wochen hindurch täglich, sie tat mir sehr leid. Offensichtlich hatte sie große Angst vor dem alten Mann, kein Wunder, denn er war gräßlich grob mit ihr, wenn er es vielleicht auch gar nicht so meinte. Er hatte mir erzählt, daß sie aus Florida käme, und als es Herbst wurde, riet ich ihm, sie dorthin zurückzubringen, je eher, desto besser. Einen Winter in Rom würde sie nicht mehr überleben. Er schien einverstanden. Bald merkte ich, daß die Hauptschwierigkeit war, was er mit Billy anfangen sollte, und so erbot ich mich, ihn zu mir zu nehmen in meinen kleinen Hof bei der Trinità dei Monti, wo schon verschiedene andere Tiere hausten. Der Doktor sollte in drei Monaten zurück sein. Er kam nie wieder. Weder ich noch irgend jemand sonst hat je erfahren, was aus ihm geworden ist. Ich hörte einmal, er sei bei einem Streit in einem öffentlichen Hause erschossen worden; ob es wahr war, weiß ich nicht. Ich habe oft darüber nachdenken müssen, wer dieser Mann war und ob er überhaupt Arzt war. Einmal sah ich zu, wie er mit erstaunlicher Geschwindigkeit einen Arm amputierte. Von Anatomie verstand er offenbar etwas, von dem Vorbereiten und Desinfizieren einer Wunde schien er dagegen keine Ahnung zu haben, und seine Instrumente waren geradezu unglaublich primitiv. Der englische Apotheker erzählte mir, daß er immer die gleichen Rezepte schrieb, oft mit orthographischen Fehlern und Angabe verkehrter Dosen. Ich persönlich glaube, daß er überhaupt nicht Arzt war, sondern ehemaliger Metzger oder vielleicht Lazarettgehilfe beim Militär, den irgendwelche triftigen Gründe veranlaßt hatten, außer Landes zu gehen. Billy blieb bei mir in Piazza di Spagna bis zum Frühling. Dann nahm ich ihn mit nach San Michele, wo er mir bis zu seinem seligen Ende die Hölle heiß machte. Ich kurierte ihn von seiner Trunksucht, und er wurde in mehr als einer Hinsicht ein sehr ordentlicher Affe. Wir werden später noch mehr von ihm hören. –

23

Noch mehr Ärzte

Eines Tages erschien in meinem Sprechzimmer eine Dame in tiefer Trauer, die einen Empfehlungsbrief vom englischen Pfarrer brachte. Sie war durchaus gereiften Alters, sehr umfangreich und angetan mit losen, wallenden Gewändern von sehr seltsamem Schnitt. Sie nahm mit viel Behutsamkeit auf dem Sofa Platz und sagte, sie wäre fremd in Rom. Der Tod Seiner Hochehrwürden Herrn Jonathans, ihres tiefbeklagten Gatten, hätte sie allein und schutzlos auf Erden zurückgelassen. Seine Hochehrwürden Jonathan war ihr alles gewesen, Gatte, Vater, Liebhaber und Freund...

Ich sah teilnehmend in das leere, runde Gesicht mit den dummen Augen und sagte, ich bedauere sie sehr.

Der Reverend Jonathan hätte...

Ich sagte, ich sei leider in großer Eile, das Wartezimmer sei voller Leute, was könne ich für sie tun?

Sie sagte, sie käme, um sich meinen Händen anzuvertrauen, sie erwarte ein Baby. Sie wußte, daß Seine Hochehrwürden Jonathan aus seiner himmlischen Sphäre über ihr wache, aber sie sei dennoch sehr in Sorge, es wäre ihr erstes Kind. Sie hätte viel von mir gehört, jetzt, da sie mich sähe, sei sie beruhigt, sie wüßte, sie würde in meinen Händen so sicher sein wie in den Händen des Reverend Jonathan selbst. Sie hatte die Schweden schon immer so gern gehabt, war sogar einmal mit einem schwedischen Pfarrer verlobt gewesen – Liebe auf den ersten Blick, die jedoch nicht von Dauer war. Sie war erstaunt über mein jugendliches Aussehen – genau das gleiche Alter wie der schwedische Pfarrer, es wäre sogar eine gewisse Ähnlichkeit zwischen uns, sie hätte ein seltsames Gefühl, als seien wir uns schon begegnet, als könnten wir einander ohne Worte verstehen. Als sie das sagte, sah sie mich mit einem Augenzwinkern an, bei dem es Seiner Hochehrwürden sehr unbehaglich zumute geworden wäre, hätte er gerade in diesem Augenblick über ihr gewacht.

Ich beeilte mich, ihr zu sagen, daß ich nicht Geburtshelfer sei, aber ich sei überzeugt, daß sie bei jedem meiner Kollegen gut aufgehoben sein würde. Sie seien, soviel ich wüßte, Spezialisten. Da wäre zum Beispiel mein hervorragender Kollege Dr. Pilkington...

Nein, sie wolle mich und keinen anderen. Ach, ich könne es doch nicht übers Herz bringen, sie allein und schutzlos unter Fremden zu lassen, allein mit ihrem vaterlosen Kinde. Im übrigen, es war keine Zeit zu verlieren, das Kind war täglich zu erwarten, jeden Augenblick. Ich erhob mich rasch und erbot mich, eine Droschke zu bestellen, mit der sie gleich ins Hôtel du Russie fahren könne, wo sie wohnte.

Was würde der Reverend Jonathan darum geben, wäre es ihm vergönnt gewesen, ihr Kind zu sehen, er, der die Mutter so leidenschaftlich geliebt hatte! Wenn es je eine Liebesheirat gab, so war es die ihre gewesen, ein Ineinanderschmelzen von zwei glühenden Herzen, von zwei harmonischen Seelen. Sie brach in einen Weinkrampf aus, der in Zuckungen überging, die ihren ganzen Körper in sehr beängstigender Art erschütterten. Plötzlich erbleichte sie, saß ganz still und faltete die Hände schützend über dem Leib. Aus meiner Angst wurde Entsetzen. Giovannina und Rosina waren mit den Hunden in der Villa Borghese, auch Anna war ausgegangen, im ganzen Haus war keine Frau, das Wartezimmer war voller Leute. Ich sprang vom Stuhl auf und sah sie aufmerksam an. Da sah ich auf einmal in ihrem Gesicht die bekannten Merkmale, mir wurde alles klar; nicht umsonst hatte ich fünfzehn Jahre meines Lebens unter hysterischen Frauen aller Länder und jeden Alters verbracht. Ich befahl ihr streng, ihre Tränen abzuwischen, sich zusammenzunehmen und, ohne mich zu unterbrechen, zuzuhören. Ich richtete ein paar berufliche Fragen an sie, ihre ausweichenden Antworten erregten mein Interesse für Seine Hochehrwürden Herrn Jonathan und seinen vorzeitigen Tod. Allerdings vorzeitig, denn es stellte sich heraus, daß das Hinscheiden ihres vielbeklagten Gatten zu einem vom ärztlichen Standpunkt aus recht bedenklichen Zeitpunkt des vergangenen Jahres erfolgt war. Endlich sagte ich ihr, so vorsichtig ich konnte, sie bekäme gar kein Baby. Da schnellte sie aber vom Sofa empor, stürzte voller Wut aus dem Zimmer und schrie laut, ich hätte das Andenken des Reverend Jonathan beleidigt.

Ein paar Tage später traf ich auf der Piazza den englischen Geistlichen und dankte ihm für seine Empfehlung bei Mrs. Jonathan; zu meinem Bedauern hätte ich sie nicht in Behandlung nehmen können. Dabei fiel mir die zurückhaltende Art des Pfarrers auf. Ich fragte, was aus Mrs. Jonathan geworden sei. Er ließ mich stehen und sagte, sie sei in der Behandlung von Dr. Jones, ihr Baby würde jeden Augenblick erwartet.

Die ganze Sache kam in weniger als vierundzwanzig Stunden herum. Jedermann wußte es, für alle fremden Ärzte war es ein gefundenes Fressen, ihre sämtlichen Patienten und die beiden englischen Apotheker wußten es, der englische Bäcker in der Via Babuino wußte es, bei Cook wußte man es, ebenso in allen Pensionen der Via Sistina, und in allen englischen Teestuben sprach man von nichts anderem. Bald wußte jedes Mitglied der englischen Kolonie in Rom, daß ich mich ungeheuer blamiert und zudem das Andenken des Reverend Jonathan beleidigt hätte. Jedermann wußte, daß Dr. Jones das Hôtel de Russie nicht mehr verließ, und daß gegen Mitternacht die Hebamme geholt worden war. Anderen Tages spaltete sich die englische Kolonie in Rom in zwei feindliche Lager: War ein Baby zu erwarten oder war kein Baby zu erwarten? Alle englischen Ärzte und ihre Patienten, die Geistlichen und ihre treuen Gemeinden, der englische Apotheker in der Via Condotti, alle waren überzeugt, es gäbe ein Baby. Alle meine Patienten, der andere Apotheker auf der Piazza Mignanelli, alle Blumenverkäufer der Piazza di Spagna, alle Modelle auf den Stufen von Trinità dei Monti unter meinen Fenstern, alle Roba-antica-Händler, alle scalpellini[1] in der Via Margutta bestritten entschieden, daß ein Baby zu erwarten sei. Der englische Bäcker blieb schwankend. Mein Freund, der englische Konsul, sah sich zu seinem Bedauern aus patriotischen Rücksichten veranlaßt, gegen mich Stellung zu nehmen. Die Lage von Signor Cornacchia, dem Beerdigungsagenten, war eine besonders heikle und bedurfte vorsichtiger Handhabung. Auf der einen Seite stand sein unerschütterlicher Glaube an meine Tüchtigkeit und an mich als seinen Hauptmitarbeiter fest. Aber andererseits waren unleugbar die Aussichten für sein Bestattungsgeschäft viel günstiger, falls ich im Unrecht war, als wenn ich recht hatte. Bald verbreitete sich das Gerücht, daß der alte Doktor Pilkington zur Konsultation zugezogen worden war und entdeckt hatte, daß es zwei Babys sein würden statt eines. Signor Cornacchia, begriff, daß die einzig richtige Politik war, abzuwarten. Als bekannt wurde, daß der englische Pfarrer im Hinblick auf die Verzögerung der Geburt benachrichtigt worden war, sich zu allen Tag- und Nachtstunden für eine Nottaufe in articulo mortis bereitzuhalten, gab es keinen Zweifel mehr. Signor Cornacchia ging mit wehenden Fahnen ins feindliche Lager über und überließ mich meinem Schicksal. Von Signor Cornacchias Standpunkt als Fachmann für Beerdigungen aus war ein Baby so gut wie ein Erwachsener. Und warum nicht zwei Babys? Warum nicht auch...?

Schon als man eine Amme in der malerischen Tracht der Sabiner Berge im Hôtel de Russie anlangen sah, machten sich unter meinen Verbündeten unverkennbare Zeichen der Mutlosigkeit bemerkbar. Als ein Kinderwagen aus England eintraf und in der Hotelhalle stand, wurde meine Lage kritisch. Alle Ausländerinnen im Hotel warfen freundliche

[1] Steinmetzen

Blicke auf den Kinderwagen, wenn sie durch die Halle gingen; alle Kellner schlossen Wetten ab von zwei zu eins auf Zwillinge. Die Wetten auf »überhaupt kein Baby« hatten völlig aufgehört. Verschiedene Leute schnitten mich bei der Garden Party der Englischen Botschaft, wo Dr. Pilkington und Dr. Jones, die sich wieder grüßten, im Mittelpunkt aufgeregter Gruppen von Zuhörern standen, die sich um die neuesten Berichte aus dem Hôtel de Russie scharten. Der schwedische Gesandte nahm mich beiseite und sagte mir mit ärgerlicher Stimme, er wolle nichts mehr mit mir zu tun haben, er hätte mehr als genug von meiner Überspanntheit, um es milde auszudrücken. In der vorigen Woche hätte ich, wie er erfahren habe, einen achtbaren, alten englischen Arzt als Hyäne bezeichnet. Gestern hätte die Gattin des englischen Pfarrers seiner Frau erzählt, daß ich das Andenken eines schottischen Pfarrers beleidigt hätte. Wenn ich so fortfahren wolle, solle ich lieber wieder nach Anacapri gehen, ehe die gesamte ausländische Kolonie mir den Rücken kehre.

Nach einer weiteren Woche gespannter Erwartung wurden Zeichen eines Rückschlages bemerkbar. Die Wetten unter den Kellnern standen nun etwa pari, und es gab ein paar vorsichtige Angebote von fünf Lire auf »überhaupt kein Baby«. Als gesagt wurde, die beiden Ärzte hätten sich entzweit und Dr. Pilkington hätte sich mit dem zweiten Baby unter seinem langen Überrock zurückgezogen, versiegten alle Wetten auf »zwei Babys«. Nach und nach wuchs die Zahl der Deserteure. Der englische Pfarrer und seine Gemeinde scharten sich zwar noch immer tapfer um den Kinderwagen, Dr. Jones, die Hebamme und die Amme schliefen noch im Hotel, aber Signor Cornacchia, den seine scharfe Witterung warnte, hatte schon das sinkende Schiff verlassen.

Dann kam der Krach in Gestalt eines gerieben aussehenden alten Schotten, der eines Tages in mein Sprechzimmer trat und auf demselben Sofa Platz nahm, wo seine Schwester gesessen hatte. Er teilte mir mit, er habe das Unglück,

Mrs. Jonathans Bruder zu sein. Am Abend vorher direkt aus Dundee angekommen, schien er keine Zeit verloren zu haben. Seine Schulden bei Dr. Pilkington hatte er geregelt, indem er ihm ein Drittel seiner Rechnung zahlte. Dr. Jones hatte er an die Luft gesetzt, und nun bat er mich um die Adresse eines billigen Irrenhauses. Den Doktor, meinte er, müßte man von Rechts wegen noch ganz woanders einsperren.

Ich sagte ihm, es sei für ihn zwar bedauerlich, aber der Fall seiner Schwester sei kein Fall für ein Irrenhaus. Er erwiderte, er wisse nicht, wer fürs Irrenhaus reif sei, wenn nicht sie. Seine Hochehrwürden Jonathan sei vor mehr als einem Jahr an Altersschwäche und Gehirnerweichung gestorben; anderweitige Versuchungen schienen doch wahrhaftig undenkbar bei der verrückten alten Schachtel. Sie hätte sich schon zum Gespött von ganz Dundee gemacht auf gleiche Weise, wie sie jetzt das Gelächter von ganz Rom erregte. Er hätte es satt und wolle nichts mehr mit ihr zu tun haben. Ich nicht minder, sagte ich; nachdem ich fünfzehn Jahre lang hysterische Frauen um mich gehabt hätte, wolle ich nun etwas Ruhe. Das einzige wäre, sie nach Dundee mitzunehmen.

Was den Arzt anlangte, so hätte er sicherlich sein Bestes getan. Soviel ich wüßte, wäre er pensionierter indischer Stabsarzt mit geringer Erfahrung in Hysterie. Was wir nervöse Schwangerschaft nennen, sei ihm bei den englischen Soldaten wohl nicht häufig vorgekommen, aber bei hysterischen Frauen sei sie nicht selten.

Wüßte ich denn, daß sie die Unverschämtheit gehabt hätte, den Kinderwagen auf seinen Namen zu bestellen? Fünf Pfund hätte er dafür bezahlen müssen, für zwei Pfund hätte sie in Dundee einen gebrauchten bekommen können; könnte ich ihm helfen, einen Käufer für den Kinderwagen zu finden? Er wolle nichts daran verdienen, aber er möchte doch sein Geld wiederhaben.

Ich sagte, wenn er seine Schwester in Rom ließe, wäre sie durchaus fähig, einen zweiten Kinderwagen zu bestellen.

Diese Erwägung schien ihm Eindruck zu machen. Ich lieh ihm meinen Wagen, um seine Schwester zur Bahn zu bringen. Ich sah sie niemals wieder.

Bisher hatte sich die Prophezeiung des schwedischen Gesandten erfüllt; der Sieg war mir leicht geworden. Bald aber sollte ich es mit einem viel ernsteren Rivalen zu tun haben, der in jenen Tagen in Rom seine Praxis eröffnete. Ich hatte gehört, und ich glaube, es stimmte, daß mein rascher Erfolg ihn veranlaßt hatte, seine einträgliche Praxis in... aufzugeben und sich in Rom niederzulassen. Er genoß einen glänzenden Ruf unter seinen Landsleuten als fähiger Arzt und reizender Mensch. Er wurde bald eine markante Erscheinung in der römischen Gesellschaft, aus der ich immer mehr verschwand, nachdem ich gelernt hatte, was ich von ihr wissen wollte. Er fuhr in einem ebenso eleganten Wagen herum wie ich, er empfing viele Gäste in seiner schönen Wohnung am Corso, sein Aufstieg war genauso rasch, wie der meine gewesen war. Er hatte mich aufgesucht, und wir hatten uns dahin geeinigt, daß Rom für uns beide groß genug sei. Er war immer die Höflichkeit selber, wenn wir uns trafen. Offenbar war seine Praxis sehr groß, hauptsächlich unter reichen Amerikanern, von denen man mir sagte, daß sie nach Rom strömten, um sich von ihm behandeln zu lassen. Er hatte seinen eigenen Stab von Pflegerinnen, seine eigene Privatklinik vor der Porta Pia. Erst hielt ich ihn für einen Frauenarzt; später stellte sich heraus, daß er Spezialist für Herzkrankheiten war. Offenbar hatte er die unschätzbare Gabe, seinen Patienten Vertrauen einzuflößen, denn ich hörte seinen Namen stets mit Lob und Dankbarkeit nennen. Das wunderte mich nicht, denn im Vergleich mit uns allen war er wirklich eine recht bemerkenswerte Persönlichkeit: eine schöne Stirn, ungewöhnlich durchdringende, kluge Augen, eine auffallende Beredsamkeit, sehr einnehmende Manieren. Seine anderen Kollegen ignorierte er vollkommen, aber mich hatte er etliche Male zur Konsultation gebeten, meist für nervöse Fälle. Seinen

Charcot schien er gut zu beherrschen, hatte auch ein paar deutsche Kliniken besucht. Fast stets stimmten wir in Diagnose und Behandlung überein; ich kam bald zu der Erkenntnis, daß er von seinem Fach mindestens so viel verstand wie ich.

Eines Tages schickte er mir die eilig gekritzelte Bitte, sofort zu einer Konsultation ins Hotel Costanzi zu kommen. Er schien erregter als gewöhnlich. Er sagte mir mit ein paar hastigen Worten, der Patient sei seit ein paar Wochen in seiner Behandlung, die ihm bisher sehr gutgetan zu haben schiene. In diesen letzten Tagen sei eine Verschlechterung eingetreten, die Herztätigkeit sei unbefriedigend, er wolle gern meine Ansicht hören. Vor allen Dingen solle ich weder den Patienten noch seine Familie beunruhigen. Wie groß war mein Erstaunen, als ich in seinem Patienten einen Mann erkannte, den ich seit Jahren geliebt und bewundert hatte, wie alle, die ihm je begegnet sind, den Autor von »Human personality and its survival of bodily Death[1]«. Seine Atmung war flach und sehr mühsam, das Gesicht bläulich und verfallen, nur die herrlichen Augen waren geblieben. Er gab mir die Hand und sagte, er sei froh, daß ich endlich käme, er habe sich nach meiner Rückkehr gesehnt. Er erinnerte mich an unsere letzte Begegnung in London, als ich mit ihm in der Society for psychical research speiste, und wie wir dann bis tief in die Nacht hinein von Tod und Jenseits sprachen. Ehe ich antworten konnte, sagte mein Kollege, der Kranke dürfe nicht reden; er befürchte sonst einen weiteren Anfall. Mir reichte er sein Stethoskop. Es bedurfte keiner langen Untersuchung; was ich gesehen hatte, genügte, darum nahm ich meinen Kollegen beiseite und fragte ihn, ob er die Familie benachrichtigt hätte. Zu meinem größten Erstaunen schien er die Lage überhaupt nicht zu erkennen, redete von einer Wiederholung der Einspritzungen von Strychnin in kürzeren Zwischenräumen, von einem Versuch mit seinem Serum am nächsten Morgen und wollte vom Grand Hôtel eine Flasche Burgun-

[1] Die menschliche Persönlichkeit und ihre Fortdauer nach dem leiblichen Tode

der eines besonderen Jahrganges holen lassen. Ich erklärte, ich wäre gegen Belebungsmittel jeder Art, die nur die Leidensfähigkeit noch einmal wecken würden, die die barmherzige Natur schon versiegen ließ. Unsere Aufgabe bestünde nur darin, ihm weiteres Leiden zu ersparen. Während wir sprachen, betrat einer seiner besten Freunde das Zimmer. Es war Professor William James, der berühmte Philosoph. Ich wiederholte, die Familie müsse gleich benachrichtigt werden; es handle sich um Stunden. Da alle meinem Kollegen mehr zu glauben schienen als mir, bestand ich darauf, daß sofort noch ein anderer Arzt zur Konsultation zugezogen würde. Zwei Stunden darauf erschien Professor Baccelli, der erste konsultierende Arzt Roms. Seine Untersuchung war eher noch summarischer als meine, sein Urteil noch kürzer.

»Il va mourir aujourd'hui[1]«, sagte er mit seiner tiefen Stimme.

William James erzählte mir von der feierlichen Abmachung zwischen ihm und seinem Freunde, daß der, welcher zuerst stürbe, im Augenblick des Eingehens in das Reich des Unbekannten dem anderen eine Nachricht senden solle; sie glaubten beide an die Möglichkeit einer solchen Verständigung. Der Schmerz hatte James dermaßen überwältigt, daß er es nicht vermochte, das Zimmer zu betreten. Er sank in einen Stuhl nieder an der offenen Tür, das Notizbuch auf den Knien, die Feder in der Hand, bereit, die Botschaft mit der ihm eigenen wissenschaftlichen Genauigkeit entgegenzunehmen.

Am Nachmittag setzte Cheyne-Stokessche Atmung ein, dies erschütternde Zeichen des nahenden Todes. Der Sterbende wollte mit mir sprechen. In seinen Augen spiegelten sich Ruhe und Heiterkeit.

»Ich weiß, es geht zu Ende«, sagte er, »ich weiß, Sie werden mir helfen – ist es heute, ist es morgen?«

»Heute.«

»Ich bin froh – ich bin bereit – ich habe keine Angst – ich

[1] Er wird heute sterben.

werde endlich wissen. Sagen Sie William James, sagen Sie ihm...«

Das schwere Atmen der Brust stockte in einer furchtbaren Pause aussetzenden Lebens. »Hören Sie mich?« fragte ich, über den Sterbenden gebeugt. »Haben Sie Schmerzen?«

»Nein«, flüsterte er, »ich bin sehr müde und sehr glücklich.«

Das waren seine letzten Worte. Als ich ging, sah ich William James noch in seinem Sessel sitzen, zurückgelehnt, das Gesicht mit den Händen bedeckend, das aufgeschlagene Notizbuch noch auf den Knien – die Seite war leer.

Ich sah meinen Kollegen in diesem Winter oft und ebenso viele seiner Patienten. Er sprach von nichts anderem als von der fabelhaften Wirkung seines Serums und eines anderen neuen Mittels gegen Angina pectoris, das er letzthin mit verblüffendem Erfolg in seiner Klinik angewandt hatte. Als ich ihm sagte, daß ich mich von jeher besonders für Angina pectoris interessiert hätte, versprach er mir, mich in seine Klinik mitzunehmen, um mir ein paar Fälle zu zeigen, die durch dies neue Mittel geheilt seien. Zu meiner größten Überraschung fand ich dort eine meiner ehemaligen Patientinnen, eine wohlhabende Amerikanerin, mit allen klassischen Merkmalen der Hysterie, nach meiner Diagnose eine »malade imaginaire[1]«. Sie sah blühend aus wie immer. Hier lag sie nun schon über einen Monat zu Bett, wurde bei Tag und Nacht abwechselnd von zwei Pflegerinnen versorgt, die alle vier Stunden ihre Temperatur nahmen, erhielt mehrmals am Tage subkutane Einspritzungen unbekannter Mittel, ihre Diät wurde mit äußerster Sorgfalt bis ins kleinste vorgeschrieben, am Abend bekam sie Schlafmittel, kurz, die Behandlung, die sie begehrte. Angina pectoris hatte sie ebensowenig wie ich. Zu ihrem Heil war sie gesund wie ein Pferd, so daß sie jede Kur aushielt. Sie erzählte mir, mein Kollege hätte ihr das Leben gerettet. Bald ging mir ein Licht auf, als ich sah, daß die meisten Insassen des Krankenhau-

[1] Eingebildete Kranke

ses ziemlich ähnliche Fälle waren, die unter dem gleichen strengen Regime gehalten wurden, mit keinem anderen Leiden als: ein müßiges Leben, zuviel Geld und das Bedürfnis, krank zu sein und von einem Doktor besucht zu werden. Was ich da sah, schien mir mindestens so interessant wie Angina pectoris. Wie machte man so etwas? Was war seine Methode?

Soweit ich dahinterkam, bestand die Methode darin, diese Frauen auf Anhieb mit der niederschmetternden Diagnose eines schweren Leidens ins Bett zu beordern und ihnen dann eine langsame Genesung zu gestatten, indem man nach und nach die suggestive Belastung von ihrem verwirrten Gehirn nahm. Meinen Kollegen zu klassifizieren, war leicht. Er war der gefährlichste Arzt, dem ich je begegnet war. Trotzdem fühlte ich mich nicht berechtigt, ihn als bloßen Scharlatan zu betrachten. Daß ich ihn für einen fähigen Arzt hielt, bewies noch nicht, daß er kein Scharlatan sein könne – beides ist leicht zu vereinigen; darin liegt die Hauptgefahr. Aber der Scharlatan arbeitet allein wie der Taschendieb, und dieser Mensch hatte mich in seine Privatklinik mitgenommen, um mir seine belastenden Fälle mit großem Stolz vorzuführen. Gewiß war er ein Scharlatan, aber einer von besonderer Art, den es näher zu betrachten lohnte. Je öfter ich ihn sah, desto mehr fiel mir die krankhafte Hast seines ganzen Gehabens auf, der rastlose Blick, das ungemein schnelle Reden. Doch erst als ich sah, wie er Digitalis anwandte, dieses ebenso wirksame wie gefährliche Mittel im Kampf mit Herzkrankheiten, vernahm mein Ohr das erste Warnungssignal. Eines Abends kam ein Brief von der Tochter eines seiner Patienten, ich möchte sofort kommen, die Pflegerin hätte es dringend verlangt. Diese nahm mich beiseite und sagte, sie habe mich holen lassen, hier sei etwas nicht in Ordnung, sie sei sehr beunruhigt über das, was vorginge. Darin hatte sie recht. Das Herz des Kranken war zu lange mit Digitalis behandelt worden, die Wirkung des Mittels bedeutete äußerste Lebensgefahr. Mein Kollege war gerade dabei, dem Kranken eine weitere Einspritzung zu machen, da wand ich ihm die Spritze aus der Hand und las in seinem verstörten Blick die furchtbare Wahrheit: kein Scharlatan. Er war wahnsinnig.

Was sollte ich tun? Ihn als Scharlatan anzeigen? Dadurch hätte ich nur die Zahl seiner Patienten und vielleicht auch die seiner Opfer vermehrt. Ihn als wahnsinnig anzeigen? Das bedeutete die endgültige Vernichtung seiner ganzen Laufbahn. Welche Beweise hatte ich vorzubringen? Die Toten konnten nicht reden, und die Lebenden würden nicht reden. Seine Patienten, seine Pflegerinnen, seine Freunde, alle würden gegen mich Partei ergreifen, mich, der durch seinen Sturz am meisten zu gewinnen hatte. Nichts tun, ihm seine Wirksamkeit auch weiterhin lassen – einem Wahnsinnigen die Entscheidung über Tod und Leben?

Nach langem Zögern entschloß ich mich, mit seinem Gesandten zu sprechen, von dem ich wußte, daß er in sehr freundschaftlichen Beziehungen zu ihm stand. Der Gesandte glaubte mir nicht. Seit Jahren kenne er meinen Kollegen als einen tüchtigen und zuverlässigen Arzt; seine Behandlung hätte sowohl ihm selbst als auch seinen Angehörigen immer sehr gutgetan. Er halte ihn zwar für einen leicht erregbaren und etwas wunderlichen Menschen, aber in bezug auf Klarheit des Verstandes sei er seiner Überzeugung nach ebenso normal wie wir selbst. Plötzlich brach der Gesandte in eine seiner häufigen lauten Lachsalven aus. Er könne nicht anders, es sei zu komisch, er wüßte, ich würde es ihm nicht übelnehmen, ich sei ja nicht ohne einen gewissen Sinn für Humor. Darauf erzählte er mir, daß am gleichen Morgen mein Kollege bei ihm gewesen sei, um von ihm eine Einführung beim schwedischen Gesandten zu erbitten, den er in einer ernsten Sache sprechen müsse, da er sich für verpflichtet halte, den schwedischen Gesandten zu warnen, damit er mich im Auge behielte, er wäre überzeugt, mein Verstand sei nicht ganz in Ordnung. Ich erklärte dem Gesandten, dies sei ein wertvolles Beweismittel; genauso würde ein Wahnsinniger unter diesen Umständen handeln. Der Scharfsinn von Wahnsinnigen sei erstaunlich und könne nicht hoch genug eingeschätzt werden. Als ich heimkam, fand ich einen kaum leserlichen Brief von meinem Kollegen vor, aus dem ich eine Einladung zum Lunch am nächsten Tage entzifferte; die Veränderung in seiner Schrift hatte ich schon früher bemerkt.

Ich fand ihn in seinem Sprechzimmer. Er stand vor dem Spiegel und starrte mit seinen hervorstehenden Augen auf die leichte Anschwellung am Halse, die Erweiterung der Schilddrüse, die mir schon aufgefallen war. Die rasende Schnelligkeit seines Pulses machte mir die Diagnose leicht, die ich ihm mitteilen mußte, er hatte Basedow. Das hätte er selbst vermutet, sagte er, und bat mich, ihn in Behandlung zu nehmen. Ich erklärte ihm, er sei überarbeitet, müsse die Praxis eine Zeitlang aufgeben, das beste wäre, in seine Heimat zu fahren und sich gründlich auszuruhen.

So erreichte ich, daß er im Bett blieb, bis sein Bruder eintraf. Eine Woche später verließ er Rom, um nie zurückzukommen. Er starb im nächsten Jahre, wie ich hörte, in einer Irrenanstalt.

24

Im Grand Hôtel

Als Dr. Pilkington sich mir als der Senior der ausländischen Ärzte vorstellte, nahm er einen Titel für sich in Anspruch, der einem Manne gebührte, der uns anderen ausländischen Ärzten in Rom weit überlegen war. Ich möchte hier seinen wirklichen Namen voll ausschreiben, so wie er in meiner Erinnerung geschrieben steht, in goldenen Lettern, der alte Dr. Ehrhard, einer der besten Ärzte und gütigsten Menschen, denen ich je begegnet bin. Sein Ruf hatte das versunkene Rom Pio Nonos überlebt, und darüber hinaus den Stürmen einer mehr als vierzigjährigen Praxis in der Ewigen Stadt standgehalten. Obwohl über siebzig, war er noch im vollen Besitz seiner Geistes- und Körperkräfte, Tag und Nacht unterwegs, immer bereit, Armen und Reichen ohne Unterschied zu helfen. Mir ist nie ein so vollkommener Typus des Hausarztes früherer Tage begegnet, der heute fast ausstirbt – sehr zum Schaden der leidenden Menschheit. Es war unmöglich, ihn nicht zu lieben, ihm nicht zu vertrauen. Sicher hat er in seinem langen Leben nie einen Feind gehabt, außer Professor Bacelli. Er war Deutscher von Geburt und verkörperte in sich alle guten Eigenschaften seines Vaterlandes.

Daß so viele, selbst von seinen ehemaligen Patienten, sich im Keatshause einfanden, um bei mir Rat zu suchen, während auf der gleichen Piazza ein Mann wie der alte Ehrhard lebte, wird mir immer ein Rätsel bleiben. Er war der einzige meiner Kollegen, den ich zu konsultieren pflegte, wenn ich unsicher war. Es erwies sich immer, daß er recht, und nicht selten, daß ich unrecht hatte, aber er ließ mich nie im Stich, er trat stets für mich ein, wenn er Gelegenheit dazu hatte, und er hatte sie oft genug. Mag sein, daß er mit den allerneuesten Beschwörungsformeln unseres Handwerks nicht so vertraut war und sich den neuesten patentierten Wundermitteln aller Länder und Glaubensrichtungen etwas fernhielt; aber seinen wohlerprobten alten Arzneischatz handhabte er meisterhaft; sein durchdringender Blick entdeckte das Übel, wo es sich auch immer versteckt hielt. Nichts blieb ihm verborgen in Herz oder Lunge, sobald er sein altes Ohr ans Stethoskop gelegt hatte. Keine irgendwie wichtige moderne Entdeckung entging seiner Aufmerksamkeit. Er interessierte sich lebhaft für Bakteriologie und Serumtherapie, damals neue Wissenschaften, und er kannte seinen Pasteur mindestens so gut wie ich. Er war der erste Arzt in Italien, der Versuche mit Behrings Antidiphtherie-Serum machte. Damals war dies Mittel, das heute alljährlich Hunderttausenden von Kindern das Leben rettet, noch nicht über das experimentelle Stadium hinaus gediehen und nicht dem allgemeinen Gebrauch freigegeben.

Ich werde wohl niemals den ersten Versuch mit dem Behringschen Serum vergessen. Spät am Abend wurde ich dringend ins Grand Hôtel gerufen zu einem Amerikaner, der einen Empfehlungsbrief von Professor Weir-Mitchell mitschickte. In der Hotelhalle erwartete mich sehr erregt ein zornig dreinschauender kleiner Mann. Er sei eben mit dem Luxuszug aus Paris eingetroffen. Statt des besten Appartements, das er bestellt hatte, habe man ihm mit seiner Familie zwei kleine Schlafzimmer gegeben, ohne Wohnzimmer und sogar ohne Bad. Die Drahtung des Direktors, daß das Hotel voll besetzt sei, habe ihn nicht mehr erreicht. Er hätte eben an Ritz telegraphiert, um sich über eine derartige Behandlung zu beschweren. Aber nicht genug damit, sein kleiner Sohn sei auch noch erkrankt an einer fiebrigen Erkältung, seine Frau hätte schon die ganze Nacht im Zuge bei ihm gewacht. Ich möchte so gut sein, gleich mit heraufzukommen, um ihn anzusehen. Zwei kleine Kinder schliefen im selben Bett, Wange an Wange, fast Mund an Mund. Die Mutter sah mich besorgt an und sagte, der Junge hätte seine Milch nicht schlucken können, er müsse Halsschmerzen haben. Der Kleine atmete mühsam, mit weitgeöffnetem Munde, das Gesicht war nahezu blau. Ich legte das schlafende Schwesterchen auf das Bett der Mutter und sagte ihr, der Junge hätte Diphtherie, und ich müsse sofort eine Pflegerin bestellen. Sie erklärte, das Kind selber pflegen zu wollen. Ich verbrachte die Nacht damit, die Diphtherie-Membranen aus dem Halse des Kleinen zu entfernen, er rang nach Luft. Gegen Morgen schickte ich zu Dr. Ehrhard, der mir bei der Tracheotomie helfen sollte, der Junge war am Ersticken. Die Herztätigkeit war schon so schwach, daß wir nicht wagten, ihm Chloroform zu geben. Die Operation schien uns beiden bedenklich, da wir fürchteten, der Junge würde uns unter dem Messer sterben. Ich ließ den Vater zu mir rufen; als das Wort Diphtherie fiel, verließ er das Zimmer, und der Rest der Unterhaltung erfolgte durch die halb geöffnete Tür. Er wollte nichts von einer Operation wissen, wollte alle ärztlichen Autoritäten Roms kommen lassen, um ihre Meinung zu hören. Ich sagte, das wäre nicht nötig und außerdem zu spät. Die Entscheidung, zu operieren oder nicht, läge bei Ehrhard und mir. Ich schlug die Decke um das kleine Mädchen und forderte ihn auf, die Kleine in sein Zimmer zu bringen. Er sagte, er würde eine Million Dollar geben, um seinem Sohn das Leben zu retten, ich erwiderte, es handle sich nicht um Dollars und schlug ihm die Tür vor der Nase zu. Die Mutter stand am Bett und sah uns mit entsetzten Augen an. Ich erklärte ihr, die Operation könne jeden Augenblick nötig werden, und da es mindestens eine Stunde dauern würde, eine Schwester zu beschaffen, würde sie uns helfen müssen. Sie nickte wortlos; ihr Gesicht zuckte, als sie mühsam die Tränen unterdrückte, sie war eine prachtvolle und tapfere Frau. Als ich eben dabei war, ein frisches Laken auf den Tisch unter der Lampe zu breiten und die Instrumente bereitzulegen, sagte mir Ehrhard, er habe gerade an diesem Morgen durch die Deutsche Botschaft die erste Probe des neuen Behringschen Antidiphtherieserums erhalten; man hätte es ihm auf seine Bitte aus dem Laboratorium in Marburg geschickt. Es war, wie ich wußte, schon in verschiedenen deutschen Kliniken mit wunderbarem Erfolge angewandt worden. Sollten wir es mit dem Serum versuchen? Es war keine Zeit zu verlieren. Das Kind verfiel zusehends, wir hatten wenig Hoffnung. Mit Zustimmung der Mutter beschlossen wir, das Serum einzuspritzen. Die Reaktion war furchtbar und fast augenblicklich. Der ganze Körper wurde schwarz, die Temperatur sprang auf 41 Grad, um gleich darauf in einem heftigen Schüttelfrost unter Normal zu sinken. Es traten Blutungen aus Nase und Darm auf, die Herztätigkeit wurde unregelmäßig, alles deutete auf einen sofortigen Kollaps. Keiner von uns verließ an diesem Tage das Krankenzimmer, wir erwarteten jeden Augenblick das Ende. Zu unserem Erstaunen wurde gegen Abend der Puls regelmäßiger, die Atmung leichter, und die lokalen Symptome im Halse besserten sich. Ich bat den alten Ehrhard, für ein paar Stunden nach Hause zu gehen und zu schlafen, aber er meinte, der Fall sei zu interessant, er empfinde keine Müdigkeit. Wir ließen Schwester Philippine von den englischen Blauen Schwestern holen, eine der besten Pflegerinnen, die ich je gekannt habe. Ihr Erscheinen brachte das überfüllte Hotel in Aufruhr. Blitzschnell verbreitete sich die Nachricht, daß im oberen Stock Diphtherie ausgebrochen sei. Der Direktor ließ mir sagen, das Kind müsse sofort in ein Krankenhaus gebracht werden. Ich ließ ihm antworten, weder Ehrhard noch ich könnten das verantworten, es würde unterwegs sterben; außerdem wüßten wir nicht, wohin mit ihm. Die Vorkehrungen für einen solchen Notfall waren in jenen Tagen trostlos. Einen Augenblick später teilte mir der Pittsburger Millionär durch die halb geschlossene Tür mit, er hätte den Direktor veranlaßt, auf seine Kosten das obere Stockwerk zu räumen; er würde lieber das ganze Grand Hôtel kaufen, als seinen Sohn unter Lebensgefahr transportieren zu lassen. Gegen Abend stellte sich heraus, daß die Mutter sich angesteckt hatte. Am Morgen war der ganze Flügel des oberen Stockwerks geräumt, sogar Kellner und Stubenmädchen waren geflohen. Nur Signor Cornacchia, der Beerdigungsagent, patroullierte langsam den vereinsamten Korridor auf und ab, den Zylinder in der Hand. Ab und zu steckte der Vater den Kopf durch den Türspalt, vor Angst fast wahnsinnig. Der Mutter ging es schlechter und schlechter; sie lag im Nebenzimmer unter der Obhut von Ehrhard und einer zweiten Pflegerin, während ich mit Schwester Philippine bei dem Jungen blieb. Am Nachmittag trat der Kollaps ein, er starb an Herzlähmung. Die Mutter war so krank, daß wir es ihr nicht zu sagen wagten, wir wollten bis zum Morgen warten. Als ich dem Vater mitteilte, die Leiche des Knaben müsse noch am Abend in die Leichenhalle des protestantischen Friedhofs gebracht und innerhalb vierundzwanzig Stunden beigesetzt werden, taumelte er zurück, um beinahe in die Arme von Signor Cornacchia zu fallen, der ehrerbietig grüßend herangetreten war. »Nie«, rief er aus, »wird meine Frau es mir verzeihen, wenn ich das Kind in der Fremde lasse; es muß in der Familiengruft in Pittsburg bestattet werden.« Das wäre unmöglich, mußte ich ihm sagen, da das Gesetz in solchen Fällen den Transport der Leiche verbiete. Im nächsten Augenblick schob der Pittsburger Millionär einen Scheck von tausend Pfund durch den Türspalt; ich sollte ihn nach meinem Ermessen verwenden, er sei bereit, einen weiteren Scheck zu schreiben, über jede beliebige Summe, aber die Leiche müsse nach Amerika gebracht werden. Als ich mich mit Signor Cornacchia in einem Zimmer eingeschlossen hatte, fragte ich ihn nach dem Preis einer erstklassigen Beerdigung und einer Grabstätte auf Kirchhofsdauer auf dem protestantischen Friedhof. Er meinte, es seien trübe Zeiten, die Preise für Särge seien in letzter Zeit im Anziehen bei einer überraschenden Senkung der Kundenzahl. Es sei ihm Ehrensache, das Begräbnis zu einem Erfolge zu gestalten; zehntausend Lire würden, bis auf die Trinkgelder, die Kosten decken. Dann wäre noch der Totengräber zu bedenken, der, wie ich wüßte, acht Kinder hätte, Blumen natürlich würden extra berechnet. Die länglichen, katzenartigen Pupillen Signor Cornacchias erweiterten sich sichtlich, als er erfuhr, ich sei ermächtigt, ihm das Doppelte der Summe zu geben, wenn er es einrichten könne, daß die Leiche nach Neapel und an Bord des nächsten Dampfers nach Amerika befördert würde. In zwei Stunden müsse ich seine Antwort haben, ich wüßte, es sei ungesetzlich, er müsse sein Gewissen befragen. Ich hätte das meine bereits befragt. Ich selber wollte die Leiche noch am Abend einbalsamieren und den Bleisarg vor meinen Augen verlöten lassen. Dadurch hätte ich die Gewißheit, daß jede denkbare Ansteckungsgefahr ausgeschlossen sei, und wäre bereit, einen Totenschein auf septische Lungenentzündung und Herzlähmung auszustellen, ohne die Diphtherie zu erwähnen. Signor Cornacchias Anfrage bei seinem Gewissen nahm weniger Zeit in Anspruch, als ich angenommen hatte. Er erschien schon nach einer Stunde und ging auf die Abmachung ein, unter der Bedingung, daß die Hälfte der Summe ohne Quittung vorausbezahlt würde. Ich händigte ihm das Geld aus. Eine Stunde später machten Ehrhard und ich den Luftröhrenschnitt bei der Mutter, und die Operation rettete ihr das Leben. Jene Nacht erscheint mir noch in der Erinnerung wie ein böser Traum, sooft ich auf den schönen kleinen Friedhof an der Porta San Paolo gehe.

Am Tor erwartete mich Giovanni, der Totengräber, mit einer trüben Laterne. Seine Begrüßung machte mir den Eindruck, als habe er ein Glas Wein mehr als sonst getrunken, um sich für die Arbeit dieser Nacht zu stärken. Ich hatte allen Grund, niemand außer ihm dabeihaben zu wollen. Strömender Regen, Sturm und Dunkelheit! Ein Windstoß löschte die Laterne, so mußten wir uns durch die Finsternis vorwärtstasten. Mitten auf dem Friedhof stolperte ich über einen Erdhaufen und fiel der Länge nach in ein halbfertiges Grab; Giovanni sagte, er hätte es am Nachmittag auf Bestellung von Signor Cornacchia ausgehoben; zum Glück war es nicht tief, es war ein Kindergrab.

Die Einbalsamierung erwies sich als ein schwieriges und sogar gefährliches Unternehmen. Die Leiche war bereits in Verwesung übergegangen, das Licht ungenügend, zu meinem Entsetzen schnitt ich mich in den Finger. Wieder und wieder klang der Ruf einer großen Eule von der Cestus-Pyramide herüber, ich weiß es noch, denn zum erstenmal war mir der Ton nicht geheuer, wie sehr ich sonst auch Eulen liebe. Am frühen Morgen kam ich ins Grand Hôtel zurück. Die Mutter hatte eine gute Nacht gehabt, ihre Temperatur war normal, Ehrhard hielt sie für gerettet. Man konnte ihr unmöglich länger den Tod des Sohnes verschweigen. Da weder der Vater noch Ehrhard es ihr sagen wollten, fiel mir diese Aufgabe zu. Die Pflegerin meinte, sie scheine es schon zu wissen. Sie habe an ihrem Bett gesessen, da sei die Mutter plötzlich erwacht, mit einem Schmerzensschrei aus dem Bett gesprungen, um dann bewußtlos zurückzusinken. Die Schwester hatte sie für tot gehalten und wollte mich gerade holen, als ich eintrat und ihr leise sagte, der Junge sei gestorben. Sie hatte recht. Die Mutter sah mir gerade in die Augen und sagte, ehe ich noch ein Wort gesprochen hatte, sie wisse, daß ihr Sohn tot sei.

Ehrhard war ganz gebrochen durch den Tod des Jungen und machte sich Vorwürfe, eine zu starke Dosis des Serums gegeben zu haben. So rechtschaffen und gerade war dieser prachtvolle, alte Mann, daß er dem Vater einen Brief schreiben wollte, in dem er sich nahezu anklagte, den Tod des Knaben verschuldet zu haben. Ich sagte ihm, die Verantwortung träfe mich, da ich den Fall übernommen hätte; ein solcher Brief könne außerdem den Vater, der schon vor Schmerz halb wahnsinnig war, völlig um den Verstand bringen. Am nächsten Morgen wurde die Mutter in meinen Wagen getragen und in das Pflegeheim der Blauen Schwestern gebracht, wo ich auch ein Zimmer für ihr Töchterchen und ihren Mann bekommen hatte. Seine Angst vor Diphtherie war so schrecklich, daß er mir seine ganze Garderobe schenkte, zwei große Koffer mit Anzügen, von seinem Überzieher und Zylinder ganz zu schweigen. Ich war selig:

abgelegte Kleider sind oft nützlicher als Medizin. Ich mußte ihn mühsam überreden, seine goldene Repetieruhr zu behalten; sein Taschenbarometer habe ich heute noch. Beim Verlassen des Hotels bezahlte der Pittsburger Millionär, ohne mit der Wimper zu zucken, die ungeheuerliche Rechnung, bei der mir schwindelte. Ich überwachte persönlich das Desinfizieren der Zimmer und kroch, in Erinnerung an meinen Streich in dem Heidelberger Hotel, eine Stunde lang auf den Knien herum, um im Sterbezimmer des Kindes den Brüsseler Teppich vom Boden zu lösen, auf dem er festgenagelt war. Daß ich in diesem Augenblick noch Raum in meinem Gehirn hatte, um an »die kleinen Schwestern der Armen« zu denken, verstehe ich selbst nicht. Ich sehe noch die Gesichter des Hotelpersonals, als ich den Teppich in meinen Wagen bringen ließ, um ihn zur städtischen Desinfektionsanstalt auf dem Aventin zu schicken. Ich sagte dem Direktor, der Pittsburger Millionär habe ihn mir zum Andenken geschenkt, nachdem er mehr als das Dreifache seines Wertes bezahlt habe. –

Endlich konnte ich nach Hause zur Piazza di Spagna fahren. An meiner Haustür befestigte ich ein Plakat in englischer und französischer Sprache: der Doktor sei krank, man solle sich an Dr. Ehrhard, Piazza di Spagna 28, wenden. Ich machte mir eine Morphiumeinspritzung in dreifacher Dosis und sank in meinem Sprechzimmer auf den Diwan, mit geschwollenem Hals und einer Temperatur von 40 Grad. Anna bekam einen Schreck und wollte gleich zu Dr. Ehrhard schicken, aber ich sagte ihr, mir fehle nichts weiter als vierundzwanzig Stunden Schlaf, sie solle mich nicht stören, außer wenn das Haus in Flammen stünde.

Schon begann das gesegnete Mittel meinem erschöpften Hirn Frieden und Vergessen zu spenden, selbst das Schrekkensbild des zerschnittenen Fingers schwand aus meinen betäubten Gedanken, ich war im Einschlafen. Da schrillte die Hausglocke wütend, wiederholt. Aus der Halle hörte ich eine laute Frauenstimme von unverkennbarer Nationalität, die in gebrochenem Italienisch mit Anna verhandelte.

»Der Doktor ist krank, bitte, gehen Sie nebenan zu Doktor Ehrhard.«

Nein, sie müsse sofort in dringender Angelegenheit mit Dr. Munthe sprechen.

»Der Doktor liegt zu Bett, bitte, gehen Sie.«

Nein, sie müsse ihn sofort sehen. »Bitte, geben Sie meine Karte ab.«

»Der Doktor schläft, – bitte...«

Schlafen, während diese gräßliche Stimme in der Halle kreischte? Ach nein!!

Anna konnte sie nicht aufhalten, sie schlug den Vorhang vor meinem Zimmer zurück, ein Bild der Gesundheit, stark wie ein Gaul, Mrs. Charles W. Washington Longfellow Perkins junior.

»Was wünschen Sie?«

Sie wollte wissen, ob sie im Grand Hôtel Gefahr liefe, Diphtherie zu bekommen. Man hätte ihr ein Zimmer im oberen Stock gegeben; ob es richtig wäre, daß der Junge im oberen Stock gestorben sei. Sie dürfe sich doch keiner Gefahr aussetzen.

»Welche Zimmernummer haben Sie?«

»Dreihundertfünfunddreißig.«

»Dann bleiben Sie ums Himmels willen, wo Sie sind. Das ist das sauberste Zimmer im ganzen Hotel; ich habe es selbst desinfiziert, es ist das Zimmer, in dem der Junge gestorben ist.«

Ich fiel zurück auf mein Bett, durch das Bett, so schien es mir, die Morphiumwirkung setzte wieder ein.

Von neuem gellte die Hausglocke. Wieder hörte ich dieselbe erbarmungslose Stimme in der Halle, die Anna erzählte, nun wäre ihr auch die zweite Frage eingefallen, sehr wichtig.

»Der Doktor schläft.«

»Wirf sie die Treppe hinunter!« brüllte ich zu Anna hinab, die nur halb so groß war die die Fragestellerin.

Nein, sie ging nicht eher, als bis sie diese Auskunft von mir erhalten hätte.

»Was wollen Sie denn?«

»Ich habe mir einen Zahn abgebrochen, ich fürchte, er muß ausgezogen werden. Wie heißt der beste Zahnarzt in Rom?«

»Mrs. Washington Perkins junior, können Sie mich hören?«

Ja, sie hörte mich ganz gut.

»Mrs. Perkins junior, zum erstenmal in meinem Leben bedaure ich, kein Zahnarzt zu sein; Ihnen würde ich mit Wonne sämtliche Zähne ausreißen!«

25

Les petites soeurs des pauvres

Mit den »kleinen Schwestern der Armen« in San Pietro in Vincoli, etwa fünfzig an der Zahl, meist Französinnen, war ich sehr befreundet, ebenso mit den vielen alten Männern und Frauen, die in dem mächtigen alten Gebäude Obdach gefunden hatten. Der italienische Arzt, der eigentlich für sie sorgen sollte, zeigte nie die geringste Spur von Berufsneid oder Mißgunst, nicht einmal, als der Teppich des Pittsburger Millionärs aus dem Grand Hôtel nach gehöriger Desinfektion über die eiskalten Fliesen der Kapelle gebreitet wurde, zur größten Freude der kleinen Schwestern. Wie es diese Schwestern fertigbrachten, Nahrung und Kleidung für alle ihre Schutzbefohlenen zu beschaffen, war mir ein Rätsel. Ihr klappriger alter Karren, der von einem Hotel zum anderen fuhr, sammelte, was es an Speiseresten gab; er war allen, die das Rom jener Tage kannten, ein vertrauter Anblick. Zwanzig kleine Schwestern, je zwei und zwei, waren den ganzen Tag mit großen Körben und ihrer Sammelbüchse unterwegs. Zwei von ihnen standen regelmäßig um die Zeit der Sprechstunde in einer Ecke meines Treppenhauses. So mancher meiner damaligen Patienten wird sich ihrer entsinnen. Wie alle Nonnen stets guter Laune und voll lustiger Einfälle, genossen sie es sehr, wenn sich eine Gelegenheit zum Plaudern bot. Beide waren jung und hübsch; die Frau Oberin hatte mir längst im Vertrauen gesagt, alte und häßliche Nonnen taugten nicht zum Geldsammeln. Um ihr Vertrauen zu erwidern, sagte ich zu ihr: »Auch bei meinen Patienten hat eine junge anmutige Pflegerin mehr Autorität als eine garstige, und eine brummige Pflegerin ist niemals eine gute Pflegerin.« Die Nonnen wußten wenig von der Welt da draußen, aber sie verstanden sich wunderbar auf die menschliche Natur. Sie sahen auf den ersten Blick, wo sie Aussicht hatten, etwas für die Sammelbüchse zu bekommen, und wo nicht. Junge Leute, sagten die Nonnen, gäben meist mehr als alte, Kinder leider nur selten, außer wenn es ihnen vom Kinderfräulein gesagt würde. Männer gäben mehr als Frauen, Leute, die zu Fuß gingen, mehr als Leute, die im Wagen säßen. Engländer wären die beste Kundschaft, dann kämen die Russen. Französische Touristen gab es damals ja wenige. Amerikaner und Deutsche trennten sich schwerer von ihrem Gelde, die Italiener der oberen Stände wären noch schlimmer, aber die italienischen Armen wären sehr freigebig. Fürstlichkeiten und Geistliche aller Nationen wären meist keine besonderen Kunden. Die hundertfünfzig alten Männer, die sie betreuten, wären leicht zu behandeln im Verhältnis zu den hundertfünfzig alten Frauen, die dauernd miteinander zankten und stritten. Schreckliche Liebesdramen spielten sich nicht selten zwischen den beiden Flügeln des Heimes ab; dann mußten die kleinen Schwestern die Gluten, die unter der Asche glommen, zu löschen versuchen, so gut sie es bei ihrer begrenzten Erfahrung vermochten.

Der Liebling des Hauses war der winzige Monsieur Alphonse, ein Franzose denkbar kleinen Formats. Er wohnte hinter ein paar blauen Gardinen in der Ecke des großen Schlafsaals, in dem sechzig Betten standen. Keines der übrigen Betten hatte einen Vorhang, dies Privileg stand Monsieur Alphonse als dem ältesten Insassen allein zu. Er selber sagte, er wäre fünfundsiebzig, die Schwestern gaben ihm gut achtzig, nach dem Zustand seiner Arterien zu urteilen, ging meine Schätzung auf nahezu neunzig. Er war eines Tages vor mehreren Jahren angelangt, eine kleine Reisetasche in der Hand, in fadenscheinigem Überrock und Zylinder, kein Mensch wußte woher. Er verbrachte den ganzen Tag hinter seinen Vorhängen in strengster Abgeschlossenheit von allen übrigen Insassen. Nur sonntags erschien er, um, seinen Zylinder in der Hand, zur Kapelle zu stolzieren. Was er den Tag über hinter seinen Vorhängen trieb, ahnte niemand. Die Schwestern erzählten, wenn sie ihm seinen Teller Suppe brächten oder die Tasse Kaffee, auch ein besonderes Vorrecht, so säße er auf seinem Bett, durchkrame die Papiere in seiner alten Reisetasche oder bürste unermüdlich seinen Zylinder. Monsieur Alphonse nahm es sehr genau mit der Etikette, wenn er Besuche empfing. Man mußte zuerst auf dem Tischchen anklopfen, das neben dem Bett stand; daraufhin schloß er sorgsam seine Papiere in die Reisetasche ein, rief mit seinem hohen Stimmchen: »entrez, monsieur« und lud den Gast mit einer entschuldigenden Handbewegung ein, neben ihm auf dem Bett Platz zu nehmen. Mein Kommen schien ihm stets Freude zu machen, und bald waren wir große Freunde. Meine Versuche, etwas über seine Vergangenheit zu erfahren, erwiesen sich als fruchtlos. Ich wußte bloß, daß er Franzose war, aber kein Pariser, wie mir schien. Er sprach kein Wort italienisch und schien Rom überhaupt nicht zu kennen. Er war nicht einmal in der Peterskirche gewesen, wollte aber hingehen, sobald er Zeit hätte, un de ces quatre matins[1]. Die Schwestern sagten, er würde nie hingehen, er ginge nie irgendwohin, obwohl er durchaus imstande war, herumzulaufen, wenn er wollte. Der wahre Grund, weshalb er auch am Donnerstag, dem Ausgehtag der Männer, zu Hause blieb, war der unheilbare Zustand seines Zylinders und des alten Überrocks, dem das ewige Ausbürsten schlecht bekam.

Mit dem denkwürdigen Tage, an dem man ihm Zylinder und Gehrock des Pittsburger Millionärs, beide funkelnagelneu und neueste amerikanische Mode, anprobierte, begann das letzte Kapitel im Leben von M. Alphonse – das letzte und vielleicht das glücklichste. Aus allen Sälen waren die Schwestern herbeigeeilt, selbst die Frau Oberin stand am Portal, als am folgenden Donnerstag M. Alphonse meine

[1] Eines schönen Tages

elegante Viktoria bestieg und feierlich seinen neuen Zylinder vor seinen Bewunderern lüftete.

»Est-il chic«, lachten sie, als wir davonfuhren, »on dirait un Mylord anglais[1]«. Wir fuhren den Korso entlang und zeigten uns einen Moment auf dem Pincio, bevor wir auf der Piazza di Spagna hielten, wo Monsieur Alphonse bei mir zum Frühstück gebeten war.

Ich möchte den sehen, der der Versuchung widerstanden hätte, diese Donnerstag-Einladung zu einer ständigen zu machen. An jedem Donnerstag, Schlag ein Uhr, diesen ganzen Winter hindurch, setzte meine Viktoria Monsieur Alphonse vor Nr. 26 Piazza di Spagna ab. Eine Stunde später, wenn meine Sprechstunde begann, geleitete ihn Anna an den bereitstehenden Wagen zu seiner gewohnten Rundfahrt auf dem Pincio. Dann gab es eine halbe Stunde Aufenthalt im Café Aragno, wo Monsieur Alphonso in einer reservierten Nische bei einer Tasse Kaffee seinen »Figaro« las mit der Miene eines alten Botschafters. Darauf eine weitere halbe Stunde höchsten Lebensgenusses, wenn er den Korso entlang fuhr, eifrig Ausschau haltend nach Bekannten von der Piazza di Spagna, um vor ihnen seinen neuen Zylinder zu lüften. Danach verschwand er wieder hinter seinen blauen Gardinen bis zum nächsten Donnerstag, an dem er schon, nach dem Bericht der Schwestern, bei Tagesgrauen mit dem Bürsten des Zylinders begann. Hin und wieder geschah es, daß einer meiner Freunde hereinschneite, um mit uns zu frühstücken zur höchsten Wonne von Monsieur Alphonse. Mancher von ihnen wird sich seiner noch entsinnen. Keiner hat je auch nur geahnt, woher er kam. Er sah auch wirklich sehr schmuck und adrett aus in seinem langen eleganten Gehrock und dem Zylinder, von dem er sich sogar bei Tisch nur ungern trennte. Da ich selber nicht wußte, wo ich Monsieur Alphonse unterbringen sollte, machte ich schließlich einen Diplomaten in Ruhestand aus ihm. Alle meine Freunde redeten ihn mit Monsieur le ministre an, und Anna nannte

[1] Schick wie ein englischer Lord

ihn stets »vostra eccellenza«, man mußte dabei sein Gesicht sehen! Glücklicherweise war er sehr schwerhörig, und die Unterhaltung beschränkte sich in der Hauptsache auf ein paar höfliche Bemerkungen über den Papst oder den Schirokko. Immerhin mußte ich ein wachsames Auge für die Vorgänge haben, um in jedem Augenblick eingreifen und die Karaffe beiseiteschieben zu können, oder um ihm bei einer peinlichen Frage oder womöglich noch peinlicheren Antwort zu Hilfe zu kommen, wenn er das zweite Glas Frascati getrunken hatte. Monsieur Alphonse war glühender Royalist, bereit, koste es was es wolle, die französische Republik zu stürzen. Er erwartete täglich Nachrichten aus streng vertraulicher Quelle, die ihn jeden Moment nach Paris zurückrufen konnten. Das war soweit unbedenklich, ich hatte schon so manchen Franzosen die Republik vernichten sehen. Aber wenn er auf Familienangelegenheiten kam, mußte ich sehr aufpassen, damit ihm nicht das sorgsam gehütete Geheimnis seiner Vergangenheit entschlüpfte. Glücklicherweise wurde ich immer rechtzeitig gewarnt durch seinen Schwager: mon beaufrère le sous-préfet[1]. Es bestand eine schweigende Übereinkunft zwischen meinen Freunden und mir, daß bei der bloßen Erwähnung dieser geheimnisvollen Persönlichkeit die Karaffe aus seiner Reichweite entfernt werden mußte, damit kein Tropfen mehr in das Glas von Monsieur Alphonse gelangte. Ich entsinne mich noch genau eines Donnerstags, als der bekannte Bildhauer und besondere Freund von Monsieur Alphonse, Waldo Storey, bei uns frühstückte. Monsieur Alphonse war blendender Laune und ungewöhnlich redselig. Bevor er noch sein erstes Glas Frascati ausgetrunken hatte, verhandelte er mit Waldo über die Aufstellung einer Armee aus ehemaligen Garibaldianern, um sie nach Frankreich zu führen, Paris zu erobern und die Republik zu stürzen. Es war schließlich nur eine Geldfrage, fünf Millionen würden vollkommen hinreichen, eine Million würde er im Notfalle selber aufbringen.

[1] Mein Schwager der Unter-Präfekt

Er kam mir etwas erhitzt vor, ich war sicher, sein Schwager würde nicht lange auf sich warten lassen. Ich gab Waldo das verabredete Zeichen, ihm nichts mehr einzugießen.

»Mon beaufrère, le sous-préfet...« kicherte er.

Er hielt plötzlich inne, als ich die Karaffe wegschob, und sah auf seinen Teller, wie immer, wenn ihm irgend etwas in die Quere kam.

»Nichts für ungut«, sagte ich, »trinken wir noch ein Glas auf Ihre Gesundheit, ich wollte Sie nicht verletzen, und nieder mit der Republik – da Sie es so wünschen!«

Zu meiner Überraschung streckte er seine Hand nicht aus, saß ganz still und sah unverwandt auf seinen Teller. Er war tot.

Ich wußte nur zu gut, was eine ordnungsgemäße Benachrichtigung der Polizei für Monsieur Alphonse und mich bedeutet hätte: Besichtigung der Leiche für den Polizeiarzt, vielleicht eine verspätete Einmischung des französischen Konsulates, endlich würde man dem Toten womöglich seinen eigenen Besitz rauben, das Geheimnis seiner Vergangenheit. Anna wurde zum Kutscher geschickt, er solle das Verdeck hochschlagen, Monsieur Alphonse hätte einen Ohnmachtsanfall gehabt, und ich würde ihn selbst nach Hause bringen. Fünf Minuten später saß Monsieur Alphonse neben mir im Wagen auf seinem gewohnten Platz, den Kragen des Mantels des Pittsburger Millionärs bis über die Ohren hochgeschlagen, den Zylinder tief im Gesicht, wie man es bei ihm gewohnt war. Er sah genauso aus wie gewöhnlich, nur erschien er viel kleiner als im Leben, wie alle Toten.

»Über den Korso?« fragte der Kutscher.

»Ja, natürlich über den Korso, es ist Monsieur Alphonses Lieblingsfahrt.«

Die Frau Oberin war anfangs etwas beunruhigt; aber meine Bescheinigung »Tod durch Herzschwäche« mit dem Datum und Stempel des Asyls schaffte alle Schwierigkeiten bei der Polizei aus dem Wege. Am Abend wurde Monsieur Alphonse in den Sarg gelegt, seine Handtasche als Kissen unter dem alten Kopf, das Band mit dem Schlüssel noch am Halse. Die kleinen Schwestern stellten niemals Fragen, weder an Lebende noch an Tote. Es genügt ihnen, zu wissen, daß die, die bei ihnen Zuflucht suchen, alt und hungrig sind. Alles übrige geht den lieben Gott an, sonst weder sie noch irgend jemand. Sie wissen, daß viele ihrer Schutzbefohlenen unter falschem Namen leben und sterben. Ich wollte Monsieur Alphonse seinen geliebten Zylinder mit in den Sarg nehmen lassen, aber die Schwestern meinten, das ginge nicht. Ich sagte, das täte mir leid, sicher würde er sich gefreut haben.

Eines Nachts weckte mich eine dringende Botschaft von den kleinen Schwestern, ich möchte sofort kommen. Alle Säle des großen Gebäudes lagen in Dunkelheit und tiefem Schweigen, nur aus der Kapelle klang leises Beten der Schwestern. Man führte mich in eine kleine Zelle des Schwesternflügels, den ich bisher nie betreten hatte. Auf dem Bett lag eine Nonne, noch jung, das Gesicht weiß wie das Kissen, auf dem es ruhte, die Augen geschlossen, der Puls kaum fühlbar. Es war la mère générale des petites soeurs des pauvres[1]. Sie war am Abend aus Neapel angekommen auf der Rückfahrt nach Paris von einer Inspektionsreise um die Erde. Sie schwebte in unmittelbarer Lebensgefahr infolge eines schweren Herzanfalles. Ich habe am Bett von Königen und Königinnen und großen Männern gestanden in Stunden, in denen ihr Leben nur an einem Faden hing, vielleicht sogar in meiner Hand. Doch nie empfand ich die Verantwortung schwerer als in dieser Nacht, als diese Frau die wunderbaren Augen langsam öffnete und mich ansah.

»Tun Sie Ihr möglichstes, monsieur le docteur«, murmelte sie, »vierzigtausend Arme sind mir anvertraut.«

Die kleinen Schwestern sind von früh bis spät an der Arbeit. Ich kenne keine, die zugleich so segensreich und so undankbar wäre. Man braucht nicht erst nach Rom zu kommen, um sie zu sehen. Armut und Alter gibt es überall,

[1] Die Mutter des gesamten Ordens der kleinen Schwestern der Armen

und ebenso die kleinen Schwestern der Armen mit ihrem leeren Korb und der leeren Sammelbüchse. Legt ihnen doch eure alten Anzüge in den Korb, es kommt nicht auf die Größe an, jede Größe ist den kleinen Schwestern recht. Zylinderhüte werden unmodern, schenkt ihnen lieber auch euren Zylinder.

In ihrem Asyl wird sich immer ein alter Monsieur Alphonse finden, der hinter ein paar blauen Gardinen emsig an seinem alten morschen Zylinder herumbürstet, dem letzten Rest vergangenen Wohlstandes. Schicke ihm deine elegante Viktoria an seinem Ausgehtage zu einer Spazierfahrt auf dem Korso. Ein langer Spaziergang mit deinem Hunde in der Campagna wird deiner Leber viel zuträglicher sein. Lade ihn doch am nächsten Donnerstag zum Frühstück ein, es gibt kein besseres Mittel gegen deine Appetitlosigkeit als den Anblick eines Hungrigen, der sich satt ißt. Gib ihm ein Glas Frascati, um ihm vergessen zu helfen, aber nimm die Flasche fort – wenn er beginnt, sich zu erinnern.

Vergiß nicht, etwas von deinen Ersparnissen in die Sammelbüchse der kleinen Schwestern zu tun, selbst ein Groschen genügt, glaube mir, du hast dein Geld nie sicherer angelegt. Denke daran, was ich auf einer anderen Seite des Buches geschrieben habe: Was du für dich behältst, wirst du verlieren, was du fortgibst, ist dein für immer. Du hast übrigens gar nicht das Recht, das Geld für dich zu behalten, es gehört dem Teufel, der bei Tag und Nacht in seinem Kontor hinter seinen Geldsäcken sitzt und mit Menschenseelen Handel treibt. Klammere dich nicht zu lange an die schmutzige Münze, die er in deine Hand drückt, befreie dich von ihr so rasch du kannst, sonst wird dies fluchbeladene Metall dir bald die Finger verbrennen, dir bis ins Blut dringen, dir die Augen blenden, die Gedanken vergiften und dein Herz verhärten. Stecke sie in die Sammelbüchse der kleinen Schwestern oder schmeiß das verdammte Zeug in die nächste Gosse, da gehört es hin! Was nützt es, dein Geld aufzuspeichern, es wird in jedem Falle bald von dir genommen werden. Der Tod hat seinen eigenen Nachschlüssel zu deinem Geldschrank.

Bei den Göttern hat jedes Ding seinen rechten Preis, sagt ein alter Dichter. Er hätte hinzufügen sollen, daß sie die höchsten Güter zum niedrigsten Preise abgeben. Alles, was uns wirklich nützt, ist für wenig Geld zu haben, nur das Überflüssige kostet viel. Alles wahrhaft Schöne ist nicht käuflich, das bieten uns die unsterblichen Götter zum Geschenk. Ohne einen Pfennig zu zahlen, dürfen wir zusehen, wie die Sonne auf- und untergeht, wie die Wolken am Himmel entlang segeln, dürfen wir uns an Bäumen, Feldern und an dem herrlichen Meer erfreuen. Ohne Entgelt singen uns die Vögel vor, die wilden Blumen an der Landstraße dürfen wir pflücken. Es wird kein Eintritt erhoben in die Halle der sternhellen Nacht. Der Arme schläft besser als der Reiche. Auf die Dauer schmeckt einfache Kost besser als die Speisen bei Ritz. Genügsamkeit und Seelenfrieden gedeihen in einer ländlichen Hütte besser als in einem prunkvollen Stadthause. Ein paar Freunde, ein paar Bücher – ach, sehr wenige, und ein Hund, mehr brauchst du nicht um dich zu haben, solange du dich selbst besitzest. Aber du solltest auf dem Lande leben. Der Plan zur ersten Stadt wurde vom Teufel entworfen, darum wollte Gott den Turm von Babel vernichten.

Hast du je den Teufel gesehen? Ich wohl. Er stand auf dem Turm von Notre-Dame, die Ellbogen auf die Brüstung gestützt. Sein Kopf ruhte in seinen Händen, die Schwingen waren zusammengefaltet. Seine Wangen waren hohl, die Zunge zwischen den unreinen Lippen hervorgestreckt. Ernst und gedankenvoll blickte er auf das Paris zu seinen Füßen. Starr und regungslos, als wäre er aus Stein, stand er dort nun fast tausend Jahre lang und weidete sich am Anblick der Stadt seiner Wahl, als könne er kein Auge von ihr wenden. War dies der Erzfeind, dessen bloßer Name mich mit Grauen erfüllt hat, seit ich ein Kind war, der gewaltige Vorkämpfer für das Böse im Kampf zwischen Recht und Unrecht?

Ich sah ihn verwundert an. Er erschien mir längst nicht so boshaft, wie ich ihn mir vorgestellt hatte, ich hatte in gemeinere Gesichter geschaut als in seines. Nicht ein Schimmer von Triumph lag in diesen steinernen Augen, er sah alt und müde aus, müde seiner leichten Siege, müde seiner Hölle.

Armer alter Beelzebub! Vielleicht, wenn das letzte Wort gesprochen ist, bist du nicht der Alleinschuldige, wenn sich die Dinge in unserer Welt zum Bösen wenden.

Denn schließlich warst nicht du es, der unserer Welt das Leben gab, nicht du sandtest Leid und Tod zu den Menschen. Du wurdest mit Schwingen geboren und nicht mit Klauen, Gott war es, der dich zum Teufel machte, der dich in seine Hölle schleuderte und dich zum Hüter seiner Verdammten erkor.

Sicher stündest du nicht hier auf dem Dach von Notre-Dame seit tausend Jahren in Sturm und Regen, wenn dir dies Amt Freude machte. Gewiß ist es nicht leicht, ein Teufel zu sein für einen, der mit Schwingen geboren ward. Fürst der Finsternis, warum läßt du nicht das Feuer in deinem unterirdischen Reich verlöschen, um dich unter uns in einer Großstadt niederzulassen – glaube mir, das Land ist nicht die richtige Umgebung für dich – als reicher Rentner, der den ganzen Tag an nichts denkt als an Essen und Trinken und an Geldanhäufen. Aber wenn du unbedingt dein Kapital vermehren und dich in einem neuen Unternehmen versuchen willst, warum eröffnest du nicht eine neue Spielhölle, gründest ein Bordell, treibst Wucher an armen Leuten oder läßt als Besitzer eines Wanderzirkus wehrlose Tiere hinter Eisenstäben hungern! Oder warum gründest du nicht eine Fabrik für dein neuestes Giftgas?

Aber Sire, wollt Ihr mir zum Dank für meine Ratschläge gestatten, eine Frage an Euch zu richten? Weshalb streckt Ihr die Zunge heraus? Ich weiß nicht, wie es in der Hölle gedeutet wird, aber bei aller Hochachtung, bei uns gilt es als Zeichen von Hohn und Verachtung. Vergebung, Sire, vor wem streckt Ihr die ganze Zeit die Zunge heraus?

26

Miß Hall

Mancher meiner Patienten aus jenen Tagen wird sich gewiß noch an Miß Hall erinnern. Wenn man sie einmal gesehen hatte, war sie ja kaum zu vergessen. Großbritannien allein, Großbritannien in seinen besten Inspirationen konnte dies Urbild der frühviktorianischen alten Jungfer hervorbringen, steif und dürr wie ein Stock, sechs Fuß drei Zoll hoch, arida nutrix[1] von mindestens zwei Generationen ungeborener Hochländer. Seit fünfzehn Jahren kannte ich Miß Hall, aber nie habe ich eine Veränderung ihres Äußeren wahrgenommen, immer das unverändert strahlende Gesicht im Kranz der Löckchen aus verblichenem Golde, immer das gleiche farbenfreudige Kleid, immer der gleiche Rosengarten auf ihrem Hut! Wieviel Jahre ihres ereignislosen Lebens Miß Hall in Erwartung von Abenteuern in römischen Pensionen zweiten Ranges verbracht hatte, weiß ich nicht. Ich weiß nur, daß sie an dem Tage, als sie Tappio und mir in der Villa Borghese begegnete, endlich ihre wahre Lebensaufgabe und sich selber fand. Von nun an verbrachte sie ihre Vormittage in meinem eiskalten hinteren Wohnzimmer, das im Schatten der Treppe von Trinità dei Monti lag, mit dem Kämmen und Bürsten meiner Hunde, um erst zum zweiten Frühstück in ihre Pension zurückzukehren. Um drei Uhr sah die ganze Piazza di Spagna sie regelmäßig wieder aus dem Keatshause steuern; rechts und links von ihr gingen dann Rosina und Giovannina, nur halb so groß wie sie, in ihren Holzschuhen und roten Kopftüchern. Alle meine

[1] Unfruchtbare Amme

Hunde bellten dazu in freudiger Erwartung des Spazierganges in der Villa Borghese. Giovannina und Rosina gehörten zu meinem Haushalt in San Michele, und nie habe ich bessere Leute gehabt als diese beiden, die leichten Fußes und leichter Hände von früh bis spät bei der Arbeit sangen. Keinem Menschen außer mir wäre es eingefallen, diese ungezähmten Anacapri-Mädchen nach Rom zu bringen. Es wäre auch schief gegangen, wenn Miß Hall nicht aufgetaucht wäre, um als eine Art Pflegemutter mit der Sorgfalt einer alten Henne über ihnen zu wachen. Miß Hall meinte übrigens, sie begriffe nicht, weshalb ich den Mädchen nicht gestattete, allein in der Villa Borghese spazierenzugehen; sie hätte doch seit Jahren allein ganz Rom durchwandert, ohne daß irgend jemand sie bemerkt oder angeredet hätte. Ihrem Urbild getreu hat sie es nie erreicht, eine verständliche Silbe auf italienisch zu sagen, aber die Mädchen verstanden sie ganz gut und hatten sie gern. Ich fürchtete allerdings, sie nahmen sie ebensowenig ernst wie ich. Von mir bekam Miß Hall wenig zu sehen und ich noch weniger von ihr; ich sah sie, wenn ich es irgend vermeiden konnte, nicht an. In den seltenen Fällen, in denen Miß Hall eingeladen war, meinem Frühstück beizuwohnen, stand stets eine Vase mit großen Blumen zwischen uns auf dem Tisch. Obgleich es Miß Hall strengstens untersagt war, mich anzusehen, gelang es ihr doch bisweilen, hinter den Blumen aufzutauchen und aus einem Winkel ihres alten Auges einen wohlgezielten Blick auf mich zu werfen. Miß Hall schien nie zu begreifen, wie schändlich undankbar und selbstsüchtig ich zum Lohn für alles, was sie für mich tat, war. Trotz ihrer beschränkten Verständigungsmittel – Miß Hall durfte keine Fragen an mich richten – gelang es ihr doch, irgendwie allerhand zu ermitteln von dem, was im Hause vorging und mit wem ich verkehrte. Sie hielt ein wachsames Auge über meine Patientinnen und machte während der Sprechstunde stundenlange Patrouillengänge vor meiner Haustür.

Mit der Eröffnung des Grand Hôtel hatte Ritz der dahinschwindenden Einfachheit römischen Lebens den Todesstoß versetzt. Der letzte Einfall der Barbaren begann, die Ewige Stadt wurde fashionable. Ein eleganter Schwarm aus Paris und London, amerikanische Millionäre und Abenteurer von der Riviera durchfluteten das Riesenhotel. Dem Namen nach kannte Miß Hall all diese Leute. Seit Jahren beobachtete sie sie durch die Spalten der »Morningpost«: »Aus der Gesellschaft«. In allem, was den englischen Adel betraf, war Miß Hall der reinste »Gotha«. Wann Söhne und Erben geboren oder volljährig wurden, wann Töchter sich verlobten oder vermählten, welche Gewänder sie zur Vorstellung bei Hof anlegten, ihre Tanzfeste, Gesellschaften und Weltreisen, dies alles wußte Miß Hall ganz genau. Gelegentlich wurden manche dieser feinen Leute meine Patienten, was Miß Hall unendlich beglückte. Wieder andere, die es nicht aushielten, einen Augenblick mit sich allein zu bleiben, pflegten mich zum Frühstück oder Abendessen einzuladen, oder sie sprachen bei mir auf der Piazza di Spagna vor, um das Sterbezimmer von Keats zu besichtigen. Andere ließen in der Villa Borghese ihren Wagen halten, um meine Hunde zu streicheln und dabei ein anerkennendes Wort über das gepflegte Aussehen der Hunde an Miß Hall zu richten. Hand in Hand traten Miß Hall und ich nun langsam und sicher aus der uns angemessenen Unscheinbarkeit hervor ins helle Licht der höheren Gesellschaftskreise. In diesem Winter ging ich häufig in Gesellschaft; noch konnte ich viel von diesen leichtlebigen Bummlern lernen; ihr Talent zum Müßiggang, zu guter Laune und gutem Schlaf war mir ein Rätsel. Miß Hall legte sich ein Tagebuch über die gesellschaftlichen Ereignisse meines täglichen Lebens an. Sichtlich gehoben trabte sie in ihrem besten Kleide herum, um meine Visitenkarten abzugeben. Unser aufgehender Stern strahlte heller und heller, höher und höher führte unser Pfad empor, nichts konnte mehr unseren Aufstieg hemmen. Eines Tages ging Miß Hall wieder mit den Hunden in der Villa Borghese spazieren, da machte ihr eine Dame, die einen schwarzen Pudel auf dem

Schoß hatte, ein Zeichen, an ihren Wagen zu kommen. Die Dame streichelte den Lappländerhund und sagte, sie habe Tappio als jungen Hund dem Doktor geschenkt. Da fühlte Miß Hall, wie ihre alten Knie unter ihr wankten, das mußte ja I. K. H. die Kronprinzessin von Schweden sein! Ein schöner Herr, der an Höchstdero Seite saß, hielt ihr freundlich lächelnd die Hand hin und sagte wörtlich:

»Hallo, Miß Hall, der Doktor hat mir viel von Ihnen erzählt.«

Das war S. K. H. Prinz Max von Baden, der Gemahl von niemand Geringerem als der Nichte ihrer geliebten Königin Alexandra! Von diesem denkwürdigen Tage an kümmerte sich Miß Hall nicht mehr um die feine Clique aus dem Grand Hôtel, sondern widmete jeden freien Augenblick den Fürstlichkeiten, deren es in Rom mindestens ein Dutzend in diesem Winter gab. Stundenlang wartete sie geduldig vor ihren Hotels, in der Hoffnung, sie ankommen oder abfahren zu sehen; sie betrachtete sie geneigten Hauptes, wenn sie auf dem Pincio oder in der Villa Borghese vorüberfuhren; sie strich ihnen nach wie ein Detektiv durch Kirchen und Museen. Sonntags in der Englischen Kirche in der Via Babuina saß sie dann so nahe, wie sie sich herantraute, am Stuhl der Englischen Botschaft, ein Auge ins Gebetbuch, das andere auf eine Königliche Hoheit gerichtet. Dabei spitzte sie ihre alten Ohren, um den besonderen Klang einer königlichen Stimme im Gemeindegesang zu erlauschen, und betete für das ganze Königshaus und seine Angehörigen in allen Ländern mit der Inbrunst der ersten Christen.

Nun legte Miß Hall ein zweites Tagebuch an, das ausschließlich unseren Beziehungen zu Fürstlichkeiten galt. Am letzten Montag hatte sie die Ehre gehabt, einen Brief des Doktors an I. K. H. die Großherzogin von Weimar ins Hôtel Quirinal zu bringen. Die Antwort, die der Portier ihr aushändigte, war mit der Krone des Großherzogtums von Sachsen-Weimer geschmückt. Der Umschlag wurde ihr gütigst vom Doktor als kostbares Andenken geschenkt. Am Mittwoch war ihr ein Brief an I. K. H. die Infantin Eulalie von Spanien anvertraut worden. Leider ohne Antwort. Eines Nachmittags, als sie mit den Hunden in der Villa Borghese war, hatte Miß Hall eine schlanke Dame bemerkt, die in einer Seitenallee rasch auf und ab ging. Sie hatte sie gleich als dieselbe Dame erkannt, die sie im Garten von San Michele gesehen hatte, wo sie reglos neben der Sphinx stand und mit ihren schönen traurigen Augen hinaus aufs Meer schaute. Als sie nun vorüberging, hatte sie ein Wort zu ihrer Begleiterin gesagt und dann die Hand ausgestreckt, um Gialla, die Barsoihündin, zu streicheln. Stellt euch vor, wie Miß Hall erstarrte, als ein Detektiv auf sie zutrat und sie anwies, mit den Hunden rasch weiterzugehen, – dies seien I. M. die Kaiserin von Österreich und ihre Schwester, die Gräfin Trani! Wie grausam vom Doktor, ihr dies nicht damals im Sommer gesagt zu haben! Nur durch Zufall hatte sie später erfahren, daß der Doktor kurz nach dem Besuch der Dame in San Michele ein Schreiben der Österreichischen Botschaft in Rom erhielt, mit dem Angebot, San Michele zu kaufen, und daß niemand Geringerer als die Kaiserin von Österreich den Kauf gewünscht hatte. Zum Glück hatte der Doktor den Kauf abgelehnt; es wäre jammerschade gewesen, einen Besitz wie San Michele zu verkaufen, der so einzigartige Möglichkeiten bot, Fürstlichkeiten zu sehen! Hatte sie nicht im letzten Sommer wochenlang die Enkelin ihrer geliebten Königin Viktoria beim Malen in der Pergola aus ehrerbietiger Entfernung beobachtet! Hatte nicht sogar eine Kusine des Zaren dort einen ganzen Monat gelebt! Hatte sie nicht die Ehre gehabt, hinter der Küchentür zu stehen, als die Kaiserin Eugenie bei ihrem ersten Besuch in San Michele in greifbarer Nähe an ihr vorüberschritt! Hatte sie nicht mit ihren eigenen Ohren gehört, wie I. M. zum Doktor sagte, sie hätte nie eine auffallendere Ähnlichkeit gesehen, als die zwischen dem Augustuskopf, den der Doktor im Garten ausgegraben hatte, und dem großen Napoleon! Hatte sie nicht ein paar Jahre später die Kommandostimme des Kaisers gehört, der persönlich seinem Gefolge die vielen antiken Kunstschätze erklärte, während sie umhergingen, vom Doktor begleitet, der kaum den Mund auftat. Dicht neben den Zypressen, hinter denen sich Miß Hall verbarg, hatte Seine Kaiserliche Majestät auf einen weiblichen Torso gedeutet, der halb versteckt unter dem Efeu lag. S.M. wandte sich dann zum Gefolge und sagte, was sie hier sähen, verdiene in seinem Berliner Museum einen Ehrenplatz. Es könne möglicherweise ein unerkanntes Meisterwerk von Phidias selber sein. Starr vor Schreck hatte Miß Hall vernommen, wie der Doktor einwarf, dies sei das einzige nicht gute Stück in San Michele. Es sei ihm in bester Absicht von einem freundlichen Patienten aufgenötigt worden, der es in Neapel erworben hatte. Es sei ein schlechter Canova. Zu Miß Halls Bedauern war S.M. bald aufgebrochen, um sich auf dem Depeschenboot »Sleipnir« einzuschiffen.

Im Zusammenhang mit der Kaiserin von Österreich muß ich berichten, daß Miß Hall Ehrenritter des Kaiserlich Österreichischen Stefansordens war. Diese hohe Auszeichnung überreichte ich ihr an einem Tage, an dem mein Gewissen mal wieder ganz besonders schlecht gewesen sein muß, zum Lohn für ihre treuen Dienste an meinen Hunden und an mir. Wofür dies Ehrenzeichen mir zuteil geworden war, hatte ich nie verstehen können. Miß Hall empfing es aus meinen Händen, geneigten Hauptes und tränenfeuchten Blicks! Sie wolle es mit ins Grab nehmen, meinte sie. Das könne sie ruhig tun, sagte ich, in den Himmel würde sie auf jeden Fall kommen. Aber daß sie den Orden zur Britischen Botschaft mitnehmen würde, hatte ich nicht vorausgesehen. Es war mir geglückt, von dem gütigen Lord Dufferin für Miß Hall eine Einladung zum Empfang der Botschaft am Geburtstage der Königin zu erhalten, nachdem die ganze englische Kolonie mit Ausnahme der armen Miß Hall eingeladen worden war. Voll froher Erwartung hatte sich Miß Hall in Toilettenvorbereitungen versenkt und war tagelang unsichtbar gewesen. Malen Sie sich nun mein Entsetzen aus: als ich Miß Hall ihrem Botschafter vorstellte, sah ich Lord Dufferin sein Monokel einklemmen und entgeistert auf Miß Halls Brustbein starren. Zum Glück war Lord Dufferin nicht umsonst Irländer. So zog er mich nur unter schallendem Gelächter beiseite, um mir das Versprechen abzunehmen, daß Miß Hall seinem österreichischen Kollegen nicht unter die Augen käme. Als wir heimfuhren, sagte Miß Hall, dies sei der stolzeste Tag, alle hätten ihr zugelächelt, auch hätte sie gefühlt, daß ihre Toilette ein großer Erfolg war.

Ja, es ist alles recht schön und gut, sich über Miß Hall lustig zu machen. Aber ich möchte doch wissen, was aus Fürstlichkeiten werden soll, wenn es keine Miß Hall mehr gibt, um über ihr Tun Tagebuch zu führen, sie mit bebenden Knien und geneigten Hauptes zu bewundern, wenn sie auf dem Pincio und in der Villa Borghese spazierenfahren, um für sie in der englischen Kirche in der Via Babuino zu beten? Was wird aus ihren Sternen und Schleifen, wenn die Menschheit diesem Spielzeug entwachsen sein wird? Warum sie nicht sämtlich an Miß Hall schenken und Schluß damit machen! Dagegen wird das Viktoria-Kreuz immer seinen Wert behalten. Wir alle entblößen das Haupt vor der Tapferkeit im Angesicht des Todes. Wissen Sie, weshalb das Viktoria-Kreuz so selten ist beim englischen Heer? Weil Tapferkeit in ihrer höchsten Form – Napoleons Courage de la nuit[1] – selten das Viktoria-Kreuz erhält, und Tapferkeit, wenn nicht Glück ihr beisteht, unbelohnt verblutet. –

Nach dem Viktoria-Kreuz ist der meistbegehrte englische Orden der Hosenband-Orden; es wäre ein dunkler Tag für England, wenn dieser Orden je aufgehoben würde.

»I like the Garter«, sagte Lord Melbourne, »there is no damned merit about it[2].«

Mein Freund, der schwedische Gesandte in Rom, hat mir erst neulich einen meiner Briefe in Abschrift gezeigt, der vor fast zwanzig Jahren geschrieben ist. Die Urschrift hatte er, wie er sagte, dem schwedischen Auswärtigen Amt zur Einsicht und Beherzigung überwiesen. Es war die ver-

[1] Die unbemerkte Tapferkeit [2] Ich mag den Hosenband-Orden, sagte Lord Melbourne, er hat mit dem verfluchten Verdienst nichts zu tun.

spätete Antwort auf die wiederholte amtliche Aufforderung der Schwedischen Gesandtschaft, ich möge wenigstens so viel Anstand zeigen, den Empfang des Messina-Ordens dankbar zu bestätigen, den mir die italienische Regierung verliehen hatte für etwas, was ich angeblich beim Erdbeben getan haben soll. Der Brief lautete:

»Euer Exzellenz,

in der Ordensfrage habe ich mich bis heute von dem Grundsatz leiten lassen, eine Auszeichnung nur dann anzunehmen, wenn ich nicht das geringste geleistet habe, um sie zu verdienen. Ein Blick in den Staatskalender wird Euer Exzellenz die bemerkenswerten Erfolge dartun, die mein unbedingtes Befolgen dieser Regel gezeitigt hat. Die neue Methode, die das Schreiben Euer Exzellenz vorschlägt, nämlich, öffentliche Anerkennung zu suchen für das wenige, was ich getan habe, halte ich für ein gewagtes Unternehmen, dessen praktischen Wert ich bezweifle. Es könnte nur Verwirrung in meine Weltanschauung bringen und die unsterblichen Götter ärgern. Ich glitt unbemerkt aus den Choleravierteln von Neapel, ich wünsche ebenso unbemerkt die Ruinen von Messina zu verlassen. Es bedarf keiner Denkmünze, um mich an das zu erinnern, was ich sah.«

27

Messina

Nebenbei muß ich bekennen, daß dieser Brief Humbug ist. Der schwedische Gesandte hat meine Messinamedaille gar nicht der italienischen Regierung zurückgeschickt; ich habe sie in irgendeiner Schublade, mit reinem Gewissen und nicht mehr Verwirrung in Weltanschauung als vorher. Ich hatte wirklich keinen Grund, diese Medaille nicht anzunehmen, denn was ich in Messina getan habe, war sehr wenig im Vergleich zu dem, was ich Hunderte von namenlosen und nie erwähnten Menschen unter Lebensgefahr tun sah. Ich selbst war in keiner Gefahr, es sei denn in der, an Hunger oder an meiner eigenen Dummheit zu sterben. Allerdings habe ich eine Anzahl halb erstickter Menschen durch künstliche Atmung ins Leben zurückgerufen; aber es gibt wenig Ärzte, Pflegerinnen oder Küstenwächter, die nicht mit Selbstverständlichkeit dasselbe getan hätten. Ich weiß noch, daß ich allein eine alte Frau aus den Trümmern ihrer Küche trug, aber ich weiß auch, daß ich sie, um Hilfe schreiend, mit zwei gebrochenen Beinen auf der Straße liegen ließ. Es blieb mir tatsächlich nichts anderes übrig; bis zur Ankunft des ersten Hospitalschiffs war kein Verbandzeug und keinerlei Medizin zu beschaffen. Da war auch ein nacktes Baby, das ich abends spät in einem Hof gefunden hatte und in meinen Keller mitnahm, wo es in meinen Mantel gehüllt die Nacht hindurch friedlich schlummerte und ab und zu im Schlaf an meinem Daumen lutschte. Am Morgen brachte ich es den Nonnen in ihre eingestürzte Kapelle zur Heiligen Theresia. Dort lagen schon über ein

Dutzend kleiner Kinder auf dem Boden und schrien vor Hunger, denn in dieser ganzen Woche war in Messina kein Tropfen Milch zu bekommen. Ich wunderte mich oft, wieviel Kinder unverletzt aus den Trümmern hervorgezogen oder auf der Straße gefunden wurden. Fast schien es, als hätte der allmächtige Gott ihnen ein wenig mehr Erbarmen erwiesen als den Erwachsenen. Da der Aquädukt eingestürzt war, gab es auch kein Wasser, außer in einigen stinkenden Brunnen, die durch Tausende verwester Leichen verpestet waren. Kein Brot, kein Fleisch, kaum Makkaroni, kein Gemüse, keinen Fisch, denn die meisten Fischerboote waren gesunken oder wurden zertrümmert, als die Flutwelle hereinbrach und über tausend Menschen davontrug, die Schutz suchend am Ufer kauerten. Hunderte wurden wieder ans Land gespült, wo sie in der Sonne verwesten. Damals wurde auch der größte Haifisch, den ich je gesehen habe – die Meerenge von Messina wimmelte von Haifischen–, noch lebend auf den Strand geschleudert. Ich sah mit hungrigen Augen zu, wie sie ihn aufschnitten, in der Hoffnung, selbst ein Stück zu ergattern. Ich hatte immer gehört, daß Haifischfleisch sehr gut sei. In seinem Magen fand sich das ganze Bein einer Frau mit einem roten Wollstrumpf und dicken Stiefel bekleidet, wie vom Chirurgen amputiert. Es kann schon sein, daß in jenen Tagen nicht nur die Haifische Menschenfleisch kosteten – je weniger man darüber redet, desto besser. Es war nur zu natürlich, daß die unzähligen obdachlosen Hunde und Katzen, die nachts die Trümmer durchschweiften, von nichts anderem lebten, bis es den Überlebenden gelang, sie ihrerseits zu erbeuten und zu verschlingen. Ich selbst habe eine Katze über meiner Spiritusflamme gebraten. Zum Glück gab es in den Gärten reichlich Orangen, Zitronen und Mandarinen zu stehlen. Wein gab es nach Belieben; schon am ersten Tage begann das Plündern der vielen Weinkeller und Läden; abends waren alle mehr oder weniger betrunken – ich auch – ein wahrer Segen! Es nahm einem das Gefühl von Hunger und Ohnmacht, nüchtern hätten es die wenigsten gewagt, einzuschlafen. Fast jede Nacht brachte neue Erdstöße. Dann hörte man die Häuser krachend zusammenstürzen und die Menschen in den Straßen entsetzt aufschreien. Im ganzen schlief ich leidlich in Messina, wenn es auch ungemütlich war, so häufig das Nachtquartier zu wechseln. Am sichersten zum Schlafen waren natürlich die Keller, wenn man den unheimlichen Gedanken bannen konnte, vielleicht durch einstürzende Mauern wie eine Ratte gefangen zu werden. Besser schlief es sich unter Bäumen in einem Orangenhain, aber nach zweitägigem Sturzregen wurden die Nächte zu kalt für einen Menschen, der sein ganzes Gepäck in einem Rucksack auf dem Rücken trug. Über den Verlust meines geliebten schottischen Capes suchte ich mich zu trösten, so gut es ging. Ich sagte mir: »Es wird jetzt wohl noch schäbigere Gewänder umhüllen als die meinen.« Um keinen Preis hätte ich sie übrigens gegen bessere vertauschen mögen, auch wenn ich gekonnt hätte. Nur ein sehr mutiger Mann hätte sich in einem anständigen Anzug wohlgefühlt zwischen all diesen Jammergestalten, die, vor Kälte, Hunger und Entsetzen verstört, sich nur im Nachthemd gerettet hatten; er hätte diesen Anzug auch schwerlich lange behalten. Daß, ehe Truppen eintrafen und Kriegsrecht verhängt war, Beraubung von Lebenden und Toten, Überfälle und auch Morde sich häuften, ist nicht verwunderlich. Ich kenne kein Land, wo sie bei so unbeschreiblichen Zuständen nicht vorgekommen wären. Zur Verschärfung der Lage hatte es die Ironie des Schicksals gewollt, daß von den achthundert Karabinieri der Militärschule nur vierzehn Mann mit dem Leben davonkamen, während gleich der erste Erdstoß zunächst einmal über vierhundert Berufsmörder und Diebe unverletzt in Freiheit setzte, die im Gefängnis bei den Capucini saßen und zu lebenslänglichem Zuchthaus verurteilt waren. Daß diese Galgenvögel es sich nach Plünderung der Kleiderläden und Beschaffung von Revolvern in den Überresten der reichen Stadt wohl sein ließen, ist ja klar. Sie erbrachen sogar das Safe der Bank von Neapel, nachdem sie die beiden Nachtwächter ermordet hatten. Aber das Grauen überwog, und selbst diese Banditen stellten sich zum großen Teil freiwillig und ließen sich lieber im Bunker eines Schiffes einsperren, als länger in der Unglücksstadt zu bleiben, trotz der unbegrenzten Möglichkeiten, die sich ihnen dort boten. Ich selbst wurde von keinem Menschen belästigt, alle waren rührend freundlich und hilfreich zu mir, wie sie es auch untereinander waren. Wer etwas an Kleidung oder Nahrung ergattert hatte, teilte gern mit denen, die nichts hatten. Ein mir völlig unbekannter Ladendieb verehrte mir sogar einen schönen wattierten Damenschlafrock, eines der willkommensten Geschenke, die ich je erhielt. Eines Abends, als ich an den Trümmern eines Palastes vorbeiging, fiel mir ein gutgekleideter Mann auf; er warf Brot und ein Bund Karotten zu zwei Pferden und einem kleinen Esel hinab, die in ihrem kellerartigen Stall verschüttet waren. Ich konnte die armen Tiere gerade durch einen Mauerspalt sehen. Der Mann erzählte mir, er käme zweimal täglich mit allem, was er an Futter erwischen könne, hierher. Der Anblick der Tiere, die vor Hunger und Durst starben, wäre ihm schrecklich, er würde sie am liebsten mit seinem Revolver erschießen, hätte aber nicht den Mut dazu, denn er könne kein Tier, nicht einmal eine Wachtel umbringen[1]. Erstaunt blickte ich ihm in das schöne, kluge, recht sympathische Gesicht und fragte, ob er Sizilianer wäre. Das wäre er nicht, aber er hätte seit mehreren Jahren in Sizilien gelebt. Es begann heftig zu regnen. Als wir weitergingen, fragte er, wo ich wohne. »Eigentlich nirgends«, meinte ich. Er sah auf meine durchnäßten Kleider und erbot sich, mich für die Nacht unterzubringen; er wohne mit zwei Freunden hier in der Nähe. Zwischen großen Blöcken von Mauerwerk und zertrümmertem Hausrat tasteten wir uns vorwärts, bis wir Stufen hinabstiegen und in einer großen unterirdischen Küche standen, dürftig erleuchtet durch ein Öllämpchen, das unter einem Farbendruck der Madonna an der Wand hing. Auf dem Boden

[1] Die Tierfreunde interessiert es vielleicht zu hören, daß diese beiden Pferde und der kleine Esel am siebenten Tage nach dem Erdbeben noch lebend befreit wurden und sich erholten. Anm. d. Verf.

lagen drei Matratzen, und Signor Amadeo sagte, ich könne gern auf der seinen schlafen, denn er würde mit seinen beiden Freunden doch die ganze Nacht fort sein, um unter den Trümmern ihrer Häuser nach einigen ihrer Habseligkeiten zu suchen. Ich bekam ein vorzügliches Abendbrot, die zweite anständige Mahlzeit seit meiner Ankunft in Messina. Die erste hatte ich ein paar Tage vorher eingenommen, als ich unverhofft im Garten des Amerikanischen Konsulats eine lustige Frühstücksgesellschaft traf, die mein alter Freund Winthrop Chanler bewirtete, der mit Vorräten für die hungernde Stadt auf seiner Jacht am Morgen eingetroffen war. Auf Signor Amadeos Matratze schlief ich ganz vorzüglich. Erst am Morgen erwachte ich, als mein Gastgeber und seine Freunde von ihrem gefährlichen Nachtausflug glücklich heimkehrten.

Wie gefährlich es war, wußte ich, denn die Truppen hatten Befehl, ohne Anruf jeden niederzuschießen, der sich anschickte, etwas fortzubringen, und wäre es auch aus den Trümmern seines eigenen Hauses. Sie warfen ihre Bündel auf den Tisch, sich selber auf die Matratzen und schliefen bereits, als ich ging. Trotzdem er offenbar todmüde war, hatte mein freundlicher Gastgeber doch nicht vergessen, mir zu sagen, ich solle nur wiederkommen und bei ihm bleiben, solange ich wolle. Natürlich tat ich das nur zu gern. Am nächsten Abend speiste ich wieder mit Signor Amadeo; seine Freunde schliefen bereits fest auf ihren Matratzen, alle drei wollten nach Mitternacht wieder an ihre Arbeit gehen. Einem freundlicheren Mann als meinem Wirt bin ich nie begegnet. Als er hörte, daß ich nicht bei Kasse war, bot er mir sofort fünfhundert Lire an. Ich bedauere gestehen zu müssen, daß ich sie ihm bis heute schuldig bin. Ich konnte nicht umhin, mein Erstaunen auszudrücken, daß er sein Geld einem Fremden leihen wolle, von dem er nichts wußte. Er antwortete lächelnd, ich würde nicht da sitzen, wenn er mir nicht traute.

Am nächsten Nachmittag, als ich unter den Trümmern des Hotels Trinacria nach der Leiche des schwedischen

Konsuls suchte, stand plötzlich ein Soldat vor mir, das Gewehr im Anschlag auf mich gerichtet. Ich wurde festgenommen und zum nächsten Wachtposten geführt. Als der Offizier vom Dienst die ersten Schwierigkeiten überwunden hatte, die darin bestanden, die Lage meines obskuren Vaterlandes zu ermitteln, prüfte er meinen Permiß vom Präfekten und gab mich frei. Mein einziger Raub bestand in einem halb verkohlten schwedischen Konsularregister. Aber ich verließ die Wache doch mit einem unbehaglichen Gefühl, denn ich hatte den befremdeten Blick des Offiziers bemerkt, als ich ihm keine genaue Adresse angeben konnte; nicht einmal den Namen der Straße wußte ich, in der mein freundlicher Gastgeber wohnte. Es war mittlerweile dunkel geworden, ich begann zu laufen, denn ich meinte hinter mir leise Schritte zu vernehmen, als würde ich verfolgt. Aber ich kam ohne Abenteuer in mein Nachtquartier, Signor Amedeo und seine Freunde schliefen schon auf ihren Matratzen. Hungrig setzte ich mich zu dem gewohnten Abendbrot nieder, das mein Gastgeber mir auf den Tisch gestellt hatte. Ich wollte wach bleiben, bis sie gingen, und Signor Amedeo anbieten, ihm heute nacht bei der Suche nach seinem Eigentum zu helfen. Es wäre eigentlich das wenigste, was ich zum Dank für seine Freundlichkeit tun könne, erwog ich gerade bei mir selbst, als ich plötzlich einen schrillen Pfiff und laute Schritte hörte. Jemand kam die Treppe herab. Im Augenblick waren die drei Männer von den Matratzen aufgesprungen. Ich hörte einen Schuß – ein Karabiniere stürzte der Länge nach die Treppe herab und blieb vor meinen Füßen liegen. Als ich mich hastig über ihn beugte, um zu sehen, ob er tot sei, sah ich deutlich, wie Signor Amedeo seinen Revolver auf mich richtete. Sofort war der Raum voller Soldaten, ich hörte noch einen Schuß, dann wurden die drei Männer nach verzweifeltem Ringen überwältigt. Als mein Gastgeber an mir vorbeigeführt wurde, in Handschellen mit einem starken Strick um Arme und Beine, wandte er den Kopf nach mir mit einem so wilden Blick von Haß und Vorwurf, daß mir das Blut in den Adern gerann.

Eine halbe Stunde später befand ich mich wieder auf der Wache, wo man mich nun für die Nacht einsperrte. Am Morgen verhörte mich derselbe Offizier, dessen Klugheit und Güte ich vermutlich mein Leben verdankte. Ich erfuhr von ihm, daß die drei Männer entwichene Sträflinge seien, die zu lebenslänglicher Haft im Gefängnis bei den Capucini verurteilt waren und alle pericolosissimi[1] seien. Amedeo war jener berühmte Räuber, der jahrelang die Gegend um Girgenti in Schrecken hielt mit dem Rekord seiner acht Morde. Er war es auch, der mit seinen Gesellen die Bank von Neapel ausgeplündert und die Nachtwächter ermordet hatte – gestern nacht, während ich friedlich auf seiner Matratze schlief! Die drei Männer waren bei Tagesgrauen erschossen worden. Sie hatten einen Priester verlangt, ihre Sünden bekannt und waren furchtlos gestorben. Der Polizeioffizier wollte mir sein Kompliment machen für die wichtige Rolle, die ich bei ihrer Festnahme gespielt hätte. Ich sah ihm ins Auge und sagte, ich sei nicht stolz auf meine Leistung. Es sei mir längst klar, daß ich nicht zum Ankläger und noch weniger zum Henker tauge. Es wäre nicht meine Sache, vielleicht die seine, vielleicht auch nicht. – Gott allein weiß, wann es Ihm gutdünkt, zu schlagen, es steht bei Ihm, das Leben zu nehmen, das Er gegeben hat.

Leider kam mein Abenteuer irgendwelchen Reportern zu Ohren, die sich außerhalb der Militärzone herumtrieben. Wohlweislich durfte in diesen Tagen kein Zeitungsberichterstatter die Stadt betreten. Sie fahndeten natürlich nach Sensationsberichten, je unwahrscheinlicher, desto besser. Die Geschichte muß ja allen unwahrscheinlich vorkommen, die nicht in jener ersten Woche nach dem Erdbeben in Messina waren. Nur der Dusel einer Namensverstümmelung bewahrte mich vor dem Berühmtwerden. Als ich aber von Eingeweihten erfuhr, daß dies mich vor Ermordung durch den langen Arm der Mafia nicht schützen würde, falls ich in Messina bliebe, segelte ich am andern Tage mit Strandwächtern über die Meerenge nach Reggio.

[1] Äußerst gefährlich

Reggio, wo sofort beim ersten Erdstoß zwanzigtausend Menschen umkamen, war ebenso unbeschreiblich wie unvergeßlich. Noch furchtbarer war der Anblick der zwischen Orangenhainen verstreuten kleinen Küstenstädte Scilla, Canitello, Villa San Giovanni, Gallico, Archi, San Gregorio. Was einst wohl die schönste Gegend Italiens gewesen, war ein großer Friedhof geworden, wo mehr als dreißigtausend Tote und viele Tausende von Verletzten lagen. Zwei Nächte blieben sie in strömendem Regen liegen, dann setzte ein eisiger Nordwind ein. Sie hatten keinerlei Hilfe, Tausende rannten wir irrsinnig halbnackt durch die Straßen und schrien nach Nahrung. Weiter südlich schien die Heftigkeit des Erdbebens ihren Höhepunkt erreicht zu haben. In Pellaro zum Beispiel, wo von fünftausend Einwohnern nur ein paar hundert am Leben blieben, konnte ich nicht einmal unterscheiden, wo einst die Straßen gewesen waren. Die Kirche, in die sich die verängstigten Menschen gedrängt hatten, war beim zweiten Stoß eingestürzt und hatte alle begraben. Der Friedhof war mit Särgen übersät, die aufgesprungen und buchstäblich wie aus den Gräbern geschossen waren, ein grausiger Anblick, den ich schon einmal – auf dem Friedhof in Messina – gehabt hatte. Auf den Trümmern der Kirche saß ein Dutzend Frauen, die in ihren Lumpen vor Kälte zitterten. Sie weinten nicht, sie sprachen nicht, ganz still saßen sie, den Kopf gebeugt, die Augen halb geschlossen. Dann und wann fuhr eine empor, um mit leerem Blick auf einen alten schäbigen Priester zu starren, der etwas weiter unter einer Gruppe von Männern stand und wild umherfuchtelte. Ab und zu deutete er mit der geballten Faust unter furchtbaren Verwünschungen in die Richtung, wo Messina jenseits des Meeres lag, Messina, die Stadt Satans, Sodom und Gomorra zugleich, die Ursache all ihres Elends! Hatte er nicht immer vorausgesagt, dieser Sündenpfuhl werde untergehen in...? Seine beiden Hände machten mit wogenden und stoßenden Bewegungen deutlich, was der Inhalt seiner Prophezeiung gewesen war. Castigo di Dio! Die Heimsuchung Gottes!

Ich zog aus meinem Rucksack einen kleinen Laib trockenes Brot und gab ihn der Frau, die mir am nächsten saß und die ein Kind auf dem Schoß hatte. Sie ergriff es, ohne ein Wort zu sagen, zog eine Orange aus der Tasche und reichte sie mir. Dann biß sie ein Stück Brot ab und schob es einer Frau in den Mund, die hinter ihr lag und im Begriff war, Mutter zu werden. Den Rest des Brotes verschlang sie gierig wie ein verhungerndes Tier. Mit leiser, eintöniger Stimme berichtete sie dann, wie sie mit dem Kinde an der Brust entkommen sei, sie wußte selbst nicht wie, als beim ersten Erdstoß das Haus einstürzte, wie sie bis zum folgenden Tage gearbeitet hatte, um ihre zwei andern Kinder und deren Vater aus den Trümmern zu retten; bis zum Morgen hatte sie noch ihr Stöhnen gehört, dann kam ein zweiter Erdstoß, und alles wurde still. Sie hatte eine böse Schnittwunde quer über die Stirn, aber ihre »Creatura« – mit diesem rührenden Ausdruck bezeichnen hier die Mütter ihre kleinen Kinder – war ganz unverletzt. Gott sei Dank! Als sie das sagte, legte sie das Kind an die Brust, einen prachtvollen kleinen Jungen, völlig nackt und stark wie der Herkulesknabe, ganz unberührt von den Ereignissen.

Neben ihr in einem Korbe schlief ein anderer Säugling unter einigen Halmen faulen Strohs. Sie hatte ihn auf der Straße aufgelesen, niemand wußte, wem er gehörte. Als ich mich zum Gehen wandte, begann das mutterlose Kind zu wimmern; sie langte in den Korb und legte es an ihre andere Brust. Ich schaute auf die schlichte Calabreser Bäuerin mit den stolzen Gliedern und dem breiten Busen, auf die beiden prachtvollen Kinder, die kräftig an ihren Brüsten sogen, und auf einmal wußte ich, wer sie war: Sie war die Demeter der Magna Graecia, wo sie geboren war, die Magna Mater der Römer. Sie war die Mutter Natur, aus ihrem vollen Busen floß unversiegbar der Strom des Lebens – über Gräbern von hunderttausend Toten.

28

Das Ende der römischen Saison

Um auf Miß Hall zurückzukommen: Bei allem, was die Fürstlichkeiten ihr zu schaffen machten, wurde es für sie immer schwieriger, über meine Damen-Praxis zu wachen. Meine Hoffnung, beim Verlassen von Paris nun endlich mit der Behandlung nervenkranker Frauen Schluß zu machen, hatte sich nicht erfüllt; in meinem Sprechzimmer auf der Piazza di Spagna wimmelte es von ihnen, und nicht nur alte und gefürchtete Bekannte aus der Avenue de Villiers tauchten hier auf, auch andere abgekämpfte Nervenspezialisten schoben mir in berechtigtem Selbsterhaltungstrieb immer neuen Vorrat zu. Allein die Scharen halt- und hemmungsloser Damen jeden Alters, die mir Professor Weir-Mitchell zuschanzte, hätten genügt, um die Widerstandskraft des Gehirns und die Geduld eines jeden Mannes auf eine harte Probe zu stellen. Auch der Wiener Professor Krafft-Ebing, der berühmte Autor der »Psychopathie sexualis«, schickte mir fortwährend Patienten beiderlei oder keinerlei Geschlechts, alle mehr oder weniger schwierig im Umgang – besonders die Frauen. Zu meiner Freude und Verwunderung hatte ich neuerdings auch zahlreiche Fälle von Nervenstörungen zu behandeln, die mir offenbar der Meister der Salpêtrière zugesandt hatte, wenn er auch nie eine Zeile beifügte. Viele dieser Kranken waren schwer bestimmbare Grenzfälle, mehr oder weniger unverantwortlich für ihr Tun. Andere waren einfach verkappte Irre, zu allem fähig. Mit Irren ist es leicht, geduldig zu sein, ich bekenne mich sogar zu einer kleinen Schwäche für sie. Mit etwas freundlichem Verständnis wird man meist bald einig mit ihnen. Aber mit hysterischen Frauen ist es nicht so einfach, geduldig zu bleiben, und was das Freundlichsein betrifft, so sollte man es sich reiflich überlegen, ehe man zu freundlich zu ihnen ist, sie wollen nichts lieber! Meist kann man diesen Patienten wenig helfen, wenigstens außerhalb einer Anstalt. Man kann mit Beruhigungsmitteln ihre Nervenzentren betäuben, aber man kann sie nicht heilen. Sie bleiben, was sie sind, ein Bündel von Geistes- und Körperstörungen, eine Qual für sich und die Ihren, ein Fluch für ihre Ärzte. Hypnotische Behandlung, die bei so vielen, bisher unheilbaren Geistesstörungen segensreich wirkt, ist meist nicht angebracht bei der Behandlung hysterischer Frauen jeden Alters, Hysterie hat keine Altersgrenze. Auf alle Fälle sollte man sich auf Charcots Suggestion bei wachem Bewußtsein beschränken. Sie ist aber meist überflüssig, denn ohnehin sind diese hilflosen Frauen nur zu bereit, sich von ihrem Arzt leiten zu lassen, sich an ihn zu klammern und in ihm den einzigen Menschen zu sehen, der sie versteht und den sie wie einen Abgott verehren. Dann tauchen unweigerlich die Photographien auf, es hilft nichts »il faut passer par là[1]«, pflegte Charcot mit seinem grimmigen Lächeln zu sagen. Meine Abscheu vor Photographien reicht weit zurück; persönlich habe ich mich nie dazu hergegeben, photographiert zu werden, seit ich sechzehn Jahre alt war, außer zu den unvermeidlichen Momentaufnahmen für meinen Paß und im Kriege, als ich im Roten Kreuz diente. Selbst auf Photographien meiner Freunde legte ich keinen Wert. Ich vermag ihre Züge ohne Retusche nach Belieben auf meiner Netzhaut zu entwerfen, viel genauer, als es der beste Photograph vermag. Für die psychologische Forschung sind übrigens die üblichen Aufnahmen von Menschengesichtern ziemlich wertlos. Aber die alte Anna liebte Photographien ungeheuer. Seit jenem denkwürdigen Tage, an dem sie von der armseligsten aller Blumenverkäuferinnen auf der Piazza di Spagna zur Pförtnerin im Keats-

[1] Das muß man ertragen

hause aufrückte, war sie eine eifrige Sammlerin von Photographien geworden. Oft, wenn ich sie zu energisch angeschnauzt hatte für eine ihrer vielen Unzulänglichkeiten, sandte ich die Friedenstaube mit einer Photographie im Schnabel in Annas kleinen Unterstand unter der Treppe von Trinità dei Monti. Und als ich später, von Schlaflosigkeit erschöpft, das Keatshaus endgültig verließ, ergatterte Anna eine ganze Schublade meines Schreibtisches mit Photographien jeder Art und Größe. Ich muß wahrheitsgemäß bekennen, daß ich froh war, sie loszuwerden. Anna ist ganz unschuldig, ich allein bin der Schuldige. Bei einem kurzen Besuch in Paris und London im nächsten Frühling fiel mir auf, daß einige meiner Patienten und ihre Angehörigen recht zurückhaltend, um nicht zu sagen kühl, gegen mich waren. Als ich auf der Heimfahrt nach Capri wieder durch Rom kam, blieb mir gerade noch Zeit, in der Schwedischen Gesandtschaft zu essen. Der Gesandte kam mir etwas mürrisch vor, und selbst meine reizende Wirtin war ungewöhnlich still. Als ich zur Bahn fahren wollte, um den Nachtzug nach Neapel zu nehmen, meinte mein alter Freund, es sei hohe Zeit, daß ich nach San Michele zurückführe, um den Rest meiner Tage dort unter Hunden und Affen zu verleben. In gute Gesellschaft passe ich nicht mehr. Durch meine neueste Leistung beim Verlassen des Keatshauses hätte ich meinen eigenen Rekord gebrochen. Mit zorniger Stimme schilderte er mir nun, was er am Weihnachtsabend auf der Piazza di Spagna erlebt hatte. Wie immer an diesem Tage sei der Platz gedrängt voller Touristen gewesen. Am Torweg des Keatshauses hätte er Anna vor einem Tisch mit Photographien erblickt, wie sie mit schriller Stimme die Vorübergehenden anschrie:

»Venite a vedere questa bellissima signorina coi cappelli ricci, ultimo prezzo due lire.«

»Guardate la Signora Americana, guardate che collana di perle, guardate che orecchini con brillanti, ve la do per due cinquanta, una vera combinazione!«

»Non vi fate scappare questa nobile marchesa, tutta in pellicia!«

»Guardate questa duchessa, tutta scollata, in veste di ballo e con la corona in testa, quattro lire, un vero regalo!«

»Ecco la Signora Bocca Aperta, prezzo ridotto una lira mezzo.«

»Ecco la Signora mezza Pazza, rideva sempre, ultimo prezzo una lira!«

»Ecco la Signora Capa Rossa che puzza sempre di liquore; una lira e mezzo.«

»Ecco la Signorina dell'Albergo di Europa che era impazzita per il Signor Dottore, due lire e mezzo.«

»Vedete la Signora Francese che portava via il portasigarette sotto il mantello; povera signora, non era colpa sua, non aveva la testa apposto; prezzo ristretto una lira.«

»Ecco la Signora Russa che voleva ammazzare la civetta, due lire, neanche un soldo di meno.«

»Ecco la Baronessa mezzo uomo mezza donna, mamma mia, non si capisce niente, il Signor Dottore diceva che era nata cosî, due lire venti cinque, una vera occasione.«

»Ecco la Contessina Bionda che il Signor Dottore voleva tanto bene, guardate com'è carina, non meno di tre lire!«

»Ecco la ...[1]«

Mitten unter all den Damen thronte seine eigene Kabinettphotographie in Galauniform mit Orden und Dreimaster. In der Ecke stand: »An A. M. von seinem alten Freunde C. B.« Anna meinte, das gäbe sie zu dem herabgesetzten

[1] »Kommt doch und seht dies schöne Fräulein im lockigen Haar. Äußerster Preis: zwei Lire.«

»Seht nur, diese Amerikanerin, diese Perlen, diese Brillantohrringe; ein Gelegenheitskauf für zwei Lire fünfzig!«

»Diese vornehme Marquise in ihrem Pelzmantel laßt Euch nicht entgehen!«

»Seht diese Herzogin im tiefausgeschnittenen Ballkleide, die Krone auf dem Kopfe, vier Lire, einfach geschenkt!«

»Hier das Fräulein mit dem offenen Mund; ermäßigter Preis: anderthalb Lire!«

»Hier das Fräulein, das halb verrückt war und immerzu lachte, letzter Preis: Eine Lira!«

»Hier das rothaarige Fräulein, das immer nach Schnaps stank; anderthalb Lire!«

»Und dann das Fräulein aus dem Hotel de l'Europe, das vernarrt war in den Herrn Doktor; zweieinhalb Lire!«

»Dies ist die französische Dame, die unterm Mantel das Zigarettenetui forttrug, arme Dame, es war nicht ihre Schuld, sie hatte es im Kopf – herabgesetzter Preis: Eine Lira!«

»Hier die russische Dame, die die Eule umbringen wollte; keinen Soldo weniger als zwei Lire!«

»Hier die Baronin, halb Mann, halb Frau, du lieber Gott, man begreift so was nicht, der Doktor sagt, sie wäre so geboren – für zwei Lire fünfundzwanzig, wirklich ein Gelegenheitskauf!«

»Hier das blonde Komteßchen, das der Doktor so gern hatte, seht doch, wie lieb! Mindestens drei Lire!«

»Hier die ...!«

Preise von einer Lira ab, da ihre Spezialität Damenbildnisse seien. Die Gesandtschaft hatte zahllose Briefe erhalten von meinen ehemaligen Patienten, deren Vätern, Gatten oder Verehrern, die alle empört gegen diesen Skandal protestierten. Ein wütender Franzose, der auf der Hochzeitsreise in Rom im Schaufenster eines Barbiers in der Via Croce eine große Photographie seiner jungen Frau zum Verkauf ausgestellt sah, hatte um meine Adresse gebeten; er wollte mich an der Grenze auf Pistolen fordern. Der Gesandte hoffte, daß der Franzose ein guter Schütze sei; er hätte übrigens immer vorausgesagt, daß ich keines natürlichen Todes sterben würde.

Die alte Anna verkauft noch immer Blumen auf der Piazza di Spagna. Du solltest ihr einen Veilchenstrauß abkaufen, wenn du ihr nicht lieber deine Photographie schenken willst. Es sind harte Zeiten; die alte Anna hat Star auf beiden Augen.

Soviel ich weiß, gibt es kein Mittel, diese Sorte hysterischer Patienten loszuwerden; jeder Rat in dieser Hinsicht wäre mir willkommen. Ihren Angehörigen zu schreiben, sie möchten kommen und sie abholen, ist zwecklos. Ihre Familie hat sie längst satt und wird kein Opfer scheuen, damit sie bei dir bleiben. Ich entsinne mich gut eines verzweifelt aussehenden kleinen Mannes, der eines Tages nach der Sprechstunde bei mir eintrat. Er sank auf einen Stuhl und reichte mir seine Karte. Schon sein Name war mir ein Greuel. Mr. Charles W. Washington Longfellow Perkins junior. Er entschuldigte sich, daß er meine beiden Briefe und mein Telegramm nicht beantwortet hätte, er hätte lieber selbst kommen wollen, um noch einen letzten Versuch bei mir zu machen. Ich wiederholte mein Verlangen und sagte ihm, es sei unmöglich, die ganze Last von Mrs. Perkins junior auf mich abzuwälzen, ich sei am Ende meiner Kraft. Er sagte, auch er sei am Ende. Er sei Geschäftsmann, er wolle die Angelegenheit rein geschäftsmäßig behandeln und gern die Hälfte seines Jahreseinkommens opfern, bei Vorausbezahlung. Ich sagte, es sei keine Geldfrage, ich brauche Ruhe. Wußte er, daß sie mich seit über drei Monaten mit Briefen bombardierte, so etwa drei Briefe pro Tag, und daß ich abends mein Telephon abstellen mußte? Wußte er, daß sie die schnellsten Pferde in Rom gekauft hatte und mich durch die ganze Stadt verfolgte, daß ich meine Abendspaziergänge mit den Hunden auf dem Pincio aufgeben mußte? Wußte er, daß sie in dem gegenüberliegenden Eckhaus an der Via Condotti eine Etage gemietet hatte, um durch ein starkes Teleskop die Leute zu beobachten, die bei mir aus und ein gingen?

Ja, es war ein vorzügliches Teleskop. Doktor Jenkins in St. Louis hatte wegen dieses Teleskops in ein anderes Haus ziehen müssen.

Ob er wüßte, daß ich schon dreimal nachts ins Grand Hôtel geholt worden war, um ihr den Magen auszupumpen, wegen einer starken Dosis Opium?

Er meinte, bei Dr. Lippingcott hätte sie immer Veronal angewandt, und schlug vor, ich solle das nächste Mal bis zum Morgen warten, wenn sie wieder nach mir schickte; sie war immer sehr vorsichtig mit der Dosis. – Gab es einen Fluß in dieser Stadt?

Ja, wir nennen ihn den Tiber. Sie hatte sich vor einem Monat von der Engelsbrücke gestürzt, ein Polizist war nachgesprungen und hatte sie herausgeholt.

Er meinte, das sei unnötig gewesen, sie schwimme ausgezeichnet. Vor Newport habe sie sich eine halbe Stunde über Wasser gehalten. Er wundere sich übrigens, daß seine Frau noch im Grand Hôtel sei, meist war sie nirgends länger als eine Woche.

Ich sagte, es bliebe ihr nichts anderes übrig, sie sei schon in sämtlichen anderen Hotels von Rom gewesen. Der Direktor hätte mir gerade gesagt, es sei unmöglich, sie länger zu behalten, sie mache den ganzen Tag Krach mit allen Kellnern und Zimmermädchen, und die ganze Nacht rücke sie die Möbel ihres Wohnzimmers hin und her. Könne er denn nicht ihren Zuschuß einstellen? Ihre einzige Rettung wäre, sich mit harter Arbeit ihr Brot zu verdienen.

Sie hätte ein eigenes Einkommen von zehntausend Dollar im Jahr, weitere zehntausend von ihrem ersten Mann, der noch billig davongekommen sei.

Könne er sie nicht in Amerika einsperren lassen?

Das hatte er vergeblich versucht, sie galt nicht für verrückt genug; er möchte ja wissen, was man noch mehr von ihr erwarte. Könne ich sie nicht in Italien einsperren lassen?

Ich fürchtete, nein. Wir sahen uns an, mit wachsender Sympathie.

Dann sagte er, nach der Statistik von Dr. Jenkins sei sie nie länger als einen Monat in denselben Arzt verliebt gewesen; durchschnittlich dauerte es vierzehn Tage lang; meine Zeit wäre ja bald um, wollte ich nicht aus Mitleid bis zum Frühjahr durchhalten?

Leider erwies sich die Statistik von Dr. Jenkins als falsch, sie blieb mein ständiger Quälgeist während meines ganzen Aufenthaltes in Rom. Im Sommer überfiel sie Capri, wo sie sich in der Blauen Grotte ertränken wollte. Sie erkletterte die Gartenmauer von San Michele, in meiner Verzweiflung warf ich sie beinahe in den Abgrund. Ich glaube, ich hätte es getan, wenn ihr Mann mir nicht noch beim Abschied gesagt hätte, daß ein Absturz von tausend Fuß bei ihr nichts zu sagen hätte.

Ich hatte allen Anlaß, ihm zu glauben, denn erst vor ein paar Monaten war ein halbverrücktes deutsches Mädchen von der berühmten Mauer am Pincio heruntergesprungen und mit einem gebrochenen Knöchel davongekommen. Als sie nacheinander die sämtlichen deutschen Ärzte verbraucht hatte, fiel ich ihr zur Beute. Es war ein besonders aufreibender Fall, denn Fräulein Klara besaß eine unheimliche Gewandtheit im Dichten; ihre Tagesleistung belief sich auf etwa zehn Seiten Lyrik; das alles ergoß sich über mich. Ich ertrug es einen ganzen Winter. Als der Frühling kam – diese Fälle verschlimmern sich immer mit dem Frühling –, teilte ich ihrer törichten Mutter mit, wenn sie nicht mit Fräulein Klara heimführe, würde ich vor nichts zurückschrecken, um sie einsperren zu lassen. Endlich war für den nächsten Morgen die Abreise nach Deutschland festgesetzt. Nachts weckte mich die Ankunft der Feuerwehr auf der Piazza di Spagna. Der erste Stock des Hôtel de l'Europe nebenan stand in Flammen. Bald erschien Fräulein Klara im Nachthemd und blieb bis zum Morgen in meinem Wohnzimmer, wo sie in rasendem Tempo und gehobenster Stimmung Verse schrieb. Sie hatte erreicht, was sie wollte; sie mußte noch eine ganze Woche in Rom bleiben wegen der polizeilichen Untersuchung und der Regelung des Schadenersatzes. Das Feuer war nämlich in ihrem Wohnzimmer ausgebrochen. Fräulein Klara hatte ein Handtuch mit Petroleum getränkt, ins Klavier geworfen und angezündet.

Eines Tages, als ich gerade ausgehen wollte, traf ich in der Tür eine blendend aussehende junge Amerikanerin, ein Bild der Gesundheit! Diesmal schien, Gott sei Dank, mit den Nerven alles in Ordnung zu sein! Ich meinte, wir könnten die Besprechung wohl bis morgen verschieben, da ich eilig sei. Das sei sie auch, sagte sie, denn sie wäre nur nach Rom gekommen, um den Papst und Dr. Munthe zu sehen, der Tante Sally ein ganzes Jahr lang am Unfugmachen verhindert hätte. Das hätte kein anderer Doktor fertiggebracht. Ich erbot mich, ihr eine sehr schöne farbige Reproduktion von Botticellis »Prima Vera« zu schenken, wenn sie ihre Tante wieder nach Amerika nehmen wolle. Das käme gar nicht in Frage, sagte sie, selbst wenn ich ihr das Original anbieten sollte. Mit dieser Tante war nicht zu spaßen. Ich weiß nicht, ob die Keats-Gesellschaft, die das Haus kaufte, als ich auszog, eine Tür in dem Sterbezimmer von Keats erneuert hat. Viel fehlte nicht, so wäre es auch mein Sterbezimmer geworden, wenn die Reihe schon an mir gewesen wäre. Falls die alte Tür noch da ist, muß in der linken Ecke auch ein kleines Kugelloch zu finden sein, etwa in der Höhe meines Kopfes. Es ist mit Gips ausgefüllt und von mir selbst übermalt.

Ein weiterer ständiger Gast in meinem Sprechzimmer war eine scheu aussehende, sonst ganz gesittete Dame, die eines Tages freundlich lächelnd dem Engländer, der neben ihr auf dem Sofa saß, eine lange Hutnadel ins Bein stach. Auch ein paar Kleptomanen gehörten zu dieser Gesellschaft, die unterm Mantel jeden Gegenstand wegschleppten, den sie erwischen konnten, zum Entsetzen meiner Leute. Einige dieser Patienten durfte man überhaupt nicht ins Wartezimmer lassen. Sie wurden in der Bibliothek oder dem hinteren Wohnzimmer untergebracht unter dem wachsamen Auge von Anna, die ungemein geduldig mit ihnen war, oft geduldiger als ich. Um Zeit zu sparen, wurden einige ins Eßzimmer geführt und durften mir, während ich frühstückte, ihre Leidensgeschichte erzählen. Das Eßzimmer ging auf einen kleinen Hof, der am Fuß der Treppe von Trinità dei Monti lag und aus dem ich eine Art Hospital für meine vielen Tiere gemacht hatte; unter ihnen war eine bezaubernde kleine Eule, sicher in direkter Linie von Minervas Eule abstammend. Ich hatte sie mit gebrochenem Flügel und halb verhungert in der Campagna gefunden. Nachdem der Flügel geheilt war, war ich nun schon zweimal mit ihr an der Stelle gewesen, wo ich sie gefunden hatte, um sie dort freizulassen. Zweimal flog sie meinem Wagen nach und setzte sich mir auf die Schulter, sie wollte von einer Trennung nichts wissen. Seitdem saß die kleine Eule auf ihrer Stange in der Ecke meines Eßzimmers und sah mich liebevoll mit ihren goldenen Augen an. Sie gab es sogar auf, bei Tag zu schlafen, um mich nicht aus den Augen zu lassen. Wenn ich ihren weichen kleinen Körper streichelte, pflegte sie vor Wonne die Augen halb zu schließen und mit ihrem scharfen kleinen Schnabel ganz zart an meinen Lippen zu knabbern, so nahe an einem Kuß, wie es einer Eule möglich ist. Unter den Patienten, die ins Eßzimmer geführt wurden, war auch eine junge, sehr erregbare Russin, die mir viel zu schaffen machte. So unglaublich es klingt, diese Dame wurde so eifersüchtig auf die Eule, daß sie den kleinen Vogel mit wilden Blicken anstierte und ich Anna strengen Befehl geben mußte, diese beiden nie miteinander allein zu lassen. Eines Tages, als ich zum Frühstück kam, meldete mir Anna, die russische Dame sei eben dagewesen, um eine tote Maus zu bringen, die in Papier gewickelt war. Sie hätte sie in ihrem Zimmer gefangen und sei überzeugt, die Eule würde sie gern zum Frühstück verzehren. Die Eule wußte das besser; als sie ihr, nach Eulenart, den Kopf abgebissen hatte, weigerte sie sich, sie zu fressen. Ich brachte die Maus zum englischen Apotheker, sie enthielt genügend Arsenik, um eine Katze zu töten.

*

Um Giovannina und Rosina eine Freude zu machen, lud ich ihren alten Vater ein, Ostern bei uns in Rom zu verbringen. Der alte Pacciale war seit vielen Jahren mein besonderer Freund. In seiner Jugend war er Korallenfischer gewesen, wie in jenen Tagen der größte Teil der männlichen Bevölkerung von Capri. Nach manchen Wechselfällen war er schließlich als Totengräber von Anacapri angestellt worden, ein schlechtes Geschäft an einem Ort, wo kein Mensch stirbt, solange er sich den Ärzten fernhält. Aber selbst als ich ihn und seine Kinder in San Michele untergebracht hatte, wollte er auf keinen Fall seinen Totengräberposten aufgeben. Er hatte eine besondere Vorliebe für den Umgang mit Toten; es machte ihm sichtlich Spaß, sie zu begraben. Am Gründonnerstag kam also der alte Pacciale in Rom an, völlig verstört, war er doch noch nie mit der Bahn gefahren, nie in einer Stadt gewesen, hatte noch nie in einem Wagen gesessen! Im Morgengrauen um drei Uhr mußte er aufstehen; dann ging er auf die Piazza hinunter, um sich in Berninis Brunnen unter meinen Fenstern Gesicht und Hände zu waschen. Nachdem Miß Hall und seine Kinder ihn zum Kuß der bronzenen Zehe begleitet hatten und er die heilige Treppe auf seinen Knien emporgekrochen war, ließ er sich noch von Giovanni, seinem Kollegen vom Protestantischen Friedhof, sämtliche Friedhöfe Roms zeigen, dann erklärte er, nichts weiter sehen zu wollen. Die ganze übrige Zeit saß er mit seiner langen phrygischen Fischermütze, die er nie vom Kopfe nahm, am Fenster und blickte auf die Piazza di Spagna hinunter. Er sagte, das wäre die schönste Aussicht in Rom. Nichts ließe sich mit der Piazza di Spagna vergleichen. Darin war ich ganz seiner Meinung. Ich fragte ihn, warum er die Piazza di Spagna am liebsten hätte.

»Weil da immer Leichenzüge vorbeifahren«, sagte der alte Pacciale.

29

Sommer

Der Frühling war gekommen und gegangen, der römische Sommer war im Anzug. Die letzten Fremden verschwanden allmählich von den staubigen Straßen. In den leeren Museen freuten sich die marmornen Göttinnen, kühl und bequem in ihren Feigenblättern, ihrer Ferienzeit. Im Schatten der vatikanischen Gärten hielt Sankt Petrus ein Schläfchen. Forum und Kolosseum versanken wieder in ihre gespenstischen Träume. Giovannina und Rosina sahen blaß und müde aus, und die Rosen auf Miß Halls Hut welkten mehr und mehr. Meine Hunde lechzten nach Kühle, die Affen unter der Treppe von Trinità dei Monti kreischten nach Abwechslung und Luftveränderung. Mein schmucker kleiner Kutter lag in Porto d'Anzio vor Anker und wartete geduldig auf das Zeichen, nach unserer heimischen Insel die Segel zu hissen, wo Mastro Nicola mit seinen drei Söhnen an der Brüstung der Kapelle stand und den Horizont nach uns absuchte. Mein letzter Gang, ehe ich Rom verließ, galt dem Protestantischen Friedhof an der Porta San Paolo. Die Nachtigallen sangen dort noch für die Toten, die es nicht zu bekümmern schien, vergessen zu werden an einem so holden Ort unter duftenden Lilien, Rosen und vollerblühten Myrten. Giovannis acht Kinder hatten Malaria. In jenen Tagen gab es viel Malaria in den Vorstädten von Rom, was auch Baedeker sagen mochte. Giovannis älteste Tochter Maria war von wiederholten Fieberanfällen so erschöpft, daß ich ihrem Vater sagte, sie würde den Sommer nicht überleben, wenn sie in Rom bliebe. Ich erbot mich, sie den Sommer über in San Michele in der Obhut meiner Leute unterzubringen. Zunächst zögerte er; die Italiener der ärmeren Schichten trennen sich nur sehr ungern von ihren kranken Kindern, sie lassen sie lieber bei sich sterben, als sie ins Krankenhaus zu schicken. Schließlich willigte er ein, als ich ihm sagte, er solle seine Tochter selber nach Capri bringen, um sich mit eigenen Augen zu überzeugen, wie gut meine Leute für sie sorgen würden. Miß Hall fuhr wie gewöhnlich mit Giovannina, Rosina und allen Hunden mit der Bahn über Neapel. Ich selbst, der Pavian Billy, der Mungo und die kleine Eule hatten eine köstliche Segelfahrt in der Jacht. Die Sonne ging gerade auf, als wir Monte Circeo rundeten, wo wir die Morgenbrise aus der Bucht von Gaeta faßten, um bald mit vollen Segeln unter dem Kastell von Ischia vorüberzuschießen. Wir warfen im Hafen von Capri Anker, als die Glocken Mittag läuteten. Zwei Stunden später war ich im Garten von San Michele halbnackt an der Arbeit.

In unablässigem Schaffen von Sonnenaufgang bis Sonnenuntergang war San Michele nun so gut wie fertig geworden, aber im Garten war noch viel zu tun. Eine neue Terrasse sollte hinter dem Hause errichtet werden. Über den beiden kleinen römischen Zimmern, die wir im Herbst entdeckt hatten, sollte eine neue Loggia entstehen. Was den kleinen Klosterhof betraf, so sagte ich Mastro Nicola, wir wollten ihn lieber einreißen, er gefiele mir nicht mehr. Mastro Nicola beschwor mich, ihn zu lassen, wie er war, wir hätten ihn doch schon zweimal wieder abgebrochen. Wenn wir alles gleich wieder zerstörten, was wir gebaut hätten, würde San Michele im Leben nicht fertig werden! Ich sagte zu Mastro Nicola: die beste Art, ein Haus zu bauen, bestünde darin, so lange alles niederzureißen und von neuem zu beginnen, ganz gleich wie oft, bis das Auge einem sage, daß nun alles richtig sei. Das Auge weiß viel mehr von Baukunst als Bücher. Das Auge ist unfehlbar, solange man seinem eigenen Auge vertraut und nicht dem anderer Leute. Als ich es nun wiedersah, fand ich San

Michele schöner denn je! Das Haus war klein, es hatte nicht viel Zimmer, aber ringsherum waren Terrassen, Loggien und Pergolen, um Sonne, Meer und Wolken zu betrachten, die Seele braucht mehr Raum als der Körper. Nicht viel Hausrat war in den Zimmern, aber was da war, war nicht für Geld allein zu kaufen. Nichts Überflüssiges, nichts Häßliches, kein Krimskrams, keine Nippes. Ein paar frühe Malereien, ein Dürerstich und ein griechisches Relief an der weißgekalkten Wand. Alte Teppiche auf den Mosaikböden, ein paar Bücher auf den Tischen, alles voller Blumen in leuchtenden Vasen aus Faenza und Urbino. Die Zypressen aus der Villa d'Este, die den Weg zur Kapelle umsäumten, waren schon zu einer stattlichen Allee aus diesen edelsten aller Bäume herangewachsen. Endlich war die Kapelle, die meinem Heim den Namen gab, mein Eigentum geworden. Sie sollte meine Bibliothek aufnehmen. Schönes altes Chorgestühl hob sich ringsum von den getünchten Wänden ab; in der Mitte stand ein großer Refektoriumstisch, auf dem Bücher und Tonfragmente lagen. Auf einer gewundenen Säule aus Giallo Antico stand ein riesiger Horus aus Basalt, der größte, den ich jemals sah. Ein römischer Sammler hatte ihn aus dem Lande der Pharaonen mitgebracht, vielleicht Tiberius selber. Vom Schreibtisch schaute das Marmorhaupt des Medusa – viertes Jahrhundert vor Christus – auf mich herab, das ich auf dem Meresgrunde gefunden hatte. Auf dem Sims des großen Florentiner Renaissance-Kamins stand die geflügelte Viktoria. Von einer Säule aus afrikanischem Marmor schaute der verstümmelte Kopf des Nero durch das Fenster hinaus auf den Golf, wo er seine Mutter durch Ruderknechte erschlagen ließ.

Über der Eingangstür leuchtete das schöne farbige Glasfenster aus dem Cinquecento, die Ehrengabe der Stadt Florenz an Eleonore Duse, das sie mir zum Andenken an ihren letzten Besuch in San Michele geschenkt hatte. In einem kleinen Gewölbe, fünf Fuß unter dem farbigen Marmorboden römischer Arbeit ruhten in Frieden die zwei Mönche, auf die ich unvermutet gestoßen war, als wir den

Boden für die Fundamente zum Kamin aushoben. Sie lagen noch mit gekreuzten Armen da, genau wie man sie vor 500 Jahren unter ihrer Kapelle begraben hatte. Die Kutten waren fast zu Staub zerfallen, die Körper vertrocknet und leicht wie Pergament; doch waren die Züge noch wohlerhalten, die Hände hielten noch das Kruzifix; einer von ihnen trug feine Silberschnallen an den Schuhen. Mir war es leid, sie im Schlummer gestört zu haben, und ich bettete sie äußerst behutsam wieder in ihrer kleinen Grabkapelle. Der lichte Bogengang aus gotischen Säulen, der um die Kapelle herumführte, sah ganz so aus, wie ich ihn mir gedacht hatte. Wo könnte man heute solche Säulen finden! Als ich von der Brüstung auf die Insel herabsah, sagte ich zu Mastro Nicola, wir müßten sofort mit dem Sockel für die Sphinx beginnen, es wäre keine Zeit zu verlieren. Mastro Nicola war Feuer und Flamme, warum holten wir die Sphinx nicht sofort, wo war sie denn? Ich sagte: »Sie liegt unter den Trümmern eines verschollenen Kaiserpalastes irgendwo auf dem Festland. Dort liegt sie seit zweitausend Jahren und wartet auf mich. Ein Mann in rotem Mantel hat mir das alles gesagt, als ich zum ersten Male von dieser Stelle aus aufs Meer sah, genau da, wo wir stehen. Bisher habe ich sie nur in meinen Träumen gesehen.« Ich sah hinunter. Im Hafen zu meinen Füßen lag meine kleine weiße Jacht; »ich werde die Sphinx schon im richtigen Moment finden«, sagte ich. »Es wird schwer halten, sie übers Meer zu bringen, sie ist ja eine viel zu schwere Belastung für mein Schiff, ganz aus Granit, und ich weiß nicht, wieviel Tonnen schwer. Mastro Nicola kratzte sich den Kopf und meinte: »Wer wird sie aber nur nach San Michele hinauftragen?« »Du und ich, natürlich!« sagte ich.

Die beiden kleinen römischen Kammern unter der Kapelle waren noch voller Schutt von dem abgefallenen Deckenputz, doch die Wände waren bis in Mannshöhe erhalten, die Blumengewinde und die tanzenden Nymphen auf dem roten Stuck hätten gestern gemalt sein können.

»Roba di Timberio?« fragte Meister Nicola. »Nein«, sagte

ich und schaute mir den Mosaikboden genau an mit seinem zierlichen Muster von Weinranken aus Nero antico, »dieser Fußboden ist früher entstanden, er stammt von Augustus. Auch er, der alte Kaiser, hat die Insel sehr geliebt, er begann sogar hier mit dem Bau einer Villa, Gott weiß, wo sie lag, doch er starb darüber hin, als er auf dem Heimweg nach Rom in Nola rastete. Er war groß als Mensch und Herrscher, aber glaube mir, Tiberius war der größte von allen.«

An der Pergola rankte schon junger Wein empor; Rosen, Jelängerjelieber und Epomea schlangen sich um die weißen Säulen. Zwischen den Zypressen, in dem kleinen Klosterhof, stand der tanzende Faun auf seiner Säule aus Cipollino; mitten in der großen Loggia saß der bronzene Hermes aus Herkulaneum. In dem sonnendurchfluteten kleinen Marmorhof am Eßzimmer saß Billy, der Pavian, eifrig beschäftigt, Tappios Flöhe zu fangen, von den sämtlichen übrigen Hunden umlagert, die blinzelnd auf den gewohnten Abschluß ihrer Morgentoilette warteten. Billy hatte eine wunderbar geschickte Hand im Flöhefangen. Kein springendes oder kriechendes Wesen konnte seinem wachsamen Auge entgehen; die Hunde wußten das genau und hatten ebensoviel Spaß daran wie er. Es war die einzige Form von Jagd, die das Gesetz von San Michele gestattete. Der Tod traf blitzartig und vermutlich schmerzlos, Billy hatte seine Beute verschlungen, ehe die Gefahr auch nur erkannt war. Billy hatte das Trinken aufgegeben und war ein ehrbarer Affe geworden, im besten Mannesalter, erschreckend menschlich, im ganzen manierlich, wenn auch etwas übermütig, sobald ich außer Sicht war. Er hatte alle zum besten. Was mögen wohl im Grunde die Hunde von ihm halten? dachte ich oft. Ob sie nicht doch Angst vor ihm hatten? Meist wandten sie die Köpfe, wenn er sie ansah. Billy selbst hatte Respekt vor niemandem, außer vor mir. Ich konnte es seinem Gesicht immer ansehen, wenn er ein schlechtes Gewissen hatte, was meist der Fall war. Doch, es kann sein, daß er noch den Mungo fürchtete, der immer auf rastlosen Füßen durch den Garten schlich, schweigend und neugierig. Billy hatte etwas sehr Männliches, er konnte nichts dafür, sein Schöpfer hatte ihn so erschaffen. Er war durchaus nicht unempfänglich für die Reize des anderen Geschlechts. Billy hatte eine Liebe auf den ersten Blick für Elisa, die Frau meines Gärtners, gefaßt, die oft stundenlang unter seinem Feigenbaum stand und ihn verzückt anstarrte, was er mit Lippenschnalzen erwiderte. Elisa erwartete wie gewöhnlich ein Kind; ich hatte sie noch nie anders gesehen. Irgendwie mißfiel mir diese Freundschaft mit Billy, ich hatte ihr sogar geraten, lieber jemand anderen anzusehen.

Der alte Pacciale war an den Hafen hinuntergegangen zum Empfang seines Kollegen Giovanni, des Totengräbers aus Rom, der mit seiner Tochter am Nachmittag mit dem Sorrentiner Segelboot eintreffen sollte. Da er schon am nächsten Tag wieder auf seinem Posten am Protestantischen Friedhof sein mußte, wollte er noch am Nachmittag die beiden Friedhöfe der Insel besichtigen. Am Abend sollte dann mein Haus dem vornehmen Gast aus Rom ein Festessen auf der Gartenterrasse geben, mit Wein nach Belieben.

Die Glocken der Kapelle läuteten das Ave Maria. Seit früh um fünf hatte ich in der Sonnenglut gearbeitet. Müde und hungrig setzte ich mich zu meinem einfachen Mahl auf die obere Loggia, dankbar, wieder einen schönen Tag erlebt zu haben. Weiter unten auf der Gartenterrasse saßen meine Gäste in Sonntagskleidern um eine Riesenschüssel Makkaroni und einen großen Krug des besten Weines, der in San Michele wuchs. An der Spitze der Tafel, auf dem Ehrensitz, saß der Totengräber aus Rom, rechts und links von ihm die beiden Capreser Totengräber. Dann kamen Baldassare, mein Gärtner, und Gaetano, mein Bootsmann, und Mastro Nicola mit seinen drei Söhnen. Alles redete aus vollem Halse. Rings um die Tafel stand das Weibervolk in bewundernder Betrachtung, wie es in Neapel so Sitte ist. Die Sonne war im Sinken, zum erstenmal im Leben war es mir eine Erleichterung, als sie endlich hinter Ischia verschwand. Warum sehnte ich mich nach der Dämmerung und den Sternen - ich, der Sonnenanbeter, der von Kindheit an sich vor Dunkelheit und Nacht gefürchtet hatte? Warum brannten mir heute die Augen, wenn ich zu dem strahlenden Gott hinaufsah? Zürnte er mir? Wollte er sein Antlitz von mir wenden und mich im Dunkel lassen, ich, der in Demut kniend ihm ein neues Heiligtum errichten wollte? War es wahr, was der geheimnisvolle Fremde im roten Mantel mir vor zwanzig Jahren gesagt hatte, als ich zuerst von der Kapelle des San Michele auf die herrliche Insel herabsah? War es wahr, daß zuviel Licht nicht gut ist für Menschenaugen?

»Hüte dich vor dem Licht, hüte dich vor dem Licht!« Seine düstere Warnung klang mir im Ohr.

Ich hatte seine Bedingung angenommen und den Preis bezahlt, ich hatte meine Zukunft geopfert, um San Michele zu erringen, was wollte er noch mehr? Welches war der andere hohe Preis, den ich seinen Worten nach bezahlen mußte – ehe ich starb?

Eine dunkle Wolke senkte sich auf einmal über Meer und Garten zu meinen Füßen. Ich schloß entsetzt die brennenden Lider...

»Ich bitte ums Wort, Freunde«, brüllte der Totengräber aus Rom – »hört, was ich euch sage! Ihr Bauersleute, die ihr ihn nur hier in diesem elenden kleinen Dorfe herumlaufen seht, barfuß und mit nicht mehr Kleidern, als ihr anhabt, wißt ihr denn, daß er in Rom zweispännig herumfährt – sie behaupten sogar, er hätte den Papst besucht, als er Influenza hatte! Ich sage euch, Freunde, da ist keiner wie er, er ist der größte Doktor in Rom! Kommt doch und seht euch meinen Friedhof an, da werdet ihr's sehen! Sempre lui, sempre lui! Immer er – immer er! Und wir, meine Familie und ich, wir wüßten gar nicht, was wir ohne ihn anfingen, er ist unser Wohltäter. An wen, glaubt ihr, verkauft meine Frau alle ihre Kränze und Blumen, wenn nicht an seine Kundschaft! Und die vielen Ausländer, die am Tor läuten und meinen Kindern einen Groschen geben, um eingelassen zu werden, warum glaubt ihr, daß sie kommen, was meint ihr, was sie wollen? Natürlich verstehen meine Kinder nicht, wovon sie reden, oft müssen sie mit ihnen über den ganzen Friedhof gehen, bis sie finden, was sie suchen. Aber jetzt, wenn Ausländer am Tor läuten, wissen meine Kinder sofort, was sie wollen, und führen sie gleich zu seiner Gräberreihe. Die Ausländer geben dann den Kindern gern einen Groschen mehr. Sempre lui, sempre lui! Es vergeht kaum ein Monat, ohne daß er einen seiner Patienten in der Leichenkapelle aufschneidet, um herauszubekommen, was ihm fehlte. Er gibt mir fünfzig Lire pro Stück, um sie wieder in die Särge zu legen. Ich sage euch, Brüder, es ist keiner wie er! Sempre lui, sempre lui!«

Die Wolke hatte sich wieder verteilt, das Meer glänzte wieder in goldenem Licht, meine Furcht war verflogen. Selbst der Teufel kann einem Manne nichts anhaben, der noch lachen kann.

Die Festgesellschaft brach auf. Voller Daseinsfreude und mit reichlich viel Wein in unseren Köpfen gingen wir alle zu Bett, um den Schlaf des Gerechten zu schlafen.

*

Ich war eingeschlafen, da stand ich im Traum auf einer einsamen Ebene, die besät war mit Bruchstücken von Mauerwerk, Riesenblöcken von Travertin und zerbrochenen Marmorplatten, überwuchert von Efeu und Rosmarin, wildem Geißblatt, Cistus und Thymian. Auf der zerbröckelnden Mauer aus Opus reticulatum[1] saß ein alter Hirte und blies auf einer Pansflöte seinen Ziegen eine Weise vor. Sein wildes, bärtiges Gesicht war von Sonne und Wind verwittert, die Augen glühten wie Feuer unter den buschigen Brauen, der hagere, ausgemergelte Körper fröstelte unter dem langen, blauen Kalabreser Schäfermantel. Ich bot ihm etwas Tabak an, er reichte mir ein Stück frischen Ziegenkäse und eine Zwiebel. Ich konnte ihn nur schwer verstehen.

Wie hieß dieser seltsame Ort?

Er hatte keinen Namen.

[1] Römisches Mauerwerk

Woher stammte der Hirt?

Von nirgendwoher, er war immer hier gewesen, dies war seine Heimat.

Wo schlief er?

Er deutete mit seinem langen Stab auf eine Treppenflucht unter einem eingestürzten Bogen. Ich kletterte die Stufen hinab, die in den Fels gehauen waren, und stand im Dämmerlicht eines gewölbten Raumes. In der Ecke ein Strohsack und ein paar Schaffelle als Decke. Von der Wölbung und den Wänden hingen Bündel getrockneter Zwiebeln und Tomaten, ein irdener Wasserkrug stand auf dem klobigen Tisch. Dies war seine Behausung, dies sein Hausrat. Hier hatte er sein ganzes Leben gelebt, hier würde er sich eines Tages zum Sterben niederlegen. Vor mir öffnete sich ein dunkler unterirdischer Gang, halb verschüttet unter Trümmern des eingestürzten Gewölbes. Wohin mochte er führen?

Er wußte es nicht, er war nie dort gewesen. Man hatte ihm als Knabe gesagt, der Gang münde in eine Höhle, in der ein unsauberer Geist sein Wesen treibe, der seit vielen tausend Jahren dort hause, in Gestalt eines riesigen Werwolfs, der jeden verschlingen würde, der sich in die Höhle wage.

Ich entzündete eine Fackel und tastete mich vorwärts über eine Flucht von Marmorstufen. Der Gang weitete sich mehr und mehr, ein eiskalter Luftzug traf mein Gesicht. Ich hörte ein unheimliches Heulen, das das Blut in meinen Adern erstarren ließ. Auf einmal stand ich in einer großen Halle. Zwei mächtige Säulen aus afrikanischem Marmor trugen noch einen Teil der gewölbten Decke, zwei andere lagen quer über dem Mosaikfußboden. Der gewaltige Stoß eines Erdbebens hatte sie von ihren Sockeln gerissen. Hunderte von großen Fledermäusen hingen in schwarzen Klumpen an den Wänden, andere umflatterten in wildem Fluge meinen Kopf, geblendet von dem jähen Aufleuchten meiner Fackel. Mitten in der Halle kauerte eine mächtige Granit-Sphinx, die mich aus weitgeöffneten Augen anstarrte...

Ich fuhr im Schlaf empor. Der Traum entschwand. Ich schlug die Augen auf, der Tag brach an.

Auf einmal hörte ich den Ruf des Meeres, herrisch, unwiderstehlich, gleich einem Befehl... Ich sprang auf die Füße, fuhr in die Kleider, stürmte an die Brüstung der Kapelle und gab das Signal, die Jacht zum Auslaufen bereitzuhalten. Ein paar Stunden darauf belud ich mein Schiff mit Vorräten für eine Woche, Rollen starker Taue, Spitzhacken und Spaten; dazu kam ein Revolver, all mein verfügbares Geld, ein Bündel von Fackeln aus harzigem Holz, wie sie Fischer auf ihren Nachtfahrten brauchen. Einen Augenblick später hißten wir die Segel dem spannendsten Abenteuer meines Lebens entgegen. In der nächsten Nacht gingen wir in einer einsamen Bucht vor Anker, die nur wenigen Fischern und Schmugglern bekannt war. Hier sollte Gaetano acht Tage lang mit der Jacht auf mich warten und nur bei schlechtem Wetter im nächsten Hafen Schutz suchen. Wir kannten diese gefährliche Küste gut, wo auf hundert Meilen kein sicherer Ankerplatz zu finden ist. Ich kannte auch das herrliche Binnenland, einst die Magna Graecia des goldenen Zeitalters hellenischer Kunst und Kultur, jetzt die ödeste Provinz Italiens, Malaria und Erdbeben preisgegeben.

Drei Tage später stand ich auf derselben einsamen Ebene, die besät war mit Bruchstücken von Mauerwerk, Riesenblöcken von Travertin und zerbrochenen Marmorplatten, überwuchert von Efeu, Rosmarin, wildem Geißblatt, Cistus und Thymian. Auf der zerbröckelnden Mauer von Opus reticulatum saß der alte Hirt und spielte auf der Flöte seine Weise der Ziegenherde vor. Ich bot ihm ein wenig Tabak an, er reichte mir ein Stück frischen Ziegenkäse und eine Zwiebel. Die Sonne war schon hinter den Bergen verschwunden, der todbringende Malarianebel kroch langsam über die einsame Ebene. Ich sagte dem Hirten, ich hätte mich verirrt, ich getraute mich nicht, allein in dieser Wildnis meinen Weg zu finden, dürfte ich nicht diese Nacht bei ihm bleiben?

Er führte mich zu seiner unterirdischen Schlafstätte, die ich aus meinem Traum so gut kannte. Ich legte mich auf seinen Schaffellen nieder und schlief ein. Es ist alles zu wirr und phantastisch, um es in geschriebene Worte zu übertragen, und wenn ich es versuchte, würdet ihr es mir doch nicht glauben. Ich selbst weiß kaum, wo der Traum endete und wo die Wirklichkeit begann. Wer steuerte die Jacht in diese stille, verborgene Bucht? Wer führte mich durch diese pfadlose Wildnis zu den unbekannten Ruinen von Neros Villa? War der Hirte aus Fleisch und Blut oder war es Pan selber, der zu seinen Lieblingsgefilden zurückgekehrt war, um inmitten seiner Ziegen die Flöte zu blasen?

Stellt keine Fragen an mich, ich kann es euch nicht sagen, ich darf es nicht sagen. Ihr könnt die mächtige Granit-Sphinx fragen, die auf der Mauerbrüstung an der Kapelle von San Michele kauert. Doch ihr werdet umsonst fragen. Die Sphinx hat seit fünftausend Jahren ihr eigenes Geheimnis bewahrt. Die Sphinx wird auch meines zu bewahren wissen.

*

Ich kehrte von dem großen Abenteuer zurück, abgezehrt von Hunger und Entbehrungen aller Art und von Malariafiebern geschüttelt. Einmal war ich Räubern in die Hände gefallen, es gab deren genug im Kalabrien jener Tage. Meine Lumpen retteten mich. Zweimal hatten mich Küstenwächter als Schmuggler festgenommen. Ein paarmal war ich von Skorpionen gestochen worden, und meine linke Hand lag noch in der Binde infolge eines Vipernbisses. Vor Punta Licosa, wo Leucosia, die Schwestersirene von Parthenope, begraben liegt, überraschte uns ein Südweststurm. Unsere schwere Ladung hätte uns fast auf den Meeresgrund gezogen, hätte nicht Sant' Antonio selbst noch im letzten Augenblick das Steuer ergriffen. Votivkerzen brannten noch vor seinem Schrein in der Kirche von Anacapri, als ich San Michele betrat. Das Gerücht, wir hätten in dem schweren Sturm Schiffbruch erlitten, hatte sich über die ganze Insel verbreitet. Mein ganzes Hausgesinde begrüßte mich strahlend, als ich heimkehrte.

Ja, Gott sei Dank ging alles gut in San Michele, wie gewöhnlich hatte sich in Anacapri nichts ereignet. Niemand war gestorben. Der Pfarrer hatte sich den Knöchel verstaucht. Einige sagten, er sei ausgeglitten, als er am Sonntag von der Kanzel herabstieg, andere waren der Ansicht, der Pfarrer von Capri hätte ihn behext; jeder wußte ja, daß der Pfarrer von Capri den bösen Blick hatte. Gestern früh hatte man unten in Capri den Kanonikus Don Giacinto tot in seinem Bett gefunden. Der Kanonikus fühlte sich ganz wohl, als er zu Bett ging. Er war im Schlaf gestorben. Er hatte schon eine Nacht vor dem Hochaltar aufgebahrt gelegen, heute früh sollte er mit allem Pomp beerdigt werden, die Glocken waren seit Tagesanbruch geläutet worden. Im Garten ging die Arbeit voran wie gewöhnlich. Mastro Nicola hatte beim Abreißen der Klostermauer noch eine Testa di Cristiano[1] gefunden und Baldassare war wieder auf einen Tonkrug mit römischen Münzen gestoßen, als er die Frühkartoffeln erntete. Der alte Pacciale, der meinen Weinberg in Damecuta umgegraben hatte, nahm mich mit äußerst geheimnisvoller Miene beiseite. Nachdem er sich vergewissert hatte, daß uns niemand belauschte, zog er eine zerbrochene Tonpfeife aus der Tasche; sie war schwarzgeraucht. Wahrscheinlich hatte sie einem Soldaten des Malteser Regiments gehört, das 1808 bei Damecuta lag.

»La pipa di Timberio[2]«, sagte der alte Pacciale.

Die Hunde hatten täglich ihr Bad gehabt und zweimal in der Woche ihre Knochen nach meiner Vorschrift. Die kleine Eule war guter Laune, der Mungo war Tag und Nacht auf den Beinen, immer auf der Suche nach irgend etwas oder irgend jemand. Die Schildkröten schienen auf ihre stille Art sehr glücklich. War Billy artig gewesen?

»Ja«, beeilte sich Elisa zu sagen, »Billy war sehr artig, un vero angelo[3].«

Er sah mir keineswegs so aus, als ich in sein grinsendes Gesicht sah, das aus seinem Lieblingsfeigenbaum herab mich anblickte. Gegen seine Gewohnheit kam er nicht her-

[1] Einen menschlichen Kopf [2] Die Pfeife des Tiberius [3] Ein wahrer Engel

unter, um mich zu begrüßen. Ich hatte das sichere Gefühl, daß er irgendeinen Unfug angestellt hatte, etwas in seinem Gesicht war mir verdächtig. War Billy wirklich artig gewesen?

Allmählich kam die Wahrheit ans Licht. Noch am selben Tage nach meiner Abfahrt hatte Billy von der Gartenmauer herab einem Touristen eine Rübe an den Kopf geworfen und ihm die Brille zertrümmert. Der Tourist war sehr wütend und wollte sich gleich in Capri beschweren. Elisa legte sich mächtig für ihn ins Zeug, der Tourist wäre selber schuld, warum mußte er sich auch da so hinstellen und Billy auslachen, jedermann wußte doch, daß Billy böse wurde, wenn man über ihn lachte.

Am nächsten Tag kam es zu einer schrecklichen Schlacht zwischen Billy und dem Foxterrier, sämtliche Hunde hatten sich mit in den Kampf gestürzt, Billy focht wie der Leibhaftige selbst und biß sogar nach Baldassare, der die Kämpfenden zu trennen versuchte. Die Schlacht nahm ein jähes Ende, als der Mungo auf der Bildfläche erschien, Billy hatte sich in seinen Baum geschwungen, und die Hunde waren davongeschlichen wie immer, wenn der kleine Mungo auftauchte. Seither stand Billy sich mit den Hunden auf Hauen und Stechen, er lehnte es sogar ab, ihnen weiterhin die Flöhe zu fangen. Billy hatte das siamesische Kätzchen erst durch den ganzen Garten gehetzt und es dann in den Wipfel eines Baumes verschleppt, um ihm hier in aller Ruhe die Haare auszurupfen. Billy hatte von früh bis spät die Schildkröten geärgert. Amanda, die größte Schildkröte, hatte sieben Eier, so groß wie Taubeneier, gelegt, um sie nach Schildkrötenart von der Sonne ausbrüten zu lassen; Billy hatte sie auf einen Ruck verschlungen. Hatten sie wenigstens aufgepaßt, daß keine Weinflaschen herumstanden? Darauf vielsagendes Schweigen. Pacciale, der zuverlässigste meiner Hausleute, gestand endlich, daß Billy zweimal gesehen worden war, wie er sich aus dem Weinkeller schlich, in jeder Hand eine Flasche. Erst vor drei Tagen kamen weitere Weinflaschen zum Vorschein, die in einer

Ecke des Affenhauses sorgfältig im Sande verscharrt waren. Wie ich es für solche Fälle angeordnet hatte, war Billy daraufhin sofort ins Affenhaus gesperrt worden, um bei Wasser und Brot bis zu meiner Rückkehr dort zu bleiben. Am anderen Tage war das Affenhaus leer, Billy war in der Nacht auf unerklärliche Weise ausgebrochen, das Gitter war heil, der Schlüssel zu dem Vorhängeschloß in Baldassares Tasche. Sie hatten alle das ganze Dorf vergeblich nach Billy abgesucht. Endlich heute morgen hatte ihn Baldassare hoch oben auf dem Barbarossaberge gefunden; er war fest eingeschlafen und hielt einen toten Vogel zwischen den Fingern. Während das Ermittlungsverfahren seinen Fortgang nahm, saß Billy oben in seinem Baum und sah mich herausfordernd an, zweifellos verstand er jedes Wort. Exemplarische Bestrafung war hier geboten. Affen müssen erst, genau wie Kinder, gehorchen und dann befehlen lernen. Billy begann besorgt auszusehen. Er wußte, ich war sein Herr, er wußte, daß ich ihn mit dem Lasso fangen konnte, wie ich es schon zuweilen getan hatte, er wußte, daß die Peitsche in meiner Hand für ihn bestimmt war. Auch die Hunde wußten es ganz genau, wie sie da im Kreise um Billys Baum herumsaßen, schwanzwedelnd und mit reinem Gewissen, sie genossen die Situation sichtlich. Hunde sehen gern zu, wenn jemand anders verprügelt wird. Plötzlich legte Elisa mit einem durchdringenden Aufschrei ihre Hände auf den Leib und wurde von Pacciale und mir noch rechtzeitig in ihrem Häuschen zu Bett gebracht; Baldassare rannte nach der Hebamme. Als ich zu Billys Baum zurückkam, war Billy verschwunden, um so besser für ihn und für mich, ich hasse es, Tiere zu strafen.

Übrigens hatte ich auch noch andere Sorgen. Ich hatte mich immer lebhaft für Don Giacinto interessiert. Ich hätte gern mehr über seinen Tod erfahren, über sein Leben war ich im Bilde. Don Giacinto galt als der reichste Mann auf der Insel, man sagte ihm ein Einkommen von fünfundzwanzig Lire pro Stunde nach, »anche quando dorme«, auch wenn er schläft! Ich hatte seit vielen Jahren mit angesehen, wie er den letzten Groschen aus seinen armen Mietern erpreßte, wie er sie aus dem Hause jagte, wenn die Oliven mißraten waren und sie die Miete nicht bezahlen konnten, oder sie verhungern ließ, wenn sie alt wurden und nicht mehr für ihn fronen konnten. Weder ich noch sonst irgend jemand hatte gehört, daß er jemals einen Groschen weggab. Ich hätte nicht länger an eine göttliche Gerechtigkeit diesseits des Grabes glauben können, wenn der Allmächtige Gott diesem alten Blutsauger die größte Wohltat erwiesen hätte, die er einem Menschen im Leben überhaupt erweisen kann – im Schlaf zu sterben.

Ich beschloß, meinen Freund, den Pfarrer Don Antonio, aufzusuchen, er würde mir gewiß sagen können, was ich wissen wollte. Don Giacinto war seit einem halben Jahrhundert sein Todfeind gewesen. Der Pfarrer saß aufrecht in seinem Bett, sein Fuß war mit Tüchern dick umwickelt, sein Gesicht strahlte. Das Zimmer war voll von Priestern, mitten unter ihnen Maria Porta-Lettere, die Zunge fiel ihr vor Aufregung fast aus dem Munde. In der Kirche von San Costanzo war in der Nacht Feuer ausgebrochen, und während Don Giacinto auf dem Katafalk aufgebahrt lag, war der Sarg von den Flammen verzehrt worden! Einige Leute sagten, il Demonio selbst hätte den Kandelaber mit den Wachskerzen umgeworfen, um den Katafalk mit Don Giacinto anzustecken. Andere meinten, es wäre eine Räuberbande gewesen, die den silbernen San Constanzo stehlen wollte. Für den Pfarrer bestand kein Zweifel, daß es il Demonio war, der den Kandelaber umgestoßen hatte. Er hätte immer vermutet, daß Don Giacinto in Flammen enden würde. Maria Porta-Letteres Bericht über Don Giacintos Tod war durchaus einleuchtend. Der Teufel hatte sich am Fenster gezeigt, als der Kanonikus sein Abendgebet las. Don Giacinto schrie um Hilfe und mußte halb ohnmächtig ins Bett getragen werden. Bald darauf starb er.

Mich interessierte der Fall ungeheim, ich hielt es für das beste, selbst nach Capri zu gehen, um die Sache zu untersuchen. An der Piazza drängte sich Kopf an Kopf, jeder schrie, so laut er konnte. Mitten unter der Menge stand der Sindaco mit den Gemeinderäten, die ungeduldig auf das Eintreffen eines Trupps Karabinieri aus Sorrent warteten. Auf den Kirchenstufen standen wild gestikulierende Priester. Die Kirche blieb bis zum Eintreffen der Behörde verschlossen. Ja, sagte der Sindaco, auf mich zukommend, mit ernster Miene, es war alles wahr. Als der Sakristan am Morgen die Kirche aufschloß, war alles voller Rauch gewesen. Der Katafalk war halb verkohlt, ebenso der Sarg selbst; das kostbare Bahrtuch aus besticktem Samt und das Dutzend Kränze von den Verwandten und Kindern des Kanonikus waren nur noch ein Häufchen glimmender Asche. Drei von den großen Armleuchtern rings um den Sarg brannten noch, der vierte war offenbar von gotteslästerlicher Hand umgestürzt worden, um das Bahrtuch in Brand zu setzen. Es war somit unmöglich, festzustellen, ob il Demonio oder Verbrecher hier die Hand im Spiele hatten, doch, wie der Sindaco scharfsinnig bemerkte, spräche die Tatsache, daß keiner von den kostbaren Edelsteinen aus dem Halsschmuck San Constanzos fehlte, wenn er sich ein Urteil erlauben dürfe, parlando con rispetto, für die erstere Erklärung. Das Dunkel wurde immer undurchdringlicher, je länger ich meine Nachforschungen fortsetzte. Im Café »Zum Hidigeigei«, dem Hauptquartier der Deutschen Kolonie, war der ganze Fußboden mit zerbrochenen Gläsern, Flaschen und Geschirr jeder Art bestreut, auf dem Tisch stand eine halb geleerte Whiskyflasche. In der Farmacia[1] waren Dutzende von Fayence-Krügen voll wertvoller Drogen und geheimer Mixturen von ihren Regalen herabgefegt, alles schwamm in Rizinusöl. Il Professor Rafaello Parmigiano zeigte mir selbst die Verheerungen in seinem neuen Ausstellungssaal, der Zierde der ganzen Piazza. Sein »Ausbruch des Vesuv«, seine »Prozession des heiligen Konstanzius«, seine »Tiberius-Klippe«, seine »Bella Carmela« lagen alle auf einem Haufen am Boden mit zerbrochenen Rahmen und zerrisse-

[1] Apotheke

ner Leinwand. Sein »Tiberius in der Blauen Grotte schwimmend« stand noch auf der Staffelei, von oben bis unten in wildem Durcheinander mit Ultramarinklecksen bespritzt. Wie mir der Sindaco mitteilte, hatten die Nachforschungen der Lokalbehörden bisher zu keinerlei Ergebnis geführt. Die liberale Partei ließ die Räubertheorie fallen, seit mit Sicherheit erwiesen war, daß keinerlei Wertsachen verschwunden waren. Sogar die beiden gefährlichen Kamorristen aus Neapel, die schon über ein Jahr zu verlängerter Sommerfrische im Gefängnis von Capri weilten, konnten ihr Alibi nachweisen. Es war festgestellt worden, daß sie wegen des starken Regens die ganze Nacht im Gefängnis geblieben waren, statt, wie sie es gewohnt waren, nach Mitternacht ihren üblichen Dorfbummel zu machen. Zudem waren sie gute Katholiken, sehr beliebt und nicht geneigt, sich mit solchem Unfug abzugeben.

Die Teufeltheorie wurde von der klerikalen Partei aus Respekt für das Andenken Don Giacintos abgelehnt. Wer also konnte diese niederträchtigen Schandtaten begangen haben? Es blieb nur eine Möglichkeit! Es blieb der Erbfeind fast unmittelbar vor ihren Toren, Anacapri! Natürlich war alles das Werk der Anacapresen! Das erklärte alles! Der Kanonikus war der Todfeind der Anacapresen, die es ihm nie verziehen hatten, daß er in seiner berühmten Predigt am Tage des heiligen Konstanzius das letzte Wunder Sant' Antonios verspottet hatte; der wilde Haß zwischen »Zum Hidigeigei« und dem neueröffneten Café in Anacapri war allgemein bekannt. In den Tagen Cäsar Borgias hätte es sich Don Petruccio, der Apotheker von Capri, wohl zweimal überlegt, ehe er eine Einladung seines Kollegen in Anacapri, an seinem Mahl aus Makkaroni teilzunehmen, angenommen hätte. Der Wettstreit zwischen Il Professore Rafaello Parmigiano aus Capri und Il Professore Michelangelo aus Anacapri um das Monopol auf »Tiberius in der Blauen Grotte schwimmend« war neuerdings zu einem erbitterten Krieg ausgeartet. Die Eröffnung der Sala die Esposizione war dem Professor Michelangelo ein Dorn im Auge. Der

Absatz seiner »Prozession des Heiligen Antonius« war gänzlich ins Stocken geraten.

Natürlich war Anacapri die Wurzel all dieser Übel!

Abasso Anacapri, nieder mit Anacapri!

Mir wurde die Sache recht unbehaglich, ich hielt es für ratsam, zu gehen, woher ich gekommen war. Ich wußte selbst nicht mehr, was ich glauben sollte. Der erbitterte Krieg, der schon seit den Tagen der spanischen Herrschaft in Neapel zwischen Capri und Anacapri tobte, loderte damals noch in ungemilderter Glut. Die beiden Sindaci sprachen nicht miteinander, die angesehenen Bürger haßten einander, die Bauern haßten einander, die Priester haßten einander, die beiden Schutzpatrone Sant' Antonio und San Constanzo haßten einander. Vor ein paar Jahren hatte ich mit eigenen Augen gesehen, wie ein Haufen von Capresen unsere kleine Sant' Antonio-Kapelle umtanzte, weil ein großer Felsblock vom Monte Barbarossa den Altar und die Statue des Heiligen Antonius zertrümmert hatte.

In San Michele hatte man schon Feierabend gemacht, alle meine Leute waren im Sonntagsstaat unterwegs zur Piazza, wo die Musik aufspielte, um das Ereignis zu feiern. Über hundert Lire waren schon für das Feuerwerk gesammelt worden. Der Sindaco hatte mir sagen lassen, er hoffe, ich würde in meiner Eigenschaft als cittadino onorario an der Feier teilnehmen. Diese einzigartige Auszeichnung einer Ernennung zum Ehrenbürger war mir vor einem Jahre zuteil geworden.

Mitten in der Pergola saß Billy bei der größten Schildkröte, viel zu versunken in sein Lieblingsspiel, um mein Kommen zu bemerken. Das Spiel bestand in wiederholtem raschem Klopfen auf die rückwärtige Öffnung des Schildkrötenhauses, wo der Schwanz herauskommt. Bei jedem Klopfen steckte dann die Schildkröte ihren verschlafenen Kopf aus der vorderen Öffnung, um zu sehen, was los wäre, mit dem einzigen Ergebnis, blitzschnell einen betäubenden Hieb von Billys Faust auf die Nase zu bekommen. Dies Spiel war nach den Gesetzen von San Michele streng verboten. Billy wußte das ganz genau und schrie wie ein Kind, als ich, diesmal schneller als er, ihn am Gurt zu fassen bekam.

»Billy«, begann ich streng, »wir müssen einmal unter vier Augen miteinander reden, dort unter deinem Feigenbaum; wir haben noch über einiges miteinander abzurechnen. Du brauchst gar nicht so mit den Lippen zu schnalzen, du weißt, daß du eine Tracht Prügel verdient hast und daß du sie bekommen wirst. Billy, du hast wieder getrunken! Zwei leere Weinflaschen sind in der Ecke des Affenhauses gefunden worden, außerdem fehlt eine Flasche von Buchanans Black-and-White-Whisky. Dein Lebenswandel während meiner Abwesenheit in Kalabrien war einfach abscheulich. Du hast einem Touristen mit einer Rübe die Brille zerschmissen. Du bist unbotmäßig gegen meine Leute gewesen. Du hast mit den Hunden gezankt und gerauft und dich sogar geweigert, ihnen die Flöhe zu fangen. Du hast den Mungo beleidigt. Du bist unehrerbietig gegen die kleine Eule gewesen, du hast die Schildkröte wiederholt geohrfeigt, du warst nahe daran, das siamesische Kätzchen zu erwürgen. Und damit nicht genug, du bist ausgebrochen, und zwar in betrunkenem Zustand. Grausamkeit gegen Tiere liegt in deiner Natur, sonst wärest du ja kein Menschheitskandidat, aber allein die Herren der Schöpfung haben das Recht, sich zu betrinken. Ich habe es nun satt mit dir, ich werde dich zurück nach Amerika expedieren zu deinem betrunkenen alten Herrn, dem Doktor Campbell. Du gehörst nicht in eine anständige Gesellschaft. Du bist eine Schande für Vater und Mutter! Billy, du bist ein erbärmliches, minderwertiges Menschenbalg – ein unverbesserlicher Hartsäufer, ein...«

Es entstand ein peinliches Schweigen. Als ich die Brille aufgesetzt und Billys ultramarinfarbene Fingernägel und seinen versengten Schwanz näher betrachtet hatte, sagte ich endlich:

»Billy, ich finde es eigentlich recht schön, wie du ›Tiberius in der Blauen Grotte schwimmend‹ retuschiert hast, das

Original hat durchaus gewonnen. Es erinnert mich an ein Bild, das ich letztes Jahr im futuristischen Salon in Paris gesehen habe. Dein ehemaliger Herr hat mir oft von deiner tiefbetrauerten Mutter erzählt, die ein ganz ungewöhnlicher Affe gewesen sein muß. Ich vermute, daß du von ihr deine künstlerische Begabung geerbt hast. Dein stattliches Äußeres und deinen Sinn für Humor hast du wohl von deinem Vater, über dessen Persönlichkeit nach den jüngsten Ereignissen kein Zweifel mehr möglich ist. Es kann sich um niemand anderes handeln, als um den Teufel. Wer hat den Wachsleuchter umgeschmissen und den Sarg angesteckt, du oder dein Vater?«

30

Der Vogelberg

Don Giacintos plötzliche Abfahrt unter Rauch und Feuer in die andere Welt wirkte ungemein belebend auf Stimmung und Befinden unseres Pfarrers Don Antonio. Sein verstauchter Knöchel war bald in Ordnung, so daß er seine gewohnten Morgenspaziergänge nach San Michele wieder aufnehmen konnte, um meinem Frühstück beizuwohnen. Ich lud ihn dann nach neapolitanischer Sitte immer ein, di mangiare con me[1], aber er lehnte stets meine Tasse Tee ab mit einem höflichen: »no grazie, sto bene[2]«. Der einzige Zweck seines Besuches war, mir am Frühstückstisch gegenüberzusitzen und mich beim Essen zu beobachten. Don Antonio hatte nie einen Ausländer aus nächster Nähe gesehen, alles, was ich tat oder sagte, erweckte seine Neugierde. Er wußte, daß ich Protestant war, aber nach einigen schüchternen Versuchen, zu diskutieren, waren wir übereingekommen, Theologie aus unserer Unterhaltung zu streichen und die Protestanten in Frieden zu lassen. Er machte mir damit ein großes Zugeständnis, denn einmal in der Woche schickte er von der Kanzel herab alle lebenden und toten Protestanten unter fürchterlichen Schmähungen zu Hölle. Die Protestanten waren Don Antonios Spezialität, sein Rettungsanker, sobald seine Rhetorik Schiffbruch erlitt, ich weiß nicht, wie er ohne Protestanten ausgekommen wäre. Das Gedächtnis unseres guten alten Pfarrers war ein wenig unsicher, der dünne Faden seiner Beweisführung pflegte manchmal im peinlichsten Augenblick zu reißen, dann trat

[1] Mit mir zu essen [2] nein danke, ich bin gesund

mitten in der Predigt Totenstille ein. Seine andächtige Gemeinde wußte das schon und stieß sich nicht im geringsten daran. Jeder setzte ruhig seine frommen Betrachtungen über seine eigenen Angelegenheiten fort: die Oliven, die Weingärten, die Kühe, die Schweine. Sie wußten auch alle, was nun kommen würde. Don Antonio schnaubte sich unter Trompetenstößen, die des Jüngsten Gerichts würdig gewesen wären, und hatte wieder festen Grund gewonnen: »ma questi maledetti protestanti, ma questo camorrista Lutero[1]. Möge ihnen der Teufel die verfluchten Zungen aus dem Munde reißen, möge er ihre Knochen zerbrechen und sie lebendig rösten! In aeternitatem![2]«

An einem Ostersonntag trat ich mit einem Freund gerade in dem Moment in die Kirchentür, als der Pfarrer aus dem Geleise geriet. Es trat das übliche große Schweigen ein. Ich raunte meinem Freunde zu: »Jetzt geht es uns an den Kragen.« »Ma questo camorrista Lutero, questi maledetti protestanti! che il Demonio...«

Plötzlich erblickte mich Don Antonio in der Kirchentür. Die geballte Faust, die er gerade erhoben hatte, um die verfluchten Ungläubigen niederzuschmettern, löste sich zu einem freundlichen Winken, und mit einer entschuldigenden Geste nach mir fügte er rasch hinzu: »Aber natürlich nicht il Signor Dottore! Natürlich nicht il Signor Dottore!«

Ich versäumte es selten, am Ostersonntag zur Kirche zu gehen, um meinen Platz an der Türe neben dem alten blinden Cecatiello einzunehmen, dem offiziellen Bettler von Anacapri. Wir streckten dann beide unsere Hände den Kirchgängern hin, er nach einem Soldo[3], ich nach den Vögeln in den Taschen der Männer, in den Falten der schwarzen mantiglia[4] der Frauen, in den Fäusten der Kinder. Es spricht Bände für die Ausnahmestellung, deren ich mich damals im Dorfe erfreute, daß man ohne Groll meine Einmischung in die hier gebräuchliche Auferstehungsfeier unseres Herrn duldete. Sie war immerhin durch eine zweitau-

[1] Aber diese verdammten Protestanten, aber dieser Verschwörer Luther [2] In Ewigkeit [3] Groschen [4] Schal

sendjährige Tradition geheiligt und wird von den Geistlichen heute noch befürwortet: Vom ersten Tage der Karwoche an stellte man in jedem Weinberg, unter jedem Olivenbaum Schlingen auf. Tagelang wurden Hunderte kleiner Vögel, einen Bindfaden am Flügel, von Dorfjungen durch die Straßen gezerrt. Verstümmelte Symbole der heiligen Taube, sollten sie in der Kirche freigelassen werden, um bei der Jubelfeier der Auferstehung Christi als Sinnbild zu dienen. Aber nie wieder stiegen sie empor in den Himmelsraum. Eine Weile flatterten sie hilflos und verängstigt umher, ehe sie in den Fenstern die Flügel knickten, um dann niederzufallen und am Boden zu sterben. Bei Tagesgrauen war ich oben auf dem Kirchendach gewesen, während mir Mastro Nicola, sehr widerstrebend, die Leiter hielt, um einige Fensterscheiben einzuschlagen; aber nur ganz wenige der unglücklichen Vögel fanden den Weg zur Freiheit.

Die Vögel! Die Vögel! Wieviel glücklicher wäre mein Leben auf der schönen Insel gewesen, hätte ich sie nicht so geliebt, wie ich es nun einmal tue. Ich war glücklich, sie im Frühjahr zu Tausenden und aber Tausenden kommen zu sehen, es war meinen Ohren eine Freude, sie im Garten von San Michele singen zu hören. Aber es gab Zeiten, in denen ich fast wünschte, sie wären nicht gekommen, da ich wünschte, ich hätte ihnen weit hinaus aufs Meer ein Zeichen geben können, weiter und weiter zu fliegen, mit einem Zug wilder Gänse hoch über unseren Häuptern, geradewegs nach Norden in mein Heimatland, wo sie sicher waren vor den Menschen. Denn ich wußte, die schöne Insel – ein Paradies für mich – war eine Hölle für sie. Sie trafen stets kurz vor Sonnenaufgang ein. Ihr einziges Verlangen war, eine Weile zu ruhen nach dem langen Flug über das Mittelmeer; ihr Reiseziel war noch so fern, jenes Land, wo sie geboren waren und wo sie ihre Jungen aufziehen wollten. Sie kamen zu Tausenden: Wildtauben, Singdrosseln, Turteltauben, Schnepfen, Wachteln, Goldammern, Lerchen, Nachtigallen, Bachstelzen, Buchfinken, Schwalben, Grasmücken, Rotkehlchen und viele andere zarte Gesangskünstler, um den schweigenden Wäldern und Feldern des Nordens ihre Frühlingskonzerte zu geben. Ein paar Stunden später flatterten sie hilflos in den Netzen, die menschliche Hinterlist überall auf der Insel gestellt hatte, von den Felsen am Meer bis hoch hinauf zu den Hängen des Monte Solaro und Monte Barbarossa. Abends wurden sie dann hundertweise in enge Holzkäfige gesteckt, ohne Wasser oder Futter, und mit Dampfern nach Marseille geschickt, um in den eleganten Restaurants von Paris mit Genuß verspeist zu werden. Es war ein einträgliches Geschäft; jahrhundertelang war Capri ein Bischofssitz, dessen Einkünfte lediglich aus dem Erlös der gefangenen Vögel bestanden. »Il vescovo delle quaglie[1]« wurde der Bischof von Capri in Rom genannt. Wissen Sie übrigens, wie sie in den Netzen gefangen werden? Zwischen den Stangen des Netzes, im Dikkicht versteckt, werden Käfige mit Lockvögeln aufgestellt, die unaufhörlich, automatisch, ihren eintönigen Ruf wiederholen. Sie können nicht aufhören, sie rufen ununterbrochen Tag und Nacht, bis sie sterben. Längst ehe die Wissenschaft etwas über die Lage der verschiedenen Nervenzentren im Gehirn wußte, hatte der Teufel seinem Schüler Mensch seine grausige Entdeckung enthüllt, daß, wenn man einem Vogel die Augen mit einer glühenden Nadel aussticht, er automatisch singen muß. Es ist ein alter Brauch, der schon den Griechen und Römern bekannt war und noch heute an den Südküsten Spaniens, Frankreichs, Italiens[2] und Griechenlands geübt wird. Von hundert Vögeln überleben nur wenige die Operation, und trotzdem ist es ein gutes Geschäft; eine geblendete Wachtel ist heute in Capri fünfundzwanzig Lire wert. Sechs Wochen lang im Frühling und sechs Wochen im Herbst war der ganze Hang des Monte Barbarossa, von der zerstörten Burg auf seinem Gipfel bis hinunter zur Gartenmauer von San Michele am Fuß des Berges, mit Netzen bedeckt. Der Hang galt als der beste Jagdgrund auf der ganzen Insel, und oft wurden mehr

[1] Der Bischof der Wachteln [2] Jetzt gesetzlich verboten, aber leider heimlich ausgeübt

als tausend Vögel an einem einzigen Tag dort gefangen. Der Berg gehörte einem Mann vom Festland, einem ehemaligen Metzger und Spezialisten im Vogelblenden, meinem einzigen Feind in Anacapri außer dem Doktor. Seit ich begonnen hatte, San Michele zu bauen, war zwischen ihm und mir dauernder Krieg. Ich hatte mich an den Präfekten von Neapel gewandt, ich hatte mich an die Regierung in Rom gewandt und stets die Antwort bekommen, da sei nichts zu machen, der Berg sei sein Eigentum und das Recht auf seiner Seite. Ich hatte eine Audienz bei der ersten Dame des Landes erwirkt; die hatte mir zugelächelt mit ihrem bezaubernden Lächeln, das ihr die Herzen ganz Italiens gewann, und mich durch eine Einladung zum Frühstück ausgezeichnet. Das erste, was ich auf der Speisekarte las, war: »Pastete aus gefüllten Wachteln«. Ich hatte mich an den Papst gewandt, und ein fetter Kardinal teilte mir mit, der Heilige Vater habe sich gerade am Morgen in seiner Sänfte in die Gärten des Vatikans hinuntertragen lassen, um das Umgarnen der Vögel zu beobachten; die Jagd sei gut gewesen; sie hätten mehr als zweihundert Vögel gefangen.

Von der kleinen Zweipfünderkanone, die die Engländer 1808 in meinem Garten zurückgelassen hatten, kratzte ich den Rost ab und begann von Mitternacht bis Sonnenaufgang alle fünf Minuten einen Schuß abzufeuern, in der Hoffnung, die Vögel von dem verhängnisvollen Berg zu verscheuchen. Der ehemalige Metzger verklagte mich, weil ich ihn in der rechtmäßigen Ausübung seines Berufes störe, und ich wurde zu zweihundert Lire Schadenersatz verurteilt. Ich hatte alle meine Hunde abgerichtet, auf Kosten meines letzten Restes von Schlaf die ganze Nacht hindurch zu bellen. Ein paar Tage später starb plötzlich mein großer Maremmenhund, und ich fand Spuren von Arsenik in seinem Magen. In der nächsten Nacht entdeckte ich den Mörder, als er hinter meiner Gartenmauer lauerte, und schlug ihn nieder. Der Metzger zeigte mich wieder an, und ich wurde wegen Tätlichkeit zu einer Strafe von fünfhundert Lire verurteilt. Ich hatte schon meine schöne griechische Vase und meine geliebte Madonna von Desiderio di Settignano verkauft, um die enorme Summe aufzubringen, die der Metzger für den Berg verlangte und die hundertmal seinen wirklichen Wert überstieg. Als ich mit dem Gelde kam, wiederholte er sein altes Spiel und erklärte mir grinsend, der Preis habe sich inzwischen verdoppelt. Er kannte seinen Mann. Meine Verzweiflung hatte einen Punkt erreicht, wo ich imstande gewesen wäre, mich von allem, was ich besaß, zu trennen, um in den Besitz des Berges zu kommen. Die Vogelschlächterei nahm kein Ende. Ich hatte das Schlafen ganz verlernt und konnte an nichts anderes mehr denken. Im Gefühl meiner Ohnmacht floh ich San Michele und segelte nach Monte Christo, um erst wiederzukommen, wenn die letzten Vögel über der Insel davonzogen. Das erste, was ich hörte, als ich zurückkam, war, daß der Metzger im Sterben lag. Zweimal täglich wurden für seine Rettung Messen in der Kirche gelesen, dreißig Lire das Stück; er war ja einer der reichsten Männer im Dorf. Gegen Abend kam der Pfarrer und bat mich in Christi Namen, den Sterbenden zu besuchen. Der Dorfarzt vermutete Lungenentzündung, der Apotheker war sicher, daß es ein Schlag sei, der Barbier hielt es für un colpo di sangue[1], die Hebamme für una paura[2]. Der Pfarrer selbst, der überall den bösen Blick vermutete, neigte dem mal'occhio[3] zu. Ich weigerte mich, zu kommen. Ich sagte, daß ich in Capri nie Arzt gewesen sei, außer für die Armen, und daß die auf der Insel ansässigen Ärzte sehr wohl imstande seien, mit jedem dieser Leiden fertig zu werden. Nur unter einer Bedingung würde ich kommen: wenn der Mann bereit sei, auf das Kruzifix zu schwören, falls er durchkäme, nie wieder einen Vogel zu blenden und mir den Berg für den unerhörten Preis von vor einem Monat zu verkaufen. Der Mann weigerte sich. Nachts erhielt er die letzte Ölung. Bei Tagesgrauen erschien der Pfarrer wieder bei mir. Mein Angebot war angenommen, er hatte auf das Kruzifix geschworen. Zwei Stunden später zapfte ich ihm einen halben Liter Eiter

[1] Hitzschlag [2] Angstanfall [2] Verhexung

aus dem linken Brustfell, zur Verblüffung des Dorfarztes und zum Ruhme des Dorfheiligen, denn wider mein Erwarten erholte sich der Mann.

Miracolo! Miracolo!

Der Berg des Barbarossa ist jetzt ein heiliger Vogelhain. Sicher vor Mensch und Tier ruhen sich in jedem Herbst und Frühling Tausende müder Zugvögel an seinen Hängen aus.

Die Hunde von San Michele dürfen nun nicht bellen, wenn die Vögel dort ruhen, die Katzen werden nicht ohne eine kleine Alarmglocke am Halse aus der Küche gelassen, und Billy, der Vagabund, wird ins Affenhaus gesperrt; man kann nie wissen, wozu Affen und Schuljungen fähig sind.

Bisher habe ich nie ein Wort gesagt, um das letzte Wunder des Heiligen Antonius zu schmälern, das viele Jahre hindurch, niedrig geschätzt, fünfzehntausend Vögeln im Jahr das Leben rettete. Aber wenn einst für mich hier alles vorüber sein wird, dann gedenke ich doch ganz leise dem nächsten Engel zuzuflüstern, daß – bei aller Ehrerbietung vor Sant' Antonio – ich und nicht er es war, der dem Metzger den Eiter aus dem linken Brustfell zapfte; dann werde ich den Engel anflehen, doch ein gutes Wort für mich einzulegen, wenn keiner sonst es tun will. Ich bin überzeugt, daß der liebe Gott die Vögel gern hat, sonst hätte Er ihnen nicht das gleiche Flügelpaar verliehen, das Er Seinen Engeln gab.

31

Das Christkind

Die heilige Anna bewegte nachdenklich und besorgt das Haupt, ob es auch klug wäre, ein kleines Kind bei so rauhem Winde auf Reisen zu schicken; war es denn wenigstens ein anständiges Haus, das ihr Enkelkind aufnehmen sollte? Die Madonna sagte, sie könne unbesorgt sein, das Kind würde warm eingehüllt werden, sie war sicher, es würde ihm nichts zustoßen, Kinder seien in San Michele immer willkommen. Es sei das beste, den Knaben gewähren zu lassen, da er selbst den Wunsch hatte zu gehen. Sie wüßte doch, daß er schon seinen eigenen Willen hatte, so jung er auch war. Der heilige Joseph wurde gar nicht erst gefragt; um die Wahrheit zu bestehen, er hatte nie viel zu sagen in der Familie. Don Salvatore, als der jüngste der Priester, hob die Wiege aus dem Schrein, der Küster entzündete die Wachskerzen, und der Zug setzte sich in Bewegung[1]. Voran schritt ein kleiner Chorknabe und läutete eine Glocke, dann kamen zwei Figlie di Maria[2] in weißen Gewändern mit blauen Schleiern, gefolgt von dem Sakristan mit dem Weihrauchfaß. Als letzter schritt Don Salvatore, der die Wiege trug. Wo sie durch ein Dorf kamen, entblößten die Männer das Haupt, die Frauen hoben ihre Kinder empor, damit sie das Königskind sehen konnten, wie es dalag mit der goldenen Krone auf dem Kopf und der Silberrassel am Halse, die die herkömmliche Form einer kleinen Seejung-

[1] Ihr habt vielleicht von dieser seltsamen Sitte gehört. Als ich in San Michele lebte, empfing ich jedes Jahr den Besuch des Bambino, so heißt in Italien das Christkind in der Krippe. Es war die höchste Ehre, die meinem Hause überhaupt zuteil werden konnte. Es blieb meist eine Woche in San Michele. Anm. d. Verf. [2] Jungfrauen, die der Madonna geweiht sind.

frau hatte. Die Straßenjungen riefen einander zu: »il Bambino« – »il Bambino!« In San Michele standen alle Hausbewohner an der Tür mit Rosen in den Händen, um unseren Gast zu begrüßen. Das schönste Zimmer im Hause war in ein Kinderzimmer verwandelt worden, geschmückt mit Blumen und Girlanden aus Rosmarin und Efeu. Auf dem Tisch, der mit unserem besten Linnen gedeckt war, brannten zwei Wachslichter, denn kleine Kinder haben es nicht gern dunkel. In einer Ecke des Kinderzimmers stand meine Florentiner Madonna und wiegte ihr eigenes Kind im Arm, während von den Wänden zwei Putten Lucca della Robbias und eine heilige Jungfrau Mino da Fiesoles auf die Wiege herabschauten. Von der Wölbung leuchtete die heilige Ampel hernieder; wehe dem Hause, wo sie flackert oder verlischt; es bedeutet, daß sein Herr sterben muß, ehe noch das Jahr um ist. Neben der Wiege lagen ein paar einfache Spielsachen, das Beste, was unser Dorf bieten konnte, um dem Christkind Gesellschaft zu leisten: eine kahlköpfige Puppe, die einzige überlebende aus Giovanninas und Rosinas Kindheit, ein hölzernes Eselchen, das Elisas ältestes Töchterchen geliehen hatte, eine Rassel in der Form eines Horns gegen den bösen Blick. In einem Korbe unterm Tisch schlief Elisas Katze mit ihren sechs neugeborenen Jungen, eigens aus diesem feierlichen Anlaß heraufgetragen. Am Boden stand ein großer Steinkrug mit blühendem Rosmarin. Wißt ihr, weshalb Rosmarin? Als Maria das Linnen des Jesuskindes wusch, hing sie sein Hemdchen zum Trocknen über einen Rosmarinbusch.

Don Salvatore stellte sorgsam die Wiege in ihren Schrein zurück und ließ das Christkind in der Obhut der Frauen, nachdem er ihnen sehr genaue Ermahnungen erteilt hatte, es gut zu betreuen und auf alle seine Wünsche achtzugeben. Elisas Kinder spielten den ganzen Tag über am Boden, um ihm Gesellschaft zu leisten; beim Ave-Maria-Läuten knieten alle Hausbewohner im Gebet an der Wiege. Giovannina goß für die Nacht noch ein wenig Öl auf die Lampe. Alles wartete noch eine Weile, bis das Christkind eingeschlafen war, dann ging jeder fort, so leise er konnte. Wenn im Hause alles still geworden war, ging ich noch einmal hinauf, um einen Blick auf das Kind zu werfen, ehe ich schlafen ging. Von der heiligen Lampe fiel ein Schein auf die Wiege und ließ mich sehen, wie es dalag und im Schlaf lächelte.

Armes kleines Kind, dein Lächeln ahnt nicht, daß der Tag kommen wird, an dem wir alle, die wir an deiner Wiege knieten, dich im Stich lassen werden und alle, die dich zu lieben behaupten, dich verraten werden. Grausame Hände werden dann die goldene Krone von deiner Stirn reißen und eine Dornenkrone dir aufs Haupt drücken, dich ans Kreuz nageln – von allen verlassen – selbst von Gott!

In jener Nacht, da Er auf Golgatha starb, wanderte auf diesem Marmorboden, wo ich stand, ein finster blickender Greis rastlos auf und nieder. Ein schlimmer Traum hatte ihn vom Lager emporfahren lassen.

Düster wie der Himmel über ihm war sein Gesicht, Furcht stand ihm im Auge. Er berief seine Sterndeuter und Magier aus dem Morgenlande und befahl ihnen, den Traum zu deuten; doch bevor sie noch die goldenen Lettern am Himmel entziffern konnten, verblaßte flimmernd ein Stern nach dem anderen und erlosch. Wen hatte er, der Weltherrscher, zu fürchten? Was bedeutete das Leben eines einzelnen Mannes ihm, der über Tod und Leben von Millionen zu bestimmen hatte! Wer konnte von ihm Rechenschaft fordern, weil in dieser Nacht ein Schuldloser durch einen seiner Statthalter im Namen des Kaisers in Rom zu Tode gebracht worden war? Und war dieser Statthalter, dessen Namen unsere Lippen noch mit Abscheu nennen, schuldiger als sein kaiserlicher Herr an dem Todesurteil, das er über einen Schuldlosen verhängte? War es für ihn, dessen strenger Obhut die Rechte und das Ansehen Roms in einer aufrührerischen Provinz anvertraut waren, war es für ihn ein Schuldloser, den er zu Tode brachte? Und er, der unselige Jude, der bis heute die Welt durchstreift und nach Vergebung sucht, wußte er, was er tat? Oder jener andere, der größte Übeltäter aller Zeiten, als er seinen Herrn verriet mit seinem Kuß? Konnte er anders, tat er es aus freiem Willen? Es mußte geschehen, er hatte es zu tun, gehorsam einem Willen, der stärker als der seine war. Gab es nicht in jener Nacht auf Golgatha mehr als einen, der leiden mußte für eine Sünde, die nicht die seine war?

Ich stand noch eine Weile über das schlummernde Kind geneigt, dann ging ich leise auf den Fußspitzen hinaus.

32

Das Fest des heiligen Antonius

La festa di Sant' Antonio war für Anacapri der größte Tag des Jahres. Schon Wochen vorher beschäftigte sich das ganze Dorf mit dieser Gedenkfeier für unseren Schutzpatron. Die Straßen wurden saubergefegt, die Häuser, an denen die Prozession vorbeikommen sollte, weiß getüncht, die Kirche prangte in roter Seide und gestickten Teppichen, das Feuerwerk wurde aus Neapel verschrieben, und das Wichtigste von allem, die Musik, aus Torre Annunziata bestellt. Mit ihrer Ankunft, am Vorabend des großen Tages, begann die Reihe der Festlichkeiten. Schon weit draußen auf dem Golf mußte der Posaunenchor anfangen zu blasen, was das Zeug hielt; es war viel zu weit, um von uns in Anacapri gehört zu werden, aber doch nahe genug, um bei günstigem Wind die Ohren der Capresen in ihrem verhaßten Dorf dort unten zu beleidigen. Wenn die Kapelle an der Marina gelandet war, wurde sie samt ihren gigantischen Instrumenten in zwei große Karren verstaut und bergan gefahren, soweit die Landstraße fertig war. Den Rest des Weges mußte sie in losem Verbande die steilen Phönizierstufen hinaufklettern, ununterbrochen blasend. An der Mauer von San Michele wurde sie von einer Abordnung des Gemeinderates empfangen. Der majestätische Kapellmeister in seiner prunkenden Uniform à la Murat, über und über mit Goldtressen verziert, erhob seinen Stab und – alle Dorfjungen voran – nun zogen die Musiker in feierlichem Marschtempo in Anacapri ein, bliesen aus vollen Backen ihre Hörner, Klarinetten und Oboen, schlugen aus Leibeskräften auf Trommeln und Zimbeln und klingelten mit den Triangeln, so laut sie konnten. Eröffnungskonzert auf der Piazza, die ringsum mit Fahnen geschmückt und schwarz von Menschen war, ohne Pause bis Mitternacht. Einige Stunden traumlosen Schlafes in den alten Baracken, wo 1806 die englischen Soldaten gelegen hatten, unterbrochen vom Knallen der ersten Raketen, die den Anbruch des großen Tages kündeten. Um vier Uhr früh bei frischem Morgenwind weckte eine lustige Reveille das schlafende Dorf. Um fünf las der Pfarrer die tägliche Morgenmesse in der Kirche, heute zur Feier des Tages unter Mitwirkung der Musiker, ungeachtet ihrer knurrenden Mägen. Endlich um sieben die Merenda[1], schwarzen Kaffee, ein halbes Kilo Brot und frischen Ziegenkäse. Schon um acht war die Kirche bis zum letzten Platz gefüllt, auf der einen Seite die Männer, auf der anderen die Frauen mit ihren schlafenden Kindern im Schoß. In der Mitte der Kirche auf einem besonders errichteten Podium die Musik. Die zwölf Priester von Anacapri in ihren Chorstühlen hinter dem Hochalter intonierten mutig die Missa solemnis von Pergolesi, im Vertrauen, daß die Vorsehung und die Begleitung der Kapelle ihnen durchhelfen würden. Als musikalisches Intermezzo kam nun ein wilder Galopp, von der Kapelle mit großer Bravour gespielt, von der Gemeinde mit Begeisterung aufgenommen. Um zehn Uhr Messa Cantata vom Hochalter; peinliche Soli des armen alten Don Antonio, Tremoli des Widerstrebens und kurze, wehe Proteste aus dem Innern der kleinen Orgel, die von der Last und Mühe dreier Jahrhunderte stark mitgenommen war. Um elf eine Kanzelpredigt zum Gedächtnis des heiligen Antonius und seiner Wunder, deren jedes durch eine besondere, der Gelegenheit angepaßte Gebärde anschaulich gemacht wurde. Bald hob der Redner in Ekstase die Hände zu den himmlischen Heiligen, bald wies sein Zeigefinger auf den Fußboden, um die unterirdischen Wohnungen der Verdammten zu bezeichnen, bald sank er in stillem Gebet vor Sant' Antonio auf die Knie, um dann

[1] Frühstück

plötzlich aufzuspringen und einen unsichtbaren Spötter mit einem Faustschlag niederzustrecken, wobei er fast von der Kanzel fiel. Eben noch lauschte er geneigten Hauptes in verzücktem Schweigen den seligen Gesängen der Engel, aber gleich darauf hielt er sich, bleich vor Entsetzen, mit beiden Händen die Ohren zu, um nicht das Zähneknirschen des Teufels und das Schreien der Sünder in den großen Kesseln zu hören. Schweißtriefend und erschöpft von zwei Stunden Tränen, Seufzern und Flüchen bei einer Temperatur von 40 Grad Celsius brach er mit einem letzten entsetzlichen Fluch auf die Protestanten auf der Kanzel zusammen. Zwölf Uhr: Große Aufregung auf der Piazza. Esce la Processione! Esce la Processione[1]! Zuerst kam ein Dutzend kleiner Kinder, fast noch Säuglinge, Hand in Hand. Einige trugen kurze kleine Tuniken und Engelsflügel wie Raffaels Putten, andere waren völlig nackt, nur mit Girlanden aus Weinblättern geschmückt und mit Rosenkränzen um die Stirn, sie schienen wie aus einem griechischen Relief geschnitten. Dann kamen die Figlie di Maria, große schlanke Mädchen in weißen Gewändern mit langen blauen Schleiern, die an blauem Bande die silberne Medaille der Mutter Gottes auf der Brust trugen. Ihnen folgten die Bizzoche, schwarzgekleidet und verschleiert, vertrocknete alte Jungfern, die ihrer ersten Liebe Jesus Christus treu geblieben waren; sodann kam mit ihrem Banner die »Congrega di Carita[2]«, alte, ernstblickende Männer in charakteristischen schwarzweißen Kitteln der Zeit Savonarolas.

La Musica! La Musica!

Die Musiker in ihren goldbetreßten Uniformen aus der Zeit der Bourbonenkönige von Neapel – voran der prunkvolle Kapellmeister – bliesen, so laut sie konnten, eine wilde Polka, ein besonderes Lieblingsstück des Heiligen, wie ich hörte. Von einer Salve des Feuerwerks begrüßt, inmitten der Priesterschar im vollen Ornat, erschien nun Sant' Antonio hoch auf seinem Thron, die Hand zum Segen ausgestreckt. Sein Gewand war mit kostbaren Spitzen, Juwelen

[1] Die Prozession kommt [2] Brüderschaft der Barmherzigkeit

und Votivgaben bedeckt; sein Mangel, aus herrlichem alten Brokat, wurde auf der Brust von einer Spange aus Saphiren und Rubinen zusammengehalten. An einer Kette aus vielfarbigen Glasperlen, die er um den Hals trug, hing eine riesige Koralle in Form eines Hornes, die ihn gegen den bösen Blick feien sollte. Dicht an den Fersen des Heiligen Antonius, neben dem Bürgermeister, kam ich, barhäuptig, eine Wachskerze in der Hand, eine Ehre, die mir durch eine besondere Erlaubnis des Erzbischofs von Sorrent zuteil geworden war. Nun folgten die Gemeinderäte, die an diesem Tage von ihrer schweren Verantwortung befreit waren, dann die Notabeln von Anacapri: der Doktor, der Notar, der Apotheker, der Barbier, der Tabakhändler, der Schneider. Dann kam il popolo[1]: Seeleute, Fischer, Bauern, denen in respektvoller Entfernung ihre Frauen und Kinder folgten. Als Nachhut der Prozession trotteten bescheiden ein halbes Dutzend Hunde, einige Ziegen mit ihren Zicklein und ein paar Schweine, auf der Suche nach ihren Herrn. Besonders gewählte Aufseher, mit vergoldeten Stäben in den Händen, eilten als Zeremonienmeister im Dienst des Heiligen an den Seiten der Prozession hin und her, um Ordnung in den Reihen zu halten und Stockungen zu verhüten. Als der Zug sich durch die engen Straßen wand, wurde körbeweis süß duftender Ginster, die Lieblingsblume des Heiligen, aus jedem Fenster geworfen. Der Ginster trägt hier den Namen »Fiore di Sant' Antonio«. Da und dort war ein Seil von Fenster zu Fenster quer über die Straße gespannt, daran sauste, wenn der Heilige vorüberkam, zum Entzücken der Menge, ein bunter Pappengel mit flatternden Flügeln in hastigem Fluge hin und her. Vor San Michele machte die Prozession halt. Der Heilige wurde ehrerbietig auf ein eigens angefertigtes Gerüst gesetzt, um eine Weile auszuruhen. Die Klerisei wischte sich den Schweiß von der Stirn, der Posaunenchor fuhr fort, sein Fortissimo zu blasen, wie er es ununterbrochen getan hatte, seit er vor zwei Stunden aus der Kirche gekommen war. Sant' Antonio blickte wohl-

[1] Das Volk

wollend von seiner Höhe hernieder, während all meine Leute mit vollen Händen Rosen aus den Fenstern warfen, der alte Pacciale die Glocken der Kapelle läutete und Baldassare vom Dache des Hauses die Flagge grüßend senkte. Es war für uns alle ein großer Tag, und jeder einzelne war stolz auf die Ehre, die uns zuteil wurde. Die Hunde verfolgten die Ereignisse von der Pergola aus, sittsam und artig wie gewöhnlich, wenn auch etwas beunruhigt. Die Schildkröten im Garten fuhren unbekümmert fort, über ihre eigenen Probleme nachzusinnen, der Mungo war zu beschäftigt, um seiner Neugier nachzugehen. Die kleine Eule saß blinzelnd mit halbgeschlossenen Augen auf ihrer Stange und schien an etwas anderes zu denken. Unseren Billy, der ja ein Ungläubiger war, hatten wir im Affenhaus eingesperrt, wo er einen infernalischen Lärm vollführte, aus Leibeskräften schrie, mit seiner Wasserflasche gegen den Zinnkrug trommelte, mit den Ketten klapperte, an den Riegeln rüttelte und gräßliche Schimpfworte ausstieß.

Zurück zur Piazza, wo Sant' Antonio, von einem ohrenbetäubenden Kanonenschlag begrüßt, zu seinem Schrein in der Kirche zurückkehrte. Die Prozession ging nun nach Hause zu ihren Makkaronischüsseln. Die Musiker ließen sich im Garten des Hotel »Paradiso« zu einem Mahl nieder, das ihnen vom Magistrat gespendet wurde: ein halbes Kilo Makkaroni für jeden und Wein soviel sie wollten. Um vier öffneten sich die Tore von San Michele, und eine halbe Stunde später war das ganze Dorf in meinem Garten, arm und reich, Männer und Frauen, Kinder und Säuglinge, Krüppel, Schwachsinnige, Blinde und Lahme. Wer nicht gehen konnte, wurde von den anderen auf den Schultern getragen. Nur die Geistlichkeit glänzte durch Abwesenheit, wenn es auch nicht ihre Schuld war. Von der langen Wanderung völlig ermattet, lehnte sie hinter dem Hochaltar in den Chorstühlen, tief versenkt in ihre Gebete zu Sant' Antonio. Vielleicht, daß ihr Beten dem Heiligen in seinem Schrein vernehmbar war, aber wer sonst zufällig einen Blick in die leere Kirche warf, hörte keinen Laut...In der Pergola reihte sich Tisch an Tisch von einem Ende zum andern. Dort standen Riesenkrüge von San Micheles bestem Wein. Der alte Pacciale, Baldassare und Mastro Nicola waren unermüdlich, die Gläser immer von neuem zu füllen, Giovannina, Rosina und Elisa gingen herum und boten den Männern Zigarren, den Frauen Kaffee und den Kindern Kuchen und Süßigkeiten an. Die Musik, die ich dem Magistrat für den Nachmittag abgemietet hatte, blies unentwegt auf der oberen Loggia. Alle Türen meines Hauses standen offen, nichts war weggeschlossen, all meine Kostbarkeiten lagen wie immer in scheinbarer Unordnung auf Tischen, Stühlen und dem Fußboden umher. Mehr als tausend Menschen gingen ungehindert durch alle Räume, nichts wurde je gestohlen. Wenn die Glocken das Ave-Maria läuteten, war der Empfang vorüber, und alles zog nach vielem Händeschütteln heim in gehobenster Stimmung, dazu wurde jedoch der Wein erschaffen! Die Musikkapelle, mehr denn je in Form, kehrte nun zur Piazza zurück. Die zwölf Priester, erholt und erfrischt nach ihrer Mittagsruhe in den Chorstühlen, standen schon geschlossen am Kirchenportal. Der Bürgermeister, die Stadträte und die führenden Persönlichkeiten nahmen ihre Plätze auf der Terrasse des Rathauses ein. Die Musiker bestiegen, noch völlig atemlos, mit ihren Instrumenten eine extra errichtete Tribüne. Auf der Piazza drängte sich il popolo, eng gepackt wie Heringe.

Der majestätische Kapellmeister erhob seinen Stab, und Il Gran Concerto begann. Rigoletto, Der Troubadour, Die Hugenotten, Die Puritaner. Der Maskenball und eine Auslese neapolitanischer Volkslieder, Polkas, Mazurkas, Menuette und Tarantellas folgten sich in immer schnellerem Tempo ohne Pause bis abends um elf. Dann kam das Feuerwerk. Für zweitausend Lire Raketen, bengalische Kerzen, Feuerräder und Kanonenschläge explodierten zu Ehren des heiligen Antonius in der Luft. Um Mitternacht war zwar das offizielle Festprogramm erschöpft, keineswegs aber die Anacapresi und die Musiker. Niemand ging schlafen; das Dorf hallte die ganze Nacht wider von Singen,

Lachen und Musizieren. Evviva la Gioia! Evviva il Santo! Evviva la Musica[1]!

Der Bläserchor sollte mit dem frühen Boot um sechs morgens wieder fortfahren. Auf dem Wege zur Marina bei Tagesgrauen, machte er, wie stets, unter den Fenstern von San Michele halt, um mir zu Ehren seine »Serenata d'Addio« zu blasen. Ich sehe noch meinen Freund Henry James im Pyjama am Fenster seines Schlafzimmers sich vor Lachen schütteln. Die Kapelle war allerdings über Nacht an Zahl und Leistungsfähigkeit mächtig zusammengeschrumpft: der Kapellmeister delirierte, zwei der Oboisten hatten Blut gespuckt, der Fagottist hatte einen Bruch, der dicke Trommler eine ausgekugelte Schulter, dem Zimbelisten war das Trommelfell geplatzt. Zwei weitere Mitglieder der Truppe mußten, nach dem Übermaß von Aufregung völlig niedergebrochen, auf Esel gepackt, zur Marina geschleppt werden. Die Überlebenden lagen mitten auf der Straße unter meinen Fenstern auf dem Rücken und bliesen mit dem letzten Atem ihre »Serenata d'Addio«. Durch schwarzen Kaffee gestärkt, rafften sie sich wortlos auf und taumelten die phönizischen Stufen hinunter. Das Fest des heiligen Antonius war vorüber.

[1] Es lebe die Freude, der Heilige und die Musik!

33

Die Regatta

Es war Hochsommer, ein langer, sonnendurchglühter Tag. Die Britische Botschaft hatte Rom verlassen und sich in Sorrent niedergelassen. Auf dem Balkon des Hotel Viktoria saß der Botschafter, die Seemannsmütze auf dem Kopf, und suchte durch sein Monokel angestrengt den Horizont ab, ob sich noch keine Brise erhöbe, den glänzenden Spiegel des Golfes ein wenig zu kräuseln. In dem kleinen Hafen zu seinen Füßen lag seine geliebte »Lady Hermione« vor Anker, gerade so ungeduldig wie er selbst, in See zu stechen. Mit erstaunlicher Begabung und viel technischem Können hatte er dies Einhandboot selbst als schnellen Kreuzer bauen und auftakeln lassen. Er pflegte zu sagen, er hätte die größte Lust, mit ihr über den Ozean zu segeln, so stolz war er auf seine Schöpfung, stolzer als auf irgendeinen seiner glänzenden diplomatischen Erfolge. Er war den ganzen Tag auf seiner Jacht, sein Gesicht war braungebrannt wie das eines Sorrentiner Fischers. Die Küste von Civita Vecchia bis Punta Licosa kannte er fast so gut wie ich. Er hatte mich einmal zu einem Wettsegeln nach Messina herausgefordert und mich dabei zu seinem Entzücken bei Rükkenwind und schwerer See spielend geschlagen.

»Warten Sie, bis ich erst mein neues Toppsegel und meinen seidenen Spinnaker habe«, sagte ich.

Er liebte Capri und hielt San Michele für den schönsten Ort, den er je gesehen, und er hatte viel gesehen. Von der wechselvollen Geschichte der Insel wußte er wenig, war aber begierig wie ein Schuljunge, mehr darüber zu erfahren.

Ich war damals eifrig beschäftigt, die Blaue Grotte zu erforschen. Zweimal schon hatte mich Mastro Nicola halb bewußtlos aus dem berühmten unterirdischen Gang gezogen, der der Sage nach sechshundert Fuß durch den Felsen hinauf zu jener Villa des Tiberius führen sollte, die einst auf der Ebene von Damecuta lag. Damecuta ist vielleicht eine Verstümmelung aus Domus Augusta. Ich verbrachte ganze Tage in der Grotte, und Lord Dufferin kam oft in seinem kleinen Ruderboot und besuchte mich, wenn ich dort bei der Arbeit war. Nach einem herrlichen Bad in dem blauen Wasser saßen wir dann oft stundenlang an der Mündung des geheimnisvollen Ganges und sprachen von Tiberius und den Orgien in Capri. Ich sagte dem Botschafter, die Geschichte von dem unterirdischen Gang, den Tiberius benutzt haben soll, um mit den Knaben und Mädchen in der Grotte zu spielen, bevor er sie erwürgte, sei ebensolcher Unsinn wie das übrige schmutzige Geschwätz des Sueton; der Tunnel war kein Werk von Menschenhänden, sondern durch langsames Eindringen von Seewasser in den Felsen entstanden. Ich war über siebzig Meter weit hineingekrochen und hatte mich unter Lebensgefahr überzeugt, daß er blind endete. Daß die Grotte den Römern bekannt war, bewiesen zahlreiche Spuren römischen Mauerwerks. Da die Insel seit jener Zeit um siebzehn Fuß gesunken war, gelangte man damals in die Grotte durch den großen Torbogen, der heute unter dem Meeresspiegel liegt, aber durch das klare Wasser noch deutlich sichtbar ist. Die kleine Öffnung, durch die Lord Dufferin mit seinem Boot hereingekommen war, war ursprünglich ein Luftfenster der Grotte, die natürlich damals ebensowenig blau war wie die vielen anderen Grotten der Insel. Baedekers Bemerkung, die Blaue Grotte sei 1826 von dem deutschen Maler Kopisch entdeckt worden, ist nicht ganz zutreffend. Die Grotte war schon im 17. Jahrhundert als Grotta Gradula bekannt und wurde im Jahre 1822 durch Angelo Ferraro, einen Fischer aus Capri, neu entdeckt. Ferraro erhielt sogar eine lebenslängliche Pension für diese Entdeckung. Was die düsteren

Gerüchte in den Annalen des Tacitus betrifft, erzählte ich Lord Dufferin, die Geschichte sei nie in einen größeren Irrtum verfallen, als da sie diesen großen Kaiser ehrloser Gemeinheiten zieh. Man berief sich dabei auf Zeugnisse seines Hauptanklägers, »jenes Verleumders der ganzen Menschheit«, wie Napoleon ihn nannte. Tacitus war ein glänzender Schriftsteller, aber seine Annalen sind historische Novellen, nicht Geschichte. Er mußte aufs Geratewohl diese zwanzig Zeilen über die Orgien in Capri einfügen, um das typische Bild des Tyrannen der rhetorischen Schule, der er angehörte, zu vervollständigen. Es bietet keine Schwierigkeiten, die mehr als verdächtige Quelle ausfindig zu machen, aus der er diese üblen Gerüchte schöpfte. Übrigens habe ich schon in meiner »Psychological Study of Tiberius« darauf hingewiesen, daß diese Gerüchte sich gar nicht auf des Kaisers Leben in Capri bezogen. Daß Tacitus selbst nicht an die Capri-Orgien glaubte, ist schon daraus ersichtlich, daß seine Darstellung in keiner Weise mit dem, was er sonst über Tiberius schreibt, in Einklang zu bringen ist. Er schildert ihn als einen großen Kaiser und großen Mann: »bewundernswert als Charakter und in hohem Ansehen«. Selbst sein weit unbedeutenderer Nachfolger Sueton leitet seine schmutzigsten Geschichten mit dem Bemerken ein, daß es »kaum statthaft sei, sie zu erzählen, und noch weniger, sie zu glauben«. Vor dem Erscheinen der Annalen – achtzig Jahre nach dem Tod des Tiberius – gab es in Rom keinen Mann des öffentlichen Lebens, der im Ruf edleren und untadeligeren Lebenswandels stand als der alte Kaiser. Keiner der Zeitgenossen des Tiberius, die doch die beste Gelegenheit hatten, allen Klatsch der bösen Zungen in Rom zu hören, berichtet ein Wort über die Orgien in Capri. Philo, der fromme und gelehrte Jude, erwähnt ausdrücklich das reine und einfache Leben, das Caligula führen mußte, als er bei seinem Adoptivgroßvater in Capri war. Selbst der Schakal Sueton, der wohl den weisen Ausspruch Quintilians vergessen hatte, daß ein Lügner ein gutes Gedächtnis haben muß, macht den Fehler, zu erzählen, daß Caligula, wenn er in Capri auf Abenteuer ausging, sich seine Perücke aufsetzte, um dem strengen Auge des alten Kaisers zu entgehen. Seneca, der strenge Sittenrichter, und Plinius – beides Zeitgenossen – sprechen von der ernsten Zurückgezogenheit des Tiberius in Capri. Dio Cassius allerdings deutet gelegentlich etwas von diesen unsauberen Gerüchten an, muß aber selbst zugeben, daß er in unerklärliche Widersprüche gerät. Selbst der klatschsüchtige Juvenal spricht von dem »ruhigen Alter« des Kaisers in seiner Inselheimat, umgeben von Fremden und Astronomen. Plutarch, der strenge Moralist, spricht von der würdigen Einsamkeit des alten Mannes während seiner letzten zehn Lebensjahre. Daß die Geschichte von den Orgien in Capri, psychologisch betrachtet, unmöglich ist, war schon Voltaire klar. Tiberius war 68 Jahre alt, als er sich nach Capri zurückzog. Sein Ruf als Mann von äußerster Sittenstrenge war selbst von seinen schlimmsten Feinden nie angetastet worden. Auch die Version krankhafter Geistesstörung als Folge von Altersschwäche ist unhaltbar, weil alle Geschichtsschreiber sich darin einig sind, daß der Kaiser bis zu seinem Tode – er starb mit neunundsiebzig Jahren – geistig vollkommen gesund war. Und jene Erbanlage zum Wahnsinn, die den Stamm der Julier belastete, ist niemals bei den Claudiern aufgetreten. Der Kaiser lebte auf der Insel als ein einsamer alter Mann, ein müder Herrscher einer undankbaren Welt, ein schwermütiger Idealist, verbittert und mit gebrochenem Herzen. Man würde ihn heute vielleicht einen Hypochonder nennen, dessen überragender Geist und seltener Humor noch seinen Glauben an die Menschheit überlebten. Er mißtraute seinen Mitmenschen und verachtete sie; kein Wunder, fast jeder Mann und jede Frau, denen er vertraute, hatten ihn verraten. Tacitus überliefert uns die Worte, mit denen er, ein Jahr ehe er sich nach Capri zurückzog, das Anerbieten zurückwies, ihm, wie dem Augustus, einen Tempel zu göttlicher Verehrung zu errichten. Niemand als der Verfasser der Annalen, dieser Meister im Einflechten feiner sarkastischer Bosheiten, konnte die Stirn haben, die ernste Bitte des alten Kaisers um ein gerechtes Urteil der Nachwelt mit spöttischem Lächeln wiederzugeben:

»–Versammelte Väter! Ich bekenne hier vor euch und wünsche, daß auch die Nachwelt dies Bekenntnis im Gedächtnis behält: Ich bin ein Mensch, erfülle Menschenpflichten und lasse mir daran genügen, meinen Platz als Princeps ganz auszufüllen. Die Nachwelt erweist meinem Gedächtnis Ehre genug und übergenug, wenn sie von mir glaubt, daß ich meiner Vorfahren würdig, daß ich ein sorgender Vater für euch, daß ich unerschrocken in Gefahren und unbekümmert um üble Nachrede gewesen bin, wo es das Wohl des Ganzen galt. Das sind die Tempel, die ich mir in euren Herzen errichten möchte; das sind die herrlichsten, dauerndsten Standbilder! Statuen aus Marmor gleichen geschändeten Gräbern, wenn sie mit dem Fluch der Nachwelt belastet sind! Daher richtet sich meine Bitte an die Bundesgenossen und Mitbürger und zugleich an die Götter selber: Möchten die Götter mir bis ans Ende meines Lebens einen ruhigen Sinn schenken, der da erkennt, was vor den Menschen und vor ihnen recht ist! Möchten Mitbürger und Bundesgenossen, wenn ich einst aus dem Leben geschieden bin, meiner Taten in Ehren, meines Namens mit Freuden gedenken!«

Wir kletterten nach Damecuta hinauf. Der alte Kaiser wußte schon, warum er seine größte Villa dorthin baute; denn nächst San Michele hat Damecuta den schönsten Blick auf der Insel. Ich erzählte dem Botschafter, daß viele der hier gefundenen Bruchstücke in die Hände seines Kollegen Sir William Hamilton gekommen seien, der zu Nelsons Zeiten britischer Botschafter in Neapel war. Diese Funde sind heute im Britischen Museum. Wie viele mögen noch verborgen unter den Rebstöcken liegen! Ich ging damals ernstlich mit dem Gedanken um, im nächsten Sommer mit Ausgrabungen zu beginnen, da der Weinberg ja nun mir gehörte. Lord Dufferin hob einen rostigen Uniformknopf auf, der zwischen zerbröckeltem Mosaik und Marmor lag. Korsikanische Füsiliere! Ja, zweihundert korsikanische Füsiliere hatten 1808 hier gelagert, aber unglücklicherweise bestand das Gros der englischen Garnison in Anacapri aus einer Malteser Truppe, die auseinanderlief, als die Franzosen das Lager stürmten. Wir blickten auf die Klippen von Orico hinunter, und ich zeigte dem Botschafter die Stelle, wo die Franzosen damals landeten und die Felsen erklommen. Wir fanden beide, daß dies wirklich eine unerhörte Leistung war. Die Engländer hatten mit gewohnter Tapferkeit gekämpft, mußten sich aber im Schutz der Nacht nach dem heutigen San Michele zurückziehen, wo ihr Führer, Major Hamill, ein Irländer wie Lord Dufferin, seinen Wunden erlag. Er ruhte auf dem Friedhof von Anacapri. Die Zweipfünderkanone, die seine Leute dalassen mußten, als sie sich am nächsten Tage in beschleunigtem Tempo über die Phönizierstufen nach Capri hinab begaben, liegt noch in meinem Garten. Bei Tagesanbruch eröffneten die Franzosen von den Höhen des Monte Solaro aus das Feuer auf Capri. Wie sie eine Kanone dort hinaufgeschleppt haben, ist fast unbegreiflich. Der englische Kommandeur in der Casa Inglese in Capri sah sich gezwungen, die Übergabe zu unterzeichnen. Die Tinte war kaum trocken, als die englische Flotte, die bei den Ponza-Inseln durch Windstille aufgehalten worden war, auf hoher See erschien. Die Übergabeerklärung trug den unseligen Namen des zukünftigen Kerkermeisters eines gefangenen Adlers auf einem anderen Eiland, Sir Hudson Lowe.

Als wir durch das Dorf zurück nach San Michele gingen, zeigte ich dem Botschafter ein kleines Haus in einem Garten und erzählte ihm, seine Besitzerin sei die Tante der Bella Margherita, der Schönheit von Anacapri. Die Tante hatte einen englischen Lord geheiratet, der, wenn ich nicht irrte, ein Verwandter Lord Dufferins sei. Ja, er erinnerte sich wohl, daß einer seiner Vettern zum Schrecken seiner Familie ein italienisches Bauernmädchen geheiratet und sogar mit nach England gebracht hatte; aber er selbst hatte sie nie gesehen, wußte auch nicht, was nach ihres Mannes Tode aus ihr geworden war. Die Sache interessierte ihn sehr, und ich mußte ihm alles erzählen, was ich von ihr wußte. »Was ich über ihren Mann weiß, genügt mir vollkommen«, fügte er hinzu. Ich sagte ihm, daß sich das alles längst vor meiner Zeit zugetragen hätte. Ich hatte sie erst als Witwe lange nach ihrer Rückkehr aus England kennengelernt; sie war damals schon eine alte Frau. Ich konnte ihm nur das erzählen, was ich selbst von dem alten Don Crisostomo, ihrem Beichtvater und Lehrer, gehört hatte. Natürlich konnte sie weder lesen noch schreiben, aber mit der schnellen Auffassungsgabe der Capresen hatte sie bald ein wenig Pigeon-Englisch aufgeschnappt. Um sie für ihr Leben als Frau eines Lords vorzubereiten, sollte Don Crisostomo, der ein gelehrter Mann war, ihr einige Stunden in verschiedenen Fächern geben, um ihr begrenztes Unterhaltungsgebiet etwas zu erweitern. Anmut und gute Manieren hatte sie, wie alle Mädchen auf Capri, von Natur. Was ihr Äußeres betraf, so konnte man sich wohl auf die Versicherung Don Crisostomos verlassen, daß sie das schönste Mädchen in Anacapri gewesen sei; ich habe ihn immer für einen Feinschmecker gehalten. Da alle Anstrengungen, ihr Interesse für irgend etwas, das außerhalb ihrer Heimat lag, zu wecken, vergeblich waren, wurde beschlossen, die Unterweisung auf die Geschichte von Capri zu beschränken, um ihr wenigstens etwas mitzugeben, worüber sie mit ihren neuen Verwandten sprechen könne. Sie hörte sich ernsthaft die schrecklichen Geschichten an, wie Tiberius seine Opfer vom Salto di Tiberio herabstürzte, wie er einem Fischer das Gesicht mit Hummerscheren zerkratzte, wie er Knaben und Mädchen in der Blauen Grotte erdrosselte. Wie sein Enkel Nero seine Mutter von Ruderknechten unweit der Insel erschlagen ließ, wie sein Neffe Caligula an der Puzuolibrücke Tausende ertränkte... Endlich sagte sie in ihrem unnachahmlichen Dialekt:

»Schlechte Leute sind das gewesen, lauter Kamorristen.«

»Das will ich meinen«, sagte der Lehrer, »hast du nicht gehört, wie ich sagte, daß Tiberius Knaben und Mädchen in der Blauen Grotte... daß...«

»Sind sie alle tot?«

»Ja, natürlich, seit fast zweitausend Jahren.«

»Warum in aller Welt regen wir uns dann noch über sie auf; lassen wir sie«, sagte sie mit ihrem bezaubernden Lächeln.

So endete ihre Ausbildung!

Nach dem Tode ihres Gatten war sie zu ihrer Insel heimgekehrt und langsam wieder in das einfache Leben ihrer Vorfahren zurückgeglitten, deren Stammbaum etwa zweitausend Jahre älter war als der ihres englischen Lords. Wir trafen sie in ihrer kleinen Pergola in der Sonne sitzend, einen Rosenkranz in den Händen und eine Katze auf dem Schoß, eine stattliche römische Matrone, würdevoll wie die Mutter der Gracchen. Lord Dufferin küßte ihr mit der Artigkeit eines alten Hofmannes die Hand. Ihr Englisch hatte sie so ziemlich vergessen, sie war in den Dialekt ihrer Kindheit zurückverfallen; das klassische Italienisch des Botschafters war ihr ebenso unverständlich wie mir.

»Sagen Sie ihr«, sagte Lord Dufferin, als wir uns zum Gehen anschickten, »sagen Sie ihr von mir, daß sie mindestens eine so große Dame sei, wie ihr englischer Lord ein Gentleman war.«

Ob der Botschafter ihre Nichte, La Bella Margherita, zu sehen wünsche?

»Nichts lieber als das!« sagte er.

La Bella Margherita empfing uns mit ihrem reizendsten Lächeln und dem besten Wein des Pfarrers; sehr bald war der alte Kavalier denn auch durchaus bereit, die Verwandtschaft durch einen Kuß auf ihre rosige Wange zu bekräftigen.

Die langersehnte Regatta sollte am nächsten Sonntag stattfinden: im Dreieck führte der Kurs von Capri über Posilipo nach Sorrent, wo der Sieger den Preis aus Ladys Dufferins Händen entgegennehmen sollte.

Meine »Lady Victoria« war die schönste Jacht, die je in Schottland gebaut wurde, aus Teakholz und Stahl, jeder Aufgabe gewachsen und bei jedem Wetter zuverlässig, wenn sie richtig bedient wurde; wenn ich überhaupt etwas konnte, so konnte ich ein Boot steuern. Die beiden kleinen Jachten waren Schwesternschiffe und hießen nach Lord Dufferins beiden Töchtern. Unsere Aussichten waren ungefähr gleich. Bei starkem Wind und hoher See würde ich wahrscheinlich verlieren, bei wenig Wind und ruhiger See aber hoffte ich im Vertrauen auf mein neues Toppsegel und den seidenen Spinnaker den Preis zu holen. Die neuen Segel waren aus England gekommen, während ich noch in Rom war, und unter dem Schutz des alten Pacciale, dem vertrauenswürdigsten meiner Leute, im Bootshaus aufgehängt worden. Er war sich der Wichtigkeit seines Amtes voll bewußt, schlief mit dem Schlüssel unter dem Kopfkissen und erlaubte keinem, das Heiligtum zu betreten. Obgleich er in späten Jahren ein begeisterter Totengräber geworden war, gehörte doch sein Herz noch immer der See, wo er seit seinen Knabenjahren als Korallenfischer gelebt und gelitten hatte. Damals, ehe noch der Fluch Amerikas Capri getroffen hatte, ging fast die ganze männliche Bevölkerung nach »Barbaria«, das heißt in die Gegend vor Tunis und Tripolis, um Korallen zu fischen. Es war ein schwerer Beruf, voller Härten, Entbehrungen und Gefahren. Viele kehrten nie zur Insel zurück. Zwanzig Jahre Mühe und Arbeit zur See kostete es Pacciale, ehe er die dreihundert Lire zusammengespart hatte, die ein Mann braucht, um eine Frau nehmen zu können: einhundert für Boote und Netze, zweihundert für ein Bett, ein paar Stühle und Sonntagskleider, um sich darin trauen zu lassen; weiter würde die Madonna dann helfen. Das Mädchen wartete jahrelang, spann und webte das Leinen, das sie mitzubringen hatte. Wie jeder dort, hatte auch Pacciale ein Stückchen Land von seinem Vater ererbt, nur lag das seine dicht am Meer, ein nackter Felsen tausend Fuß unterhalb Damecuta. Jahrelang hatte er auf dem Rücken die Erde körbeweise dorthin getragen, bis Boden genug da war, um Weinstöcke und etwas Feigenkaktus anzupflanzen. Von seinem Wein erntete er nie etwas, denn die Trauben wurden regelmäßig von dem salzigen Gischt verbrannt, wenn Südwestwind war, aber ab und zu kam er mit ein paar frischen Kartoffeln heim, den frühesten, die auf der Insel reiften und die er mir voller Stolz schenkte. All seine freie Zeit verbrachte er unten in seiner masseria[1], scharrte mit seiner schweren Breithacke auf dem Felsen herum oder saß auf einem Stein, die Tonpfeife im Munde, und blickte hinaus aufs Meer. Manchmal kletterte ich, um ihn zu besuchen, den Abhang hinab, der so steil war, daß eine Ziege es sich überlegt hätte, wo sie den Fuß hinsetzen sollte. Mein Kommen beglückte ihn immer sehr. Gerade unter seinem Grundstück lag eine Grotte, die von der See aus nicht erreichbar und noch heute den meisten Menschen unbekannt ist. In ihrem Dämmerlicht sah man große Tropfsteine von der Decke herabhängen; Pacciale erzählte, sie sei in alten Zeiten von einem lupomanaro, einem geheimnisvoll furchtbaren Werwolf, bewohnt gewesen, der in der Einbildungskraft der Inselbewohner noch heute fast ebenso spukt wie Tiberius selbst. Ich wußte, daß der versteinerte Zahn, den ich im Sand der Höhle gefunden hatte, von einem Riesensäugetier stammte, das sich hier zum Sterben niedergelegt hatte, als die Insel noch mit dem Festland verbunden war, und daß die Feuersteine und Obsidiansplitter von Werkzeugen der Urmenschen stammten. Vielleicht hat sogar ein Gott dort gewohnt; die Grotte liegt nach Osten, und Mithras, der Sonnengott, ist häufig hier verehrt worden.

Jetzt aber hatte ich keine Zeit, die Grotte zu durchforschen; meine Gedanken richteten sich auf die bevorstehende Regatta. Ich hatte Pacciale sagen lassen, daß ich nach dem Frühstück kommen würde, um die neuen Segel zu besichtigen. Ich fand auch das Bootshaus offen, suchte aber umsonst nach dem alten Pacciale, der mich hier erwarten sollte. Fast wäre ich umgefallen, als ich die neuen Segel eines nach dem anderen entfaltete: das Toppsegel hatte einen großen Riß, mein seidener Spinnaker, der den Preis erringen sollte, war fast in zwei Hälften zerrissen, die Fock

[1] Kleines Anwesen

beschmutzt und in Fetzen. Als ich die Sprache wiedergefunden hatte, brüllte ich nach Pacciale. Er kam nicht. Ich rannte aus dem Bootshaus und fand ihn endlich, reglos an die Gartenmauer gelehnt. Fassungslos vor Wut hob ich die Hand, um nach ihm zu schlagen; er rührte sich nicht und gab keinen Laut von sich, er stand, den Kopf geneigt, die Arme waagrecht ausgebreitet, an der Mauer. Meine Hand sank herab, ich wußte, was das bedeutete, ich hatte es schon früher gesehen: er würde unschuldig leiden; mit geneigtem Kopf und ausgebreiteten Armen deutete er die Kreuzigung des Heilands an. Ich redete so sanft ich konnte zu ihm, aber er gab keinen Ton von sich, er rührte sich nicht aus seiner Marterstellung. Nun steckte ich den Schlüssel zum Bootshaus in die Tasche und rief das ganze Haus zusammen. Niemand war im Bootshaus gewesen, keiner hatte etwas zu berichten, nur Giovannina verbarg das Gesicht in der Schürze und begann zu schluchzen. Ich nahm sie in mein Zimmer, und nach großen Schwierigkeiten gelang es mir, sie zum Sprechen zu bringen. Ich wollte, ich könnte die tragische Geschichte Wort für Wort wiedergeben, so wie sie sie mir unter Schluchzen erzählte. Fast hätte ich selbst geheult, wenn ich daran dachte, daß ich nahe daran gewesen war, den armen alten Pacciale zu schlagen. Es war vor zwei Monaten geschehen, am ersten Mai, als wir noch in Rom waren; vielleicht erinnert sich der Leser an jenen berühmten ersten Mai vor vielen Jahren, als ein sozialistischer Aufstand in ganz Europa stattfinden sollte, ein Angriff auf die Reichen, eine Zerstörung ihres verfluchten Besitzes. So wenigstens sagten die Zeitungen; je kleiner das Blatt, desto größer die drohende Gefahr. Das kleinste aller Blätter war die »Voce di San Gennaro«, die Stimme des heiligen Januarius, die Maria Porta-Lettere zweimal wöchentlich in ihrem Fischkorb zum Ortsgeistlichen trug, von wo aus sie zu den übrigen Intellektuellen des Dorfes gelangte, ein schwaches Echo der Weltgeschehnisse, das bis in den arkadischen Frieden von Anacapri drang. Diesmal aber war es kein schwaches Echo, das die Ohren der Intellektuellen durch die »Voce di San Gennaro« erreichte, es war ein Donnerschlag aus heiterem Himmel, der das ganze Dorf erschütterte: es war das längst geweissagte Weltende, das am ersten Mai kommen sollte. Im Heerbann des Teufels sollten die wüsten Horden Attilas die Paläste der Reichen plündern, ihr Hab und Gut verbrennen und vernichten! Es war der Anfang vom Ende, das Strafgericht Gottes, Castigo di Dio! Wie ein Lauffeuer verbreitete sich die Kunde über Anacapri. Der Pfarrer barg die Kleinodien des heiligen Antonius und die geweihten Kirchengeräte unter seinem Bett, die Besitzenden schleppten ihre bewegliche Habe in die Weinkeller, das Volk lief auf der Piazza zusammen und schrie, der Heilige müsse aus seinem Schrein genommen und durch die Straßen getragen werden, um sie zu schützen! Am Vorabend des gefürchteten Tages ging Pacciale zum Pfarrer und bat ihn um Rat. Baldassare war schon dort gewesen und beruhigt zurückgekehrt, der Pfarrer hatte gesagt, die Räuber würden sich sicher nicht für des Doktors zerbrochene Steine, irdene Töpfe und Altertümer interessieren. Baldassare könne ruhig den ganzen Plunder lassen, wo er lag. Für Pacciale, der die Verantwortung für die Segel hatte, stand die Sache viel schlimmer. Sollten die Räuber die Insel überfallen, mußten sie in Schiffen kommen, und Segel waren für Seefahrer eine wertvolle Beute. Sie im Weinkeller zu verbergen, war gefährlich, Seeleute liebten guten Wein! Sollte er sie nicht lieber die steilen Felsen von Damecuta hinunter in seine einsame masseria bringen? Ja, das war der richtige Platz. Die Räuber würden sicher nicht die Felsen hinunterklettern und sich den Hals brechen wollen, um sie dort zu holen. Bei Einbruch der Dunkelheit schleppten also Pacciale, sein Bruder und zwei vertrauenswürdige Freunde meine Segel an schweren Stangen zu seinem Gärtchen hinunter. Die Nacht war stürmisch, es fing an, in Strömen zu regnen, die Laterne ging aus, und unter Lebensgefahr tasteten sie sich die schlüpferigen Felsen hinab. Um Mitternacht erreichten sie die masseria und bargen ihre Last in der Grotte des

Werwolfs. Dort saßen sie den ganzen ersten Mai über auf den Bündeln durchnäßter Segel, während abwechselnd einer von ihnen am Eingang der Höhle Wache stand. Bei Sonnenuntergang beschloß Pacciale, seinen widerstrebenden Bruder auszusenden, um im Dorf Umschau zu halten, ohne sich zu großer Gefahr auszusetzen. Nach drei Stunden kam er zurück und meldete, daß keine Spur von den Räubern zu sehen sei und alles seinen gewohnten Gang ginge. Alle Leute waren auf der Piazza, auf den Altären der Kirche brannten die Kerzen, Sant' Antonio sollte hinausgetragen werden und den Dank für die Rettung des Dorfes entgegennehmen. Um Mitternacht kroch die Gesellschaft aus der Grotte hervor und kletterte mühselig mit meinen durchweichten Segeln wieder zum Dorfe zurück. Als Pacciale entdeckte, wie sehr die Segel bei dem Rettungsversuch gelitten hatten, wollte er ins Wasser gehen; seine Töchter sagten, sie hätten mehrere Tage und Nächte nicht gewagt, ihn aus den Augen zu lassen. Seither wäre er nie wieder ganz der alte gewesen; er spräche kaum ein Wort. Ich hatte das auch schon bemerkt und ihn mehrmals gefragt, was ihm denn fehle.

Lange ehe Giovannina ihre Beichte beendet hatte, war der letzte Groll bei mir verflogen; vergeblich fahndete ich im ganzen Dorf nach Pacciale, um es ihm zu sagen. Endlich fand ich ihn unten in seiner masseria, wo er wie gewöhnlich auf seinem Stein saß und auf das Meer hinausstarrte. Ich sagte ihm, ich schämte mich, die Hand gegen ihn erhoben zu haben. Der Pfarrer sei an allem schuld! Ich machte mir nichts aus den neuen Segeln, die alten wären gut genug für mich. Morgen wollte ich für eine weite Fahrt in See gehen, er solle mitkommen, und wir wollten die ganze Geschichte vergessen. Er wußte, ich hatte seine Totengräberei nie gebilligt, sondern gewünscht, daß er dies Amt seinem Bruder überließe und wieder zur See zurückkehrte. Heute beförderte ich ihn zum Bootsmann meines Kutters. Gaetano war in Kalabrien zweimal so sinnlos betrunken gewesen, daß wir fast weggesackt wären; ihn wollte ich sowieso entlassen. Zu Hause ließ ich Pacciale den neuen Sweater anziehen; er war eben aus England angekommen und trug quer über die Brust in roten Buchstaben den Namen »Lady Victoria R.C.J.C.[1]«. Er zog ihn nie wieder aus; er lebte und starb in ihm. Pacciale war schon ein alter Mann, als ich ihn kennenlernte, wie alt, das wußten weder er noch seine Töchter, noch sonst jemand. Umsonst hatte ich versucht, sein Geburtsjahr in den amtlichen Listen aufzufinden. Er war von Anfang an vergessen worden. Nie aber soll er von mir vergessen werden. Ich werde immer an ihn denken, denn in keinem Lande und in keiner Volksschicht bin ich einem Menschen begegnet, so ehrlich, so gütig und so rechtschaffen wie er. Er war sanft wie ein Kind; seine eigenen Kinder hatten mir erzählt, er hätte weder zu ihrer Mutter noch zu ihnen je ein heftiges oder unfreundliches Wort gesagt. Er war sogar gut zu den Tieren. Er hatte stets Brotkrumen in den Taschen, um die Vögel in seinem Weinberg zu füttern; wohl als einziger auf der Insel hat er nie einen Vogel gefangen oder einen Esel geschlagen. Eines alten Dieners Treue tilgt den Namen »Herr«! Er war mein Freund geworden, und die Ehre war auf meiner Seite, er war ein weit besserer Mensch als ich. Wenn er auch einer anderen Welt angehörte, einer Welt, die mir fast unbekannt war, so verstanden wir uns doch ganz gut. In den langen Tagen und Nächten, wenn wir allein zusammen auf See waren, lehrte er mich viele Dinge, die ich weder in meinen Büchern gelesen noch je von den Lippen anderer Menschen gehört hatte. Er war ein wortkarger Mann; das Meer hatte ihn längst sein Schweigen gelehrt. Gedanken hatte er nur wenige, desto besser für ihn. Aber seine Sprache war voller Poesie und rein griechisch die archaische Knappheit seiner Gleichnisse. Selbst viele seiner Worte waren griechisch, er entsann sich ihrer aus den Tagen, in denen er als einer der Ruderknechte im Schiff des Odysseus um diese Küste gesegelt war. Waren wir daheim, so führte er sein gewöhnliches Leben, arbeitete in meinem Garten oder in seiner geliebten

[1] Royal Clyde Jachting Club

masseria am Meer. Ich wußte, diese viele Kletterei den Felsen hinauf und hinunter war gar nicht das richtige für ihn, denn oft kam er sehr außer Atem davon zurück, und mir schienen seine Arterien nicht mehr elastisch genug für seine Anstrengungen. Sonst blieb er immer der gleiche, klagte nie über etwas, aß seine Makkaroni mit dem gewöhnlichen Appetit und war von Tagesgrauen bis Sonnenuntergang auf den Beinen. Eines Tages wollte er plötzlich nicht essen. Wir versuchten ihn mit allen möglichen Mitteln dazu zu bewegen, aber er sagte nein. Er gab zu, daß er sich »un poco stanco«, ein wenig müde, fühle, und war ganz zufrieden, ein paar Tage in der Pergola zu sitzen und auf das Meer hinauszuschauen. Dann wollte er durchaus zu seiner masseria hinunter, und nur mit großer Anstrengung überredete ich ihn, bei uns zu bleiben. Ich glaube nicht, daß er selbst wußte, warum er dorthin wollte, ich aber wußte es wohl. Es war der Instinkt des primitiven Menschen, der ihn trieb, sich dort vor anderen Menschen zu verbergen und sich hinter einem Felsen oder unter einem Busch oder in der Grotte niederzulegen, um zu sterben, wo Tausende von Jahren zuvor andere primitive Menschen sich zum Sterben niedergelegt hatten. Am Nachmittag sagte er, er möchte sich wohl ein wenig aufs Bett legen, der nie in seinem Leben einen einzigen Tag im Bett gelegen hatte. Ich fragte ihn mehrmals im Laufe des Nachmittags, wie er sich fühle, er dankte mir und sagte, er fühle sich gut. Gegen Abend hatte ich sein Bett ans Fenster schieben lassen, so daß er sehen konnte, wie die Sonne im Meer versank. Als ich nach dem Ave-Maria zurückkam, saßen alle, die zum Hause gehörten, sein Bruder, seine Freunde, bei ihm im Zimmer. Niemand hatte sie gerufen; ich selbst hatte nicht gedacht, daß das Ende schon so nahe war. Sie sprachen nicht und beteten nicht, ganz still saßen sie die lange Nacht über da. Wie es die Sitte gebot, war niemand dem Bett nahe. Der alte Pacciale lag ganz still und friedlich da und blickte aufs Meer hinaus. Alles war so einfach und feierlich, wie es immer sein sollte, wenn ein Leben zu Ende geht. Der Priester kam mit der letzten Ölung. Der alte Pacciale wurde aufgefordert zu beichten und die Vergebung seiner Sünden zu erbitten. Er nickte und küßte das Kruzifix. Der Priester gab ihm die Absolution, und Gott der Allmächtige erkannte sie lächelnd an und sagte, der alte Pacciale sei im Himmel willkommen. Ich glaube, er war schon dort, als er plötzlich die Hand hob und zart, fast schüchtern, meine Wange streichelte. »Siete buono come il mare«, murmelte er. Gut wie das Meer!

Ich schreibe diese Worte nicht in Anmaßung nieder, ich schreibe sie mit Staunen. Woher kamen diese Worte? Sicherlich kamen sie von weit her, als Nachklang einer längst vergangenen, goldenen Zeit, als Pan noch lebte, die Bäume des Waldes sprachen, die Wellen des Meeres singen konnten und der Mensch lauschte und verstand.

34

Der Anfang vom Ende

Ein ganzes Jahr bin ich fern von San Michele gewesen, welch verlorene Zeit! Ich bin zurückgekehrt, um ein Auge ärmer, als da ich fortging. Darüber ist nichts weiter zu sagen; vermutlich wurde ich mit zwei Augen geschaffen, um für ein solches Schicksal gerüstet zu sein. Als ein anderer kam ich zurück. Mir scheint, als betrachte ich nun mit dem einen mir gebliebenen Auge die Welt aus einem anderen Gesichtswinkel als früher. Häßliches und Gemeines ist meinem Blick entrückt, ich kann nur noch sehen, was schön, hold und rein ist. Selbst die Menschen um mich her erscheinen mir anders als früher. Durch eine seltsame optische Täuschung sehe ich sie nicht mehr, wie sie wirklich sind, sondern wie sie eigentlich sein sollten, wie sie gern sein möchten, wenn das Schicksal es erlaubt hätte. Wohl sehe ich mit meinem blinden Auge noch eine Menge Narren herumstolzieren, aber sie fallen mir nicht mehr so auf die Nerven wie früher, ihr Geschwätz stört mich nicht; mögen sie ihr Sprüchlein sagen! Weiter bin ich bisher nicht gekommen. Ich fürchte, ehe ich es lernen werden, meine Mitmenschen zu lieben, werde ich erst auf beiden Augen erblinden müssen. Ich kann ihnen ihre Grausamkeit gegen Tiere nicht verzeihen. Ich glaube, es ist eine Art Rückentwicklung, die sich mit mir vollzieht und mich mehr und mehr von den Menschen forttreibt, immer näher hin zu Mutter Natur und den Tieren. All die Männer und Frauen um mich her erscheinen mir jetzt von viel geringerer Wichtigkeit in der Welt als ehedem. Mir ist, als hätte ich schon zu viel meiner

Zeit mit ihnen vergeudet, als könnte ich genauso gut ohne sie auskommen, wie sie ohne mich. Ich weiß wohl, sie brauchen mich nicht mehr, und es ist besser »de filer à l'anglaise[1]«, bevor man vor die Tür gesetzt wird. Ich habe eine Menge anderer Dinge zu tun, und vielleicht bleibt mir nicht mehr viel Zeit. Mein Wandern durch die Welt auf der Suche nach dem Glück ist vorüber, mein Leben als vielgesuchter Arzt ist vorbei, mein Leben zur See ist beendet. Ich werde endgültig bleiben, wo ich bin, und versuchen, das Beste daraus zu machen. Aber wird es mir vergönnt sein, hier in San Michele zu bleiben? Der ganze Golf von Neapel liegt wie ein glänzender Spiegel zu meinen Füßen, die Säulen der Pergola, die Loggien und die Kapelle sind von Licht durchflutet. Was soll aus mir werden, wenn ich den Glanz nicht mehr ertragen kann? Lesen und Schreiben habe ich aufgegeben und statt dessen angefangen zu singen; solange alles gut ging, sang ich nie; auch Maschinenschreiben lerne ich jetzt und habe mir sagen lassen, es sei ein nützlicher und angenehmer Zeitvertreib für einen einsamen einäugigen Mann. Jeder Hammerschlag meiner Maschine trifft gleichzeitig das Manuskript und meinen Schädel mit einem Knock-out-Schlag, der jeden Gedanken zu Boden streckt, der es wagt, aus meinem Gehirn hervorzulugen. Denken ist übrigens nie meine starke Seite gewesen, ohne Nachdenken schien es viel besser zu gehen. Es gab da eine bequeme Landstraße vom Gehirn zur Feder in meiner Hand, und seit ich das Abc kann, haben alle Gedanken, die ich je für andere übrig hatte, sich auf dieser Landstraße entlang getastet. Kein Wunder, wenn sie sich jetzt leicht verirren in diesem amerikanischen Labyrinth von Zahnrädern! Nebenbei gesagt, muß ich den Leser darauf hinweisen, daß ich die Verantwortung nur für das übernehmen kann, was ich selbst mit eigener Hand geschrieben habe, nicht für das, was in Gemeinschaft mit der Corona-Schreibmaschinen-Gesellschaft zusammengebraut worden ist. Ich

[1] Sich unbemerkt zu empfehlen

bin gespannt, zu erfahren, was von beiden dem Leser besser gefallen wird.

Aber, falls ich es je lernen sollte, mich auf diesem unruhigen Pegasus zu behaupten, möchte ich noch meinem geliebten Schubert ein schlichtes Loblied singen, dem größten Sänger aller Zeiten, zum Dank für das, was er mir gab. Ich verdanke ihm alles. Selbst als ich Woche um Woche im Dunkel lag mit wenig Hoffnung, der Finsternis je wieder zu entrinnen, habe ich seine Lieder eins nach dem andern vor mich hingesummt wie ein Schuljunge, der pfeifend durch den finstern Wald geht, um sich vorzumachen, er habe keine Angst. Schubert war neunzehn, als er die Musik zu Goethes »Erlkönig« komponierte und sie ihm mit einer ehrfurchtsvollen Widmung zusandte. Ich werde es dem größten Dichter der Neuzeit nie verzeihen, daß er den Empfang dieses Briefes nicht einmal mit einem Wort bestätigte, um dem Manne zu danken, der sein Gedicht unsterblich gemacht hat, derselbe Goethe, der reichlich Zeit hatte, Dankesbriefe an Zelter zu schreiben für seine mäßige Musik. Goethes musikalischer Geschmack war so schlecht wie sein Kunstgeschmack; er verbrachte ein ganzes Jahr in Italien, ohne etwas von Gotik zu verstehen, auch die herbe Schönheit der Primitiven blieb ihm verschlossen; Carlo Dolci und Guido Reni waren sein Ideal. Selbst Griechenkunst in ihrer reinsten Form ließ ihn kalt, sein Liebling war der Apoll von Belvedere. Schubert hat nie das Meer gesehen, und doch hat kein Musiker, kein Maler, kein Dichter, außer Homer, uns seine ruhige Schönheit, sein Geheimnis und seinen gewaltigen Zorn erleben lassen wie er. Er hat niemals den Nil gesehen, und doch hätten die ersten Takte seines wundersamen »Memnon« im Tempel von Luxor erklingen können. Hellenische Kunst und Literatur waren ihm fremd bis auf das, was sein Freund Mayerhofer ihm erzählt haben mag, und doch sind sein »Die Götter Griechenlands«, sein »Prometheus«, sein »Ganymed« und das »Fragment aus Aeschylos« Meisterwerke aus dem goldenen Zeitalter von Hellas. Frauenliebe blieb ihm versagt, und doch hat unser Ohr nie einen herzbewegenderen Schrei der Leidenschaft vernommen als sein »Gretchen am Spinnrad«, keinen ergreifenderen Verzicht als sein »Mignon«. Und kein süßeres Liebeslied ist je gesungen worden als sein »Ständchen«. Er war einunddreißig, als er starb, arm und elend wie er gelebt hatte. Er, der »an die Musik« schrieb, hat nicht einmal ein Klavier sein eigen genannt! Nach seinem Tode wurden alle seine irdischen Habseligkeiten, seine Kleider, seine paar Bücher und sein Bett auf einer Auktion für dreiundsechzig Gulden verkauft. In einer fadenscheinigen Tasche unter seinem Bett fand man eine Anzahl weiterer unsterblicher Lieder, wertvoller als alles Gold der Rothschilds in ihrem Wien, wo er lebte und starb.

*

Der Lenz ist wieder da. Die Luft ist voller Frühling. Der Ginster blüht, die Myrten knospen, der Wein treibt, Blumen überall! Rosen und Geißblatt klettern an den Stämmen der Zypressen und den Säulen der Pergola empor. Anemonen, Krokus, wilde Hyazinthen, Veilchen, Orchideen und Zyklamen sprießen in süß duftendem Grase. Büsche von Campanula gracilis und tiefblauem Lithospermum, blau wie die Blaue Grotte, drängen sich aus dem Felsen hervor. Eidechsen jagen einander zwischen dem Efeu. Die Schildkröten galoppieren umher, lustig vor sich hin singend – ihr wißt vielleicht gar nicht, daß Schildkröten singen können? Der Mungo scheint rastloser denn je. Die kleine Minerva-Eule schlägt mit den Flügeln, als wolle sie davonfliegen, um einen Freund in der römischen Campagna zu besuchen. Barbarossa, der große Maremmen-Hund, ist in eigenen Angelegenheiten abwesend, selbst mein klappriger alter Lappenhund Tappio sieht aus, als hätte er nichts gegen einen kleinen Ausflug nach Lappland. Billy wandert unter seinem Feigenbaum umher mit einem Zwinkern im Auge und dem unverkennbaren Gehabe eines Großstadtbummlers, der auf Abenteuer aus ist. Giovannina hat an der

Gartenmauer lange Gespräche mit ihrem sonnengebräunten Amoroso – es ist allright, sie sollen nach dem Sant' Antonio-Fest heiraten. Der heilige Berg über San Michele ist voller Vögel, die auf dem Heimweg sind zur Paarung und zum Nestbau. Welche Freude ist es mir, daß sie hier in Frieden rasten können! Gestern hob ich eine kleine Lerche auf, so erschöpft von der langen Reise übers Meer, daß sie nicht einmal den Versuch machte, davonzufliegen, sondern ganz still saß in meiner hohlen Hand, als begriffe sie, daß es die Hand eines Freundes war, vielleicht eines Landsmannes. Ich fragte sie, ob sie mir nicht ein Lied singen wolle, ehe sie weiterflog. Ich hätte kein Vogellied so gern wie das ihre; aber sie meinte, sie hätte keine Zeit, sie müsse heim nach Schweden, um den Sommer anzukündigen. Seit mehr als einer Woche erklangen die flötenden Töne eines Pirols in meinem Garten. Vor kurzem sah ich in einem Lorbeerbusch verborgen seine Braut. Heute habe ich ihr Nest gesehen, ein Wunderwerk der Vogelarchitektur. Es gibt auch viel Flügelschlagen und leises Gezwitscher von Vogelstimmen in dem Rosmarindickicht an der Kapelle. Ich tue, als merkte ich nichts, aber ich bin sicher, daß da geflirtet wird. Was für ein Vogel mag es sein? Gestern abend kam das Geheimnis heraus, denn gerade als ich zu Bett ging, begann eine Nachtigall Schuberts »Ständchen« unter meinem Fenster zu singen:

Leise flehen meine Lieder
Durch die Nacht zu dir,
In den stillen Hain hernieder
Liebchen komm zu mir!

»Was für ein schönes Mädchen Pepinella geworden ist«, dachte ich, als ich am Einschlafen war: »als ich sie zuletzt sah, war sie ein Kind, nun ist sie in voller Blüte; ob wohl Pepinella...«

IM ALTEN TURM

I

Hier bricht das Buch von San Michele plötzlich ab, als es gerade zu beginnen schien – ein sinnloses Fragment. Es endet mit dem Flattern von Flügeln, dem Singen von Vögeln und Frühling in der Luft. Könnte doch die sinnlose Geschichte meines Lebens auch so enden mit Vogelstimmen unter meinem Fenster und dem Himmel voller Licht! Ich habe so viel an den Tod gedacht in diesen Tagen, ich weiß nicht warum. Der Garten ist noch voller Blüten, Bienen und Schmetterlinge fliegen noch herum, die Eidechsen sonnen sich unter dem Efeu, die Erde wimmelt noch von kriechendem Leben. Noch gestern hörte ich vor meinem Fenster eine verspätete Grasmücke lustig singen. Woher kommt mir der Gedanke an den Tod? Gott hat in seiner Gnade den Tod für Menschenaugen unsichtbar gemacht. Wir wissen, daß Er da ist, an unsere Ferse geheftet, wie unser Schatten, und uns niemals verläßt. Und doch sehen wir Ihn nie, denken kaum je an Ihn. Seltsamer noch, je näher wir dem Grabe kommen, desto mehr scheint der Tod aus unseren Gedanken zurückzuweichen. Wahrlich – es bedurfte eines Gottes, ein solches Wunder zu wirken.

Sehr alte Leute reden selten über den Tod, ihre trüben Augen scheinen sich ungern auf anderes als Vergangenheit und Gegenwart zu richten. Langsam, mit der schwindenden Erinnerung wird auch Vergangenes blasser und blasser, und sie leben fast nur in der Gegenwart. Darum sind alte Leute, wenn ihre Tage leidlich frei von körperlichen Leiden sind, wie die Natur es wollte, meist weniger unglücklich, als junge Leute es sich vorstellen.

Wir wissen, wir werden sterben, das ist das einzige, was wir von unserer Zukunft wissen. Alles andere ist nur ein Raten, und meist raten wir falsch. Wie Kinder in pfadlosem Walde tasten wir unseren Weg durch unser Leben in seliger Unwissenheit dessen, was uns von einem zum anderen Tage geschehen wird, welche Mühsal wir bestehen, welche Abenteuer uns begegnen werden – vor dem größten von allen, dem Abenteuer des Todes. Dann und wann in unserer Verwirrung wagen wir eine scheue Frage an unser Schicksal – aber wir erhalten keine Antwort, denn die Sterne sind zu weit.

Je eher wir erkennen, daß unser Geschick in unserer eigenen Brust liegt und nicht in den Sternen, desto besser für uns. Glück können wir nur in uns selbst finden. Zeitverlust, es von anderen zu verlangen, wenige haben viel davon übrig. Kummer haben wir zu tragen, so gut wir können, unbillig, zu versuchen, ihn auf andere abzuschieben, seien es Männer oder Frauen. Wir haben unsere eigenen Schlachten zu schlagen, dreinzuhauen, so fest wir können, geborene Kämpfer, die wir sind. Frieden wird eines Tages sein für alle, Frieden in Ehren auch für den Besiegten, wenn er versucht hat, sein Teil zu tun, solange er konnte.

Für mich ist der Kampf vorüber – und verloren. Ich bin vertrieben worden aus San Michele, dem Werke meines Lebens. Ich hatte es Stein auf Stein erbaut mit meinen eigenen Händen, im Schweiße meines Angesichts. In Demut hatte ich es erbaut, daß es ein Heiligtum der Sonne werde, wo ich Licht und Weisheit bei dem strahlenden Gott, den ich mein Leben lang angebetet habe, suchen wollte. Ich war wieder und wieder durch das Feuer in meinen Augen gewarnt worden, daß ich nicht würdig sei, da zu wohnen, daß mein Platz im Schatten sei, aber ich hatte der Warnung nicht geachtet. Wie Pferde, die in den brennenden Stall zurückkehrend in den Flammen sterben, kehrte ich Sommer um Sommer in das blendende Licht von San Michele zurück. Hüte dich vor dem Licht, hüte dich vor dem Licht!

Endlich habe ich mein Schicksal hingenommen, ich bin zu alt, mit einem Gott zu kämpfen. Ich habe mich in meinen alten Turm zurückgezogen, um dort den letzten Widerstand zu leisten. Dante lebte noch, als Mönche begannen, den Turm von Materita zu bauen, halb Kloster, halb Festung, stark wie der Fels, auf dem er steht. Wie oft hallte nicht sein bitterer Ruf: »Nessun maggior dolore che ricordarsi del tempo felice nella miseria« an diesen Wänden wider, seit ich herkam. Aber hatte er recht, der Florentiner Seher? Ist es wahr, daß es keinen größeren Schmerz gibt, als uns im Elend vergangenen Glücks zu erinnern? Ich wenigstens denke nicht so. Mit Freude und nicht mit Schmerz gehen meine Gedanken zurück nach San Michele, wo ich die glücklichsten Jahre meines Lebens verbrachte. Wahr ist, daß ich selbst nicht gerne mehr hingehe, mir ist es wie ein Eindringen an heiliger Stätte, geweiht der Vergangenheit, die nie wiederkehren kann, als die Welt noch jung war und die Sonne mein Freund.

Es ist gut, im sanften Licht unter den Oliven von Materita zu wandeln, es ist gut, im alten Turm zu sitzen und zu träumen; das ist ungefähr alles, was ich noch tun kann. Der Turm liegt nach Westen, wo die Sonne untergeht. Bald wird die Sonne im Meer versinken, dann kommt die Dämmerung, dann kommt die Nacht.

Es war ein schöner Tag!

II

Der letzte Strahl goldenen Lichtes sah durch das gotische Fenster herein und wanderte von den illuminierten Missalen und dem Trecento-Silber-Kruzifix an der Wand zu den anmutigen Tanagra-Figuren und zarten Venezianer Gläsern auf dem Refektoriumstisch; glitt von den bekränzten Nymphen und Bacchanten, die auf dem griechischen Basrelief zu Pans Flöte tanzen, zu den bleichen, auf Gold gemalten Zügen San Francescos, des geliebten umbrischen Heiligen, dem Santa Clara, Lilien in den Händen, zur Seite steht. Nun umspielte ein goldener Heiligenschein die stillen Züge der florentinischen Madonna, dann trat aus dem Dämmer das strenge Marmorbild der Artemis Laphria, den schnellen Todespfeil im Köcher, nun wieder krönte die leuchtende Sonnenscheibe noch einmal das verstümmelte Haupt des Echnaton, des königlichen Träumers vom Nilufer, des Sohnes der Sonne. Ihm zur Seite stehen Osiris, der Richter der Menschenseele, der falkenköpfige Horus, die geheimnisvolle Isis und Nephtys, ihre Schwester, denen Anubis, der Wächter des Grabes, zu Füßen kauert.

Das Licht verblich, die Nacht nahte.

»Gott des Tages, Spender des Lichts, kannst du nicht noch ein wenig länger bei mir bleiben? Die Nacht ist so lang für Gedanken, die nicht wagen, von Sonnenaufgang zu träumen, die Nacht ist so finster für Augen, die die Sterne nicht sehen können! Kannst du mir nicht wenige Sekunden mehr noch von deiner strahlenden Ewigkeit gewähren, deine schöne Welt anzuschauen, das geliebte Meer, die wandernden Wolken, die stolzen Berge, die rauschenden Ströme, die holden Bäume, die Blumen im Gras, die Vögel und Tiere, meine Brüdern und Schwestern in Wäldern und Feldern? Kannst du nicht wenigstens einige wilde Blumen in meiner Hand lassen, mein Herz zu erfreuen, einige Sterne an deinem Himmel, mir den Weg zu weisen?

Wenn ich die Züge der Männer und Frauen um mich her nicht mehr sehen soll, kannst du mir nicht wenigstens einen flüchtigen Blick in das Gesicht eines Kindes oder eines vertrauten Tieres gönnen? Lange schaute ich das Antlitz von Männern und Frauen, ich kenne es gut, es hat mich wenig mehr zu lehren. Es liest sich einförmig im Vergleich zu dem, was ich in Gottes eigener Bibel las, in dem geheimnisvollen Antlitz der Mutter Natur. Gütige alte Mutter, die du mir mit deiner runzeligen Hand so viele schlimme Gedanken von der heißen Stirn strichst, laß mich nicht allein hier im Dunkel! Ich fürchte das Dunkel! Bleib noch ein wenig bei mir und erzähl mir noch ein paar deiner wundersamen Märchen, während du dein unruhiges Kind bettest für den Schlaf jener langen Nacht!

Licht der Welt, ach! Du bist eine Gottheit! Kein Geber der sterblichen Menschen hat je deinen Himmel erreicht. Wie kann denn ein Wurm wie ich Mitleid von dir erhoffen, unbarmherziger Sonnengott, von dir, der du selbst den großen Pharao Echnaton im Stich ließest, als sein unsterblicher Hymnus an die Sonne über dem Niltal widerhallte, schon fünfhundert Jahre ehe Homer sang:

> Wenn du aufstehest, ist alles Land voller Freude und Wonne,
> Und Menschen sagen: dich sehen, ist Leben, Tod, dich nicht sehen!
> Westen und Osten geben dir Ehre,
> Wenn du erstanden, beginnet ihr Leben, wenn du versunken,
> sterben auch sie.

Und doch sahst du ohne Mitleid in deinem strahlenden Auge, wie die alten Götter den Tempel deines größten Anbeters in den Nil stürzten, die Sonnenscheibe von seiner Stirne, den königlichen Falken von seiner Brust rissen und seinen verhaßten Namen aus den gehämmerten Goldbändern um seinen schmächtigen Leib austilgten, damit seine Seele namenlos umherwandern müsse durch alle Ewigkeit.

Lange nachdem die Götter des Nils, die Götter des Olymp und die Götter Walhalls in Staub zerfallen waren, erhob ein neuer Anbeter, der heilige Franz von Assisi, der holde Sänger von il Canto del Sole, seine Arme zu deinem Himmel, unsterblicher Sonnengott, mit demselben Gebet auf den Lippen, das ich heute an dich richte, du mögest dein heiliges Licht nicht wegnehmen von seinen kranken Augen, die von Tränen und Nachtwachen getrübt waren. Ernstlich ermahnt von den Brüdern, begab er sich nach Rieti, einen berühmten Augenarzt zu befragen, und unterwarf sich furchtlos der Operation, die er vorschrieb. Als der Medikus das Eisen in das Feuer legte, um es zu glühen, sprach San Francesco zu dem Feuer wie zu einem Freunde also:

›Bruder Feuer, vor allen anderen Dingen erschuf dich der Allerheiligste von übergroßer Herrlichkeit, stark, schön und nutzbringend. Sei du mir in dieser meiner Stunde barmherzig, sei huldvoll! Ich erflehe von dem großen Gott, der dich schuf, Er möge für mich dämpfen deine Glut, daß ich imstande sein möge, gelassen zu dulden dein Brennen.‹

Als er sein Gebet über dem glühenden Eisen gesprochen hatte, machte er das Zeichen des Kreuzes und blieb standhaft ohne Zucken, als das Eisen zischend in das zarte Fleisch tauchte und vom Ohr bis zur Braue das Brandmal zog.

›Bruder Medico‹, sagte San Francesco zu dem Arzt, ›wenn es nicht gut gebrannt ist, leg es noch einmal an!‹

Als der Arzt in der Schwachheit des Fleisches so wunderbare Kraft des Geistes sah, staunte er und sprach:

›Ich sage euch, meine Brüder, heute habe ich seltsame Dinge gesehen!‹

Ach, der heiligste aller Menschen betete umsonst, litt umsonst. Du ließest Il Poverello im Stich, wie du den großen Pharao im Stich gelassen. Als die getreuen Brüder auf dem Heimwege die Sänfte mit der leichten Bürde unter den Ölbäumen am Fuß des Hügels niedersetzen, konnte San Francesco sein geliebtes Assisi nicht mehr sehen, da er die Hände hob, ihm seinen letzten Segen zu geben.

Wie kann dann ich, der Sünder, der geringste unter all deinen Anbetern, auf Gnade von dir, harter Herrscher des Lebens, hoffen! Wie darf ich wagen, noch eine Gnade von dir zu erbitten, dessen verschwenderische Hand mir schon so viel an köstlichen Gaben gespendet! Du gabst mir meine Augen, in Freude zu leuchten, sich mit Tränen zu füllen, mein Herz, in Sehnsucht zu schlagen und in Mitleid zu bluten, du gabst mir Hoffnung, du gabst mir Schlaf.

Ich dachte, du hättest mir das alles zum Geschenk gegeben. Ich irrte. Es war nur ein Lehen, und nun forderst du alles zurück, um es in ein anderes Wesen zu geben, das nun aus derselben Ewigkeit hervorgeht, in die ich zurücksinke. Herr des Lichtes, so geschehe es! Der Herr hat gegeben, der Herr hat genommen, der Name des Herrn sei gelobt!«

III

Die Glocken im Campanile läuteten das Ave-Maria. Ein leichter Wind rauschte in den Zypressen vor dem Fenster, wo die Vögel sich »gute Nacht« zuzwitscherten. Die Stimme des Meeres wurde leiser, das heilige Schweigen der Nacht sank über den alten Turm.

Ich saß in meinem Savonarolastuhl, müde und Ruhe verlangend. Wolf lag schlafend zu meinen Füßen, seit Tagen und Nächten war er mir kaum von der Seite gewichen. Dann und wann öffnete er die Augen so voll Liebe und Trauer, daß den meinen fast die Tränen kamen. Dann und wann richtete er sich auf und legte mir den großen Kopf auf die Knie. Wußte er, was ich wußte, verstand er, was ich verstand, daß die Abschiedsstunde nahte? Ich strich ihm leise über den Kopf, zum ersten Mal wußte ich nicht, was ich ihm sagen sollte, wie ihm das große Geheimnis deuten, das ich mir selber nicht deuten konnte.

»Wolf, ich gehe fort auf eine lange Reise in ein unbekanntes Land. Diesmal kannst du nicht mit, mein Freund. Du mußt hierbleiben, wo du und ich so lange zusammen gelebt und Freud und Leid geteilt haben. Du sollst nicht um mich trauern, du sollst mich vergessen, wie mich alle vergessen werden, denn das ist das Gesetz des Lebens. Mach dir keine Sorge, mir wird es gut gehen, und dir auch. Alles was für dein Glück getan werden konnte, ist getan. Du wirst in deiner altvertrauten Umgebung bleiben, freundliche Menschen werden dich pflegen mit derselben liebenden Sorgfalt wie ich. Täglich, wenn die Glocken Mittag läuten, wird dir dein reichliches Mahl vorgesetzt werden, und saftige Knochen zweimal in der Woche, wie bisher. Der große Garten, in dem du tolltest, ist noch dein, und selbst, wenn du das Gebot vergessen und eine wildernde Katze unter den

Ölbäumen jagen solltest, werde ich auch fernerhin von dort, wo ich bin, mein blindes Auge deiner Jagd zukehren und das andere zudrücken, wie bisher, um unserer Freundschaft willen. Und wenn deine Glieder steif und deine Augen trüb geworden sind, wirst du für immer unter der antiken Marmorsäule im Zypressenhain im alten Turm ausruhen, neben deinen Kameraden, die dir vorangingen. Und schließlich, wer weiß, ob wir uns nicht wiedersehen? Ob groß oder gering, unsere Aussichten sind die gleichen!«

»Geh nicht, bleib oder nimm mich mit!« flehten die treuen Augen.

»Ich gehe in ein Land, von dem ich nichts weiß. Ich weiß nicht, was dort mit mir geschehen wird, und viel weniger, was dir geschehen würde, wenn du mitkämest. Seltsame Sagen las ich über dies Land, aber es sind nur Sagen, niemand, der hinging, kam wieder, uns zu künden, was er sah. Einer nur hätte es uns erzählen können, aber Er war der Sohn Gottes und ging zurück zu seinem Vater, die Lippen in geheimnisvollem Schweigen versiegelt.«

Ich streichelte den großen Kopf, doch meine Hände waren benommen und fühlten die Berührung des weichen Felles nicht mehr.

Als ich mich über ihn beugte, um ihn zum Abschied zu küssen, sah ich jähe Angst in seinem Blick, er zuckte erschreckt zurück und kroch auf sein Lager unter dem Refektoriumstisch. Ich rief ihn, aber er kam nicht. Ich wußte, was es bedeutete, ich hatte es schon früher gesehen. Ich hatte gedacht, es könnte noch Tage dauern. Ich stand auf und versuchte ans Fenster zu gehen, um einen tiefen Atemzug zu holen, aber die Glieder versagten, ich sank in den Stuhl zurück. Als ich im alten Turm umherblickte, war alles dunkel und still, doch mir schien, als hörte ich Artemis, die herbe Göttin, den schnellen Pfeil aus dem Köcher nehmen, bereit, den Bogen zu heben. Eine unsichtbare Hand berührte meine Schulter. Ein Schauer rann durch meinen Leib. Ich meinte ohnmächtig zu werden, aber ich fühlte keinen Schmerz, und mein Kopf blieb klar.

»Willkommen, Sire! Ich glaubte, den Hufschlag Eures schwarzen Rosses durch die Nacht zu hören. Ihr habt das Rennen gewonnen, denn ich kann noch Euer nächtiges Antlitz über mich geneigt sehen. Ihr seid mir nicht fremd, wir sind uns oft begegnet, seit damals, da wir am gleichen Bett in der Salle Sainte Claire beieinander standen. Ich nannte Euch böse und grausam damals, einen Henker, den die lange Marter seines Opfers freut. Ich kannte damals das Leben nicht, wie ich es heute kenne. Heute weiß ich, daß Ihr bei weitem der Barmherzigere von beiden seid. Was Ihr mit einer Hand nehmt, gebt Ihr mit der anderen zurück. Ich weiß nun, daß es das Leben war, nicht Ihr, das in jenen weit offenen Augen das Grauen entzündete, das die Muskeln in der Brust spannte, nach noch einem Atemzug, noch einer Minute der Qual.

Ich werde heute nicht mit Euch ringen. Wäret Ihr zu mir gekommen, als mein Blut jung war, wäre es anders gewesen. Ich war damals voller Leben. Ich hätte mich gut verteidigt, Hieb gegen Hieb, so fest ich konnte. Nun bin ich müde, meine Augen sind trübe, meine Glieder matt und mein Herz erschöpft, mir bleibt nur noch mein Kopf, und der sagt mir, es habe keinen Sinn zu kämpfen. So werde ich still in meinem Savonarolastuhl sitzen und Euch tun lassen, was Ihr zu tun habt. Ich bin neugierig zu sehen, wie Ihr es anfangen werdet, ich habe mich stets für Physiologie interessiert. Ich warne Euch, ich war aus bestem Stoff gefügt. Schlagt zu, so fest Ihr könnt; sonst könntet Ihr wieder vorbeischlagen, wie schon ein paarmal, wenn ich nicht irre. Ich hoffe, Sire, Ihr tragt mir nichts nach aus vergangenen Tagen. Ach, ich fürchte, ich hielt Euch sehr in Atem, damals in der Avenue de Villiers. Bitte, Sire, ich bin nicht so tapfer, wie ich immer tue, wenn Ihr ein paar Tropfen von Eurem Schlaftrunk der Ewigkeit geben wolltet, wäre ich dankbar.«

»Das tue ich stets, und du gerade müßtest das wissen. Du, der mich so oft an der Arbeit sah. Willst du nach einem Priester schicken, es ist noch Zeit. Sie holen immer einen Priester, wenn sie mich kommen sehen.«

»Es hat keinen Zweck, einen Priester zu holen, er kann nichts für mich tun. Es ist zu spät für mich, zu bereuen, und für ihn zu früh zum Verdammen, Euch macht es nichts aus – so oder so.«

»Mich kümmert es nicht, gute Menschen und böse Menschen sind mir alle gleich.«

»Es nutzt nichts, einen Priester zu holen, der mir nur sagen wird, daß ich in Sünden geboren, daß mein Denken und Handeln von Sünde befleckt war, daß ich alles bereuen, alles widerrufen muß. Ich bereue wenig, ich widerrufe nichts. Ich habe gelebt nach meinem Instinkt, und ich glaube, mein Instinkt war gesund. Ich habe mich oft genug zum Narren gemacht, wenn ich versuchte, mich von meiner Vernunft leiten zu lassen, denn meine Vernunft irrte, und dafür bin ich schon bestraft. Ich möchte denen danken, die gut zu mir waren. Feinde hatte ich wenige, es waren meist Ärzte, sie taten mir nur wenig zuleide, und ich ging meinen Weg unbeirrt. Ich möchte die um Verzeihung bitten, denen ich weh getan habe. Das ist alles, das übrige betrifft nur Gott und mich, nicht den Priester, den ich als meinen Richter nicht anerkenne.«

»Ich mag Eure Priester nicht. Sie sind es, die die Menschen lehrten, mein Nahen zu fürchten mit ihrer Drohung einer in Ewigkeit flammenden Hölle. Sie sind es, die mir meine Flügel von den Schultern rissen, mein gütiges Gesicht entstellten und mich in ein scheußliches Gerippe verwandelten, das von Haus zu Haus geht wie ein Dieb in der Nacht und, die Sense im Arm, den Totenreigen auf den Fresken ihrer Klosterwände tanzt, Hand in Hand mit ihren Heiligen und ihren Verdammten. Ich habe nichts, weder mit ihrem Himmel noch mit ihrer Hölle zu schaffen. Ich bin ein Gesetz der Natur.«

»Ich hörte einen Pirol singen gestern im Garten, und gerade, als die Sonne sank, kam eine kleine Grasmücke und sang unter meinem Fenster, werde ich sie je wieder hören?«

»Wo es Engel gibt, gibt es auch Vögel.«

»Ich wollte, eine liebe Stimme dürfte mir noch einmal

wieder den ›Phaidon‹ vorlesen.«

»Die Stimme war sterblich, die Worte sind unsterblich, du wirst sie wieder hören.«

»Werde ich jemals die Klänge von Mozarts ›Requiem‹ hören, meinen geliebten Schubert und das gewaltige Saitenspiel von Beethoven, dem Titanen?«

»Es war nur ein Echo aus dem Himmel, das du hörtest.«

»Ich bin bereit. Schlag zu, Freund!«

»Ich werde nicht schlagen. Ich werde dich einschläfern.«

»Werde ich erwachen?«

Keine Antwort kam auf meine Frage.

»Werde ich träumen?«

»Ja, alles ist ein Traum.«

*

»Wer bist du, schöner Knabe? Bist du Hypnos, der Engel des Schlafes?«

Er stand dicht neben mir mit blumenumkränzten Locken und traumschwerer Stirne, schön wie der Genius der Liebe.

»Wir sind Brüder, geboren von derselben Mutter, der Nacht. Thanatos ist mein Name. Ich bin der Engel des Todes. Es ist dein Leben, das mit der Fackel zu meinen Füßen erlischt.«

*

Ich träumte, ich sähe einen alten Mann auf seinem einsamen Wege müde einherwandern. Dann und wann sah er empor, als suche er jemand, der ihm den Weg zeigen könnte. Dann wieder sank er in die Knie, als hätte er nicht mehr die Kraft, sich vorwärtszukämpfen. Wälder und Felder, Flüsse und Seen lagen schon zu seinen Füßen, und bald verschwanden auch die schneegekrönten Berge im Nebel der versinkenden Erde. Vorwärts, aufwärts ging sein Pfad. Sturmgejagte Wolken hoben ihn auf die mächtigen Schultern und trugen ihn in schwindelnder Eile durch die

Räume der Unendlichkeit, blinkende Sterne leiteten ihn näher und näher zu dem Lande, das nichts weiß von Nacht und von Tod. Endlich stand er vor den Himmelstoren, die mit goldenen Angeln an demantenen Fels geschmiedet sind. Die Tore waren verschlossen. War es eine Ewigkeit, ein Tag oder ein Augenblick, daß er auf der Schwelle kniete, gegen alle Hoffnung hoffend, eingelassen zu werden? Da, von unsichtbaren Händen bewegt, schwangen die mächtigen Torflügel weit auseinander, um eine schwebende Gestalt mit den Flügeln eines Engels und den Zügen eines schlafenden Kindes einzulassen. Der Wanderer sprang auf und stahl sich mit der Hast der Verzweiflung durch das Tor, das fast schon vor ihm zugefallen war.

»Wer bist du, frecher Eindringling?« rief eine strenge Stimme.

Eine hohe Gestalt in weißem Mantel, den goldenen Schlüssel in der Hand, stand vor mir.

»Hüter der Himmelstore, heiliger Petrus, ich beschwöre dich, laß mich bleiben!«

Sankt Petrus warf einen Blick in meine Papiere, die das kümmerliche Ergebnis meines Erdenlebens enthielten.

»Es steht schlimm«, sagte Sankt Petrus. »Sehr schlimm. Wie bist du überhaupt hereingekommen? Das muß ein Irrtum sein...«

Er hielt inne, als vor uns im schnellen Fluge ein kleiner Botenengel landete. Er faltete seine Purpurflügel und ordnete seine kurze Tunika, die, aus Elfenschleiern und Rosenblättern gewoben, im Morgentau leuchtete. Seine Beinchen waren bloß und rosig wie die Blütenblätter, seine Füßchen trugen goldene Sandalen. Schief auf einem Ohr des Lockenkopfes trug er ein Mützchen aus Tulpen und Maiblumen. Seine Augen waren voller Sonnenschein, seine Lippen voller Freude. In den Händen trug er ein illuminiertes Missale, das er Sankt Petrus mit wichtiger Miene überreichte.

»Immer kommen sie zu mir, wenn sie in Schwierigkeit geraten«, brummte Sankt Petrus mit gerunzelter Stirne. »Wenn alles klappt, kümmern sie sich nicht um mich. Sage den Kardinälen«, wandte er sich an den Botenengel, »daß ich gleich komme, sie sollen keine Fragen beantworten, bis ich da bin.«

Der Engel hob salutierend den rosigen Finger an die Tulpenmütze, breitete die purpurnen Flügel aus und flog wie ein Vogel singend davon.

Sankt Peter sah mich zweifelnd mit seinen prüfenden Augen an. Er wandte sich an einen ältlichen Erzengel, der, auf sein blankes Schwert gelehnt, am goldenen Vorhang Wache stand, und sagte, auf mich weisend:

»Laß ihn hier auf meine Rückkehr warten. Er ist kühn und schlau, seine Zunge ist glatt, sieh zu, daß er die deine nicht löst. Wir alle haben unsere Schwächen, die deine kenne ich. An diesem Geist ist etwas Merkwürdiges, ich begreife nicht einmal, wie er herkam. Wer weiß, ob er nicht zu jener Schar gehört, die dich betörte, Luzifer zu folgen, und deinen Fall verschuldete. Sei auf der Hut, schweige, sei wach!«

Er war gegangen. Ich schaute den Erzengel an und er schaute auf mich. Ich hielt es für geraten, nichts zu sagen, aber ich beobachtete ihn aus dem Augenwinkel. Nach einem Weilchen löste er seinen Schwertgurt, um mit großer Vorsicht das Schwert an eine Lapissäule zu lehnen. Er sah ganz erleichtert aus. Sein altes Gesicht war so gütig, seine Augen waren so mild, ich fühlte, er neigte zum Frieden, ganz wie ich.

»Ehrwürdiger Erzengel«, sagte ich schüchtern, »werde ich lange warten müssen auf Sankt Peter?«

»Ich hörte Posaunenstöße aus der Halle des Gerichts«, sagte der Erzengel, »sie richten dort zwei Kardinäle, die eben nach Sankt Petrus sandten, weil er ihnen bei ihrer Verteidigung helfen soll. Nein, ich glaube, du wirst nicht lange zu warten brauchen«, setzte er schmunzelnd hinzu, »selbst dem heiligen Ignatius, dem schlauesten Anwalt im Himmel, gelingt es kaum je, sie durchzuzerren. Der Staatsanwalt ist ihm über. Er war ein Mönch mit Namen Savonarola, sie verbrannten ihn.«

»Gott ist der höchste Richter und nicht der Mensch«, sagte ich, »und Gott ist barmherzig.«

»Ja, Gott ist der höchste Richter und Er ist barmherzig«, wiederholte der Engel, »aber Gott regiert über ungezählte Welten, weit größer an Herrlichkeit und Reichtum als der halb vergessene kleine Stern, von dem diese beiden stammen.«

Der Erzengel ergriff meine Hand und führte mich zum offenen Torbogen. Mit staunenden Augen sah ich Tausende von strahlenden Sternen und Planeten voller Leben und Licht ihre vorgezeichneten Bahnen durch den Raum wandern.

»Siehst du das ganz kleine Fünkchen, matt wie das Licht einer flackernden Kerze? Das ist die Welt, woher diese beiden Menschen kommen, kriechende Ameisen auf einem Erdklumpen.«

»Gott erschuf ihre Welt und Er schuf sie«, sagte ich.

»Ja, Gott erschuf ihre Welt. Er befahl der Sonne, die gefrorenen Eingeweide ihrer Erde zu schmelzen, Er begabte sie mit Flüssen und Meeren, umkleidete ihre rauhe Oberfläche mit Wäldern und Feldern, bevölkerte sie mit freundlichen Tieren. Die Erde war schön und alles war gut. Dann – am letzten Tage erschuf Er den Menschen. Vielleicht wäre es besser gewesen, Er hätte geruht am Tage, ehe Er den Menschen schuf – statt am Tage danach. Du weißt ja wohl, wie es alles kam. Ein riesiger Affe begann eines Tages, wütend vor Hunger, mit seinen hornigen Händen Waffen zu schmieden, um die anderen Tiere zu erschlagen. Was konnten die sechs Zoll langen Nagetiere der Machaerodusperiode gegen seine scharfen Feuersteine, schärfer als der Zahn des gezähnten Tigers, tun? Was vermochten die sichelförmigen Klauen des Ursus Spelaeus gegen seinen Baumast mit Dornen, Querhölzern und messerscharfen Muscheln? Was bedeutete ihre wilde Kraft gegen seine List, seine Schlingen und Fallgruben? So wuchs er auf, ein brutaler Protanthropos, Freund und Feind erschlagend, ein Teufel allen Geschöpfen, ein Satan unter den Tieren. Aufrecht unter seinen Opfern, pflanzte er sein blutbeflecktes Siegesbanner über der Tierwelt auf und krönte sich selbst zum König der Schöpfung. Die Zuchtwahl richtete seinen Gesichtswinkel gerade, erweiterte seine Hirnschale. Aus seinem rauhen Zorn- und Angstgebrüll wurden deutliche Laute und Worte. Er lernte das Feuer zähmen. Langsam wurde er ein Mensch. Seine Jungen tranken das Blut aus dem zuckenden Fleisch der Tiere, die er riß, und rauften untereinander wie hungrige Wolfsjunge um die Markknochen, die seine gewaltigen Kiefer geknackt und in der Höhle zerstreut hatten. So wurden sie stark und wild wie er, gierig auf Beute, bereit, alles anzugreifen und zu verschlingen, was ihren Weg kreuzte, wäre es auch einer der eigenen Milchbrüder. Der Wald erbebte unter ihrem Nahen, die Furcht vor dem Menschen erwachte unter den Tieren. Bald begannen sie in ihrer Mordlust einander mit Steinäxten zu erschlagen. Der blutige Kampf begann, der Kampf, der nie aufgehört hat.

Zorn blitzte im Auge des Herrn, es reute Ihn, den Menschen erschaffen zu haben. Und der Herr sprach:

›Ich will vernichten den Menschen vom Angesicht der Erde, denn verderbt ist er und voller Gewalttat.‹

Er befahl, daß die Wasser der Tiefe aufbrechen und die Fenster des Himmels sich öffnen sollten, den Menschen zu verschlingen, und die Erde, die er mit Blut und Sünde befleckt hatte. Hätte er sie nur alle ertränkt! Aber in seinem milden Erbarmen ließ er die Welt noch einmal auftauchen, rein und geläutert von den Wassern der Flut. Der Fluch blieb im Samen der wenigen aus der fluchbeladenen Schar, die er gnädig in der Arche geduldet hatte. Von neuem begann der Mord, der endlose Krieg war wieder entfesselt.

Gott sah zu in Langmut, zögernd, zu strafen, bis zum Ende bereit, zu vergeben. Er sandte sogar Seinen eigenen Sohn herab in ihre böse Welt, die Menschen Milde und Liebe zu lehren und für sie zu beten. Du weißt, was sie Ihm antaten! Verachtung gegen den Himmel schleudernd, setzten sie bald ihre ganze Welt in Brand mit den Flammen der

Hölle. Mit satanischem Geschick schmiedeten sie neue Waffen, einander zu morden. Sie spannten den Tod ins Geschirr, damit er sogar aus dem Himmel herabstieße auf ihre Wohnstätten, sie vergifteten die lebensspendende Luft mit den Dünsten der Hölle. Das donnernde Brüllen ihrer Schlachten erschüttert ihre ganze Erde. Wenn der Himmel in Nacht gehüllt ist, können wir hier oben sehen, wie sogar das Licht ihres Sternes rot wie Blut leuchtet, und wir hören das Stöhnen ihrer Verwundeten. Einer der Engel, die Gottes Thron umgeben, sagte mir, daß die Augen der Madonna an jedem Morgen von Tränen gerötet sind und daß die Wunde in Ihres Sohnes Seite wieder blutet.«

»Aber wie kann Gott, der der Gott der Gnade ist, dulden, daß diese Qualen dauern?« fragte ich. »Wie kann Er unbewegt diesen Schmerzensrufen lauschen?«

Der greise Erzengel sah ängstlich umher, ob seine Antwort auch nicht gehört würde.

»Gott ist alt und Sein Herz ist schwer«, flüsterte er wie im Grauen vor seinen eigenen Worten. »Die Ihn umgeben und über Ihm wachen mit ihrer unendlichen Liebe, haben nicht das Herz, Seine Ruhe zu stören, um Ihm ewig nur Grauen und Weh zu melden. Oft erwacht er aus Seinem schweren Schlummer und fragt, woher das tosende Donnern komme, das Sein Ohr erreicht, und die Blitze düsteren Lichtes, die die Nacht durchdringen. Und die um Ihn sind, antworten, das Tosen wäre die Stimme Seiner eigenen sturmgefegten Wolken und das Leuchten wäre das Zucken Seiner eigenen Blitze. Und Er schließt die müden Augenlider.«

»Besser so, ehrwürdiger Erzengel, besser so! Denn hätten Seine Augen gesehen, was ich sah, und Seine Ohren gehört, was ich hörte, der Herr hätte noch einmal bereut, daß Er den Menschen schuf. Noch einmal hätte er den Wassern der Tiefe befohlen, aufzubrechen und den Menschen zu vernichten. Diesmal hätte Er alle ertränkt und nur die Tiere in der Arche gelassen.«

»Fürchte den Zorn Gottes! Fürchte den Zorn Gottes!«

»Ich habe keine Furcht vor Gott, aber ich habe Angst vor

denen, die einst Menschen waren, den strengen Propheten, den heiligen Vätern, vor Sankt Peter, dessen strenge Stimme mir befahl, hier auf seine Rückkehr zu warten.«

»Vor Sankt Peter habe ich selbst etwas Angst!« gab der ältliche Erzengel zu. »Du hörtest, wie er mich tadelte, weil ich mich von Luzifer verleiten ließ. Gott selbst hat mir vergeben und erlaubt, in Seinen Himmel zurückzukommen. Weiß Sankt Peter denn nicht, daß vergeben auch vergessen heißt? Du hast recht, die Propheten sind streng, aber gerecht sind sie, sie sind doch von Gott erleuchtet und reden mit Seiner Stimme. Die Kirchenväter können die Gedanken der Menschen nur bei dem trüben Licht sterblicher Augen lesen, ihre Stimmen sind Menschenstimmen.«

»Kein Mensch kennt den anderen. Wie können sie richten, was sie nicht wissen, nicht verstehen? Ich wollte, San Francesco wäre unter den Richtern, ich habe ihn geliebt, er kennt mich, er versteht mich.«

»San Francesco hat nie gerichtet, er hat nur vergeben wie Christus selber, der Seine Hand in die seine legte, als wäre er Sein Bruder. San Francesco läßt sich nicht oft sehen in der Gerichtshalle, wo du bald stehen wirst, er ist dort nicht einmal sehr beliebt. Viele der Märtyrer und Heiligen neiden ihm seine heiligen Nägelmale, und mehr als einer der Magnaten des Himmels fühlt sich ein wenig unbehaglich in seinem strahlenden Mantel voller Gold und Juwelen, wenn unter ihnen der Poverello erscheint, in der fadenscheinigen zerrissenen Kutte, die von langer Mühsal in Fetzen zerschliß. Die Madonna stopft und flickt sie, so gut sie kann, und meint, es hätte keinen Zweck, ihm eine neue zu geben, er würde sie nur verschenken.«

»Wenn ich ihn doch sehen könnte! Ich habe eine Frage an ihn, die ich mir mein ganzes Leben lang gestellt habe. Wenn einer sie beantworten kann, ist er es. Vielleicht könntest du es mir sagen, weiser alter Erzengel? Wohin gelangen die Seelen schuldloser Tiere? Wo ist ihr Himmel? Ich möchte das wissen, weil–, ich habe...«

Mehr wagte ich nicht zu sagen.

»›In meines Vaters Hause sind viele Wohnungen‹, sagt der Herr. Gott, der die Tiere erschuf, wird auch dafür sorgen. Der Himmel ist weit genug, auch ihnen Obdach zu gewähren.«

»Horch«, flüsterte der alte Erzengel und deutete mit dem Finger nach dem offenen Torbogen, »horch!«

Eine holde Weise von Harfensaiten und süßen Kinderstimmen traf mein Ohr, als ich in die himmlischen Gärten blickte, die vom Hauch elysischer Blumen dufteten.

»Erhebe deine Augen und sieh«, sagte der Erzengel und neigte ehrerbietig sein Haupt.

Ehe noch mein Auge den Heiligenschein gewahrte, der aus blassem Golde Ihre Stirn einrahmte, hatte mein Herz Sie erkannt. Welch unvergleichlicher Maler war er doch, Sandro Botticelli! Dort kam Sie, ganz wie er Sie so oft malte, so jung, so rein und doch mit der zärtlich sorgenden Mütterlichkeit im Blick. Blumenbekränzte Jungfrauen mit lächelnden Lippen und Mädchenaugen begleiteten Sie, ein ewiger Frühling. Engelchen mit Flügeln aus Gold und Purpur trugen den Mantel, andere breiteten Ihr zu Füßen einen Teppich aus Rosen. Die heilige Clara, die Freundin des San Francesco, flüsterte der Madonna etwas ins Ohr – und fast schien es mir, als hätte die Gottes-Mutter im Vorüberschreiten das Auge zu mir geneigt.

»Fürchte nichts«, sagte der Erzengel leise, »fürchte nichts, die Madonna hat dich gesehen. Sie wird deiner gedenken in Ihrem Gebet.«

»Sankt Petrus bleibt lange aus«, sagte der Erzengel, »er kämpft einen schweren Kampf gegen Savonarola zur Rettung seiner Kardinäle.«

Einen Zipfel des goldenen Vorhanges lüftend, blickte er den Säulengang hinunter.

»Siehst du die freundliche Gestalt dort im weißen Gewande und eine Blume hinterm Ohr? Ich habe öfters ein Schwätzchen mit ihm, er wird von allen geliebt hier, er ist schlicht und einfältig wie ein Kind. Ich beobachtete ihn oft mit Staunen, er geht immer allein herum und sammelt

Engelsfedern vom Boden auf. Die hat er zu einer Art Flederwisch gebunden, und wenn er sich unbeobachtet glaubt, bückt er sich und fegt ein wenig Sternenstaub von den goldenen Fliesen. Ich frage mich oft, wer er im Leben gewesen sein mag? Es ist nicht lange her, daß er kam. Er könnte dir vielleicht Auskunft geben über das letzte Gericht.«

Ich blickte nach der weißgekleideten Gestalt – es war mein Freund Archangelo Fusco, der Straßenfeger aus dem italienischen Armenviertel in Paris. Die gleiche Demut in den arglosen Augen, die gleiche Blume hinterm Ohr, die Rose, die er mit südlicher Ritterlichkeit der Gräfin anbot, an jenem Tage, als ich sie mitnahm, um Salvatores Kindern die Puppen zu schenken.

»Lieber Archangelo Fusco«, sagte ich, ihm beide Hände reichend, »nie habe ich bezweifelt, daß du hierher kommen würdest!«

Er sah mich mit stillem Gleichmut an, als kennte er mich nicht.

»Archangelo Fusco, erkennst du mich nicht, erinnerst du dich nicht mehr? Weißt du nicht, wie liebevoll du bei Tag und Nacht die Kinder von Salvatore gepflegt hast, als sie Diphtherie hatten, wie du deinen Sonntagsanzug verkauftest, um den Sarg zu bezahlen, als die Älteste starb, das Mädchen, das du so liebtest?«

Ein Schatten von Leid trübte sein Gesicht.

»Ich kann mich nicht erinnern.«

»Oh! – mein Freund! Welch ungeheures Geheimnis enthüllst du mir mit diesem Wort! Welche Bürde nimmst du mir vom Herzen! Du erinnerst dich nicht! Wie kommt es aber, daß ich mich erinnere?«

»Vielleicht bist du nicht wirklich gestorben, vielleicht träumst du nur, du wärest tot.«

»Ein Träumer war ich mein Leben lang, wenn dies ein Traum ist, so ist es der wunderbarste aller meiner Träume.«

»Vielleicht war dein Gedächtnis stärker als meins, stark genug, getrennt vom Körper eine Weile zu leben. Ich weiß nicht, begreife nicht, mir ist das alles zu tief. Ich frage nicht.«

»Deswegen bist du hier, mein Freund. Sag mir aber, Archangelo Fusco, erinnert sich keiner hier oben seines Erdenlebens?«

»Sie sagen nein, sie sagen, nur die in die Hölle kommen, erinnern sich, darum heißt es Hölle.«

»Aber sag mir wenigstens, Archangelo Fusco, war das Verhör scharf, waren die Richter streng?«

»Sie sahen erst recht streng aus, ich fing an, am ganzen Leibe zu zittern, ich hatte Angst, sie wollten etwas Genaueres wissen über den Fall des neapolitanischen Schusters, der mir meine Frau gestohlen hat und den ich mit seinem eigenen Messer erstach. Aber zum Glück wollten sie nichts von dem Schuster wissen. Sie fragten mich nur, ob ich mit Gold zu tun gehabt hätte, und da sagte ich, ich hätte immer nur Kupfer in Händen gehabt. Sie fragten mich, ob ich Besitz und Güter irgendwelcher Art gesammelt hätte, und ich sagte, daß ich nichts besaß als das Hemd, in dem ich im Hospital gestorben bin. Da fragten sie nicht weiter und ließen mich ein. Dann kam ein Engel mit einem großen Paket.

›Zieh dein altes Hemd aus und deinen Sonntagsanzug an‹, sagte der Engel. Da wäre mein früherer Sonntagsanzug, den ich verkauft hätte, um den Leichenbestatter zu bezahlen. Die Engel hatten ihn mit Gold und Perlen bestickt. Du wirst mich am Sonntag drin sehen, wenn du noch hier bist. Dann kam noch ein Engel mit einer großen Sparbüchse in den Händen.

›Öffne‹, sagte der Engel, ›das sind deine Ersparnisse, alle die Kupfer, die du verschenkt hast an Leute, die ebenso arm waren wie du. Alles was ihr auf der Erde verschenkt, wird im Himmel für euch gespart, alles was ihr für euch behaltet, ist verloren.‹

Würdest du es mir glauben, es war kein einziger Kupfer in der Sparbüchse, alle meine Kupfer hatten sich in Gold verwandelt.«

»Hör mal«, fügte er leiser hinzu, damit der Erzengel uns nicht hören sollte, »ich weiß nicht, wer du bist, aber du scheinst mir ziemlich übel dran zu sein, nimm's nicht krumm; du kannst gern alles haben, was du willst aus der Sparbüchse. Ich hab' dem Engel gesagt, ich wüßte ja gar nicht, was mit all dem Gelde anfangen, und da meinte er, ich sollte es dem ersten Bettler schenken, der mir begegnete.«

»Wär' ich nur deinem Beispiel gefolgt, Archangelo Fusco, dann wäre ich nicht so übel dran, wie ich es heute bin. Ach, ich habe meinen Sonntagsanzug nicht verschenkt, darum bin ich heute in Lumpen. Aber eine Beruhigung ist es mir, daß sie dich nicht näher nach dem neapolitanischen Schuster fragten, den du in eine andere Welt befördert hast. Weiß Gott! für das Leben wie vieler Schuster man mich hätte verantwortlich machen können, mich, der mehr als dreißig Jahre lang ein Doktor war.«

Den Goldvorhang teilten unsichtbare Hände, ein Engel stand da.

»Deine Stunde ist gekommen, vor deinen Richtern zu stehen«, sagte der alte Erzengel. »Sei demütig und sei schweigsam, vor allem schweigsam! Vergiß nicht, das Reden war es, das meinen Fall herbeiführte, es wird auch dich verderben, wenn du deine Zunge nicht hütest.«

»Einen Augenblick«, flüsterte Archangelo Fusco, und zwinkerte mich pfiffig an: »besser nichts riskieren, ich würde an deiner Stelle nichts von all den anderen Schustern erwähnen, von denen du sprachst. Ich hab auch nichts von meinen Schuster gesagt, da sie mich nicht fragten. Am Ende wußten sie gar nichts von ihm, wer weiß, chi lo sa?«

Der Engel nahm meine Hand und führte mich den Säulengang hinab zur Halle des Gerichts, weit wie die Halle des Osiris; Säulen aus Jaspis und Opal, die Kapitelle goldene Lotosblumen. Bögen aus Sonnenstrahlen trugen die mächtige Wölbung, die übersät war mit den Sternen des Himmels.

Ich hob den Kopf und sah Myriaden von Märtyrern und

Heiligen in weißen Gewändern, Eremiten, Anachoreten und Säulenheilige, die wilden Züge von der nubischen Sonne verbrannt, nackte Zenobiten, die ausgezehrten Leiber mit Haaren bedeckt, strenge Propheten, denen lange Bärte bis auf die Brust herabwallten, heilige Apostel, Palmenzweige in den Händen, Patriarchen und Kirchenväter aller Länder und Lehren, einige Päpste in schimmernder Tiara und ein paar Kardinäle in roten Roben. Vor mir in einem Halbkreis saßen meine Richter streng und reglos.

»Es steht schlimm«, sagte Sankt Petrus, meine Papiere vorlegend, »sehr schlimm!«

Sankt Ignatius, der Groß-Inquisitor, erhob sich und sprach:

»Sein Leben ist befleckt mit abscheulichen Sünden, seine Seele finster, sein Herz unrein. Als Christ und Heiliger fordere ich seine Verdammnis, mögen Teufel ihm Leib und Seele peinigen in alle Ewigkeit.«

Ein Beifallsmurmeln hallte durch den Saal. Ich hob die Augen und blickte meine Richter an. Alle gaben den Blick zurück in strengem Schweigen. Ich senkte den Kopf und schwieg eingedenk der Warnung des Erzengels, auch wußte ich gar nicht, was ich sagen sollte. Plötzlich sah ich im Hintergrund einen kleinen Heiligen mir aufgeregt zunikken und sich schüchtern einen Weg durch die größeren Heiligen bahnen bis zur Türe, wo ich stand.

»Ich kenne dich gut«, sagte der kleine Heilige mit einem freundlichen Blick seiner sanften Augen, »ich sah dich kommen«, und den Finger an die Lippen legend, fügte er leise hinzu: »ich sah auch deinen treuen Freund an deinen Fersen.«

»Wer bist du, gütiger Vater?« flüsterte ich zurück.

»Ich bin San Rocco, der Schutzpatron aller Hunde«, erklärte der kleine Heilige. »Ich wollte, ich könnte dir helfen, aber ich bin nur ein kleiner Heiliger hier, sie werden nicht auf mich hören«, tuschelte er mit verstohlenem Seitenblick nach den Propheten und Erzvätern.

»Er war ein Ungläubiger«, fuhr Sankt Ignatius fort. »Ein

lästerlicher Spötter, ein Betrüger, ein Zauberer voll schwarzer Magie, ein Buhler.«

Einige der alten Propheten spitzten aufmerksam die Ohren...

»Er war jung und feurig«, sagte Sankt Paulus, »es ist besser freien, denn...«

»Das Alter besserte ihn nicht«, murrte ein Eremit.

»Er liebte die Kinder«, sagte Sankt Johannes.

»Er liebte auch ihre Mütter«, knurrte ein Patriarch in den Bart.

»Er war ein fleißiger Arzt«, sagte Sankt Lukas, der heilige Medikus.

»Der Himmel ist voll von seinen Patienten und auch die Hölle, wie ich höre«, warf San Domenico ein.

»Er hat die Frechheit gehabt, seinen Hund mitzubringen; er sitzt und wartet auf seinen Herrn vor der Himmelstür«, meldete Sankt Petrus.

»Der wird nicht lange auf seinen Herrn zu warten haben«, zischte Sankt Ignatius.

»Ein Hund an der Himmelstür!« rief ein wütender alter Prophet.

»Wer ist das?« flüsterte ich dem Schutzheiligen der Hunde zu.

»Um Gottes willen, sag keinen Ton, denk an die Warnung des alten Erzengels. Ich glaube, das ist Habakuk.«

»Wenn Habakuk unter den Richtern ist, bin ich sowieso verloren, ›il est capable de tout[1]‹, sagte Voltaire.«

»Ein Hund am Himmelstor«, zeterte Habakuk, »ein Hund, ein unreines Tier!«

Das war mir zuviel!

»Er ist kein unreines Tier«, brach ich los mit einem wütenden Blick auf Habakuk. »Er ist vom selben Gott erschaffen, der dich und mich erschuf. Gibt es für uns einen Himmel, so muß es auch einen Himmel für die Tiere geben, wenn ihr auch, ihr grimmigen alten Propheten, in eurer unbarmherzigen Sündlosigkeit sie ganz vergessen habt. Auch ihr habt

[1] Er ist zu allem fähig.

sie vergessen, heilige Apostel«, fuhr ich fort, immer mehr den Kopf verlierend. »Oder warum habt ihr versäumt, in euren heiligen Schriften ein einziges Wort unseres Herrn zu berichten zur Verteidigung unserer stummen Brüder?«

»Die heilige Kirche, der ich auf Erden angehörte, hat sich nie für Tiere interessiert«, unterbrach Sankt Anastasius, »und wir wünschen auch im Himmel nichts von ihnen zu hören. Lästerlicher Tor, du dächtest besser an deine eigene Seele, statt an ihre, deine eigene schwarze Seele, die in die Finsternis zurückfährt, aus der sie kam.«

»Meine Seele stammt vom Himmel, nicht von der Hölle, die ihr auf Erden entfesselt habt. Ich glaube nicht an eure Hölle.«

»Du wirst bald daran glauben«, keuchte der Groß-Inquisitor, mit Augäpfeln, die unsichtbare Flammen widerspiegelten.

»Die Rache Gottes liegt auf ihm, er ist toll, toll!« rief eine Stimme.

Ein Schrei des Entsetzens hallte durch den Gerichtssaal.

»Luzifer! Luzifer! Satan ist unter uns!«

Moses erhob sich von seinem Sitz, riesenhaft und zürnend, die Gesetzestafeln in den sehnigen Händen und sprühende Blitze im Auge.

»Wie wütend er aussieht«, flüsterte ich erschüttert dem kleinen Schutzpatron der Hunde zu.

»Er ist immer wütend«, entgegnete erschreckt der kleine Heilige.

»Nichts mehr über diesen Geist!« donnerte Moses. »Ich hörte seine Stimme, sie ist wie die Stimme, die von den fauchenden Lippen des Satans kommt. Mensch oder Teufel, fort von hier! Jehova, Du Gott Israels, recke Deine Hand, ihn niederzuschlagen! Versenge sein Fleisch und lasse verdorren das Blut seiner Adern! Zerbrich seine Gebeine! Schließe ihn aus von Himmel und Erde und wirf ihn zurück in die Hölle, aus der er kam!«

»Zur Hölle! Zur Hölle!« scholl das Echo durch die weite Halle.

Ich versuchte etwas zu sagen, aber kein Wort kam mir über die Lippen. Mein Herz erstarrte, ich fühlte mich verlassen von Gott und den Menschen.

»Für den Hund werde ich sorgen, wenn es zum ärgsten kommt«, flüsterte mir der kleine Heilige zu.

Da – durch das lastende Schweigen meinte ich Vogelzwitschern zu hören. Eine kleine Grasmücke ließ sich furchtlos auf meiner Schulter nieder und sang mir ins Ohr:

»Du hast meine Großmutter gerettet, meine Tante, Schwägerin und drei meiner Brüder und Schwestern aus Qual und Tod von Menschenhand auf jener Felseninsel. Willkommen! Willkommen!«

Gleichzeitig pickte eine Lerche mich am Finger und zwitscherte mir zu:

»Ich traf in Lappland einen Fliegenschnäpper, der hat mir erzählt, wie du als Knabe einem seiner Ahnen den Flügel heiltest und seinen erstarrten Körper an deinem Herzen wärmtest. Als du dann die Hand öffnetest, ihn fliegen zu lassen, küßtest du ihn und sagtest: ›Gute Reise, kleiner Bruder, gute Reise!‹ Willkommen! Willkommen!«

»Hilf mir, kleiner Bruder, hilf mir!«

»Ich will's probieren – probieren«, sang die Lerche, breitete die Flügel und flog mit einem Freudentriller davon, »will's probie-r-r-ren!«

Meine Augen folgten der Lerche auf den Weg zu den blauen Hügeln, die ich gerade durch das gotische Bogentor sehen konnte. Wie gut kannte ich diese blauen Hügel von den Bildern Fra Angelicos! Die silbergrauen Ölbäume, die dunklen Zypressen, die sich vom zarten Abendhimmel abhoben. Ich hörte die Glocken von Assisi den Angelus läuten, und da kam er – der bleiche umbrische Heilige, langsam den gewundenen Bergpfad herab, Bruder Leo und Bruder Leonardo ihm zur Seite. Leichtbeschwingte Vögel umschwebten ihn singend, einige pickten aus seinen ausgestreckten Händen, andere schmiegten sich furchtlos in die Falten seiner Kutte. San Francesco stand schweigend neben mir und blickte auf meine Richter mit seinen wunderbaren

Augen, den Augen, denen weder Gott noch Mensch oder Tier mit Zorn im Blick begegnen konnte.

Moses sank auf seinen Sessel nieder, die Zehn Gebote fielen aus seinen Händen.

»Immer er«, murmelte er erbittert. »Immer er, der zarte Träumer inmitten seiner Vogelschwärme und mit seinem Gefolge von Bettlern und Verworfenen. So zart und dennoch stark genug, Deine rächende Hand aufzuhalten, o Herr! Bist du denn nicht Jehova, der eifrige Gott, der in Rauch und Feuer vom Sinai kam und das Volk Israel in Furcht erbeben machte? War es nicht Dein Zorn, der mir befahl, den Stab der Rache zu zücken, alles Gras auf dem Felde zu vernichten, jeden Baum zu zerbrechen, auf daß alles stürbe, Mensch und Vieh? War es nicht Deine Stimme, die aus meinen zehn Geboten sprach? Wer wird fürchten das Leuchten Deiner Blitze, o Herr, wenn der Donner Deines Zornes schweigt vor dem Zwitschern eines Vogels?«

Mein Kopf sank auf die Schulter von San Francesco.

Ich war gestorben und ich wußte es nicht.

„Wissenschaftlich fundierte Biographie und zugleich überaus bildhafte Sozial- und Kulturgeschichte zwischen Mittelalter und Neuzeit."

Literatur und Medien

Christa Dericum

Maximilian I.

Kaiser im Heiligen Römischen Reich Deutscher Nation
256 Seiten mit 44 Abbildungen, davon 17 in Farbe.
Leinen.

Christa Dericum hat ihre immer wieder erzählerisch aufgelockerte, doch stets wissenschaftlich fundierte Biographie in eine Sozial- und Kulturgeschichte der Wende vom Mittelalter zur Neuzeit eingebettet. Bei aller Sympathie für den Herrscher, der wegen seiner Weltoffenheit und Leutseligkeit stets verehrt wurde, liegt es der Autorin fern, ihren „Helden" zum Heros zu verklären.
Es gehört zu den Stärken dieser Biographie, daß auch die kleinen menschlichen Schwächen einer der populärsten Gestalten der deutschen Geschichte nicht verschwiegen werden.

List Verlag